Die Kindheitsgeschichte Jesu
nach Lukas in der Geschichte
der Katechese

Europäische Hochschulschriften

*Publications Universitaires Européennes
European University Papers*

Reihe XXIII

Theologie

Série XXIII   Series XXIII
Théologie
Theology

Bd./Vol. 90

Die Kindheitsgeschichte Jesu
nach Lukas in der Geschichte
der Katechese

PETER LANG
Frankfurt am Main · Bern · Las Vegas

Barbara Ort

Die Kindheitsgeschichte Jesu nach Lukas in der Geschichte der Katechese

Eine Untersuchung der katholischen katechetischen Literatur des deutschen Sprachraums für die Zeit von 1777 - 1967, dargestellt an Lk 1, 26 - 38; 2, 1 - 20; 2, 41 - 52.

PETER LANG
Frankfurt am Main · Bern · Las Vegas

CIP-Kurztitelaufnahme der Deutschen Bibliothek

Ort, Barbara
Die Kindheitsgeschichte Jesu nach Lukas in der
Geschichte der Katechese: e. Unters. d. kath.
katechet. Literatur d. dt. Sprachraums für d.
Zeit von 1777 - 1967, dargest. an Lk 1, 26 - 38;
2, 1 - 20; 2, 41 - 52. - Frankfurt am Main,
Bern, LasVegas: Lang, 1977.
   (Europäische Hochschulschriften: Reihe 23,
   Theologie; Bd. 90)
   ISBN 3-261-02245-0

ISBN 3-261-02245-0
Auflage 300 Ex.
© Verlag Peter Lang GmbH, Frankfurt am Main 1977
Alle Rechte vorbehalten.
Nachdruck oder Vervielfältigung, auch auszugsweise in allen Formen
wie Mikrofilm, Xerographie, Mikrofiche, Mikrocard, Offset verboten.
Fotosatz und Druck: Druckerei Fruhauf, Bamberg

VORWORT

Die vorliegende Untersuchung wurde im Wintersemester 1975/76 vom Fachbereich Katholische Theologie der Bayerischen - Julius - Maximilians - Universität Würzburg als Dissertation angenommen.

Mein besonderer Dank gilt Herrn Professor Dr. Josef Rabas, der die Dissertation wohlwollend begleitete und mit seinem Rat unterstützte.
Herrn Professor Dr. K. Wittstadt danke ich für die Übernahme des Korreferats.
Ohne das freundliche Entgegenkommen von Herrn Professor Dr. Michael Arneth und Herrn Professor Dr. Josef Hepp während meiner Assistentenzeit an der Gesamthochschule Bamberg wäre diese Arbeit nicht möglich gewesen. Ihnen gilt deshalb mein ganz besonderer Dank.

Ich widme das Buch meinen Eltern, die mir mein Studium ermöglicht haben.

Bamberg, im März 1977   Barbara Ort

INHALTSVERZEICHNIS

EINLEITUNG

0.1	Die Begründung und Zielsetzung der Arbeit	11
0.2	Das Material der Untersuchung	13
0.3	Methode und Aufbau	14

DIE KINDHEITSGESCHICHTE JESU NACH LUKAS IN DER GESCHICHTE DER KATECHESE

1.	Die Auslegung in der ersten Biblischen Geschichte und bei ihren Nachfolgern in der ersten Hälfte des 19. Jahrhunderts	15
1.1	Johann Ignaz v. Felbiger: Kern der biblischen Geschichte (1777)	15
1.1.1	J.I.v. Felbiger - ein Schulreformer der Aufklärungszeit	16
1.1.2	Aufgabe und Ziel des Religionsunterrichts innerhalb der Zielsetzung der Schule bei Felbiger	18
1.1.2.1	Das Ziel des Unterrichts	18
1.1.2.2	Aufgabe und Ziel des Religionsunterrichts	20
1.1.2.3	Die Stellung der Hl. Schrift im Religionsunterricht	21
1.1.3	Die Auslegung der Kindheitsgeschichte des Lukas bei J.I.v. Felbiger	25
1.1.3.1	Umfang und Anordnung der Kindheitsgeschichte in Felbigers "Kern"	25
1.1.3.2	Der Text der einzelnen Lektionen	27
1.1.3.3	Die Auslegung der Lektionen	30
1.1.3.4	Ergebnis	33
1.2	Bernhard Overberg: Geschichte des alten und neuen Testaments (1799)	34
1.2.1	Overberg als Verfasser der "Geschichte des alten und neuen Testaments"	35
1.2.2	Die Kindheitsgeschichte des Lukas in Overbergs "Geschichte des alten und neuen Testaments"	38
1.2.2.1	Anlage und Text des ersten Hauptstückes	38
1.2.2.2	Auslegung der Kindheitsgeschichte bei Overberg nach seinen Anmerkungen	41

1.2.2.3	Ergebnis	44
1.3	Bernhard Galura: Biblische Geschichte der Welterlösung durch Jesum den Sohn Gottes (1806)	46
1.3.1	Das "Reich Gottes" als Zentralidee der Hl. Schrift	47
1.3.2	Die Stellung der Biblischen Geschichte im Religionsunterricht	49
1.3.3	Die Kindheitsgeschichte des Lukas	50
1.3.3.1	Die Überschriften und der Text der Biblischen Geschichte	50
1.3.3.2	Die Auslegung von Lk 1-2	54
1.3.3.2.1	Elemente der Reich Gottes Idee in Lk 1-2	54
1.3.3.2.2	Die sittlichen Forderungen aus Lk 1-2	56
1.3.4	Zusammenfassung	60
1.4	Christoph v. Schmid: Biblische Geschichte für Kinder (1801 bzw. 1845)	62
1.4.1	Einflüsse auf die Biblische Geschichte Chr. v. Schmids	64
1.4.1.1	Chr. v. Schmids Liebe zur Heiligen Schrift	64
1.4.1.2	Chr. v. Schmids Erzähltalent	65
1.4.2	Der Ort der Biblischen Geschichte im Gefüge des Religionsunterrichts bei Chr. v. Schmid	66
1.4.3	Die Kindheitserzählungen des Lukas in der Biblischen Geschichte Chr. v. Schmids	67
1.4.3.1	Die Erweiterungen des Bibeltextes und ihre Bedeutung für die Auslegung	68
1.4.3.1.1	Die näheren Umstände der Zeit und des Ortes	69
1.4.3.1.2	Maria und Jesus	70
1.4.3.1.3	Die Auslegung mit Hilfe der ausmalenden Erzählung	71
1.4.3.2	Die Anwendungen in der Biblischen Geschichte von 1846	73
1.4.3.2.1	Die Auslegung der bibl. Erzählungen	73
1.4.3.2.2	Sittliche Verhaltensweisen in Lk 1-2	75

1.4.4	Zusammenfassung	76
1.5	Augustin Gruber: Katechetische Vorlesungen (1830 ff)	77
1.5.1	Die Kindheitserzählungen im Aufbau des Religionsunterrichts	79
1.5.2	Die Katechesen im einzelnen	81
1.5.2.1	Der Erlöser ist uns geboren worden	82
1.5.2.2	Jesus als zwölfjähriger Knabe	85
1.5.3	Die Auslegung Augustin Grubers	85
1.5.3.1	Die Lehren über Jesus Christus und Maria	85
1.5.3.2	Lehren für das Verhalten der Kinder	86
1.5.3.3	Hinweise auf das Kirchenjahr und auf volkstümliche Gebräuche	88
1.5.4	Zusammenfassung	89
1.6	Johann Baptist Hirscher: Die Geschichte Jesu Christi (1839)	90
1.6.1	Fundament und Inhalt der Verkündigung	92
1.6.2	Die Verwirklichung der theologischen Prinzipien in der Katechetik	94
1.6.3	Die "Geschichte Jesu Christi"	97
1.6.3.1	Grundanliegen und Adressaten	97
1.6.3.2	Die Menschwerdung des Sohnes Gottes; seine Kindheit und Jugend; seine Einweihung zum Weltheiland, und seine öffentliche Ankündigung	99
1.6.3.3	Die Zwischentexte in der "Geschichte Jesu Christi"	101
1.6.4	Die Auslegung J.B. Hirschers	104
1.7	Ergebnis	108
2.	Biblische Geschichten und Kommentare nach dem Einbruch der Neuscholastik (1850-1900)	111
2.1	Die Biblischen Geschichten von Schuster-Mey-Knecht	112
2.1.1	Die Ausgaben der Biblischen Geschichte von Schuster-Mey-Knecht	113

2.1.2	Die Anordnung der Texte	115
2.1.3	Die Verkündigung der Geburt Jesu	116
2.1.4	Die Geburt Jesu	117
2.1.5	Der zwölfjährige Jesus im Tempel	118
2.1.6	Ergebnis der Textbeobachtungen	119
2.2	Ignaz Schuster: Handbuch zur Biblischen Geschichte (1862/64)	121
2.2.1	Die Kindheitsgeschichten	124
2.2.1.1	Die Geburt Jesu aus Maria der Jungfrau	125
2.2.1.2	Die Auslegung der Verkündigungserzählung	126
2.2.1.3	Die Geburt Jesu	130
2.2.1.4	Der zwölfjährige Jesus im Tempel	131
2.2.2	Zusammenfassung	134
2.3	Justus Knecht: Praktischer Kommentar zur Biblischen Geschichte (1881)	137
2.3.1	Die Bedeutung der Biblischen Geschichte für den Religionsunterricht	138
2.3.2	Die Methode des biblischen Geschichtsunterrichts	140
2.3.3	Ankunft und verborgenes Leben Jesu	141
2.3.3.1	Die Verkündigung der Geburt Jesu	141
2.3.3.2	Die Geburt unseres Herrn Jesus Christus	143
2.3.3.3	Der Knabe Jesus im Tempel	145
2.3.4	Die Auslegung der Kindheitsgeschichte nach Knecht	147
2.4	Gustav Mey: Vollständige Katechesen (1871)	150
2.4.1	Die Biblische Geschichte, die geeignetste Grundlage des ersten religiösen Schulunterrichts	151
2.4.2	Die Kindheitserzählungen	152
2.4.2.1	Die Katechese über Jesus Christus	152
2.4.2.2	Mariä Verkündigung	153
2.4.2.3	Die Geburt Jesu Christi	154

2.4.2.4	Jesus im Tempel gefunden	157
2.4.2.5	Der Knabe Jesus als Vorbild der Kinder - Jesus ist seinen Eltern unterthan und wächst an Weisheit und Gnade	159
2.4.3	Zusammenfassung	161
2.5	Ergebnis	163
3.	Kommentare und Biblische Geschichten in der Zeit der Methodenbewegung (1900-1930)	165
3.1	Das Anliegen der Methodenbewegung	165
3.2	P. Bergmann. Die psychologische Behandlung der Biblischen Geschichte	169
3.2.1	Die psychologische Behandlungsweise	169
3.2.2	Die Begründung für die psychologische Behandlungsweise der Bibel	170
3.3	Die Behandlung der Kindheitsgeschichten nach den Zielsetzungen der Methodenbewegung	172
3.3.1	Die anschauliche, ausmalende Erzählung	174
3.3.1.1	Lk 1,26-38	175
3.3.1.2	Lk 2,1-20	177
3.3.1.3	Lk 2,41-52	178
3.3.2	"Tatgestaltung" im Bibelunterricht	180
3.3.2.1	Lk 1,26-38	181
3.3.2.2	Lk 2,1-20	183
3.3.2.3	Lk 2,41-52	185
3.4	Das Religionsbüchlein	186
3.4.1	Elemente des Religionsbüchleins	187
3.4.2	Bibeltext und Beitexte in den Religionsbüchlein	189
3.4.3	Die Kommentare zu den Religionsbüchlein	191
3.5	Biblische Geschichten in der Zeit der Methodenbewegung	195
3.5.1	Die Katholische Schulbibel von Jakob Ecker	196
3.5.2	Die Buchberger-Bibel	198

3.6	Tendenzen der Auslegung in der Zeit der Methodenbewegung (Zusammenfassung)	200
4.	Schulbücher und Kommentare zur Zeit der materialkerygmatischen Besinnung in der Katechetik	203
4.1	Jesus Christus als zentraler Inhalt religiöser Unterweisung	204
4.2	Religionsbücher und Vorbereitungswerke	207
4.2.1	Religionsbücher für das 1. Schuljahr. An Gottes Hand - Jesus ich bin dein	207
4.2.1.1	Der Rahmen zu Lk 1-2	207
4.2.1.2	Die einzelnen Lektionen	210
4.2.2	Glaubensbüchlein und Glaubensbuch	213
4.2.2.1	Vorbemerkung	213
4.2.2.2	Die Kindheitsgeschichte im Glaubensbüchlein, im Glaubensbuch und in den Kommentaren	214
4.2.3	Schulbibeln und Kommentare für die Oberstufe	220
4.2.3.1	Neue Schulbibeln für den Bibelunterricht unter dem Anspruch der Materialkerygmatik	220
4.2.3.1.1	Die Intention der neueren Schulbibeln	220
4.2.3.1.2	Die Kindheitsgeschichte nach den drei Schulbibeln	222
4.2.3.2	Kommentare zu den Schulbibeln	226
4.2.3.2.1	Grundzüge der Kommentare	226
4.2.3.2.2	Lk 1-2 in den Kommentaren von Leitheiser-Pesch und Hilger	227
4.3	Auslegungstendenzen in der Zeit der materialkerygmatischen Besinnung	231
5.	Durchgängige Auslegungsfaktoren zu Lk 1-2 in der Geschichte des Bibelunterrichts	235
5.1	Die Herkunft der Bibelkatechese aus der Katechismuskatechese prägt die Auslegung zu Lk 1-2	235
5.2	Die Erzählungen Lk 1-2 regten zu tugendhaftem Verhalten an	236

5.3	Lk 1-2 wurde durchgehend als historischer Bericht über die Kindheit Jesu vermittelt	238
5.4	Die Auslegung der Kindheitsgeschichte war bestimmt von der jeweiligen theologischen Leitidee	241
5.5	Die Auslegung der Kindheitsgeschichte war bestimmt von der jeweiligen religionspädagogischen Zielvorstellung	243
5.6	Die Kindheitsgeschichte im Spannungsfeld zwischen Theologie und Pädagogik	246
6.	Schwerpunkte in der Auslegung von Lk 1-2 in der katechetischen Literatur	247
6.0	Einführung	247
6.1	Christologische Aussagen zu Lk 1-2	249
6.1.1	Die Person Jesu Christi	250
6.1.1.1	Jesus-Christus (Messias)	250
6.1.1.2	Jesus ist der Sohn Gottes und selbst Gott	252
6.1.1.3	Jesus - der Gottmensch	254
6.1.1.4	Jesu Zunahme an Weisheit	255
6.1.1.5	Das Christusbild in Lk 1-2	257
6.1.2	Das Werk Jesu Christi	259
6.1.2.1	Der Sohn Gottes ist aus Liebe zu uns Mensch geworden	259
6.1.2.2	Jesus Christus hat der Welt das Heil gebracht	260
6.1.2.3	Jesus kam in die Welt, damit wir Gotteskinder werden	261
6.1.2.4	Jesus kam in die Welt, um für uns zu leiden und uns zu erlösen	262
6.1.2.5	Die Menschwerdung des Gottessohnes ist die Erfüllung der Verheißungen Gottes und der Beginn seines Erlösungswerkes	264
6.1.2.6	Soteriologische Überlegungen zu Lk 1-2 (Zusammenfassung)	267
6.2	Die mariologischen Aussagen zu Lk 1-2	268

6.2.1	Die Gottesmutterschaft Marias	269
6.2.2	Maria als Gegenbild Evas	270
6.2.3	Die Jungfräulichkeit Marias	275
6.2.4	Die Unbefleckte Empfängnis Marias	280
6.2.5	Kindheit und Jugend Marias	283
6.2.6	Die Verehrung Marias	285
6.2.7	Zusammenfassung	287
6.3	Die Aktualisierung der Perikopen	288
6.3.1	Die Bewahrung vor der Sünde, die Übung der Tugenden	290
6.3.2	Die Tugend der Frömmigkeit	292
6.3.3	Die Tugend des Gehorsams	298
6.3.4	Die Tugend der Keuschheit	302
6.3.5	Jesus als mustergültiger Schüler und vorbildlicher Arbeiter	303
6.3.6	Die Heilige Familie	305
6.3.7	Zusammenfassung	307

SCHLUSS 310

ABKÜRZUNGEN 313

LITERATURVERZEICHNIS 315

EINLEITUNG

0.1 Die Begründung und Zielsetzung der Arbeit

Die Kindheitsgeschichten[1] nach Lukas und Mattäus sind ein fester Bestandteil des katechetischen Lehrguts. Die Gründe hierfür sind leicht zu benennen. Die Aufzählung der wichtigsten "Ereignisse" aus den beiden Evangelien ist Bestandteil bei der Behandlung des dritten Glaubensartikels in den Katechismen[2]. Eine Biographie des Lebens Jesu, wie sie seit der Einführung der Biblischen Geschichte bis heute versucht wird, ist auf die "Nachrichten" aus der Kindheit Jesu angewiesen. Daneben aber sorgen religiöses Brauchtum, der Weihnachtsfestkreis im Kirchenjahr, die vielfältige Bearbeitung des Themas in Musik, Dichtung, Malerei u.a.m. für die feste Verankerung im Lehrplan. Diese Verankerung wird noch unterstrichen durch die weithin verbreitete Auffassung, daß die Erzählungen über die Kindheit Jesu für die Kinder besonders geeignet sind[3]. Die Auslegung des Textes ist von all diesen Faktoren mitbestimmt, sie beeinflussen die Auslegungsgeschichte in der Katechese mit. Der Geschichte der Verkündigung dieser Texte in der Katechese nachzugehen ist für den Katecheten ein reizvolles Unternehmen und dies aus mehreren Gründen:
1) Das Studium einer Textgruppe zeigt, wie sich konkret biblischer Unterricht vollzog unter den Bedingungen der jeweiligen Zeit[4]. Auch die Ka-

---

1) Die Bezeichnungen für Lk 1-2 sind in der theologischen Literatur verschieden: Vorgeschichte Jesu (Riedl), Geburts- und Kindheitsgeschichten (Vögtle), Jesu Ursprünge in Gott (Schürmann), Kindheitsgeschichten (Laurentin, Nellessen), Kindheitsevangelium (Knörzer). Mit dem Wort "Kindheitsevangelium" soll zum Ausdruck gebracht werden, daß es auch in Lk 1-2 und Mt 1-2 - wie in den übrigen Evangelien - nicht primär um historische Berichte, sondern um die Verkündigung des Christusereignisses geht.

2) Vgl. dazu Johannes Hofinger, Geschichte des Katechismus in Österreich, Innsbruck 1937, 83: Seit dem 17. Jahrhundert wird der 3. u. 4. Glaubensartikel durch geschichtliche Abschnitte erweitert.

3) Vgl. z.B. S. 68 d. Arbeit (Chr. v. Schmid).

4) Beispiele für katechesegeschichtliche Arbeiten zum Bibelunterricht: Heinrich Kreutzwald, Zur Geschichte des Biblischen Unterrichts, Freiburg 1957; Bruno Dreher, Die biblische Unterweisung im katholischen und evangelischen Religionsunterricht, Freiburg- Basel - Wien 1963; Karlheinz Sorger, Die synoptischen Gleichnisse in der katholischen katechetischen Literatur des deutschen Sprachraums zwischen 1870 und 1969, Münster 1970.

techetik ist beeinflußt "durch geschichtlich-gesellschaftlich bedingte Vorstellungsformen, Verstehenskategorien und Verhaltensmuster"[5]. Sie trägt eine bestimmte Pädagogisierung und Soziologisierung immer schon mit sich[6].

2) Bei der Analyse des Textes wird man in den Interpretationen und katechetischen Vermittlungsversuchen Beharrung und Wandel in der Auslegung feststellen können. Der Glaube des Christen von heute ist von der geschichtlich weiterwirkenden Verkündigung mitbestimmt[7]. So zeigt die Analyse nicht nur, wie einmal verkündet bzw. ausgelegt worden ist, sie weist zugleich hin auf heute noch gegenwärtige Denkformen und Inhalte, die aus der Vergangenheit in heutige Vorstellungen hineinwirken, bis hin zur konkreten Unterrichtsgestaltung. Das Aufsuchen katechetischer Tradition dient somit auch heutiger Verkündigung, sie ist eine Erhellung dessen, was die gegenwärtige Generation an überliefertem Glaubensgut in sich trägt.

3) Daraus ergibt sich die Zielsetzung der vorliegenden Arbeit. Sie will zunächst an Hand von Einzelanalysen den Weg beschreiben, den die Texte der lukanischen Kindheitsgeschichte zurückgelegt haben, beeinflußt von der jeweiligen Theologie, der religionspädagogischen Zielsetzung und den politisch-gesellschaftlichen Verhältnissen. Insbesondere will sie an einem begrenzten Ausschnitt des Bibelunterrichts den Zusammenhang zwischen der Vermittlung von Texten und den damit verbundenen religionspädagogischen Folgerungen aufzeigen[8]. Indem aber ein Stück Tradition, die unser heutiges Verständnis der sog. Kindheitsgeschichte Jesu teilweise noch mitprägt, freigelegt wird, wird zugleich die Möglichkeit der Distanz gegeben gegenüber verfestigten Traditionen als auch die Freiheit

---

5) Karl-Ernst Nipkow, Religionspädagogik und Religionsunterricht in der Gegenwart, in: Kat Bl 94 (1969) 27.

6) Ebd.; vgl. Hans-Georg Gadamer, Wahrheit und Methode, Tübingen ^{2}1965, 281: "Der Zeitenabstand ist nicht ein gähnender Abgrund, sondern ist ausgefüllt durch die Kontinuität des Herkommens und der Tradition, in deren Lichte uns alle Überlieferung sich zeigt."

7) Biblische Texte sind uns überkommen auch im "Traditionszusammenhang christlicher Unterweisung." Gerhard Ebeling, Die Geschichtlichkeit der Kirche und ihrer Verkündigung als theologisches Problem, in: Sammlung gemeinverständlicher Vorträge 207/208, Tübingen 1954, 10.

8) Diesem Ziel dient vor allem auch der zweite Teil der Arbeit.

der Übernahme lebendiger Tradition[9]. Somit dient die Arbeit, indem sie vergangener katechetischer Praxis nachgeht, zugleich gegenwärtigen Überlegungen für eine erneuerte Praxis.

0.2 Das Material der Untersuchung

Zu den zahlreichen Faktoren, die konkreten Unterricht konstituieren, gehören das Schulbuch sowie die Kommentare und Handreichungen für den Lehrer[10]. Aus ihnen lassen sich Rückschlüsse ziehen auf methodische, pädagogische und inhaltliche (theologische) Komponenten praktisch gehaltenen Unterrichts, wenn dieser auch verständlicherweise von ihnen nicht in seinem ganzen Umfang eingefangen werden kann. Weiterhin läßt sich vermuten, daß Schülerbuch und Lehrerhandbuch, bedingt durch die Eigenart des Religionsunterrichts, eine den Unterricht stark prägende Rolle spielen[11].
1) Um eine gründliche Einzelanalyse durchführen zu können, mußte unter den Texten eine Auswahl getroffen werden. Die Arbeit beschränkt sich deshalb auf Lk 1,26-38 und Lk 2,1-20. Beide Texte sind von Anfang an im Kanon der Biblischen Geschichte zu finden und werden gleichermaßen in den unteren Klassen wie in den oberen Klassen vermittelt. Als dritter Text kommt Lk 2,41-52 hinzu. Er wurde deshalb ausgewählt, weil sich in seiner Auslegung vor allem allgemein pädagogische und gesellschaftliche Vorstellungen und Ziele der jeweiligen Zeit widerspiegeln.
2) Diese drei Texte wurden in den gängigen Werken der jeweiligen Epoche aufgesucht. Eine Vollständigkeit des Materials konnte wegen seiner Fülle und der Schwierigkeit der Beschaffung nicht erreicht werden. Bei der Durchsicht der Vorbereitungsliteratur zeigten sich zudem nur geringe Variationen innerhalb einer Epoche, so daß mit dem ausgewählten Material die Hauptrichtungen erfaßt werden konnten.
3) Zeitlich setzt die Arbeit ein mit dem Erscheinen der ersten Biblischen Geschichte für den katholischen Religionsunterricht (1777) und verfolgt dann die weitere Entwicklung bis in die Zeit der Verabschiedung des Rahmenplanes (1967). Das zweite Datum wurde deshalb gewählt, weil der Rahmenplan Höhepunkt und zugleich Ende der materialkerygmatisch bestimmten Aera des Religionsunterrichts ist[12]. Während in den Jahren

---

9) Walter Kasper, Die Methoden der Dogmatik, München 1967, 58: "Die Entdeckung des bisher nicht gekannten Vergangenen verändert seine Gegenwart und wird ihm sofort zu einer neuen möglichen Zukunft...".

10) Vgl. dazu Ursula Meinecke, Religionsunterricht im Spiegel seiner Lehrbücher, Hannover 1969, 13-17.

11) Ebd., 16.

12) Edward Jack Birkenbeil, Curriculum-Revision im Fragebereich der Religionspädagogik, Zürich-Einsiedeln-Köln 1972; vor allem 118-189.

ab 1960 in der religionspädagogischen Literatur verstärkt die Forderung nach einer exegetisch verantworteten Behandlung der biblischen Texte laut wird[13], ist am Ende des Jahrzehnts - noch bevor sich diese Forderung in der Praxis auswirken konnte - die Mittelpunktstellung der Bibel in Frage gestellt.
Im Zuge einer Neuorientierung des Religionsunterrichts in der Schule überhaupt[14], besonders auch durch die Übernahme curricularer Strukturen, ist den biblischen Inhalten ein veränderter Stellenwert zugewiesen. Beide Phasen des Religionsunterrichts bedürfen einer eigenen weiterführenden Untersuchung, die von der vorliegenden Arbeit nicht mehr geleistet wird.

0.3 Methode und Aufbau

1) Um die jeweils typischen Auslegungsweisen der Biblischen Geschichten, Kommentare und Handbücher herauszufinden, werden die Materialien einer Einzelanalyse unterzogen. Sie erfolgt auf dem Hintergrund der einzelnen katechetischen Epochen, die erste, aber wichtige Verständnishilfen bieten. Die Analyse selbst achtet auf die Nähe der Auslegung zum biblischen Text. In der Spannung zwischen dem ursprünglichen Wortlaut der Schrift und seiner Bearbeitung bzw. seiner Auslegung zeigen sich theologische, pädagogische und gesellschaftlich bedingte Anliegen und Interessen der jeweiligen Zeit. Diese herauszufinden ist eine Hauptaufgabe der Untersuchung. Zugleich werden durchgehende Auslegungsfaktoren deutlich, die sich in den verschiedenen Epochen durchhalten.
2) Im Anschluß an die Analyse folgt in einem weiteren Teil der Arbeit die Zusammenstellung der Lehren und Handlungsanweisungen. Die thematische Zusammenstellung soll die bevorzugten Lehrinhalte sowie die Vorstellungen christlichen Verhaltens deutlich machen, die sich aus Lk 1-2 ergeben. Eine erste Durchsicht der Kommentare und Handbücher belehrt, daß der biblische Text nicht so sehr ausgelegt, als daß in ihn hineingelegt wurde. Die Inhalte der Auslegung erbringen insgesamt eine Reihe von Lehren und Verhaltensweisen, die der katechetischen Vermittlung wichtig bzw. wünschenswert erschienen.

---

13) Beispiele: Bruno Dreher, Die biblische Unterweisung; Hubertus Halbfas, Der Religionsunterricht, Düsseldorf 1965; Günter Stachel, Der Bibelunterricht, Einsiedeln-Zürich-Köln 1967; Albert Höfer, Biblische Katechese. Modell einer Neuordnung des Religionsunterrichts bei Zehn- bis Vierzehnjährigen, Salzburg 1966.
14) Das amtliche Dokument zu dieser Neuorientierung ist: "Der Religionsunterricht in der Schule". Beschluß der 6. Vollversammlung der gemeinsamen Synode der Bistümer in der BRD, veröffentlicht in: Synode 1/1975, 87-104.

DIE KINDHEITSGESCHICHTE JESU NACH LUKAS IN DER GESCHICHTE DER KATECHESE

1. DIE AUSLEGUNG IN DER ERSTEN BIBLISCHEN GESCHICHTE UND BEI IHREN NACHFOLGERN IN DER ERSTEN HÄLFTE DES 19. JAHRHUNDERTS

Die erste Biblische Geschichte entstand zur Zeit der Aufklärung im ausgehenden 18. Jahrhundert. Die nachfolgenden Werke, vor allem die Biblischen Geschichten von Galura, Overberg, Hirscher, dienten dem allgemeinen Ziel ihrer Verfasser, das Gedankengut der Aufklärung, insbesondere die Grundlegung des Religionsunterrichts in der natürlichen Religion und den Gebrauch der Schrift als Arsenal "rührender Beispiele", zu überwinden und den Unterricht auf das Fundament der göttlichen Offenbarung zu stellen.

1.1 Johann Ignaz v. Felbiger: Kern der biblischen Geschichte (1777)

Mit dem "Kern der biblischen Geschichte des alten und neuen Testaments"[1] wird die Reihe der Biblischen Geschichten für den katholischen Religionsunterricht im deutschsprachigen Raum eröffnet[2]. Es ist angebracht, am Beginn dieses wichtigen Einschnittes in der Geschichte der Katechese Zeit und Umstände, die zur Einführung des Bibelunterrichts in der Volks-

---

1) Das von mir benutzte Exemplar trägt folgenden Titel: "Des Herrn von Felbigers Kern der biblischen Geschichte des alten und neuen Testaments mit beygesetzten kurzen Sittenlehren - zum Gebrauche der Schuljugend - Bamberg, verlegt von Johann Georg Klietsch Hochfürstl. Universitäts Buchdrucker 1794 - Mit Hochfürstl. Bamb. Privilegio. (Zit.: "Kern" bzw. "Kern der biblischen Geschichte").

2) Dieser Anfang ist nur ein relativer. Schon vor Felbiger bzw. seinem Prior Strauch gab es nicht wenige Versuche, biblische Texte in den Unterricht einzubeziehen, vgl. Kreutzwald, Geschichte, 8-36; Hofinger, Geschichte des Katechismus, 82-88. Auch gab es schon erste Biblische Geschichten, ebd. z.B. Ferdinand Kopf, Der unstudierte Schriftgelehrte oder biblische Unterweisung aus allen Büchern heiliger Schrift; besonders für die Jugend in den deutschen Schulen, Wien 1770.

schule beigetragen haben, etwas näher zu betrachten. Dabei stoßen wir auf die Bedeutung J.I.von Felbigers, eines Pädagogen, der einen wesentlichen Beitrag zur Organisation des "niederen Schulwesens" seiner Zeit geleistet hat[3]. Über die Bedeutung Felbigers schreibt sein Zeitgenosse Michael Ignaz Schmidt: "Ich werde mich nicht irren, wenn ich das, was sie in dieser Sache gethan haben, als eine neue Epoche in der Geschichte dieser Schulen ansetze"[4]. Wie sieht diese neue Epoche aus und welche Einflüsse haben sie mit heraufgeführt?

1.1.1 J.I.v.Felbiger - ein Schulreformer der Aufklärungszeit

Felbigers Reformwerk kann zu einem Teil erklärt werden aus dem pädagogischen Eifer des 18. Jahrhunderts[5]. Das "pädagogische Jahrhun-

---

3) Über sein Leben und Werk informieren u.a.: Ulrich Krömer, Johann Ignaz von Felbiger, Freiburg 1966; Johann Panholzer, (Bearb.), J.I. Felbiger, Methodenbuch, Freiburg 1892, 3-90; über die Einführung des bibl. Geschichtsunterrichts: Kreutzwald, Geschichte, 37-106; Wilhelm Otto Nicolay, Der Reformator des katholischen Schulwesens in Schlesien und Österreich, Johann Ignaz von Felbiger, als Begründer der Methodik des katholischen Religionsunterrichtes in der Volksschule, Diss., Bonn 1908.

4) Der Katechist nach seinen Eigenschaften und Pflichten oder die rechte Weise die ersten Gründe der Religion zu lehren. Verfasset von Michael Ignaz Schmidt aus dem Lateinischen von B.Strauch mit einer Vorrede J.I.v.Felbiger, Bamberg und Würzburg 1772, 775. (Zit.: Schmidt, Katechist).

5) "Das 18. Jahrhundert durchdringt an seinem Beginn das Schulwesen mit pietistischem Geist. An seinem Ende will die Schule durch 'Aufklären' für eine Besserung des Menschengeschlechts sorgen." Theo Dietrich und Job-Günter Klink, Zur Geschichte der Volksschule I, Bad Heilbrunn 1964, 166. Damit sind zwei geistesgeschichtliche Einflüsse genannt, die auch das Reformwerk Felbigers beeinflußt haben. Zur Pädagogik der Aufklärung vgl. u.a.: Johannes von den Driesch und Josef Esterhues, Geschichte der Erziehung und Bildung I, Paderborn ^{5}1960, 323-389; zur Katechese der Aufklärungszeit: Josef Rabas, Katechetisches Erbe der Aufklärungszeit, Freiburg 1963; Johann Schmitt, Der Kampf um den Katechismus in der Aufklärungsperiode Deutschlands, München 1935; Krömer, J.I.v. Felbiger, 25-29.

dert" wandte sich intensiv der Bildung und Erziehung des Menschen zu[6]. Schlagworte dieser Zeit sind: "Vernünftigkeit", "Nützlichkeit","Tugendhaftigkeit", "zeitliche Glückseligkeit". Zahlreiche Schulordnungen zeigen, daß auch die absolutistischen Fürsten lebhaftes Interesse an der Schule zeigten[7]. Zur Heranbildung brauchbarer Untertanen war nichts so geeignet, wie ein gut eingerichtetes, im Sinne des Staates arbeitendes allgemeines Schulwesen, das man nun eifrig ausbaute und ordnete bzw. sich zu schaffen begann.

J.I.v.Felbiger, seit 1758 Abt des Stiftes zu Sagan, kam mit dem Volksschulwesen zum ersten Mal in Berührung, als sein Prior, Benedikt Strauch, ihn auf den schlechten Zustand der Trivialschulen in Sagan aufmerksam machte[8]. In Berlin bei Johann Julius Hecker holte sich Felbiger das nötige Rüstzeug für einschneidende Veränderungen der Schulen in seinem Stift[9]. Zur Verbesserung gehörten neben gutausgebildeten Lehrern eine verbesserte Methode[10], Schulbücher für den Unterricht

---

6) Fritz Valjavec, Geschichte der abendländischen Aufklärung, Wien-München 1961, 91: "Der Aufklärer hält den Menschen für den Mittelpunkt der Dinge." Leopold Lentner, Katechetik und Religionsunterricht in Österreich Bd.1, Innsbruck-Wien-München 1955, 15f: "Was hier vor sich ging, war ... die totale Hinwendung zum Menschen. Der Mensch, seine Befreiung und Erhöhung bleiben der zentrale Gegenstand der Aufklärung."

7) Z.B. der Generalschulenplan von 1736; Heilbronner Schulordnung 1738; Braunschweigische Schulordnung 1753; General-Land-Schul-Reglement 1763; abgedruckt in: Dietrich und Klink, Zur Geschichte I, 132-146; General-Landschul-Reglement 1765 (verfaßt von J.I.v. Felbiger): abgedruckt in: J.I.v.Felbiger, General-Landschul-Reglement.- Eigenschaften, Wissenschaften und Bezeigen rechtschaffener Schulleute. - Methodenbuch, besorgt von J. Scheveling, Paderborn 1958, 5-24. Das General-Landschul-Reglement beginnt: "Um nun die hierdurch gesuchte Zuziehung besserer und für den Staat brauchbarer Unterthanen Unserm Endzweck gemäß auch bei Unsern römisch-katholischen Unterthanen zu erhalten, haben Wir allergnädigst zu verordnen befunden." Ebd., 5.

8) Vgl. dazu Kreutzwald, Geschichte 40; Krömer, Felbiger, 23.

9) Vgl. Kreutzwald, Geschichte 41; Krömer, Felbiger, 29-34; auch seine Schulbibel ist beeinflußt vom Besuch Heckers in Berlin (Hofinger, Katechismus, 88).

10) U.a. die Tabellen- und Buchstabiermethode - die sog. Saganische Methode, die auf Johann Friedrich Hähn zurückgeht. Krömer, Felbiger, 33.

und eine gute Organisation. Ein Niederschlag seiner Bemühungen ist das General-Landschul-Reglement von 1765[11]. Ab 1774 setzte er die Schulreform, die er in Schlesien begonnen und nicht ohne Widerstände durchgeführt hatte, in Österreich unter Maria Theresia fort[12]. Während seiner Tätigkeit in Österreich kam 1777 der "Kern der biblischen Geschichte des alten und neuen Testaments"[13] heraus. Der "Kern" ist eine Frucht des vielfältigen Bemühens von Felbiger und Strauch um die Verbesserung des Schulwesens. Deshalb ist er auch zunächst im Kontext pädagogischer Bemühungen zu sehen. Die biblische Geschichte ist ein Schulbuch, das den Aufgaben und Zielen der Schule überhaupt dienen soll. Diese sollen deshalb auch kurz aus Felbigers Schrifttum vorgestellt werden.

1.1.2 Aufgabe und Ziel des Religionsunterrichts innerhalb der Zielsetzung der Schule bei Felbiger

Es ist zu vermuten, daß die Zielsetzung, die Felbiger seiner Reform gegeben hat, auch Aufgabe und Ziel des Religionsunterrichts mitbestimmen. Bei der innigen Verflechtung von allgemeiner Schulbildung und religiöser Bildung sind Aufgabe und Ziel des Religionsunterrichts mit hineingenommen in das Ziel des Unterrichts überhaupt. Der Stellenwert des "Kern" ist ebenfalls von daher bestimmt.

1.1.2.1 Das Ziel des Unterrichts

In Felbigers pädagogischem Werk "Eigenschaften, Wissenschaften und

---

11) Siehe Anm. 7; Seine Publikationen zeugen von einem unermüdlichen pädagogischen Eifer. Die Zusammenstellung seiner Schriften findet sich bei Krömer, Felbiger, 257-276.

12) Ebd., 122-156; Kreutzwald, Geschichte, 45-50.

13) Kreutzwald (Geschichte, 68-90) hat in seiner Studie nachgewiesen, daß nicht Felbiger, sondern Benedikt Strauch der Verfasser der Schulbibel ist. Da der "Kern" aber unter Felbigers Namen publiziert wurde, behalte ich die gängige Nennung des Verfassers bei, bin mir aber der wahren Verfasserschaft bewußt. Strauch hatte schon 1764 eine Übersetzung der vier Evangelien zum Schulgebrauch (zum Lesen) verfertigt. (Hofinger, Katechismus, 37).

Bezeigen rechtschaffener Schulleute"[14] ist das Unterrichtsziel klar und deutlich ausgesprochen. In den Schulen soll darauf hingearbeitet werden, "junge Leute dergestalt zu erziehen, daß aus ihnen
a) rechtschaffene Christen
b) gute Bürger, das ist treue und gehorsame Untertanen der Obrigkeit und
c) brauchbare Leute für das gemeine Wesen werden"[15], kurz: die Kinder sollen "Mitgenossen zeitlicher und ewiger Glückseligkeit"[16] werden. Bei der Erlangung dieses Zieles arbeiten Kirche und Staat zusammen. Die Kirche ist nicht nur "zuständig" für die ewige Glückseligkeit, sie trägt durch ihre moralischen Lehren und ihre Beweggründe, die sie ihren Bekennern anbietet, auch zur zeitlichen Glückseligkeit bei[17]. So kann Felbiger in der Vorrede zur Katechismusausgabe schreiben: "sie (d.h. die Religion Anm. d. V.) dienet dazu, um ihre Bekenner zeitlich

---

[14] Der genaue Titel: Eigenschaften, Wissenschaften und Bezeigen rechtschaffener Schulleute, um nach dem in Schlesien für die Römischkatholischen bekannt gemachten Königl. General-Landschulreglement in den Trivialschulen der Städte, und auf dem Lande der Jugend nützlichen Unterricht zu geben, Bamberg und Würzburg 1780 (Erstausgabe Sagan 1768). Zitiert wird nach der Ausgabe, besorgt von Scheveling, siehe Anm. 7. (Zit.: Felbiger, Eigenschaften).

[15] Felbiger, Eigenschaften II. Hauptstück § 1, 47.

[16] Ebd., I. Hauptstück § 1, 35. "Zeitliche und ewige Glückseligkeit" gehören zum Vokabular der Aufklärungszeit, vgl. auch Schmidt, Katechist, 564. Abhängig ist die Glückseligkeit von sittlichen und geistlichen Voraussetzungen: Valjavec, Geschichte der abendländischen Aufklärung, 98: "Ohne Tugend gibt es keine wirkliche Glückseligkeit." "Der Glaube an Gott, an die persönliche Unsterblichkeit, womöglich auch der Glaube an die Vergeltung für gutes oder böses Verhalten im Jenseits schien den Aufklärern ... für einen tugendhaften Lebenswandel des einzelnen unerläßlich zu sein." (Ebd.).

[17] Felbiger, Eigenschaften II. Hauptstück § 7, 50: "Die Religion lehrt sowohl die besten Sitten, indem sie macht, daß ihre Bekenner Laster aller Art fliehen und verabscheuen, dagegen alle Gattungen von Tugenden lieb gewinnen und ausüben."

und ewig glückselig zu machen"[18]. Nicht zuletzt trägt sie zum zeitlichen Glück ihrer Mitglieder dadurch bei, daß sie ihnen Gehorsam vorschreibt[19] gegenüber dem Landesherrn, der seinerseits Ruhe, Schutz, Vorteile in der Gesellschaft gewährt, und die nötigen Anstalten zu ihrem Wohle trifft[20]. Wir haben also eine innige Verflochtenheit von kirchlichen Lehren und staatlichen Interessen vor uns, von einem Ansatz zu einem kritischen Befragen staatlicher Autorität oder faktisch ausgeübter Macht ist noch nichts zu spüren[21].

1.1.2.2 Aufgabe und Ziel des Religionsunterrichts

Aus dem Gesagten ergibt sich die enge Verbindung, ja teilweise Ineinssetzung der Ziele des allgemeinen Unterrichts und des Religionsunter-

---

18) Katholischer Katechismus zum Gebrauch der Schlesischen und anderer Schulen Deutschlands nach der Fähigkeit der Jugend in drey Klassen eingetheilt; Herausgegeben von dem Hochwürdigen Herrn Johann Ignaz von Felbiger, Bamberg und Würzburg 1774, Vorrede § 12, 9. Vgl. auch § 1, 4: "Die Religion allein ist es, welche Menschen wahrhaft und recht dauerhaft glücklich macht."; Panholzer (Hrg.), Methodenbuch, 163 (über die Bewegung des Willens): "Sie besteht darin, daß er die Religion von der gefälligen oder von jener Seite vorstelle, da sie sich als Beförderin unserer Glückseligkeit unserer Beruhigung und auch übereinstimmend mit dem zeigt, was ein aufgeklärter Verstand von unseren Pflichten von selbst zu erkennen vermag."

19) Der Katholische Katechismus enthält ein eigenes Kapitel über die Pflichten eines Untertanen (259-263). Aus dem Evangelium zum Palmsonntag zieht Felbiger folgende Sittenlehre: "Man muß denen, welche uns zu befehlen das Recht haben, gehorsamen, ohne über ihre rechtmäßigen Befehle Bedenklichkeiten vorzuschützen." Panholzer, Methodenbuch, 156.

20) Felbiger, Eigenschaften, IV. Hauptstück § 4, 124: "... der beste Christ ist gewiss allemal der beste Bürger"; ähnlich Schmidt, Katechist, 564: "... daß diejenigen selten gute Bürger, und gute Hausväter seyn werden, welche nicht gute Christen sind". (Der Katholische Katechismus: "Diese Lehren machen gute Fürsten, treue Unterthanen, fleißige Bürger, redliche und rechtschaffene Glieder der menschlichen Gesellschaft in allen Ständen".).

21) Krömer vermutete, daß Felbiger den Konnex zwischen religiösem Erziehungsstil und staatlichem Nutzen deshalb so betont hat, "um die Staatsgewalt zur Unterstützung der Schulverbesserung aktiver werden zu lassen". Krömer, Felbiger, 59.

richts. Auch der Religionsunterricht steht im Dienst der Glückseligkeit des Menschen, ist natürlich vornehmlich dazu da, zur ewigen Glückseligkeit zu verhelfen[22]. Darüber hinaus ist Religion in der Schule gleichsam Ermöglichungsgrund und Garant für die Erreichung auch des irdischen Zieles des Menschen, Kirche und Staat wirken in der Schule einträchtig zusammen. "Ideal ist der katholische Christ, der seine Religion kennt, aus dieser Kenntnis heraus seine Christenpflichten mit innerer Zustimmung erfüllt; der zugleich innerhalb der Grenzen seines Standes in den weltlichen Kenntnissen derart ausgebildet ist, daß er in Unterordnung unter die Obrigkeit als brauchbares Glied der menschlichen Gesellschaft den ihm zukommenden Platz ausfüllt"[23]. Alle anderen Aufgaben und Ziele des Religionsunterrichtes bestimmen sich von diesem allgemeinen Ziel der Schule her.

1.1.2.3 Die Stellung der Hl. Schrift im Religionsunterricht

Auf diese Frage soll kurz eingegangen werden, weil damit zugleich der Ort der Kindheitsgeschichte mit angegeben werden kann. In der Katechese ist um die Mitte des 18. Jahrhunderts ein lebhaftes Interesse an biblischem Gedankengut zu verzeichnen[24]. Die Vorherrschaft des Katechismus ist aber auch bei Felbiger noch unbestritten[25]. An welchen Stellen im Unterrichtsgefüge kommt bei ihm die Bibel vor?
1) Zunächst nicht im eigentlichen Religionsunterricht. Sie wird als Übungsbuch für das Lesen verwendet. "Erstlich bedient man sich dessen in Normal- und Hauptschulen vormittags bei den Leseübungen ... und dadurch macht man zugleich die Schüler mit dessen für alle Christen

---

22) "Die Glückseligkeit hingegen die uns die Religion gewähret, reichet weit über die kurze Zeit des menschlichen Lebens, sie dauert ohne Ende, sie dauert ewig". Vorrede zum Katholischen Katechismus, § 1, 4.

23) Krömer, Felbiger, 66.

24) Vgl. dazu Kreutzwald, Geschichte, 8-36.

25) Das zeigt bereits ein flüchtiger Blick auf die Stundentafel, die dem General-Landschulreglement von 1765 beigegeben ist: Dietrich und Klink, Geschichte der Volksschule I, 150f.
Hier liest man nur von einem Katechismusunterricht. Die Mittelpunktstellung des Katechismus wird sich im folgenden noch weiter erweisen.

höchst merkwürdigem Inhalt bekannt"[26].

2) Felbiger wünscht weiter, daß den Schülern jene Stücke in das Gedächtnis gebracht werden sollen, welche an Sonntagen gelesen werden. Dazu soll entweder der Sonnabend oder der Montag benützt werden[27].

3) Nachdrücklich soll man den Kindern zu Gemüte führen, "daß in den Evangelien, vornehmlich aber in den Episteln Regeln für unseren Wandel, manchmal auch Beispiele und allerlei erbauliche Sachen vorkommen, die uns zum Heile der Seele gereichen, uns auf den Weg der Tugend zu leiten und von Lastern abwendig zu machen geeignet sind"[28]. Damit sind wir bei der dritten Verwendungsmöglichkeit der Hl. Schrift. Für die sittlichen Anweisungen hält die biblische Geschichte zahlreiche Beispiele bzw. Aussprüche bereit[29]. Diese sollen die Schüler bewegen, das

---

26) Felbiger, Methodenbuch I. Hauptstück, 146. (Ausgabe Scheveling). Diese Übung, das Evangelium als Übungsbuch zum Lesen zu benützen, war allgemein verbreitet. Bald erhoben sich dagegen Bedenken von seiten der Pädagogen: "Die Bibel oder das neue Testament als ein Buch zur Übung im Lesen zu gebrauchen, das ist ein seltsamer Einfall ... Bey diesen ersten Leseübungen schon dieß heilige und ehrwürdige Buch zu gebrauchen, ist wirklich Mißbrauch ... Dazu kömmt noch ein sehr verderbliches Vorurteil. Es schleicht sich heimlich der Gedanke ein, Bücher, worin man sich im Lesen übt, gehörten ... nur für Kinder"; J.Ch.F. Rist zit. nach Gottfried Kruchen, Die Bibel Bernhard Overbergs, Münster 1956, 172. 1776 erschien das erste deutsche Lesebuch (Driesch und Esterhues, Geschichte der Erziehung I, 379f).

27) Felbiger, Methodenbuch I. Hauptstück, 146. Es handelt sich um eine sogenannte Perikopenstunde. 1777 ist dazu erschienen: "Die zergliederten und erläuterten sonn- und festtäglichen Evangelien, Lektionen und Episteln. Zum Gebrauche der Katecheten in den k.k. Staaten ..." Wien 1777. Es ist möglich, daß Felbiger die Anregung zu dieser Übung bei Hecker erhalten hat. Dietrich und Klink, Geschichte der Volksschule I, 142: General-Landschulreglement von 1763. Dort heißt es zum Sonnabend: "Darauf fahren die Leser nicht fort, in der Bibel oder im neuen Testament zu lesen, sondern sie lesen teils das Evangelium, teils die Epistel, welche den folgenden Sonntag erklärt wird." Zur Methode vgl. auch Felbiger, Eigenschaften, III. Hauptstück, 87-92.

28) Felbiger, Eigenschaften, III. Hauptstück, 88.

29) Ebd., IV. Hauptstück, 122-124. Der "Kern", auf den hier verwiesen wird, ist wohl der "Kern der Biblischen Geschichte des Alten Testaments ..." von 1767 (Krömer, Felbiger, 261); Methodenbuch I. Hauptstück, 143f. Hier wird ebenfalls auf den Zusammenhang von Religionsgeschichte und Sittenlehre verwiesen. In der Sittenlehre (sie steht im vierten Stück des Lesebuches) wird auf die entsprechenden Stellen der Hl. Schrift verwiesen.

Gesollte zu tun. Ausführlicher kommt er darauf in der Vorrede zu den Katechismen zu sprechen: "Da es an lebendigen rührenden Beyspielen mangelt, so muß man aus der hl. Geschichte solche Beyspiele sammeln, die geschickt sind, den Kindern diese und jene Tugend beliebt, dieses und jenes Laster verhaßt zu machen ... In dieser Absicht ist unsere Religionsgeschichte entworfen worden, die man aus dieser und andern Ursachen fleißig mit den Kindern treibet..."[30] So werden der "Kern der biblischen Geschichte" und damit auch die Kindheitsgeschichte eingespannt in den Dienst sittlicher Belehrung und Beispielgebung. Welche sittlichen Lehren konkret veranschaulicht werden sollen, wird weiter unten ausführlicher dargelegt.

4) Schließlich wird die Schrift auch im Katechismusunterricht verwendet. Felbiger hat für die Schule einen dreiteiligen Katechismus herausgebracht[31]. Gedächtnis (Katechismus für die Anfänger)[32], Verstand (Katechismus für die 7-11jährigen)[33] und Wille (Katechismus für die größeren Schüler)[34] sollen mit dieser Dreiteilung angesprochen werden. Die Schrift kommt erst auf der dritten Stufe zum Einsatz. Sie muß die Kinder überzeugen, daß die vorgetragene Lehre von Gott kommt. "Der Katechet muß also anführen, w a n n Gott, bei welchen Gelegenheiten und w a s Gott geoffenbart hat, w o diese Offenbarungen zu finden, wie glaubwürdig die Bücher sind, in denen sie stehen, was sie sonst noch enthalten, von wem sie geschrieben worden sind"[35]. Auch

---

30) Vorrede zum Katholischen Katechismus, § 31, 26. § 32, 27: "Es giebt in der heiligen Schrift ... ächte Beyspiele gnug, die man nur wählen und anmerken, und dann bey Gelegenheit brauchen darf." Vorrede zum "Kern der biblischen Geschichte" 5: "Diese Geschichten können an die Stelle der sogenannten Exempel treten...". Die enge Verbindung von Biblischer Geschichte und Sittenlehre ist bereits bei den historischen Katechismen der Wiener Jesuiten zu finden (Hofinger, Katechismus, 87).

31) Felbiger, Methodenbuch, 140. Zur Vorgeschichte des Katechismus vgl. Hofinger, Katechismus, 32-40. Zusammenstellung der Katechismen von 1777 ebd., 113-120.

32) Kath. Katechismus, Vorrede § 4, 5; zur Beurteilung vgl. Hofinger, Katechismus, 41ff.

33) Ebd., § 5, 6; vgl. Hofinger, Katechismus, 44ff.

34) Kath. Katechismus, Vorrede § 7, 6f: "Nebst einer weitläufigen Erklärung der Glaubenslehren und Lebenspflichten, enthält er zugleich die erweisenden Stellen aus der heiligen Schrift." Vgl. Hofinger, Katechismus, 48ff.

35) Kath. Katechismus, Vorrede, 15: "Besonders bleibt er bey den Schriftstellen am längsten stehen, die den Hauptbeweis enthalten und suchet dieselben den Schülern recht tief in das Gedächtniß einzuprägen."

der "Kern der biblischen Geschichte" steht im Dienst des Katechismus. Das ist aus der Vorrede des "Kern" ersichtlich. Man soll "diese Geschichte in die gehörigen Orte des Katechismus zertheilen, und also dem katechetischen Unterrichte an gehörigen Orten mit einmischen"[37]. Für unsere Texte kommt als dogmatischer Kontext der 3. Glaubensartikel in Betracht. In der Bibel (hier in Lk 1-2) finden sich dann "die Beweise über das, was hier gesagt worden ist"[38].

5) Daneben führen aber auch unterrichtsmethodische Gründe zur Hereinnahme biblischer Stoffe. Sie erfahren wir aus der Vorrede zum "Kern", wenn es dort heißt: "Der Vortrag ist leicht und faßlich gemacht". Aus der Erfahrung weiß man, "daß die Jugend bey einem zusammenhängenden Vortrage der Geschichte viel aufmerksamer" ist. "Und damit den Kindern das Lernen durch die ganze Schulzeit angenehm bleibe, so sollen die Schullehrer diese Geschichte in die gehörigen Orte des Katechismus vertheilen"[39].

6) Wir sehen, wie biblisches Gedankengut den Unterricht - nicht nur den Religionsunterricht - zu einem Teil mitbestimmt hat. Die Schrift wird als Lesestoff verwendet, u. a. auch, um die Schüler mit dem "höchst merkwürdigen Inhalt" bekannt zu machen. In der Hauptsache dient sie als Beweismittel und als Beispielsammlung. Hinter dieser

---

36) Ebd., - Im Methodenbuch beschreibt er die Gliederung dieser kurzen Religionsgeschichte (140-143). In der Vorrede zum Kath. Katechismus weist er auf eine weitere Verwendungsmöglichkeit hin (siehe Anm. 29). Dabei ist freilich eine Akzentverschiebung im Gebrauch zwischen der Religionsgeschichte und dem "Kern" zu beobachten. Während für die Religionsgeschichte gesagt wird, sie solle erst Kindern bekannt gemacht werden, die bereits urteilen können (Methodenbuch I. Hauptstück, 143), ist der "Kern" u.a. auch dazu da, die Wißbegierde zu befriedigen und den Katechismusunterricht abwechslungsreich zu gestalten. (Vorrede zum "Kern", 5). Textvergleich zwischen "Kern" und "Religionsgeschichte" bei Kreutzwald, Geschichte, 84-93.

37) Vorrede zum "Kern", 5.

38) Kath. Katechismus, 158. Vgl. dazu die Erweiterung des dritten (und vierten) Glaubensartikels im späteren österr. Katechismus von 1777 (Hofinger, Katechismus, 143.144 Anm. 37).

39) Vorrede zum "Kern", 2-5. Der Unterrichtsmethode wurde in der Aufklärungszeit große Aufmerksamkeit geschenkt. (Driesch - Esterhues, Geschichte der Erziehung I, 388). In "Eigenschaften" II. Hauptstück § 14 fordert Felbiger: Das Lernen muß leicht gemacht werden; § 15: Das Lernen muß angenehm gemacht werden (54).

Verwendung lassen sich unschwer zwei Anliegen der Aufklärungszeit
wiedererkennen: Es ist zum ersten die Forderung nach Vernünftigkeit. Die Schrift belehrt uns, daß es vernünftig ist, den Lehren des
Christentums zu glauben, weil sie als von Gott geoffenbart in der
Schrift "erwiesen" sind. Zum zweiten ist es die Forderung nach dem
sittlich guten Handeln, eine Voraussetzung der Glückseligkeit. Die Einführung einer Perikopenstunde dient dem Verständnis eines Teils der
sonntäglichen Liturgie.
Der Bibelunterricht wurde durch Felbiger in den Kanon der Fächer
der Schule aufgenommen. Die Einführung ist bestimmt vor allem von
praktischen und unterrichtsmethodischen Gesichtspunkten. Das hat
seine Auswirkungen auf die Auslegung der Kindheitsgeschichte des Lukas.

1.1.3 Die Auslegung der Kindheitsgeschichte des Lukas bei J.I.v. Felbiger

Nach dieser Einleitung zur Stellung biblischer Texte bei der Einführung der Biblischen Geschichte soll nun das erste Hauptstück des Neuen
Testaments im "Kern der biblischen Geschichte" einer Analyse unterzogen werden. Es wird gefragt, wie der Anfang des Lebens Jesu darin
zur Sprache kommt und wie er ausgelegt wird. Dabei ist der didaktisch-methodische Ort stets im Auge zu behalten: Die Texte sind Beweise für
die Richtigkeit der Katechismuslehre, Exempel für allerlei Tugend und
ein Mittel für angenehmes Lernen.

1.1.3.1 Umfang und Anordnung der Kindheitsgeschichte in Felbigers "Kern"

Da sich Umfang und Anordnung der Texte, die sich auf die Kindheit
Jesu beziehen, auch bei den Nachfolgern des "Kern" nur unwesentlich
ändern, soll zunächst die Anordnung des ersten Hauptstücks wiedergegeben werden[40].

                Geschichte des neuen Testaments

Erstes Hauptstück
      Von der Geburt Jesu bis zu seinen drey letzten Jahren
Die erste Lektion
      Von Mariä Verkündigung und Heimsuchung
Die zweyte Lektion
      Von der Geburt Jesu, und von den Hirten bey der Krippe

---

40) Kern der biblischen Geschichte, 117-127.

Die dritte Lektion
>Von der Beschneidung, und der Anbethung der drey Weisen

Die vierte Lektion
>Von der Reinigung Mariae und der Flucht in Aegypten

Die fünfte Lektion
>Was sich mit Jesus ferner bis zu seiner Taufe zugetragen hat

Es folgt das zweyte Hauptstück

Jede Lektion ist nach dem gleichen Schema aufgebaut. Zunächst folgt der Text der Lektion. In den Text sind fortlaufende Zahlen gedruckt. Diese beziehen sich auf die Fragen am unteren Rand der Seiten. Mit Hilfe dieser Fragen soll der Inhalt "katechisiert" werden. Am Ende einer jeden Lektion ist eine Sittenlehre angefügt. Dazu heißt es in der Vorrede: "Die beygefügten Sittenlehren sind mit Fleiße nach den Fähigkeiten und Begriffen der Kinder eingerichtet"[41].

Aus der Anordnung des Textes wird ersichtlich, daß die Täufergeschichte nicht berücksichtigt wurde[42]. Auch aus dem Johannesevangelium ist in das erste Hauptstück nichts hereingenommen worden. Die Kindheitsgeschichten nach Mt und Lk sind ineinander verwoben nach dem vermeintlichen historischen Ablauf. Das zeigt sich vor allem in der dritten und vierten Lektion: Mt 2,1-12 folgt nach Lk 2,21 (3. Lektion), Mt 2,13-23 bildet zusammen mit Lk 2,22-40 die vierte Lektion. Die Vermischung von Mattäus- und Lukasstoff wird in der Katechese bis heute in der Darstellung der Kindheitsgeschichte praktiziert[43]. Auswahl und Anordnung dieser ersten biblischen Geschichte werden in der Katechese tradiert, wie man bei den folgenden biblischen Geschichten sehen kann. Damit wird zugleich weitergegeben, welche Verse bzw. Erzählungen als bedeutsam, oder für die Kinder verstehbar angesehen werden.

---

41) Vorrede zum "Kern", 2; zur Verbindung von Biblischer Geschichte und Sittenlehre siehe Anm. 30.

42) Am Beginn der ersten Lektion wird die Verheißung der Geburt des Johannes an Zacharias erwähnt ("Kern", 117).

43) Z.B. noch Reich Gottes, Auswahlbibel für katholische Schüler, München 1960. Lukas- und Mattäustexte sind zwar in den einzelnen Lektionen getrennt, die Lektionen sind jedoch "chronologisch" geordnet, z.B. 182 und 183 (Mt 2,13-23; Lk 2,40-52); Gott unser Heil, Auswahlbibel, Freiburg ^{3}1967 bringt Lk 1-2 im Anschluß an Mt 1,18-2,23; die Neue Schulbibel, für das 3.-6. Schuljahr, Hamburg-Lahr 1973, vermischt ebenfalls die Kapitel der Evangelisten nicht mehr.

1.1.3.2 Der Text der einzelnen Lektionen

In einem weiteren Schritt soll der Text der biblischen Lektionen genauer untersucht werden. Ein erstes Lesen der Texte belehrt, daß es sich um keine genaue Wiedergabe handelt, sondern um eine - dem Text der Bibel mehr oder weniger folgende - Nacherzählung[44]. Das Problem der "Urtextnähe" oder "Urtexttreue"[45] stellte sich Felbiger noch nicht. Nach der Vorrede soll seine Biblische Geschichte methodischen und pädagogischen Zielen dienen. Wenn schon jeder Übersetzer und Vorleser zugleich Ausleger der Schrift ist[46], so der, der den Text nacherzählt noch mehr. Wenn wir den Text des "Kerns" entlanggehen, erfahren wir, wie Felbiger den Text versteht, die Textanalyse zeigt zugleich einen Teil seiner Auslegung.

Die erste Lektion

Von Mariä Verkündigung und Heimsuchung[47]

Zunächst wird in einem längeren einleitenden Satz eine Brücke vom Alten zum Neuen Testament geschlagen; im gleichen Satz wird auch die Ankündigung der Geburt des Johannes an Zacharias kurz erwähnt. Dann beginnt die Erzählung mit Lk 1,26. Der Text selbst weist Kürzungen und Erweiterungen gegenüber dem ursprünglichen Text auf. Der Dialog in den Versen 31-33 und 34-37 ist umgewandelt in indirekte Rede, die der Erzählung eine gewisse Schwerfälligkeit verleiht.
1) Im Text der Biblischen Geschichte werden drei Verse hervorgehoben: Lk 1,28.30.38.
Alle drei Verse beziehen sich auf Maria. Die Verse 28 und 30 sind Bestandteile von Mariengebeten, V 30 enthält die Erwählung Marias. Hier und in der Sittenlehre zeigt sich ein mariologisches Interesse. Auf-

---

44) Zum Problem des Textes einer Schulbibel vgl. Bruno Dreher, Zur Gestalt einer künftigen Schulbibel, in: ThQ 137 (1957), 443-472, bes. 455-464; ders., Einführung in die Auswahlbibel Gott unser Heil, Freiburg 1967, 26-28; ders., Die biblische Unterweisung, 238-240; Gerhard Bellinger, Bibelwissenschaft und "Schulbibel", in: Kat Bl 95 (1970) 197-199.

45) Adolf Knauber, Die Geschichte der "Katholischen Schulbibel" und ihre Gestaltkräfte, in: 50 Jahre katholische Schulbibel 1907-1957, Düsseldorf 1958, 45.

46) Gerhard Ebeling, Die Geschichtlichkeit der Kirche, 19: "Indem der Prediger einen biblischen Text in Übersetzung vorliest, ist bereits ein Auslegungsvorgang mit im Spiel, der mannigfache, wenn auch sehr verborgene Bezüge zur kirchlichen Auslegungstradition in sich enthält."

47) Kern, 117f.

fallend ist auch V 27, wo Maria als Jungfrau vorgestellt wird, die mit Joseph vermählt war.

2) Die Kürzung von Lk 1,26-38 erfolgt in den Versen 31-32 und 34-37. Beide Textgruppen werden auch in späteren Biblischen Geschichten, vor allem in den "Kleinen Schulbibeln" oft zusammengezogen. Im Felbigerschen "Kern" fehlen in V 31 "empfangen", in V 32 "Sohn des Höchsten" und "Gott der Herr wird geben."

Die vielen, nur vom Alten Testament her zu verstehenden Aussagen in Lk 1,32f bereiten dem Verständnis der Schüler nicht geringe Schwierigkeiten. Deshalb ist aus pädagogischen Gründen eine Textkürzung verständlich. Allerdings bleiben bei unserem Beispiel die schwerverständlichen Versteile stehen, so daß die Kürzung kaum einsichtig zu machen ist.

Die zweite Textgruppe (VV 34-37) fehlt vollständig. Sie wird ersetzt durch einen allgemeingehaltenen Satz: "Er entdeckte ihr zugleich, auf was für eine Art Gott ein so großes Geheimnis in ihr zu wirken beschlossen hatte."[48] Die Erzählung wird dann sofort mit V 38 fortgeführt. Durch diese Auslassung ist der Spannungsbogen der Erzählung empfindlich gestört. Es ergibt sich folgender Erzählsinn: Maria ist mit Joseph vermählt. Durch einen Engel erfährt sie, daß sie ein Kind gebären wird, dem eine große Zukunft vorhergesagt wird. Seine Herkunft aus Gott ist nicht ausgesagt. Das ist umso erstaunlicher, als Felbiger diesen Text zum "Beweis" der Katechismussätze benötigt[49].

3) Die Eintragungen in den Text dienen der Konkretisierung (Joseph ist Zimmermann V 27; der Engel befreit Maria von ihrer Unruhe V 30), der Textüberleitung (s.o. für VV 34-37) und der Hervorhebung der Haltung Marias (V 38)[50].

4) Ergebnis des Textvergleichs: Felbiger geht mit dem Evangeliumstext Lk 1,26-38 verhältnismäßig frei um. Am auffallendsten ist die Streichung der Verse 34-37, die den Erzählfortgang stört. Auch die Verwendung für den Katechismusunterricht ist infolge dieser Kürzung nicht sehr ergiebig[51].

---

48) Kern, 118.

49) Kath. Katechismus, 156-158.

50) Da dem "Kern" sicher der Vulgatatext zugrunde liegt, ist auch die Eintragung dieses Textes zu V 28 zu finden.

51) Kath. Katechismus, 158: "Will man die Empfängniß und Geburt Jesu Christi umständlicher lesen, so findet man sie im ersten Kap. Lucae beschrieben, wie auch die Beweise über das, was hier gesagt worden ist."

Die zweyte Lektion

Von der Geburt, und von den Hirten bey der Krippe[52]

1) Der Text der zweiten Lektion lehnt sich mehr der vorgegebenen Erzählstruktur an als dies bei der ersten Lektion der Fall ist. Lk 2,1-5 wird am stärksten gekürzt. Mit einer Kürzung in diesem Bereich versuchen sich auch viele spätere Biblische Geschichten. Besonders häufig fehlt die Erwähnung des Quirinus (V 2). Auffallend ist, daß der Erzähler den anschaulichen Zug von Vers 7 nicht mit aufgenommen hat.
2) Die Erweiterungen beziehen sich zunächst auf Betlehem (V 4) bzw. auf die Felder bei Betlehem (V 8), "wo einst der junge David die Schafe seines Vaters gehütet hatte"[53]. Sodann wird die Erwählung der armen Hirten hervorgehoben (V 8), ihre Erholung von der Furcht (V 15) und ihre Ehrerbietung beim Besuch des Kindes (V 17).
3) Der besondere Akzent bei dieser Lektion liegt nach der Textgestaltung bei der Verheißung des Geburtsortes, sowie bei der Hervorhebung der Hirten, besonders ihrer ehrerbietigen Haltung.

Die fünfte Lektion

Was sich mit Jesus ferner bis zu seiner Taufe zugetragen hat[54]

Noch mehr als die zweite Lektion folgt die fünfte dem Lukastext. Einige Worte (endlich; schmerzliche Verlegenheit) werden zur Hervorhebung des Erzählvorgangs eingefügt. Lk 2,49 wird so wiedergegeben: Wußtet ihr nicht, daß ich den Willen meines himmlischen Vaters befolgen, und seine Geschäfte besorgen muß?[55] Das Unverständnis der Eltern (Lk 2,50) ist ausgelassen. Auch Lk 2,52 wird nicht aufgenommen. Daß die Auslassungen aus dogmatischen Gründen (V 52) oder aus Ehrerbietung vor den Eltern Jesu (V 50) erfolgten, kann nur vermutet werden. Es könnte sich auch um einfache Streichung von "unwesentlichen" Sätzen handeln.

Ergebnis der Textuntersuchung

Die Durchsicht der Texte zeigte einige Auslegungstendenzen Felbigers, die unausgesprochen seine Bearbeitung beeinflußten.
1) Verse, die in die christliche Gebetstradition aufgenommen wurden, werden textgetreu wiedergegeben und hervorgehoben. Dazu gehören Lk 1,28.38; 2,14 (in der Vulgatafassung - ohne Hervorhebung - im Text).

---
52) Kern, 119-121.
53) Ebd., 120 in Anlehnung an 1 Sam 16,11.
54) Ebd., 126f.
55) Ebd., 127.

2) Der Kürzung bzw. Auslassung von Versen liegen mehrere Absichten
zugrunde. In Lk 2,1-5 werden die für Kinder schwierig zu verstehenden
historischen Angaben weggelassen. Dafür steht ein Hinweis auf eine
Prophetenweissagung. Für die Streichung Lk 1,34-37 konnte kein einsichtiger Grund gefunden werden. Diese Auslassung stört, wie bereits
erwähnt, die Erzählstruktur erheblich. Es könnte sein - aber das ist
nur eine Vermutung -, daß Lk 1,34ff nicht aufgenommen wurde, um jeden Anklang an Geschlechtliches zu vermeiden[56]. In Lk 2,41-52 werden
das Nichtverstehen der Eltern sowie Jesu Zunahme an Weisheit ausgelassen (Lk 2,50.52). Beide Male könnten dogmatische Gründe (das Wissen der Eltern um das Geheimnis Jesu bzw. die Allwissenheit Jesu)
Anlaß zur Streichung gewesen sein[57].
3) Die Erweiterungen im Text ergeben sich einerseits aus der Tendenz
der Konkretisierung und dem Hang zur psychologischen Erklärung (1,
27.29.30; 2,15), andererseits um die fromme Haltung der Personen zu
betonen (1,38; 2,17), die nachahmenswert ist; schließlich, um die Bedeutsamkeit von Personen und Orten zu verdeutlichen (2,1.8). Übersetzung, Hervorhebung, Weglassung und Hinzufügung sind bereits Formen der Auslegung. Der Verfasser einer Biblischen Geschichte kann
mit diesen Mitteln Akzente setzen, um das Verstehen zu lenken. Im Verstehen des vorgelegten Textes findet zudem bereits "so etwas wie eine
Anwendung des zu verstehenden Textes auf die gegenwärtige Situation
des Interpreten statt"[58]. Umgekehrt ist die Anwendung "ein ebenso integrierender Bestandteil des hermeneutischen Vorgangs ... wie Verstehen und Auslegen"[59]. Der Anwendung und der in dieser sich zeigenden Auslegung wenden wir uns nun zu.

1.1.3.3 Die Auslegung der Lektionen

Die Auslegung der Lektionen folgt in einer Sittenlehre, die sich jeweils
an den Evangelientext anschließt. In ihr wird der Nutzen der Schrift
sichtbar, zu tugendhaftem Wandel anzuspornen[60].
Die "Sittenlehre" zeigt, wie der Text auf die gegenwärtige Situation der
Schüler angewandt werden soll. Formal ist die Lehre folgendermaßen
aufgebaut:
1. Sie beginnt mit einer Anknüpfung an den Bibeltext.
2. Es folgt die eigentliche Mahnung an den Leser in direkter Anrede.
3. Die Sittenlehre schließt mit einem zusätzlichen Bibelvers, der die Mah-

---

56) Vgl. dazu Adolf Knauber, Geschichte, 34f.
57) Auch diese Tendenz wird in späteren Biblischen Geschichten fortgeführt.
58) Hans-Georg Gadamer, Wahrheit und Methode, 291.
59) Ebd.
60) Kern, Vorrede 5; Kath. Katechismus, Vorrede 7; 26.27.

nung unterstreichen soll. Er ist jeweils durch Sperrdruck hervorgehoben.

Sittenlehre der Lektion 1

Die Sittenlehre dieser Lektion schließt sich an das Magnifikat an. Der Schüler wird ermahnt: Bist du reich, angesehen usw., so sei eingedenk, daß dies Gaben Gottes sind. "Mache deswegen nicht dich, sondern Gott den Herrn allein groß; d e n n w a s h a s t d u , d a ß d u n i c h t e m p f a n g e n h a s t ? 1 Kor 4. c. 7. v. "[61]

Sittenlehre der Lektion 2

Die Tatsache, daß Jesus in Armut zur Welt gekommen ist, wird dem Leser vor Augen gestellt: Bist du arm, verstoßen ... so tröste dich in Deinem Schicksale; "D e n n d e r J ü n g e r i s t n i c h t ü b e r d e n M e i s t e r ... Matth 10 c. 24, 25. v. "[62]

Sittenlehre der Lektion 5

Durch sein Beispiel belehrt Jesus die Kinder, daß sie fleißig Schule und Kirche besuchen sollen und ihren Eltern in allen Stücken zu gehorchen haben, "denn selbst d e r W e l t h e i l a n d war s e i n e n z e i t l i c h e n A e l t e r n u n t e r t h a n . Luc 5 c. 15. v."[63]

Reichtum, Armut, Gehorsam - Themen zur Aktualisierung der Kindheitsgeschichte[64]

Felbiger schließt assoziativ an ein Wort oder an einen Zustand in der Erzählung an. Seine Gedanken führt er dann ohne Textbezug weiter, wobei die Zeitumstände oder wünschbaren Verhaltensweisen bei der Abfassung des Textes leitend waren. Die Auslegung der Erzählungen - so könnte man sagen - geschieht durch das Hineinlegen gesellschaftlicher Zustände bzw. ethischer Imperative. Die Texte stellen dieser Interpretation ihre Autorität als Offenbarung Gottes[65] zur Verfügung. Sie selbst werden durch die Sittenlehre nicht eigentlich ausgelegt. Inhaltlich wird die Spannung zwischen Reichtum und Armut angesprochen und religiös interpretiert. Der Reiche soll sich nicht erheben, sondern Gott für dieses Be-

---

61) Kern, 119.
62) Ebd., 120.
63) Ebd., 127; Lk 5,15 ist eine falsche Stellenangabe.
64) Themen der übrigen Lektionen:
    Lektion 3: Anbetung in der Kirche (Kern, 123).
    Lektion 4: Verhalten gegenüber den Eltern wie Jesus aus Dankbarkeit
65) Kern, Vorrede, 2.   (Kern, 126).

günstigtsein danken. Der Arme soll sich trösten mit der Armut Jesu. Das Problem einer Veränderung der ungerechten und oftmals trostlosen Zustände ist nicht im Blickfeld[66].
Ein weiteres wichtiges Thema, das in der Auslegung von Lk 2,41-52 bis heute eine Rolle spielt, ist der Gehorsam[67] des Kindes, beispielhaft vorgelebt vom zwölfjährigen Jesus. Er war ihnen untertan (Lk 2,51). Dieser Satz wird aufgenommen, die übrige Erzählung außer acht gelassen und dafür das eigene Anliegen kräftig unterstrichen. Jesu beispielhaftes Verhalten soll auch den eifrigen Schul- und Kirchenbesuch der Kinder anspornen. Man sieht, wie die Lebenswirklichkeit der Kinder in der Sittenlehre tangiert wird: Reichtum, Armut, Schulbesuch, Kirchenbesuch und Gehorsam sind Erfahrungsfelder aus dem Leben der Schüler. Sie sollen durch die Ermahnungen zu dem gewünschten Verhalten hingeführt werden. Dieses Verhalten besteht darin, sich in die gegebenen Ordnungen einzufügen. Der biblische Text ist bei diesen Ermahnungen beiseitegelassen und spielt keine Rolle mehr. Erzählungen über die Kindheit Jesu sind bei Felbiger Lieferant für anschauliches Material zur Unterweisung im sittlichen Wohlverhalten. Die Dienstfunktion der Biblischen Geschichte ist deutlich, ihr Eigenwert ist noch nicht im Blick.

---

66) "... die Einordnung in die bestehenden sozialen Verhältnisse ... beherrscht das Bild." Krömer, Felbiger, 245. Bereits in der Zeit, in der die alte ständische Gesellschaftsordnung noch unangetastet war, entstand auf dem Lande ein schnell wachsender 'Armenstand'. Ebd., 553. Vgl. auch Eduard Spranger, Zur Geschichte der deutschen Volksschule, Heidelberg 1949, 23f.

67) Felbiger, Methodenbuch, bearb. v. Panholzer, 330: "In der Schule müssen sich die Kinder an den Gehorsam gewöhnen, um zu Hause ihren Eltern und Vorgesetzten, wie auch künftig der Obrigkeit desto gehorsamer zu sein." "Wer in der Jugend nicht Gehorsam lernt, der wird auch in männlichen Jahren meistens immer widerspenstig und der Obrigkeit ungehorsam sein." 332: "Die Haupttugenden eines rechtschaffenen Schülers sind: Frömmigkeit, Sittsamkeit und Fleiß, Gehorsam und Ehrerbietung gegen seine Lehrer, gegen Vorgesetzte und Vornehme."

1.1.3.4 Ergebnis

Nach der Analyse und Interpretation des ersten Hauptstückes von Felbigers "Kern" können nun die Tendenzen in der Auslegung der Kindheitsgeschichte zusammengefaßt werden.

1) Für Felbiger steht die Biblische Geschichte im Dienst der Sittenlehre. "Der aus diesen Geschichten zu schöpfende Nutzen"[68] steht im Mittelpunkt und legt auch die Kindheitsgeschichte aus. Dabei kommt es zur Vorstellung tugendhafter Verhaltensweisen, die den Kindern das Leben in der Gemeinschaft erleichtern, indem sie sich willig in die bestehenden Ordnungen einfügen. Mit dieser Auslegung ist Felbiger ganz seiner Zeit verhaftet[69].

2) Religionspädagogisch gesehen bemüht sich Felbiger, in der Aktualisierung die Lage der Schüler zu berücksichtigen und ihnen Nützliches beizubringen, ebenfalls ein Anliegen der Aufklärungszeit[70]. Dabei läßt er den vorgegebenen Text fast ganz außer acht bzw. benützt ihn lediglich zur Anknüpfung. Bei dem Bestreben, tugendhaftes Verhalten aus den Erzählungen abzuleiten, bleiben die Eigenart des Textes, sein Anspruch, der Aussagewille des Evangelisten unbeachtet. Von Jesus, seiner Herkunft aus Gott, dem Bekenntnis zu seiner Bedeutung für die Menschen usw.[71] wird in dem ersten Hauptteil nichts erwähnt. Felbigers "Kern" ist der Typ der Biblischen Geschichte, der die gegenwärtige Situation überbetont und dadurch dem Text nicht gerecht wird. Beide stehen sich wie zwei erratische Blöcke gegenüber, verbunden durch die Assoziation von Worten oder von am Rande stehenden Ereignissen.

3) Neben der Auslegung durch die Sittenlehre ist die Auslegung durch die Anordnung des Textes selbst bzw. seiner Bearbeitung zu beachten. Felbiger steht am Beginn einer langen Tradition von Biblischen Geschichten, die das Problem der Texttreue, der Auswahl und der Zusatztexte je neu zu lösen versuchen.

Er versteht die Erzählungen der Evangelien historiographisch. Das führt zur Form der fortlaufenden Geschichtserzählung[72], die auch noch bei-

---

68) Kern, Vorrede, 5.

69) Siehe S. 19 f. d. Arbeit.

70) "Der aus diesen Geschichten zu schöpfende Nutzen wird sich aber nicht nur auf die Jahre der Kindheit, sondern auch auf das Alter erstrecken." Kern, Vorrede, 5.

71) Vgl. z.B. Heinz Schürmann, Das Lukasevangelium I, Freiburg-Basel-Wien 1969, 20.

72) Das zeigt sich (im Bereich der Kindheitsgeschichte) z.B. an der Überschrift: "Was sich mit Jesus ferner bis zu seiner Taufe zugetragen hat." Kern, 126.

behalten wird, als sie schon längst von der exegetischen Wissenschaft in Frage gestellt wurde. Zur Erzählung einer fortlaufenden Geschichte gehört die Harmonisierung von Texten aus verschiedenen Evangelien[73]. Hervorhebungen, Kürzungen und Umschreibungen sind Formen seiner Textbearbeitung[74].

4) Auf das erste Kapitel des "Kern" wurde deshalb so ausführlich eingegangen, weil es in sich die verschiedenen Möglichkeiten weiterer Entfaltung, Modifikationen und möglicher Akzentsetzungen enthält. Zugleich ist der "Kern" ein Beispiel für die dienende Funktion der Biblischen Geschichte und des Bibelunterrichts überhaupt. Die Kindheitsgeschichte steht unter ethischer Abzweckung und ist eingefügt in die allgemeine Zielvorstellung der Pädagogik der Aufklärungszeit. Für den eigentlichen Katechismusunterricht gibt der "Kern" - entgegen der verschiedentlich geäußerten Absicht Felbigers - wenig her.

1.2 Bernhard Overberg: Geschichte des alten und neuen Testaments (1799)[75]

Felbigers "Kern" hat bis weit ins 19. Jahrhundert hinein eine weite Verbreitung erfahren[76]. Überall, wo die Reform Felbigers durchgeführt worden ist, wird man mit seinen Schulbüchern auch seine Biblische Geschichte übernommen haben und damit die Auslegung sowie ihren methodischen Einsatz im Unterricht.

In der Folgezeit gab Felbigers Werk "durch seine Mängel und Vorzüge den Anstoß zur Herausgabe zahlreicher anderer Werke, unter denen Overbergs Bibel einen besonderen Rang einnimmt"[77]. In den vielen Auflagen und der weiten Verbreitung der Biblischen Geschichte Over-

---

73) Siehe S. 25 f. d. Arbeit.

74) Siehe S. 27-30 d. Arbeit.

75) Vollständiger Titel: Bernhard Overberg, Geschichte des alten und neuen Testaments zur Belehrung und Erbauung besonders für Lehrer, größere Schüler und Hausväter, Münster 1799. (Zitiert: Overberg, Geschichte des aT und nT).

76) Kreutzwald, Geschichte, 103 Anm. 178 und S. 255.

77) Gottfried Kruchen, Die Bibel Bernhard Overbergs. Ein Beitrag zur Geschichte der Religionspädagogik im Bistum Münster, Münster 1956, 195.

bergs zeigt sich die Bedeutung dieses Werkes[78].
1786 erhielt Overberg vom Generalvikar Frh. von Fürstenberg den Auftrag, für das Fürstbistum Münster eigene Schulbücher herauszugeben[79].
Zwölf Jahre später, 1798, erhielt seine "Geschichte des alten und neuen Testaments" die Approbation des Generalvikars.
Im folgenden soll zunächst den pädagogischen und theologischen Voraussetzungen nachgegangen werden, die die Abfassung der Biblischen Geschichte Overbergs beeinflußt haben.

1.2.1 Overberg als Verfasser der "Geschichte des alten und neuen Testaments"

Die pädagogischen Impulse der Zeit[80] wurden im Bistum Münster vor allem vom Generalvikar Frh. v. Fürstenberg aufgenommen. Von seiner in Münster errichteten Normalschule sollte über den Lehrerstand, der an dieser Schule ausgebildet wurde, eine Belehrung für das gesamte Landschulwesen des Bistums ausgehen[81]. 1783 wurde Overberg[82] von seiner Kaplanstelle in Everswinkel an diese Normalschule berufen. Vorbereitung und Weiterbildung der Lehrerschaft, die Verantwortung für den Aufbau des gesamten Landschulwesens der Diözese, waren ihm damit übertragen[83]. Fortan galt Overbergs Bemühen dem Volksschulwesen. Dazu zählte auch die Herausgabe brauchbarer Schulbücher. So

---

78) Ebd., 282-289. Die weiteren Bearbeitungen der Bibel Overbergs versuchten diese vor allem für die Schulen geeignet zu machen (z.B. Bearbeitungen von W. Erdmann, Schumacher und Linnemann). Dr. Berlage und Dr. Scheuffgen gaben die Overbergbibel als Haus- und Familienbibel heraus. Daneben gab es noch Auszüge: "Kleine Biblische Geschichte", (bearbeitet von Kellermann) und "Overbergs Biblische Geschichte für die Mittelklassen katholischer Volksschulen." Verzeichnis bei Kreutzwald, Geschichte, 289f.

79) Kruchen, Die Bibel Overbergs, 170.

80) Siehe S. 16-18 d. Arbeit.

81) Kruchen, Die Bibel Overbergs, 15f.

82) Zum Leben und Wirken Overbergs: Bernhard Overberg in seinem Leben und Wirken, dargestellt von einem seiner Angehörigen, Münster 1829. (Der Verfasser ist Reinermann); Kruchen, Die Bibel Overbergs.

83) Ebd., 11.

kam Overberg - wie Felbiger - auf dem Weg pädagogischer Bemühungen zur Abfassung seiner Biblischen Geschichte.
Für seine Einstellung zur Verwendung biblischer Texte im Religionsunterricht mag eine Erfahrung aus seiner Studentenzeit nicht unbedeutend gewesen sein. In seinen Semesterferien versuchte er - ohne Erfolg - einigen Mädchen Unterricht in der Religion zu erteilen. Als er schon aufgeben wollte, "fing er aus Überdruß an, ihnen etwas aus der biblischen Geschichte zu erzählen. Da bemerkte er eine plötzliche Veränderung an den Kindern, ihr Gesicht heiterte sich auf, und sie hörten ihm mit aller Aufmerksamkeit zu ... Das gab ihm einen Fingerzeig. Er begann, auch den Religionsunterricht ihnen erzählend, untermischt mit kurzen Fragen, zu ertheilen, und hatte den besten Erfolg ..."[84] Später kam er auf diese Erfahrung zurück, "daß die biblische narratio Ausgangspunkt der Katechese sein muß ... daß die Bibel ... die Glaubens- und Sittenlehre selbst in vollkommener Weise darbietet."[85] Die praktische Erfahrung ergänzte Overberg durch das Studium theologischen, pädagogischen, vor allem religionspädagogischen Schrifttums[86]. Wesentliche Impulse für seine Arbeit erhielt er als Mitglied der "familia sacra", einem Münsteraner Kreis, in dem betont kirchliche Haltung, Glaubenstiefe und tätiges Christentum gepflegt wurden. Die Bibel nahm dabei einen vorzüglichen Platz ein[87]. So trat bei Overberg vor der pädagogischen Brauchbarkeit biblischer Erzählungen ihr geistlicher Wert in den Vordergrund. "Die Heilige Schrift ist uns gegeben, daß wir zur Erkenntnis der Wahrheit und zu heiliger Liebe gelangen ..."[88] Somit be-

---

84) (Reinermann), Bernhard Overberg in seinem Leben und Wirken, 16f.

85) Kruchen, Die Bibel Overbergs, 11.

86) Ebd., 69-192. Genannt werden u.a. Schmidts Katechist; J.I.v. Felbiger; französische Autoren, v.a. Fleury, Fénelon, Pouget; protestantische Theologen.

87) "Die Seele dieses hochgeistigen und weitgespannten Freundeskreises aber war der münsterische Normalschullehrer Bernhard Overberg." Kruchen, Die Bibel Overbergs, 6. Zu diesem Freundeskreis gehörten F.L. Graf zu Stolberg, Frhr. v. Fürstenberg, F. Amalie von Gallitzin u.a.. Dieser Kreis stand mit bedeutenden Philosophen, Pädagogen, Dichtern und Theologen in regem geistigen Austausch, vgl. Hubert Jedin (Hrsg.), Handbuch der Kirchengeschichte VI, 1, Freiburg-Basel-Wien 1971, 263f. Kruchen, Die Bibel Overbergs, 45-50.

88) In: Réflexions, zitiert nach Kruchen, 185. In Overbergs Schrifttum finden sich oft Äußerungen über die Art des Bibellesens, die die Hochachtung vor der Bibel und ihre Mittelpunktstellung in seinem Leben bestätigen.

stimmen folgende Grundzüge die Bibelbearbeitung Overbergs:
1) In der katechetischen Unterweisung will er die Bibel in den Mittelpunkt stellen[89].
2) Die Heilige Schrift ist ihm vor allem Zeugnis von der gnädigen Fürsorge Gottes, uns zu unserem Heile zu verhelfen[90].
3) Sie soll den Leser erbauen, ihn geistlich führen[91].
4) Die Ehrfurcht vor dem Wort der Offenbarung führt zur Treue gegenüber dem Schrifttext[92].

---

89) Kruchen, Die Bibel Overbergs, 46: "Wie Fürstenberg war er überzeugt, daß die Bibel die Grundlage des gesamten Religionsunterrichts bilden müsse." Bestimmend waren für Overberg - wie für andere Theologen dieser Zeit - die biblische Heilsverkündigung und die Gegenwirkung gegen die gemütlose, intellektualisierende Form der Katechetisierung durch den Rationalismus der Aufklärung: Leopold Lentner, Katechetisches Wörterbuch, Freiburg 1961, Sp. 122.

90) Overberg, Vorrede zur Geschichte des aT und nT, VI: Die Geschichte des alten und neuen Testaments lehrt uns "die gnädige Fürsorge Gottes ... uns zu unserm ewigen Heil zu verhelfen." In seiner Vorrede (V f) gibt er einen kurzen Abriß der Heilsgeschichte. Nach Kruchen (46f) ist er in seiner Auffassung von der pragmatischen Geschichtsschreibung von Fürstenberg abhängig. Ausschlaggebend ist für Overberg "das theologische Prinzip des göttlichen Heilsplanes." Ebd., 221f.

91) Siehe Anm. 88. Hinter dieser Zielsetzung steht die persönliche Frömmigkeit Overbergs und die religiöse Praxis des Münsteraner Kreises. In der Vorrede (XIf) zur Geschichte des aT und nT heißt es, man solle mit festem Glauben und wahrer Ehrfurcht, mit reiner Absicht und reiner Begierde, mit Anwendung auf sich selbst lesen.

92) Overberg, Vorrede zur Geschichte des aT und nT, VIII: "Ich habe in diesem Auszuge die biblische Geschichte, soviel es mir schien geschehen zu können, darum mit den nämlichen Worten und Redensarten vorgetragen, wie sie in der h. Schrift steht, weil es unmöglich ist, sie besser zu erzählen, als die vom h. Geiste erleuchteten Verfasser derselben gethan haben." Ein weiterer Grund für die Texttreue ist die Aufmerksamkeit der Kinder: "Ich habe dieselben bei dem Unterrichte in der biblischen Geschichte nie aufmerksamer gefunden, als wenn ich sie ungefähr so, wie sie in der Bibel steht, erzählte." Ebd.; vgl. dazu auch (Reinermann), Bernhard Overberg in seinem Leben und Wirken, 56.

Ein Vergleich mit der Felbigerschen Konzeption zeigt die Weiterführung des vornehmlich methodisch-pädagogischen Ansatzes hin zu einer, auch von der Eigenart der biblischen Texte, bestimmten Konzeption.

1.2.2 Die Kindheitsgeschichte des Lukas in Overbergs "Geschichte des alten und neuen Testaments"

Nach jahrelangen Vorbereitungen gab Overberg 1799 seine Biblische Geschichte heraus. Nach dem Vorwort sind größere Schüler, Lehrer, Hausväter und Hausmütter die Adressaten[93]. Der methodische Einsatz seiner Biblischen Geschichte ist in seinem "christkatholischen Religionshandbuch" niedergelegt[94]. Dieses Handbuch wird zur Ergänzung und Verdeutlichung vor allem seiner pädagogischen Absichten mit herangezogen.
In diesem Handbuch bringt er zwei Lehrgänge, einen "Faden des Unterrichts für die Kleinen"[95] und den "Faden d.h. Inhalt und Ordnung des Unterrichts für die Größeren"[96]. Beide Lehrgänge sind ähnlich aufgebaut, der zweite bringt den Stoff ausführlicher[97].

1.2.2.1 Anlage und Text des ersten Hauptstückes

Auch aus der Gesamtüberschrift zu den neutestamentlichen Texten wird die veränderte Zielsetzung Overbergs gegenüber Felbiger deutlich. Das Neue Testament soll uns lehren, "wie die Gnade und Menschenfreundlichkeit Gottes unseres Heilandes auf Erden erschienen ist"[98]. In seinen

---

93) Overberg, Vorrede zur Geschichte des aT und nT, IX.

94) Bernhard Overberg, Christkatholisches Religionshandbuch, 2 Bde., Münster ^{4}1833. (Zit.: Religionshandbuch).

95) Darin: III. Hauptstück: "Was Gott gethan, um die Menschen zum Himmel zu verhelfen" Religionshandbuch, Bd.1, 75-79. "Dieses Hauptstück enthält die biblische Geschichte, oder, welches das Nämliche ist, die Geschichte der Fürsehung Gottes." Ebd. 47f. (Zit.: Faden I).

96) Religionshandbuch, Bd.2, 341-355. (Zit.: Faden II).

97) Overberg wendet hier das Prinzip der konzentrischen Kreise an. Vgl. Religionshandbuch, Bd.1, 34.

98) Overberg, Geschichte des aT und nT, II. Teil, 3. In der Überschrift findet sich die "Heilsfürsorge Gottes", ein Hauptanliegen Overbergs wieder. Der ganze Satz ist biblisch formuliert (Tit 3,4; Joh 1,14; Hebr 5,9). Felbiger dagegen verwendet die Schrift vor allem um "rüh-

Überschriften im ersten Hauptstück verwendet er für Jesus durchgehend Heiland und weist damit auf sein theologisches Anliegen hin: In seinem Namen ist uns Heil angesagt. Das erste Hauptstück zeigt folgenden Aufbau:[99]

Erstes Hauptstück

Von der wunderbaren und gnadenreichen Geburt unseres göttlichen Heilandes, von dessen Jugend und verborgenem Leben bis zu seinem öffentlichen Lehramte.

1. Lektion

Der Engel des Herrn bringt dem Zacharias und der seligsten Jungfrau Maria eine frohe Botschaft. Luc 1

2. Lektion

Maria, die auserwählte Mutter des Heilandes, besucht die Mutter des Vorläufers. Luc 1, 39-56

3. Lektion

Der Vorläufer des Heilandes wird geboren. Luc 1, 57-80

4. Lektion

Der Heiland wird geboren, die Engel und Hirten erfreuen sich. Mt 1, 18-24, Luc 2

5. Lektion

Die Geburt des Heilandes wird der Welt durch einen Stern verkündigt; die Weisen beten Jesus an. Mt 2, 1-12

6. Lektion

Der Heiland kommt zum ersten Male zum Tempel. Freude des Simeon und der Anna. Luc 2, 21-38

7. Lektion

Der Heiland wird schon in seiner Kindheit verfolgt. Dessen Flucht nach Egypten. Kindermord des Herodes. Mt 2, 13

---

render Beispiele willen" und teilt damit die Vorliebe für moralische Lehren mit der Aufklärung. Es muß jedoch hinzugefügt werden, daß er - entgegen der Lehren vieler Theologen und Pädagogen seiner Zeit - am übernatürlichen Charakter der Offenbarung festgehalten hat.

99) Overberg, Geschichte des aT und nT, II. Teil, Erstes Hauptstück, 5-17. Die Angaben der Schriftstellen entsprechen der Ausgabe Overbergs.

8. Lektion

Der Heiland wird im Tempel wiedergefunden und führt sich in seiner Jugend so auf, daß Gott und alle Menschen ein großes Wohlgefallen daran haben. Luc 2, 40 etc.

Neben der Betonung des Heilsgeschehens enthalten die Überschriften einen religiös-erbaulichen Zug, der sich in Wendungen zeigt wie: "seligste Jungfrau Maria", "auserwählte Mutter des Heilandes", "die Engel und Hirten erfreuen sich" usw. Unwillkürlich erinnert man sich an die Vorrede: Man soll mit "wahrer Ehrfurcht ... mit Dank, mit fester Überzeugung lesen"[100].
Wie Felbiger bringt Overberg Mattäus- und Lukastexte vermischt, mit dem Bestreben, die Nachrichten über Jesus harmonisierend in ein zeitliches Ordnungsschema zu fassen. Der geschichtliche Verlauf wird in den Überschriften zu den einzelnen Lektionen weiter entfaltet. Dieses Vorgehen bietet sich an, solange die Berichte der Evangelisten historisch verstanden werden.
Der Text der einzelnen Erzählungen lehnt sich eng an den Vulgatatext an[101]. Auslassungen und Hinzufügungen sind zahlenmäßig gering. Sie werden in späteren Biblischen Geschichten teilweise weitertradiert. Zu den Auslassungen zählen Lk 1, 29b. 32b. 36b und Lk 2, 2. Die Erzählung vom zwölfjährigen Jesus wird abgeschlossen mit einer kurzen Zusammenfassung seines weiteren Lebens: Er half seinem Pflegevater Joseph bei der Zimmerarbeit (!), lebte also und diente Gott im Verborgenen, bis er ungefähr dreißig Jahre alt war. Mt 13, 55 Marc 7, 3[102].

---

100) Overberg, Vorrede zur Geschichte des aT und nT, XI.

101) Theologische Erkenntnis, literarisches Verständnis und psychologische Einfühlung haben ihn am Urtext (gemeint ist hier Vulgatatext Anm. d. V.) festhalten lassen. Kruchen, Die Bibel Overbergs, 205. Zur Übereinstimmung mit dem Vulgatatext ebd. 232.

102) Geschichte des aT und nT, II. Teil, 17. Mk 7, 3 muß ersetzt werden durch Mk 6, 3.

1.2.2.2 Auslegung der Kindheitsgeschichte bei Overberg nach seinen Anmerkungen

Die ausdrückliche Auslegung des ersten Kapitels erfolgt bei Overberg durch Anmerkungen am Ende der Erzählung. Sie sollen dem Leser Hilfestellung sein für nutzbringendes Lesen. "Die (Anmerkungen, Anm. d.V.), welche ich anführte, sollen zur Erinnerung dienen, daß der Leser nicht von der einen Lektion zur anderen forteilen soll, ehe er aus der gelesenen die für ihn nützlichen Lehren gesammelt hat."[103]

Anmerkungen zur Lektion 1

Lk 1,26-38 wird von Overberg vor allem mariologisch ausgelegt. Er beginnt mit der Gegenüberstellung Maria - Eva. Diese Gegenüberstellung ist seit Justin bei den Kirchenvätern und in der mittelalterlichen Theologie zu finden, auch im Catechismus Romanus[104]. Bei Overberg wird die Rolle Marias im Heilsgeschehen durch die Betonung ihrer Tugenden besonders hervorgehoben: "Durch den Glauben, die Demuth und den Gehorsam der allerseligsten Jungfrau Maria" ist die Rettung des menschlichen Geschlechts in die Welt gekommen[105]. Overberg schließt an den Vergleich die bleibende Jungfrauschaft Marias[106] sowie die Erfüllung der Weissagung des Jesaia an. Der Leser soll also vor allem die Person Marias, ihre Tugenden und ihre Jungfrauschaft in Lk 1,26-38 bedenken[107].

Anmerkungen zur Lektion 4[108]

Folgende Themen werden angeschnitten:

---

103) Overberg, Vorrede zur Geschichte des aT und nT, IX. Die Tendenz zu einer erbaulichen Bibellesung ist in der Praxis des Münsteraner Kreises begründet.

104) Vgl. dazu im einzelnen S. 270-275 d. Arbeit.

105) Overberg, Geschichte des aT und nT, II. Teil, 7. Im Catechismus Romanus wird vor allem das Tun Gottes betont. Es heißt: "... und nachdem Maria dem Engel geglaubt hatte, geschah es durch Gottes Güte, daß Segen und Leben den Menschen zu Theil wurde." (Cat.Rom., Regensburg 1872, 38).

106) Zum Jungfräulichkeitsgelübde siehe S. 279 f d. Arbeit.

107) Vgl. dag. Schürmann, Lukasevangelium I, 40: "Die Erzählungstendenz der Verkündigungsszene ist eminent christologisch."

108) Overberg, Geschichte des aT und nT, 11.

1. Gottes Güte und Barmherzigkeit sind Grund der Freude von Engel und Menschen[109].
2. Christologisch-dogmatische Aussage: Das Kind ist Gott und Mensch zugleich[110].
3. Soteriologische Aussage: Annahme der Menschennatur bedeutet für den Menschen Teilnahme an der göttlichen Natur und Versöhnung. Der Heilswille Gottes wird betont[111].

Die Anmerkungen dieser Lektion kreisen um die Menschwerdung Gottes, das Geheimnis der Person Jesu, und um ihre Bedeutung für uns. Diese Heilsbedeutsamkeit für uns umschreibt er in mehreren Sätzen, die er mit Hilfe erbaulicher Worte (unaussprechlich ... liebreich ... rührend ... freundliches liebenswürdiges Kindlein) dem Leser nahebringen will.

Anmerkungen zur Lektion 8[112]

An Lk 2,52 knüpft Overberg seine Erläuterungen an. Er bringt zuerst eine dogmatische Aussage, dann eine moralische Nutzanwendung. Von einer dogmatisch bestimmten Christologie her legt er Lk 2,52 folgendermaßen aus: An und für sich kann die göttliche Weisheit weder zunoch abnehmen; er (Jesus) ließ sie nur immer deutlicher vor den Menschen erkennen. Diese Auslegung wird uns in den Kommentaren noch oft begegnen. Sie zeigt, wie sehr dogmatische Überlegungen bei der

---

109) Die Anmerkungen beginnen und enden mit dem Hinweis auf Gottes Güte und Barmherzigkeit bzw. Menschenfreundlichkeit. Ebd. 11. Im Religionshandbuch wird dieser Gedanke ebenfalls ausgeführt, sowohl im Faden I (Religionshandbuch I, 83f) als auch im Faden II (Religionshandbuch II, 345ff). Vgl. Faden II, 348-350; Aufforderung, den Heiland anzubeten. Betonung der Armut Jesu.

110) Die dogmatische Aussage über Jesus wird vor allem im Faden II weiter ausgeführt (Religionshandbuch II, 345ff), ist aber auch im Faden I angedeutet (Religionshandbuch I, 81f).

111) Vgl. dazu die Rekapitulationslehre des hl. Irenäus. Siehe S.261 f der Arbeit. Der Faden II (Religionshandbuch II, 345-348) bringt eine ausführliche soteriologische Begründung der Menschwerdung, in der auch die anselmianische Genugtuungslehre anklingt.

112) Overberg, Geschichte des aT und nT, 17.

Auslegung der Schrift leitend sind[113].
Der zweite Schwerpunkt der Anmerkungen liegt auf der Erfüllung des Willens Gottes durch gottwohlgefälliges Tun. Weil sein Vater es wollte, war er gehorsam, ging andächtig mit zum Tempel, blieb in der Tempelschule, half fleißig bei der Arbeit. - Sein Verhalten soll den Leser zur Nachfolge anregen[114]. Die Tugenden des Gehorsams, der Andacht und des Fleißes werden von Overberg aus dem Text erschlossen. In dieser moralisierenden Tendenz ähnelt er Felbiger. Die Begründung für solch tugendhaftes Verhalten sieht er in dem Bestreben Jesu, in allem und überall den Willen Gottes zu erfüllen. Dieser Gedanke wird aus anderen

---

113) Vgl. zur Stelle Schürmann, Lukasevangelium I, 138f, 138 Anm. 288 - Rudolf Haubst, Über das Seelenleben des Kindes Jesus, in GuL 33 (1960), 408: "Darum wird auch eine bibelnahe Dogmatik nicht mehr an der anti-arianischen Apologetik d e r Kirchenväter festhalten können, nach denen hier n u r eine den Altersstufen entsprechende B e k u n d u n g von bei Christus (im göttlichen Logos!) immer schon vorhandenem Wissen gemeint wäre." Diese Annahme eines bei Jesus an und für sich unbegrenzt vorhandenen göttlichen Wissens treibt in den apokryphen Evangelien ihre Blüten. Von der ursprünglichen Aussageintention des Evangeliums ist dann nichts mehr zu spüren.

114) In seinem "Christkatholischen Religionshandbuch" weist er die Lehrer ausdrücklich darauf hin, daß sie diese Begründung beständig zu wiederholen hätten (I, 86f). Overberg überwindet an dieser Stelle die nur moralische Auswertung und gibt eine theologische Begründung, die durchaus dem Evangelium entspricht (vgl. Mt 7,21, Mk 14,36; Joh 4,34, Phil 2,8).
Religionshandbuch I, 48: "Aus der Geschichte des Heilandes suchte ich sorgfältig dasjenige auszuheben, was Kindern und Erwachsenen in ihrer Nachfolge des Heilandes zum Beyspiele dienen kann". Vgl. auch: Anweisung zum zweckmäßigen Schulunterricht, für die Schullehrer im Fürstentum Münster von Bernhard Overberg, Münster [6]1825, 138.
Ein Vergleich mit dem Religionshandbuch (I, 86-88; II, 353-355) und dem Beispiel einer Lesestunde aus der "Anweisung zum zweckmäßigen Schulunterricht" (435-442) zeigt aber auch, wie sehr Overberg trotz der Betonung des Willens Gottes bei dieser Erzählung das vorbildliche Verhalten in der Kirche, in der Schule, zu Hause, in den Vordergrund schiebt.

Evangelientexten interpretierend in Lk 2,52 eingetragen[115].

1.2.2.3 Ergebnis

Mit Overbergs Biblischer Geschichte werden ca. 20 Jahre nach Felbigers "Kern" dem Bibelunterricht sowohl vom Methodischen als auch vom Inhaltlichen her neue Akzente gegeben.
1) Diese neue Akzentsetzung ist zunächst begründet in der persönlichen Frömmigkeit Overbergs, die geprägt ist von einem Leben aus und mit der Bibel. Mit der "familia sacra" erwartete er sich von der Bibel eine Neubelebung des katholischen Lebens. Von dieser Wertschätzung aus versucht er mit Eindringlichkeit den Lesern "die gnädige Fürsorge Gottes"[116] vor Augen zu stellen. Die Auslegung seiner Biblischen Geschichte, vor allem auch des ersten Kapitels, kreist um diesen Mittelpunkt. Die religiös-erbauliche Sprache, die er in seinen "Anwendungen" und in den katechetischen Beispielen des Religionshandbuches verwendet, sollen sein Anliegen, die Heilsgeschichte Gottes mit den Menschen aufzuzeigen, unterstreichen.
2) Die Auslegung geschieht bei Overberg vor allem mit Hilfe heilsgeschichtlicher Anmerkungen, dogmatischer Lehren, zum Teil auch durch moralische Appelle (vor allem bei Lk 2,41-52)[117].
Die dogmatischen Lehren beziehen sich zum einen auf Maria (bei Lk 1,26-38) zum anderen auf Jesus (bei Lk 2,1-20). Die heilsgeschichtlich betonte Auslegung sieht in Maria die Rolle der neuen Eva, in Jesus das Offenbarwerden der Menschenfreundlichkeit Gottes. Gerade mit dem

---

115) Lk 2,41-52 ist eine christologische Erzählung, keine "Nachfolgegeschichte.""Jesus ist im Sinne des Textes so singulär, daß er im Wesentlichen gar nicht nachzuahmen ist. Darum ist der Ort des Hörers nicht auf der Seite Jesu zu suchen, sondern auf der Seite der Eltern. Wie sie begreift er die Botschaft von der Messianität Jesu nicht; sie muß ihm immer neu verkündet werden." Ferdinand Kamphaus, Von der Exegese zur Predigt, Mainz 1968, 303f. Für Overberg ist die Nachfolge Jesu entscheidend.

116) Overberg, Vorrede zur Geschichte des aT und nT, VI.

117) Kruchen teilt die Anmerkungen in vier Gruppen ein:
1. historische Angaben, 2. Hinweise auf Erfüllung atl. Vorbilder und Weissagungen, 3. Christologische Glaubenslehren, 4. moralische und aszetische Betrachtungen (Die Bibel Overbergs, 233). Für unsere drei Perikopen kommen v.a. Nr. 2, 3 und 4 in Betracht. Moralische und aszetische Betrachtungen finden sich vor allem in den Ausführungen des Religionshandbuches.

letzten Gedanken trifft Overberg ein theologisches Anliegen von Lk 1-2, das Mit-uns-Sein Gottes in Jesus als erfüllt darzustellen. In ihm ist Gott uns nahe[118].

Die moralischen Lehren finden sich vornehmlich in den Anmerkungen zu Lk 2,41-52. Jesus als das große Vorbild der Kinder im Gehorsam[119], in seinem Verhalten im Tempel[120], in der Schule[121] und zu Hause[122]. Die jeweilige Verhaltensweise als dem "Willen Gottes gemäß" zu qualifizieren, betont er nachdrücklich[123].

3) Auch der methodische Einsatz der biblischen Erzählungen hat sich gegenüber Felbiger verändert. Bildeten sie bei diesem den Abschluß des Religionsunterrichts oder dienten sie als Beispielerzählungen, so rückt bei Overberg die Bibel in die Mitte der religiösen Unterweisung[124].

---

118) Overberg, vgl. die Anspielung in Lk 1,31 auf Jes 7,14: Der verheißene Sohn ist der Emmanuel, d.i. Gott ist bei uns.

119) Overberg, Geschichte des aT und nT, 17; ders., Religionshandbuch, I, 87: "Er that alles willig, fertig, freudig und demüthig .... Nie brauchten sie ihm etwas zweymal zu sagen .... Ja, er that schon ... sobald er es ihnen nur an den Augen merkte."

120) Overberg, Geschichte des aT und nT, 17; Religionshandbuch I, 87: Er ging sittsam und eingezogen dahin ... Im Tempel war er damit beschäftigt, Gott anzubeten, zu loben, zu danken, zu bitten; vgl. auch 353. Besonders ausführlich wird Jesu Verhalten erarbeitet in: Anweisung zum zweckmäßigen Schulunterricht, 435-437.

121) Overberg, Geschichte des aT und nT, 17; Religionshandbuch I, 88: In der Schule war er still und achtsam, ... antwortete gut ... fragte verständig nach. Vgl. auch II, 353. Anweisung zum zweckmäßigen Schulunterricht, 438-441.

122) Overberg, Geschichte des aT und nT, 17; Religionshandbuch I, 88: Jesus half fleißig bei der Arbeit; vgl. auch II, 354.

123) In seinem Religionshandbuch I, 86f macht er die Lehrer in einer Anmerkung besonders aufmerksam auf die Angabe des Grundes, der zur Nachfolge vorgelegt werden soll. Das "darum" soll oft wiederholt werden.

124) Overberg, Geschichte des aT und nT, Vorrede, VII. Die Mittelpunktstellung der Schrift geht auch aus seiner "Ordnung" des Unterrichts hervor: Religionshandbuch, Faden I und Faden II. Daneben nennt er den Einsatz der biblischen Erzählungen für Beispiele, die nachahmenswert sind. (Anweisung zum zweckmäßigen Schulunterricht, 138).

Im Anschluß an den Text der Heiligen Schrift werden die einzelnen Lehren angeführt, die sich scheinbar zwanglos aus dem Text selbst ergeben. Im Vergleich zu Felbiger fallen besonders die Vorzüge seines Verfahrens auf. Anstelle des geistlosen Auswendiglernens von Katechismusstoff im ersten Religionsunterricht stehen die einfache Erzählung und die Vertiefung und Erweiterung im anschließenden Gespräch. Zugleich werden aber auch die Grenzen in der Auslegung Overbergs deutlich. Die Anmerkungen und methodischen Ausführungen haben zu wenig Anhalt im Text selbst. Vor allem in der Erklärung zu Lk 2,41-52 ist Overberg der moralischen Verzweckung des Textes erlegen.

1.3 Bernhard Galura: Biblische Geschichte der Welterlösung durch Jesum den Sohn Gottes (1806)[125]

Wie Overberg zählt B. Galura[126] zu den Überwindern der rationalistischen Tendenzen in der Katechese der Aufklärungszeit. Noch als Fürstbischof von Brixen war ihm die religiöse Unterweisung ein Hauptanliegen, die er vor allem im Unterricht in der Religion verwirklicht sehen will[127].

B. Galura (1764-1856) wurde nach Beendigung seines Studiums in Freiburg und Wien Studienpräfekt in Freiburg, später Pfarrer (bis 1815). 1820 erhielt er die Bischofsweihe und war bis 1829 Generalvikar, ab 1829 Fürstbischof von Brixen.

---

125) Biblische Geschichte der Welterlösung durch Jesum den Sohn Gottes. Für Kinder und Lehrer, zum systematischen Unterrichte in der Religion, Augsburg 1806. (Zit.: BG der Welterlösung).

126) Über Bernhard Galura handelt ausführlich: Josef Hemlein, Bernhard Galuras Beitrag zur Erneuerung der Kerygmatik, Freiburg 1952; Galuras Leben ebd., 1-22.

127) Bernhard Galura, Neueste Theologie des Christenthumes, 5 Bde., Augsburg 1800. (Zit.: Neueste Theologie). Neueste Theologie I, 96: "Es giebt daher kein anders Mittel, das Christenthum zu verbreiten, als den Unterricht..." 97: "Kirche und Staat können daher nichts Besseres thun, als wenn sie den wahren Unterricht auf alle mögliche Weise befördern, und an einem Lehrer der Religion nichts so sehr strafen, als wenn er es am wahren Unterrichte ermangeln läßt." Ebd., Vorrede XIII "das Mittel aller Mittel ist der Unterricht." Den Kindermord durch Herodes führt er auf fehlende Unterrichtung zurück: "Aber alles dieses wäre unterblieben, wenn Herodes in der Religion wäre unterrichtet gewesen." (BG der Welterlösung, 212).

Da Galura in der Auslegung seiner Biblischen Geschichte wie überhaupt in seiner gesamten Theologie von der Idee des Reiches Gottes[128] ausgeht und sie in den Mittelpunkt all seiner Überlegungen stellt, soll auf diesen Begriff zunächst kurz eingegangen werden.

1.3.1 Das "Reich Gottes" als Zentralidee der Hl. Schrift

Was Galura unter der Idee des Reiches Gottes versteht, ist nur schwer auf einen Nenner zu bringen, da er in seinen Schriften oft in enthusiastischen Worten den Begriff sehr weit faßt und ihn für vieles gebraucht[129]. Im Zusammenhang mit unserer Untersuchung sind vor allem drei Momente an der Verhältnisbestimmung seiner Idee vom Reich Gottes zur Hl. Schrift hervorzuheben:
1) Einmal sieht er im Alten und Neuen Testament "jenes Buch, welches die Geschichte dieses Reiches vom Anfang bis ans Ende enthält..."[130]. An anderer Stelle teilt er die Geschichte des Reiches Gottes in vier Epochen ein: in die Epoche der Voranstalten (AT), der Hauptanstalten (NT), der Regierung des Reiches Gottes (Kirchengeschichte) und in die Epoche der Vollendung und Einführung des Reiches Gottes[131]. Die ge-

---

128) Galura, Neueste Theologie II, Vorrede: Das Reich Gottes ist das Prinzip jeglicher Theologie. Vgl. auch: Bernhard Galura, Die Religion in biblischen Bildern und Gleichnissen, Augsburg 1807, 361; Neueste Theologie I, 10f. Zur Herkunft der Reich Gottes Idee vgl. Theodor Filthaut, Das Reich Gottes in der katechetischen Unterweisung, Freiburg 1958, 50-53. Galura hat seine Reich Gottes Idee v.a. von dem protestantischen Theologen J.-I. Heß übernommen.

129) Vgl. dazu Filthaut, Das Reich Gottes, 46-50. Beispiele aus dem Schrifttum Galuras: Neueste Theologie V, 12f: ... das Universum. - Ebd. 14: ... die ... Anstalten, die Menschen sittlich gut und glückselig zu machen ... Neueste Theologie I, 41: ... ist der Himmel. Ebd. 43: ... die Kirche auf Erden. Neueste Theologie II, Vorrede, ... Schlüssel zur Erklärung der Geschichte und Ereignisse der Welt ... .

130) Galura, Neueste Theologie I, 68. Daneben gibt es noch zahlreiche andere Bestimmungsversuche, die die zitierte Aussage bald einengen, bald ausweiten bzw. ihr andere Akzente geben. Vor allem das Reich Gottes als zukünftige Größe wird herausgestellt. Vgl. dazu Filthaut, Das Reich Gottes, 49.

131) Galura, Neueste Theologie IV, 163; vgl. Neueste Theologie I, 50.

schichtliche Betrachtung der Wirksamkeit des Reiches Gottes ist jedoch nur ein Gesichtspunkt an seiner Reich-Gottes-Idee, die, wie bereits erwähnt, vielschichtig ist, und neben biblischen vor allem zeitgenössische philosophische Momente enthält[132].

2) Ist die Reich-Gottes-Idee zu einem wesentlichen Teil in der Hl. Schrift enthalten, so muß der Hermeneut "den Hauptgedanken des heiligen Buches vor Augen haben, und von diesem ausgehen, wenn er die Geschichte dieses Reiches und den Sinn der Gesetze des Himmelreiches erkläret"[133].
Die Reich-Gottes-Idee ist demnach Richtschnur bei der Auslegung der Hl. Schrift und selbst wesentlicher Inhalt eben dieser Schrift[134].

3) Nach Galura ist mit Übernahme der Reich-Gottes-Idee auch das Moralproblem gelöst, "weil diese (gemeint ist die Theologie des Reiches Gottes Anm. d. V.) auf eine höchst moralische Religion, als Belebungs-, Erzweckungs- und Stärkungsmittel einer reinen Moralität hinzielet..."[135] Damit sind drei Elemente der Reich-Gottes-Idee Galuras genannt, die auch bei der Auslegung seiner Biblischen Geschichte eine Rolle spielen können.

---

132) Das zeigt sich schon daran, daß er von einer "Idee" des Reiches Gottes spricht. Für ihn ist sie die höchste Idee, die alles umfaßt, die Idee aller Ideen. Galura, Neueste Theologie II, Vorrede.

133) Ebd., I, 69; IV, 7: "Die Materialien des Evangeliums vom Reiche Gottes werden unter die Sonne der Idee des Reiches Gottes gestellt."

134) Eine Würdigung der Reich-Gottes-Idee Galuras gibt Filthaut, Das Reich Gottes, 67-71. Ebd. 68: "Sein Verständnis stellt eine Mischung von biblischen Vorstellungen und aufklärerischen Gedanken und Anliegen dar, wobei die biblischen Momente überwiegen."

135) Galura, Neueste Theologie II, XXXVII. Die Betonung des Moralischen zeigt sein Verhaftetsein im Gedankengut der Aufklärung. Vgl. Neueste Theologie II, XXXVIII: Das Reich Gottes hat für die Kultivierung der Menschheit die wichtigsten Folgen, für Tugend und Glückseligkeit. - Biblische Geschichte der Welterlösung, Vorrede ... der Endzweck ist die ... "Verbannung der moralischen Finsternisse und des Lasters, Erziehung des ganzen Menschengeschlechtes zur Heiligkeit oder Sittlichkeit..."

1.3.2 Die Stellung der Biblischen Geschichte im Religionsunterricht

Obwohl Galuras Reich-Gottes-Idee "vielseitig und vieldeutig"[136] ist, ist die inhaltliche Füllung dieses Begriffs doch weitgehend bestimmt von den Aussagen der Hl. Schrift. Folgerichtig steht bei ihm die Bibel im Mittelpunkt des Religionsunterrichts: Wenn die Theologie auf ihr Grundprinzip zurückgeführt wird (d.i. das Reich Gottes) ... wird das gewöhnliche Schulbuch von nun an die heilige Schrift sein[137]. Neben der inhaltlichen Bestimmung des Religionsunterrichts sieht Galura in der Verwirklichung seiner Idee auch eine Verlebendigung des gesamten Unterrichts. Es wird kein dürres Skelett der Religion gelehrt[138], das nur den Verstand füllt, vielmehr wird der ganze Mensch erfaßt: "In den Kindern soll ein frommer Wunsch, ein Gefühl geweckt werden, im Hause des Vaters zu wohnen. Davon soll dann ausgegangen werden für den ganzen Unterricht."[139] In seinem Lehrgang stellt er die Biblische Geschichte vor den Katechismus[140], die Begründung liegt in der Idee des Reiches Gottes, die eben geschichtlich vermittelt ist[141]. Daneben benützt er die Bibel ausführlich für seine Sittenlehre, aus methodischen Gründen und damit die Kinder "zugleich viele biblische Kenntnisse" bekommen[142]. Man ist an Felbigers Verwendung der Bibel für "rührende Beispiele" erinnert.
Die Biblische Geschichte ist somit bei Galura das zentrale Buch für den Religionsunterricht, gefolgt vom Katechismus, der ebenfalls mit

---

136) Filthaut, Das Reich Gottes, 47.

137) Galura, Neueste Theologie V, XXXVI. Ebd.: "Wenn einmal die Bibel unser gewöhnliches Schulbuch ist, was sie seither nicht war, welche Vortheile werden nicht daraus entstehen?"

138) Ebd. I, 74.

139) Ebd. I, 79. Galura versucht mit dem Bild "Haus des Vaters" den Begriff "Reich Gottes" für Kinder verständlich zu machen. Ebd. 76f.

140) Galura, BG der Welterlösung, Vorrede: "Diese Schrift kann füglich für den ersten oder historischen Theil eines Katechismus vom Reiche Gottes gelten." In seinem Katechismus steht an erster Stelle ebenfalls ein kurzer historischer Abriß.

141) Ders., Neueste Theologie V, 5: "Man lasse also den historischen Theil dem dogmatischen vorangehen und Alles wird im Lichte seyn."

142) Ders., Die ganze christkatholische Religion in Gesprächen eines Vaters mit seinem Sohne, Augsburg ²1803, Bd. IV, Vorrede III.

viel biblischem Gedankengut durchsetzt ist[143].

1.3.3 Die Kindheitsgeschichte des Lukas

Wie konkretisiert nun B. Galura seine Zentralidee vom Reich Gottes für Lk 1-2? Dieser Frage soll in einer Analyse der Erzählungen seiner Biblischen Geschichte nachgegangen werden.

1.3.3.1 Die Überschriften und der Text der Biblischen Geschichte

Die Gesamtüberschrift der Biblischen Geschichte und die Hauptüberschriften zum Alten und Neuen Testament weisen hin auf die Erlösungsbedürftigkeit des Menschen sowie auf die tatsächlich erfolgte Erlösung durch Jesus, den Sohn Gottes. Auch der Schluß des Buches führt noch einmal die Erlösung an[144]. Unter dem Leitwort "Erlösung" ist demnach zunächst auch Lk 1-2 zu betrachten.
Erstaunlich nüchtern und knapp sind die Überschriften zu den einzelnen Erzählungen von Lk 1-2, sie geben jeweils nur kurz den historischen Ablauf an. Selbstverständlich sind Lukas- und Mattäustexte vermischt[145], der Johanneszyklus ist mit aufgenommen. Den Abschluß bildet ein eigener Abschnitt: "Jesus arbeitet"[146].
Eine erste Durchsicht der Erzählungen zeigt, daß Galura mit dem Text der Schrift sehr frei umgeht. Das erstaunt zunächst, wenn man in seinem übrigen Schrifttum immer wieder über seine Hochachtung

---

143) Ders., Vollständiger Katechismus der erfreulichen Lehre Jesu Christi von unserem Berufe zur Heiligkeit und ewiger Glückseligkeit im Reiche Gottes. In kurzen Sätzen für katholische Kinder, Aeltern und Lehrer, Augsburg 1806. Vgl. dazu Filthaut, Das Reich Gottes, 58-63.

144) Galura, Biblische Geschichte der Welterlösung, 353. Die Gesamtüberschrift sowie die Überschriften zum AT und NT bilden keine Einheit. So wird die Menschheit - nach der Überschrift zum AT - durch die Religion für den Himmel erzogen, nach der Überschrift zum NT von den Folgen der Sünde erlöst. Nach dem Vorspann zum NT bedeutet dies konkret "Eröffnung des Himmels" (ebd., 192). Das Reich-Gottes scheint nach diesen Formulierungen für Galura eine zukünftige, jenseitige Größe zu sein.

145) Auf Lk 2,1-20 folgen Mt 2,1-12; Lk 2,22-40; Mt 2,13-23; Lk 2,41-52.

146) Auch in späteren Biblischen Geschichten, vor allem in den Religionsbüchlein, wird öfters eine eigene Erzählung über die Kindertugenden Jesu eingefügt.

vor der Hl. Schrift liest[147]. Galura geht aber nicht nur mit dem Text sehr frei um, er bringt bereits in die Erzählung weitläufige Erklärungen und vielerlei moralische Überlegungen und Appelle ein. Wie Galura seine Erzählungen anlegt, soll am Aufbau von Lk 1,26-38 gezeigt werden:[148]

1. Vorstellung der Personen Maria und Josef.
1.1 Erklärung über den Himmel, als ein ewiges Reich.
1.2 Anwendung: Nicht auf den Sand der Welt, sondern auf Gott soll man seine Hoffnung setzen.
2. Feststellung: Maria soll Mutter des Welterlösers werden.
2.1 Erklärung: Die Ehre bekam sie aufgrund ihrer Frömmigkeit.
2.2 Anwendung: Ihr armen Kinder lernet viel Gutes.
   Ihr reichen Kinder demütigt euch.
3. Der Engel kommt zu Maria, um ihr ihre Mutterschaft anzukündigen.
3.1 Erklärung: Ihr Sohn, der Erlöser, ist der Sohn Gottes selbst. Er ist der versprochene ewige König. Sie empfängt durch ein Wunder des hl. Geistes.
3.2 Marias Antwort: Sieh ich bin eine Magd des Herrn ... (genaue Wiedergabe des Bibeltextes).
4. Anwendung: Gehorsam und Vertrauen.

Der Aufbau der Erzählung zeigt, daß Galura die dem Bibeltext innewohnende Gliederung wenig beachtet, sondern nach eigenem Gutdünken allerlei Erklärungen und Anwendungen hinzufügt. Andererseits strafft

---

147) Die Idee des Reiches Gottes, die vorzüglich in der Hl. Schrift Gestalt annimmt, muß auch die Sprache der Katechese bestimmen. "Daher gibt denn auch die Idee vom Reiche Gottes dem Katechismus und der Theologie, dem Predigen und Katechisiren die nämliche heilige, ehrwürdige und fixe Sprache ... Dadurch wird ihre Sprache werden die Sprache der Begeisterung, die Sprache der Überzeugung, die salbungsvolle, erbauende und erhabene Sprache der Hl. Schrift, welche durch oftmalige Lesung völlig in die Denk- und Darstellungsweise der Geistlichen übergehen wird". Galura, Neueste Theologie V, 15.

148) BG der Welterlösung, 194-196.

er den Bibeltext und gibt nur eine kurze Zusammenfassung wieder[149].
So stehen für Lk 1,26-38 acht bibelnahen Sätzen 28 eigene Sätze gegenüber, für Lk 2,1-20 ist das Verhältnis: fünf bibelnahe Sätze gegenüber 27 Hinzufügungen; bei Lk 2,41-52 stehen zwei biblischen Sätzen 23 eigene Satzeinheiten gegenüber. In der "Ankündigung des Erlösers" fehlen u.a. der Gruß des Engels, die Marienfrage und die Antwort des Engels; bei Lk 2,1-20 die Botschaft des Engels sowie der Lobpreis der Engel; bei Lk 2,41-52 der Vorwurf der Mutter und die Antwort Jesu. Alle drei Erzählungen sind durchsetzt von pädagogischen und moralischen Sätzen[150]. Ein Beispiel soll den Text der Biblischen Geschichte Galuras im Gegenüber zum Bibeltext veranschaulichen:

Lk 2,4f	Galura[151]
So ging auch Josef von der Stadt Nazaret in Galiläa hinauf nach Judäa in die Stadt Davids, die Betlehem	"Aus Gehorsam gegen diesen landesfürstlichen Befehl reisten Maria und Joseph nach Bethlehem, um sich da auf-

---

149) Galuras Praxis deckt sich für die untersuchten Erzählungen nicht mit seinen Forderungen, wenn er schreibt: "Der Katechet erzähle die Geschichte ... er gehe in den Geist der Geschichte ein, und vergesse die kleinen Umstände nicht, von denen sie begleitet ist ... kurz, das Bild muß hinlänglich ausgemahlet seyn." Christkatholische Religion IV, Vorrede VI. Galura malt jedoch nicht aus, sondern faßt zusammen. Auch erwartet er von der Erzählung, daß die Kinder etwas fühlen - "sie werden während der Erzählung die handelnde Person bey sich selbst loben oder tadeln."

150) Diese Beobachtung bestätigt Hemlein für die gesamte Biblische Geschichte: "Galuras biblische Katechesen sind nach dem Schema: Darbietung und Anwendung aufgebaut. Öfters wiederholt sich dieses Schema in einer biblischen Geschichte zweimal. Manchmal folgt auf jeden kleinen Zug des biblischen Geschehens eine längere moralische Auswertung, so daß eine biblische Geschichte in 5 bis 6 Abschnitte zerfällt. Dabei ist die Darbietung in der Regel sehr kurz, manchmal nur ein Satz. Die Darbietung läßt meistens viel zu wünschen übrig. Sie ist zu wenig biblisch. Gerade das Ursprüngliche, Frische, Dramatische der biblischen Zwiegespräche verwischt Galura." Bernhard Galuras Beitrag, 152.

151) BG der Welterlösung, 202.

heißt, weil er aus dem Haus und dem Geschlecht Davids war, um sich mit Maria, seiner Vermählten, die schwanger war, eintragen zu lassen.

schreiben zu lassen. Es war für Maria sehr hart, eine solche Reise zu unternehmen; allein sie machte keine Einwendungen gegen den Befehl des Fürsten, und hier ist sie ein Beyspiel des Gehorsams gegen landesfürstliche Verordnungen. Landesfürsten stellen Gott vor, und wer diesen gehorchet, gehorchet Gott, wer sich aber diesen widersetzt, der widersetzt sich Gott. Es kommt da auch nicht darauf an, ob der Landesfürst unsere Religion habe, oder nicht; denn Maria gehorchte einem heidnischen Kaiser, und nicht blos dem Scheine nach, sondern aus Gewissenspflicht."

Die angeführte Stelle macht deutlich, wie Galuras Hochschätzung der Hl. Schrift, die sich oft in überschwenglichen Worten zeigt, im Umgang mit dem biblischen Text nicht so recht zum Tragen kommt[152]. Den Vorwurf, den er dem zu seiner Zeit üblichen Theologiestudium macht, könnte man ihm für die untersuchten biblischen Erzählungen selbst machen: "Gottes Wort wird vom Menschenwort vertrieben"[153]. Eine weitere Feststellung ist anzufügen. Obwohl Galura überall seine Reich-Gottes-Idee propagiert, findet sich diese in den Erzählungen kaum. Nur einige Umschreibungen sind zu verzeichnen[154], auch das Erlösungsmotiv[155] findet sich nicht mehr.

---

152) Hemlein, Galuras Beitrag, 121: "Man kann eine merkwürdige Eigenart Galuras feststellen: Er verteidigt ein Prinzip mit höchster Leidenschaft, das er dann gleich in der Anwendung vernachlässigt."

153) Galura, Neueste Theologie V, XXV.

154) Lk 1,26-38: BG der Welterlösung, 194: ("ewiges Reich im Himmel", "Gottes Reich bleibt"). Lk 2,1-20: Er zeigt euch den Weg in das Himmelreich", ebd., 203.

155) Siehe S. 50 d. Arbeit.

1.3.3.2 Die Auslegung von Lk 1-2

1.3.3.2.1 Elemente der Reich-Gottes-Idee in Lk 1-2

Nach den Grundsätzen seiner "Neuesten Theologie" wie auch seiner übrigen theologischen Schriften ist von der Auslegung Galuras zu erwarten, daß sie bestimmt ist von der allumfassenden Idee des Reiches Gottes[156].
Bei einer Durchsicht der Biblischen Geschichte fällt zunächst auf - wie bereits erwähnt -, daß der von ihm so gern und oft benützte Begriff in den drei Texten nicht vorkommt. Von den inhaltlichen Bestimmungen, die er selbst seinem Reich-Gottes-Begriff gibt, findet sich durchgängig die des Reiches Gottes als einer zukünftigen Größe, als Himmel bzw. Himmelreich[157]. So heißt es zu Beginn der Verkündigungserzählung: Gott hat dem David ein ewiges Reich im Himmel versprochen[158]. Jesus ist der ewige König[159]. Er zeigt den Weg in das Himmelreich, "wo ihr lauter Könige sein werdet, reich und glückselig"[160]. Die Bedingungen, um in dieses Reich zu kommen, sind Frömmigkeit[161] und Leiden[162]. Damit sind die Ausführungen

---

156) Siehe S. 47f. Galura, Neueste Theologie IV, 7: "Die Materialien des Evangeliums vom Reiche Gottes werden unter die Sonne der Idee des Reiches Gottes gestellt."

157) Siehe Anm. 128. Galura, Neueste Theologie I, 41: "Es ist folglich offenbar, daß unter dem Reiche Gottes, welches uns von Jesus versprochen ist, vorzüglich und recht eigentlich der Himmel verstanden werden müsse." Filthaut, Das Reich Gottes, 15: "Die nicht nur in der katechetischen Literatur des 19. Jahrhunderts ... durchgängige Identifizierung von Reich Gottes und Himmel ist ... biblisch ohne Begründung." Daneben kennt Galura auch das Verständnis eines bereits gegenwärtigen Reich Gottes: "Ein Christ ist ein Erbe des Himmels, ein von Gott in sein Reich aufgenommener Mensch." Neueste Theologie I, 67.

158) BG der Welterlösung, 194.

159) Ebd., 195.

160) Ebd., 203 (Lk 2,1-20).

161) Ebd., 194 (zu Lk 1,26-38), vgl. 206 (zu Mt 2,1-12): Jesus ist gekommen, um aus den guten Menschen Gott ein ewiges Reich im Himmel zu errichten.

162) Ebd., 196 (Lk 1,26-38).

über das Reich Gottes im Sinne eines zukünftigen, jenseitigen Himmelreiches bereits erschöpft. Die Verteilung der einzelnen Aussagen über die Perikopen - in Lk 2,41-52 fehlt jeglicher Hinweis - scheint zufällig zu sein. Galuras Grundsatz, daß "jede Lehre im Lichte dieser heiligen Sonne (gemeint ist das Reich Gottes, Anm. d. V.) betrachtet"[163] werden soll, findet man beim Lesen der Erzählungen nicht angewandt. Vielmehr verweilt Galura bei einzelnen Aussagen (z.B. Verheißung an David) oder eigenen Gedankengängen (z.B. Jesus zeigt den Weg in das Himmelreich) und legt sie ohne viel Rücksicht auf die eigentliche Intention dem biblischen Text unter[164]. In der Fülle der Auslegung und dem "Überhang an Anwendungen"[165] erstickt die Idee vom Reiche Gottes.
Auffällig ist weiterhin, daß Galura die Menschwerdung des Sohnes Gottes nicht von seiner Hauptidee her erschließt[166]. Nach seiner eigenen Theologie beginnen ja mit Jesus die "Hauptanstalten" des Reiches[167], in Jesus kommt das Reich Gottes zu uns. Die Bündelung der Jesusaussagen in seiner Reich-Gottes-Idee unterbleibt weitgehend. Auch die Anwendungen der drei Erzählungen gehen in andere Richtungen: In Lk 1,26-38 sind der Gehorsam Marias und die Weisheit Gottes zu bewundern. Lk 2,1-20 zeigt, wie sehr wir von den Engeln geliebt werden und Lk 2,41-52 bietet eine gute Gelegenheit, allerlei Tugenden des Jesusknaben zur Nachahmung zu empfehlen. Für die drei untersuchten Erzählungen kann ich deshalb dem Urteil Filthauts nicht zustimmen, der von Galuras Biblischer Geschichte schreibt: "Das Reich Gottes dient hier nicht nur als grundlegende Idee, nicht nur als Ausgangs- und Zielpunkt, sondern wird als Inhalt jeder wichtigen heilsgeschicht-

---

163) Galura, Neueste Theologie I, 55; vgl. auch S.47f der Arbeit.

164) Auch seine Reich-Gottes-Idee scheint dabei nicht berücksichtigt zu werden. So ist es z.B. auffallend, daß Galura Lk 1,32f nicht in seine Biblische Geschichte aufnimmt, obwohl diese Stelle ergiebig wäre. Vgl. Neueste Theologie IV, 19 "Der Schlüssel zur Erklärung der Worte Gabriels ist offenbar kein anderer, als die Idee vom Reiche Gottes ... Jtzt soll das dem Könige David gemachte Versprechen eines ewigen Reiches und Königs in Erfüllung gehen."

165) Dreher, Die biblische Unterweisung, 239.

166) Vgl. dagegen Galura, Neueste Theologie IV, 31: "Die Lehre von der Person und dem Amte des Sohnes Gottes nimmt also Licht und Werth von der deutlichen Übersicht Dessen, was er zur Wiederherstellung des Reiches Gottes gethan hat."

167) Siehe S. 47f der Arbeit.

lichen Begebenheit beschrieben"[168]. Die Reich-Gottes-Idee ist "der buchstäblich führende Gedanke, der in allen bedeutsamen Begebenheiten der Heilsgeschichte auch sprachlichen Ausdruck gefunden hat"[169]. Galuras Reich-Gottes-Idee hat neben der heilsgeschichtlichen auch eine stark moralische Komponente. Sie soll in einem eigenen Abschnitt untersucht werden.

1.3.3.2.2 Die sittlichen Forderungen aus Lk 1-2

Für die Theologie sind in der alles beherrschenden Reich-Gottes-Idee Heilsgeschichte, Dogmatik und Moraltheologie zusammengefaßt[170]. Der Christ, der die Botschaft vom Reich Gottes angenommen hat, muß aus der Annahme Konsequenzen für sein sittliches Handeln ziehen. Das betont Galura immer wieder[171]. An einigen Stellen klingen dabei aufklärerische Gedanken an: Das Reich Gottes hat für die Kultivierung der Menschheit die wichtigsten Folgen, für Tugend und Glückseligkeit. Es ist einer der edelsten Beweggründe zur Sittlichkeit[172].
"Gott erscheint überall als der moralische Weltregent, der Sittlichkeit befiehlt, und Seligkeit zum Lohne verspricht."[173]
Bei Galura überwiegt der Gedanke, daß sittliches Handeln zum ewigen

---

168) Filthaut, Das Reich Gottes, 165.

169) Ebd., 167.

170) Galura, Neueste Theologie IV, 73: "Die Lehre vom Reich Gottes wird in zwey Theile zerfallen, erstens, in die Geschichte des Reiches Gottes vom Anfange der Welt bis an ihr Ende; und zweytens, in die Lehre von der Verfassung des Reiches Gottes auf Erden ... Der zweyte Theil wird wieder in zwey Theile zerfallen, erstens, in die Lehre von der Annahme des Evangeliums vom Reiche Gottes, oder in die eigentliche Dogmatik, und zweytens, in die Lehre von der Heiligkeit, ohne die Niemand das Reich Gottes sehen wird...".

171) "Ich halte die Moral für nichts Anders, als für die Antwort auf die einfache Frage im Evangelium: Welches ist der Wille des Herrn des Reiches Gottes." Neueste Theologie I, 89f.

172) Ebd., II, Vorrede XXXVIII.

173) Ebd., V, Vorrede XLI mit Bezug auf 1 Kor 6, 9f, vgl. auch Neueste Theologie II, Vorrede XXXVII. Sittlichkeit und die daraus sich ergebende Glückseligkeit werden von Galura öfters zusammen genannt.

Glück führt, in das Reich Gottes einzugehen[174]. Auch in seinen Aussagen zur Moral ist aber keine einheitliche Linie festzustellen. Welche moralischen Folgerungen, Appelle und Anregungen zieht Galura aus Lk 1-2?
Ankündigung des Erlösers[175]
Wie bereits erwähnt, vermischt Galura Bibeltext und Auslegung, dabei nehmen die ethisch-akzentuierten Passagen den größten Umfang seiner Ausführungen ein[176].
Im Mittelpunkt von Lk 1,26-38 stehen Marias Tugenden und ihr Verhalten bei der Ankündigung des Engels. Maria war fromm aber arm[177]. Die Ehre, Mutter des Welterlösers zu werden, hat ihr ihre Frömmigkeit zugezogen[178].
Zwei Verhaltensweisen werden an ihr besonders gelobt: ihr **Gehorsam** und ihr **Zutrauen** zu Gott[179]. Von ihrem Gehorsam wird gesagt: der Herr dürfe nur befehlen, und sie sei schon bereit, seinen

---

[174] "Die Moraltheologie ist nichts Anders, als die Antwort auf die Frage: Was muß ich thun, um in das ewige Glück des Reiches Gottes einzugehen." Neueste Theologie III, Vorrede VII.

[175] BG der Welterlösung, 194-196.

[176] Nach Filthauts Untersuchung ist der moralische Aspekt in Galuras Werk nicht führend. (Das Reich Gottes, 49). Für die drei Perikopen ist die moralische Auslegung bestimmend.

[177] BG der Welterlösung, 194: "Obschon Maria und Joseph fromm waren, so hat es Gott dennoch zugelassen, daß sie im Zustande der Armuth lebten." Galura, Christkatholische Religion III, 6... in die Klasse armer Leute herabgesunken. Das Thema "Armut" kommt bei Galura häufig zur Sprache; in den drei untersuchten Erzählungen findet sich 17mal das Wort "arm" bzw. "Armut". Ders., Neueste Theologie I, Vorrede XVII: "Nichts ist so gefährlich, als die Armut ohne Erziehung und Gottesfurcht. Die Klasse der Armen verdient eine besondere, anhaltende und öffentliche Aufmerksamkeit." Er selbst hat in seinem Leben sehr viel für die Armen getan und ermahnte auch seine Geistlichen, Vater der armen Kinder zu sein. Hemlein, Bernhard Galuras Beitrag, 23-26.

[178] BG der Welterlösung, 195.

[179] Ebd., 196.

Willen zu tun. Weiter lobt Galura an ihr das vollkommene Zutrauen zu Gott, weil sie den Ausgang der Sache Gott überläßt.
Marias Tugenden werden zur Bewunderung vorgestellt und zur Nachahmung empfohlen. Wie Maria sollen sich auch die Kinder als Knechte und Mägde des Herrn verstehen. Erfüllen sie seine Befehle, so können sie getrost auf ihn vertrauen, ohne allerdings zu erwarten, daß er alle Leiden abwenden werde[180]. Eine zweite Ermahnung geht aus von der Betrachtung der armen, aber frommen Jungfrau Maria: "Arme Kinder! danket eurem Vater im Himmel, der euch liebt und ehret; lernet - ach! lernet viel Gutes, damit ihr eurem Berufe kein Hinderniß in Weg leget. Reiche Kinder! seyd nicht stolz, vielmehr habt ihr Ursache, euch vor Gott zu demüthigen, um von jenem Glücke nicht ausgeschlossen zu werden, welches Gott den braven Armen so gerne giebt."[181]

Jesu Geburt[182]

Am Anfang der Auslegungen steht nochmals Marias Gehorsam[183], der hier als "Beyspiel des Gehorsams gegen landesfürstliche Verordnungen"[184] dienen kann.
Bedenkenswert ist ferner, daß der große König des Himmels aus einer armen Hütte kommt. Für die Kinder bedeutet das, daß Gott gerade die armen Kinder liebt, sie haben den Sohn Gottes zu ihrem Gesellschafter[185].
Die Botschaft an die Hirten wird nur in indirekter Rede und sehr frei wiedergegeben. Wichtiger für Galura ist die vorbildliche Haltung der

---

180) Ebd., 196. Der unmotivierte Übergang vom Vertrauen zum Leiden ist ein Beispiel für die Auslegungsweise Galuras. Er stellt assoziativ einen Gedanken neben den anderen ohne streng bei der ursprünglichen Aussage zu bleiben; vgl. auch seine Aussagen über die Talente, BG der Welterlösung, 215f.

181) Ebd., 195. Das Thema "arme und reiche Kinder" ist auch bei Felbiger in der "Sittenlehre" zu finden. Siehe S. 31 der Arbeit.

182) BG der Welterlösung, 202-204.

183) Siehe S. 52f d. Arbeit.

184) BG der Welterlösung, 202. Vgl. auch die Anwendung im Anschluß an "Jesu Aufopferung": Seine Mutter that alles, was von der damaligen Kirche vorgeschrieben war; "die sicherste Regel ist diese, daß man thue, was vorgeschrieben ist." Ebd., 208.

185) Ebd., 203. Zum Thema Armut siehe Anm. 177.

Engel, denn "die Engel waren nicht eifersüchtig auf die Ehre und das Glück der Menschen, sondern sie freuten sich mit den Menschen..."[186] Ihre Freude ohne Neid verdient Nachahmung.

Dem Text der Bibel am nächsten steht die Auslegung über die Armut des Gottessohnes. Zwar ist bei der Betonung der Armut Jesu Vorsicht geboten: "Nicht eigentlich die Armut und Ausgestoßenheit des Kindes will das Krippenmotiv herausstellen."[187] Aber im Zeichen, das den Hirten gegeben wird - ein Kind, gewickelt und in einer Krippe liegend - soll auch "das spätere arme und heimatlose Leben des 'Menschensohnes' auf Erden (vgl. 9,58) vorangedeutet sein"[188]. Die Armut kann Bild und Zeichen sein für die Knechtsgestalt Jesu (Phil 2,7). Jedoch wird die Aussage verkürzt, wenn man die Armut Jesu als Aufhänger benützt, um den armen Kindern Trost und Ermahnung zu geben.

Es versteht sich von selbst, daß die beiden anderen Themen ebenfalls nicht eigentlich den Text auslegen, sondern Probleme der damaligen Zeit (Gehorsam gegen Fürsten) bzw. menschliche Verhaltensweisen (hier die Eifersucht) aus Anlaß der Geburtserzählung ansprechen. Besonders deutlich ist das bei der Botschaft der Engel. Ihr nämlich hätte alle Aufmerksamkeit zu gelten[189]. Galura ist jedoch fast ausschließlich an der vorbildlichen Gesinnung "ohne Eifersucht" interessiert und an der Liebe der Engel zu uns. Die "unverhältnismäßig breite Einleitung" (Schürmann) der Geburtserzählung wird von Galura gekürzt und durch allerlei Überlegungen zum Gehorsam gegenüber dem Landesfürsten ersetzt[190].

Jesus im Tempel[191] - Jesus arbeitet[192]

Wie bei Felbiger und Overberg wird Lk 2,41-52 eingehend für das Verhalten der Kinder ausgewertet.

---

186) Ebd., 204.

187) Schürmann, Lukasevangelium I, 105.

188) Ebd., 112.

189) Schürmann, Lukasevangelium I, 110. "Hier kommt die Christusoffenbarung in einer besonders lichten Weise zur Sprache - die Vorgeschichte Lk 1-2 hat hier ihren Höhepunkt." (Ebd., 115).

190) Die eigentliche Aussageabsicht will Jesus als geboren in der Davidsstadt ausweisen. Die Verheißung hat sich in ihm erfüllt. Er ist der "Christos". (Ebd., 98).

191) BG der Welterlösung, 214-216.

192) Ebd., 217-219.

Dabei bringt Galura, wie bereits angedeutet, das Zurückbleiben Jesu in einem Satz, der Vorwurf Marias, die Antwort Jesu, bleiben unberücksichtigt. Die Auswertung der Erzählung erfolgt ausschließlich unter ethischen Gesichtspunkten. Die Gliederung für diese Auswertung ist bei Felbiger und Overberg bereits vorgegeben: Verhalten in der Kirche, in der Schule, zu Hause. Das häusliche Verhalten wird in einer eigenen Erzählung - "Jesus arbeitet" - behandelt.
Jesus ging gerne in die Kirche, wenn auch der Weg nach Jerusalem weit war. Er wurde nicht auf der Gasse, sondern unter den Lehrern und in der Kirche gefunden, denn er war lernbegierig[193]. Ausführlich geht Galura auf das häusliche Verhalten ein. Obenan steht der Gehorsam gegenüber Maria und Josef. Jesus arbeitet, er fertigt Pflüge an[194]. Obwohl er viele Vorzüge besaß, war er bescheiden, demütig[195]. Alle angeführten Tugenden haben zugleich Aufforderungscharakter für die Kinder. Sie werden zu gleichem Verhalten angespornt.
Die Auslegung von Lk 2,41-52 bei Galura ist ein Musterbeispiel für das Hineinlegen allerlei wünschbarer Tugenden in einen Text, der selbst in eine ganz andere Richtung zielt. Konkret zeigt Galura in seiner Auslegung das von Pädagogen erstrebte Verhalten von Kindern.

1.3.4 Zusammenfassung

1) Galura wollte mit seiner Reich-Gottes-Idee "die Lehre vom Christenthume auf die ursprüngliche Sprache, Simplizität und Schönheit wieder zurückführen"[196].
Auch im Religionsunterricht sollte die Reich-Gottes-Idee zentrierender Mittelpunkt sein. Die angemessene Methode ist die geschichtliche Vermittlung[197]. Die Biblische Geschichte Galuras sollte dieser Vermittlung

---

193) Es folgt ein Exkurs über den rechten Einsatz vieler, bzw. weniger Talente. (Ebd., 215f).

194) Ebd., 217f. 218: "Und Ihr, Kinder! die ihr ackert und pflüget, denkt, wenn ihr dem Pfluge folget, dieß sey der Pflug, den der Sohn Gottes selbst gemacht habe...".

195) Ebd., 218.

196) Untertitel der "Neuesten Theologie".

197) Galura, Neueste Theologie I, 50: "Der Glauben an diese Erlösungsanstalt ist also Geschichte, und diese Geschichte kann nicht ohne grossen Nachtheil aus dem Religionsunterrichte wegbleiben." Vorrede zur BG der Welterlösung. Ders., Grundsätze der sokratischen Katechisirmethode, 86: "Die Offenbarung ist eine Geschichte, und als solche muß sie beygebracht werden, ehe der Katechet geoffenbarte Beweise und Wahrheiten den Kindern vortragen kann." (Zit. bei Hemlein, Bernhard Galuras Beitrag, 81).

dienen. Seine Reich-Gottes-Idee sollte wie eine Sonne jede Erzählung beleuchten. "Ist es nicht offenbar, daß eine jede Wahrheit der Religion ein herrliches Licht erhalte, wenn man allererst die Sonne dieses Gebäudes, und dann eine jede Lehre im Lichte dieser heiligen Sonne betrachtet?"[198]

2) In den uns interessierenden Erzählungen des Neuen Testaments versuchten wir die Konkretisierung der Reich-Gottes-Idee in den Griff zu bekommen. Nach der Theorie Galuras müßten ja gerade die Ankündigung und Geburt Jesu ein Knotenpunkt seiner Theologie sein. Doch ist die "konzentrierende Idee" in den Anfangskapiteln nicht so zum Tragen gekommen, wie man es erwartet[199]. Bei Lk 1, 26-38; 2, 1-20 und 2, 41-52 ist zwar öfters vom Reich Gottes im Sinn von "Himmelreich" die Rede, aber Galura zeigt nicht, wie dieses Reich Gottes sich in den angeführten Erzählungen zu verwirklichen beginnt, bzw. wie es in ihnen anwesend ist. "Sinn und Bedeutung jedes einzelnen Ereignisses im Lichte des Reiches Gottes"[200] werden nicht hervorgehoben.
Insbesondere stehen die Aussagen über Jesus, den "König des Himmelreiches" in keinem erkennbaren Zusammenhang mit seiner Zentralidee. Auch seine moralischen Ausführungen scheinen davon unabhängig und beliebig zu sein. Im Horizont heutiger Auslegung sind die Auslegungen Galuras mehr dem Moralismus der Aufklärungszeit als seinem Reich-Gottes-Verständnis zuzuordnen.

3) In Galuras Biblischer Geschichte sind Bibeltexte und eigene Erklärungen, Auslegungen, Anwendungen miteinander verwoben. Man kann dem Urteil Hemleins zustimmen: "Wer Galuras Begeisterung für die Bibel und ihren Wortlaut kennt, ist zunächst über dieses Werk enttäuscht. Man hätte erwartet, daß er den Wortlaut der Heiligen Schrift weitgehendst übernommen hätte. Statt dessen muß man feststellen, daß er auch nichtbiblischen Stoff aufnahm"[201]. Er nahm aber nicht nur nichtbiblischen Stoff auf, sondern vernachlässigte durch seine oft verkürzenden Nacherzählungen und großzügigen Auslassungen den Spannungsbogen der einzelnen Erzählungen, so daß diese zu nebensächlichen Zugaben wurden, während sein eigenes Wort in den Mittelpunkt rückte.

4) Nach seiner Auslegung stehen dogmatisch bestimmte Lehren am Rande, im Mittelpunkt das Verhalten frommer Menschen, das zur Nachahmung anregen soll. Zu nennen sind die Frömmigkeit von Maria, Josef,

---

198) Galura, Neueste Theologie I, 55.

199) Gegen Filthaut, Das Reich Gottes, 57: "In diesem Werk decken sich Theorie und Praxis."

200) Ebd., 167.

201) Hemlein, Bernhard Galuras Beitrag, 149.

David, Jesus. In enger Verbindung stehen Frömmigkeit und Armut, denn die Armen sind geneigter als die Reichen, das Evangelium vom Reich Gottes anzunehmen[202]. Als dritte Größe kommt der Gehorsam dazu. In allem gehorsam sein, ist das Ideal des braven Kindes. Das große Vorbild hierin ist Jesus selbst. Der kindliche Gehorsam wird zum Gehorsam des Untertanen, ein von Galura erstrebenswertes Ziel. Weitere wünschenswerte Verhaltensweisen sind Arbeitsamkeit, Demut, Weisheit.
Überblickt man die Tugenden, die Galura Lk 1-2 entnimmt, so findet man den braven Untergebenen, das Wunschbild in einer absolutistischen Zeit. Die Kinder, an die sich ja die Biblische Geschichte in erster Linie wendet, sollen frühzeitig in das vorgegebene Verhalten eingeübt werden. Nach Galura sollte auch die Moralität auf die einfache Idee des Reiches Gottes zurückgeführt werden[203]. Die Themen der moralischen Lehren zielen jedoch mehr ab auf einen gehorsamen, sich in sein Schicksal fügenden Untertanen, der durch sein tugendhaftes Verhalten ewige Glückseligkeit erhoffen darf. Die beiden anderen genannten Aspekte an Galuras Reich-Gottes-Idee: der Beginn einer neuen Epoche und die Konzentrierung der Auslegung um seinen Hauptgedanken[204] konnten ebenfalls nicht als leitende Ideen in den Texten ausfindig gemacht werden. Die Reich-Gottes-Idee ist kein Interpretationsinstrumentarium für Lk 1-2 in Galuras Biblischer Geschichte.

1.4 Christoph v. Schmid: Biblische Geschichte für Kinder
     (1801 bzw. 1845)[205]

"Was Overberg für die biblische Bildung im katholischen Norddeutsch-

---

202) Galura, Neueste Theologie IV, 35. Zu seiner Anschauung über die Armut vgl. Christkatholische Religion IV, 235-238. Nach Galura soll der Arme - religiös motiviert - seinen Zustand hinnehmen, ohne nach den Gründen und deren Überwindung zu fragen. Durch helfende Zuwendung der Reichen soll die Armut gemildert werden.

203) Siehe Anm. 174.

204) Siehe S. 47f d. Arbeit.

205) Schmid verfaßte folgende Biblische Geschichten:
   1. Biblische Geschichte für Kinder zum allgemeinen Gebrauch in den Volksschulen, München 1801.
   2. Biblische Geschichte für Kinder zum allgemeinen Gebrauch in den Volksschulen Bayerns, aus dem größeren Werke ohne Nutzanwendung ausgezogen von dem Verfasser, München 1813.
   3. Biblische Geschichte für Aeltern und Kinder, Augsburg 1845f.
                    (Fortsetzung S. 63)

land bedeutete, das wurde für Süddeutschland C h r i s t o p h v. S c h m i d ... Auf dem Gebiete der Biblischen Geschichte liegt die eigentliche Bedeutung Schmids und seine religionspädagogische Sendung"[206]. Seine Biblischen Geschichten waren für beinahe ein Jahrhundert im süddeutschen Raum führend und prägten die biblische Bildung der Jugend[207].
Als Schulbenefiziat von Thannhausen bekam Christoph v. Schmid vom kurfürstlich bayerischen Direktorium der deutschen Schulen 1798 den Auftrag, für die Schulen Bayerns eine Biblische Geschichte zu verfassen[208]. J.M. Sailer hatte ihm diesen Auftrag vermittelt[209].

---

4. Biblische Geschichte.Stereotyp-Ausgabe für Schulen und Familien in den Vereinigten Staaten von Nordamerika. New York und Cincinnati 1845.
Zu den einzelnen Ausgaben vgl. Roman Adamski, Christoph von Schmid als Religionspädagoge, Teildruck Ohlau i. Schlesien 1932, 71; Kreutzwald, Geschichte, 119-126 u. 290. Für die Arbeit wurden verwendet: Zur Textanalyse Nr. 2 in einer Ausgabe von 1843. Sie ist die meist verbreitete Biblische Geschichte Chr. v. Schmids. - Nr. 3 für die Analyse der "Nutzanwendungen". Nach dem Vorwort ist diese Biblische Geschichte eine Bearbeitung der Nr.1. Das Neue Testament erschien 1846.

206) Kreutzwald, Geschichte, 117. Zur Biographie Chr. v. Schmids: Chr. v. Schmid, Erinnerungen aus meinem Leben, Augsburg 1853ff, 4 Bändchen. Bd. 3 und 4 wurden von Albert Werfer herausgegeben. (Zit.: Erinnerungen) - J. Bernhart, Christoph v. Schmid, ein Lebensbild, in: Hans Pörnbacher (Hrg.), Christoph v. Schmid und seine Zeit, Weißenhorn 1968, 9-31.

207) Kreutzwald, Geschichte, 125. Um das Jahr 1912 lag der neutestamentliche Teil in der 259. Auflage vor.

208) Chr. v. Schmid, Erinnerungen, Drittes Bändchen (hrg. v. Albert Werfer), Augsburg 1855, 134 (Erinnerungen III).

209) In einem Brief vom 9.11.1800 schrieb J.M.Sailer an Schmid: "Du bist der einzige Mann, den ich ... für geschickt und deshalb für berufen halte, die Biblische Geschichte für die deutschen Schulen in Bayern zu bearbeiten." A. Werfer (Hrg.), Briefe und Tagebuchblätter von Christoph v. Schmid, München 1868, 156. (Zitiert nach Kreutzwald, Geschichte, 118).

Im Jahre 1801 erschien die "Biblische Geschichte für Kinder zum allgemeinen Gebrauch in den Volksschulen Bayerns" in sechs Bänden[210]. In der Bearbeitung von 1813 - ohne Nutzanwendung von Chr. v. Schmid neu herausgegeben - wurde sie die meistverbreitete Biblische Geschichte Chr. v. Schmids. Sie löste den "Kern" Felbigers ab und blieb bis zur Buchberger-Bibel (1922) in Gebrauch. Ganze Generationen sind über die Schmid-Bibel mit alt- und neutestamentlichen Texten vertraut gemacht worden.

1.4.1 Einflüsse auf die Biblische Geschichte Chr. v. Schmids

1.4.1.1 Chr. v. Schmids Liebe zur Heiligen Schrift

Wie bei Overberg beeinflußten bei Chr. v. Schmid eigene Erfahrungen die Abfassung der Biblischen Geschichte. Über die Geschichten aus der Heiligen Schrift, die ihm sein Vater erzählte, schreibt er: "Noch jetzt gedenke ich jener Erzählungen, aus denen ich Gott mehr kennen und lieben lernte, als aus den Lehren, die meine Lehrer in der Folge mir vortrugen"[211]. Als Lehrer erlebte er ähnlich wie Overberg, daß die Hl. Schrift die Aufmerksamkeit mehr fesselt als der Katechismus. "Nun aber, da ich den Unterricht in der Religion mit der biblischen Geschichte anfing, war es ganz anders. Die Kinder hörten mit gespannter Aufmerksamkeit zu ... Die Kinder eilten aus der Schule nach Hause, und erzählten ihren Aeltern ... die schönen Geschichten davon, und sie hörten den Kindern mit Freuden zu..."[212]
Zu den eigenen positiven und ihn beeindruckenden Erfahrungen im Umgang mit der Schrift kamen bei Schmid eine gute biblische Ausbildung[213], und sein lebenslanger Umgang mit der Hl. Schrift. Über den Auftrag zur Abfassung einer Biblischen Geschichte schreibt er: "Ich ergriff diesen Antrag mit Freuden, indem ich mich bisher mit der biblischen Geschichte viel beschäftigt und mir auch Manches notirt (!) hatte"[214].

---

210) Ebd., 119.

211) Chr. v. Schmid, Erinnerungen III, 153.

212) Ebd., 156.

213) Den Gebrauch der Hl. Schrift für die praktische Ausübung des Seelsorgeamtes lernte er von J. M. Sailer (Erinnerungen III, 52), seinem "innigst verehrten und geliebten Lehrer und geistlichen V a t e r" (Erinnerungen I, Vorwort VIII). Zum Verhältnis Chr. v. Schmids zu J. M. Sailer vgl.: Emil Dreesen, Das Verhältnis Chr. v. Schmids zu Johann Michael Sailer, Bonn 1926 (Teildruck).

214) Chr. v. Schmid, Erinnerungen III, 134.

Am Inhalt der Schrift stellt er vor allem heraus, daß sie "ein hohes, herrliches, lebensvolles Gemälde der Sitten" ist[215]. Dies darf jedoch nicht zu der Annahme verleiten, daß Schmid in der Bibel nur ein Sittenbuch sieht. In seinem Vorwort zur Ausgabe von 1845 führt er als erstes an, daß die Biblische Geschichte uns die Güte und Menschenfreundlichkeit Gottes lehrt, die sich zeigt in seinem Sohn Jesus Christus[216].

1.4.1.2 Chr.v. Schmids Erzähltalent

Daß Chr. v. Schmid für die biblischen Erzählungen so empfänglich war, rührt nicht zuletzt von seiner Begabung her, packend zu erzählen und zu schreiben. "Zudem hat er etwas Genie-Ähnliches in seinen Talenten", schreibt J.M. Sailer[217]. In seinen Erinnerungen rühmt Schmid an den biblischen Erzählungen v o r dem Inhalt die "Erzählungsart"[218], ihre Fähigkeit, "das Herz zu ergreifen." Die Kraft dieser Erzählungen kommt "ohne Zweifel von dem Malenden, Lebendigen, Darstellenden der biblischen Erzählungsart..."[219] Die Heilige Schrift enthält mannigfaltige, abwechselnd liebliche, schauerliche, erfreuliche und traurige, sanft rührende und mächtig erschütternde Begebenheiten[220]. Dazu kommt als

---

215) Ebd., 191: "Die unsinnliche Idee der Tugend und des Lasters ist in Fleisch und Blut gekleidet... Die unsichtbare Tugend erscheint in solchen Beispielen in sichtbarer Liebenswürdigkeit und reißt zur Nachahmung hin. So auch das Laster; es erregt Widerwillen, Abscheu, Entsetzen." (Ebd., 192).

216) Chr.v.Schmid, Biblische Geschichte 1845, Vorrede VI.

217) Brief vom 15.1.1803 an Judith Heß-Bernet in St. Gallen. Zit. bei Hans Pörnbacher, Christoph v. Schmid und seine Zeit, 60.

218) Chr.v.Schmid, Erinnerungen IV, 187. Aus seinem Tagebuch sind die Vorzüge der Hl. Schrift in den "Erinnerungen" angeführt. Unter dem Leitgedanken: "In Absicht auf Erzählungsart..." nennt er zwölf Vorteile (187-191).

219) Ebd., 187.

220) Chr.v.Schmid, Biblische Geschichte 1845, Vorrede IX. Ders., Erinnerungen IV, 191: "Was noch mehr Interesse in die Geschichte bringt, das ist das Wundervolle der Begebenheiten, das Auffallende der Situationen, das dramatisch Fortschreitende der Handlung ... Wie reißt das hin, wie spannt es die ganze Aufmerksamkeit, welchen Ausgang dieß Alles nehmen wird!"

ein weiteres Moment die genaue Beobachtung der kindlichen Erzählweise. Schmid schreibt in seinem Tagebuch: "Ich ging zu den Kindern selbst in die Schule und lernte von ihnen."[221] Das kindliche Interesse und die Eigenschaften der Hl. Schrift, die er an ihr entdeckt zu haben glaubt, versucht Chr. v. Schmid in seiner Bearbeitung zur Geltung zu bringen. Das erzählerische Moment setzt auch die besonderen Akzente in den Kindheitsgeschichten und wird so zum Hauptauslegungsfaktor.

1.4.2 Der Ort der Biblischen Geschichte im Gefüge des Religionsunterrichts bei Chr. v. Schmid

Chr. v. Schmid ist kein Religionspädagoge, der Ort und Stellenwert der Bibel theoretisch begründet. Er geht von der Erfahrung aus, der eigenen und der Erfahrung im Umgang mit Kindern.
Die nachhaltige Prägung durch seinen Lehrer J. M. Sailer[222] sowie die eigene unterrichtliche Erprobung[223] führen ihn zu einem Nacheinander von Bibel- und Katechismusunterricht. In seinen Erinnerungen schreibt er: "Unsere heilige Religion gründet sich auf die Offenbarungen Gottes, die uns in der heiligen Schrift erzählt werden. Die biblische Geschichte sollte also dem Unterrichte der Religion zum Grunde gelegt werden. Davon überzeugte mich auch meine eigene Erfahrung."[224]

---

221) Ebd., 183f. Er beobachtete, wie die Kinder vor allem an Handlungen interessiert sind, an kurzen Gesprächen und an Einzelheiten. "Auf diese und andere Weise lernte ich von den Kindern während ich sie lehrte...". (Ebd., 184).

222) Chr. v. Schmid widmet seinem verehrten Lehrer in seinen "Erinnerungen" ein eigenes Bändchen (Erinnerungen II). Wie J. M. Sailer seine Studenten in den Umgang mit der Hl. Schrift einführte, zeigt der 1. Band seiner "Vorlesungen aus der Pastoraltheologie", München ^{3}1812; Titel: "Von dem praktischen Schriftforschen."

223) Vgl. Chr. v. Schmid, Erinnerungen III, 155f.

224) Ebd., 152. Vgl. Chr. v. Schmid, Der Katechismus der christkatholischen Religion für das Bisthum Augsburg ausführlich erklärt von dem Verfasser, Augsburg 1844, Vorrede VII: "Unstreitig muß daher diese Geschichte auch dem Religionsunterrichte zu Grunde gelegt werden." Vgl. auch J. M. Sailer, Vorlesungen aus der Pastoraltheologie, Bd. 2, 267. In einem Brief Wessenbergs an Chr. v. Schmid wird die nämliche Auffassung vertreten. (Zit. bei Dreesen, Das Verhältnis Chr. v. Schmids zu J. M. Sailer, 93).

Die Biblische Geschichte soll Vorbereitung für den Katechismus sein[225]. Dieser hat dann die Aufgabe, die "blos geschichtlich vorgetragenen geoffenbarten Wahrheiten" zusammenzufassen und nach dem "Sinn der katholischen Kirche" zu erklären[226]. Der Katechismus wiederum wird durch Beispiele und Beweise aus der Biblischen Geschichte "erst klar und faßlich"[227]. Beide sollen zusammen ein Ganzes ausmachen[228]. Im Katechismus Chr. v. Schmids wird von Lk 1-2 eifrig Gebrauch gemacht, am ausführlichsten von Lk 2, 41-52[229].

1.4.3 Die Kindheitserzählungen des Lukas in der Biblischen Geschichte Chr. v. Schmids[230]

Chr. v. Schmid führt die Traditionen seiner Vorgänger (Felbiger und Overberg) fort. Er verbindet Lukas- und Mattäustexte zu einer fortlaufenden Geschichte. Gegenüber Felbiger, Overberg und Galura stellt er Lk 2, 22-38 (Darstellung Jesu im Tempel) vor Mt 2, 1-23, während

---

225) Chr. v. Schmid, Katechismus, Vorrede VIII: "Vor Allem muß in den Schulen die biblische Geschichte als Vorbereitung auf den Katechismus von den Kindern fleißig gelesen und von den Lehrern sorgfältig zur Belohnung und Erbauung der Kinder benützt werden."

226) Ebd., Vorrede VII.

227) Ebd.. Eine ähnliche Auffassung findet sich bei J. M. Sailer in seinen Vorlesungen zur Pastoraltheologie, Bd. II, 336: "Was die Form betrifft, so sollte der Katechismus für Größere durchaus historisch seyn."

228) Chr. v. Schmid, Katechismus, Vorrede VIII. Es ist also nicht so, wie Dreher (Die biblische Unterweisung, 214) annimmt, daß Chr. v. Schmid die Biblische Geschichte der Moral zuordnet.

229) Katechismus, I. Bändchen, Das Hauptstück von dem Glauben, 74-82.

230) Der nachfolgenden Analyse liegt zunächst die Biblische Geschichte in der Bearbeitung von 1813 zugrunde. Benützt wird eine Ausgabe von 1843. Nutzanwendungen wurden der Ausgabe von 1845 (NT 1846) entnommen; vgl. auch Anm. 205. (Zit.: Biblische Geschichte 1843 - Biblische Geschichte 1846).

die bisherigen Verfasser zwischen den Besuch der Weisen und der
Flucht nach Ägypten die Darstellung Jesu im Tempel schoben. Die
Überschriften geben kurz den Inhalt an[231], über den drei ersten Erzählungen stehen Personennamen[232]. In der größeren Ausgabe von
1846 schließt der Zyklus mit einer eigenen Erzählung ab: "Die heilige
Familie in Nazareth"[233].
Die folgende Analyse geht zunächst auf den Schmidschen Text ein, denn
in der "Erzählungsart" liegt - wie wir gesehen haben - das Hauptinteresse Schmids. Er achtet nach seinen eigenen Aufzeichnungen dabei
vor allem auf den bestimmten Schauplatz, die bestimmte Zeit[234], auf
die Personen mit ihrem "scharfbestimmten Charakter", die die
"Sprache des Herzens"[235] reden. Er weiß, wie "das Wundervolle der
Begebenheiten ... das dramatisch Fortschreitende der Handlung"[236]
das Interesse einfängt. Dazu kommt für die Kindheitsgeschichten die
große Freude, die Chr. v. Schmid bei den Kindern beobachtet hat, die
Freude "an dem Kinde Jesus in der Krippe (das ihnen die höchst erfreulichen Weihnachtsgeschenke beschert)"[237].

1.4.3.1 Die Erweiterungen des Bibeltextes und ihre Bedeutung für die Auslegung

Ein Vergleich der Schmidschen Biblischen Geschichte mit dem Bibeltext zeigt, daß Chr. v. Schmid zwar viele Zusätze bringt (s. u.), daß
er sich aber - anders als Galura - an den Ablauf der Erzählung hält
und nur weniges wegläßt[238]. Die besondere Eigenart seiner Bibelbearbeitung liegt in der Ausarbeitung der erzählenden Elemente. Davon
sollen einige nun vorgestellt werden.

---

231) Chr. v. Schmid, Biblische Geschichte 1843. Nr. 5 "Die Geburt Jesu" (S. 9); Nr. 6 "Die Hirten bei der Krippe" (S. 11); Nr. 10 "Der 12jährige Jesus im Tempel" (S. 18).

232) Ebd., Nr. 1 "Zacharias und Elisabeth" (S. 3); Nr. 2 "Maria" (S. 5); Nr. 3 "Maria und Elisabeth" (S. 7).

233) Chr. v. Schmid, Biblische Geschichte 1846, 41-45.

234) Chr. v. Schmid, Erinnerungen IV, 188.

235) Ebd., 189f.

236) Ebd., 191.

237) Biblische Geschichte 1845, XIV.

238) Beispiele für Auslassungen (Biblische Geschichte 1843): Lk 1,35a: "Kraft des Höchsten wird dich überschatten"; Lk 1,36b: "und dies ist der sechste Monat für sie, die als unfruchtbar gilt."

(Fortsetzung S. 69)

1.4.3.1.1 Die näheren Umstände der Zeit und des Ortes

Schmid benützt als ein Mittel zur Verlebendigung der biblischen Erzählung die ausführliche, genaue Angabe von Ort und Zeit.
Nazaret ist ein kleines "Städtlein des Israelitischen Ländchens Galiläa"[239]. Als der Engel zu Maria kam, kniete sie "voll stiller Andacht in ihrer einsamen Kammer vor Gott"[240]. - Auf ihrer Reise nach Betlehem kamen Maria und Josef spät abends an. "Alle Häuser waren mit Fremden überfüllt ... die Nacht brach ein, und alle Thüren waren ihnen verschlossen!"[241] In einer Höhle, einem elenden Ort, nahmen sie schließlich ihre Nachtherberge[242]. - Die Hirten wachten in "dunkler Nacht beyeinander" als sie ein "blendender Glanz, vor dem Mond und Sterne verschwanden" umleuchtete[243]. - In der Höhle erblickten sie "etwa bey dem Schimmer eines kleinen Lichtes, das die Höhle erleuchtete - in der Krippe das liebenswürdigste aller Kinder"[244]. - Nach der Rückkehr aus Ägypten wuchs Jesus "in der Hütte seiner Aeltern zu Nazareth auf"[245]. - Bei seiner Wallfahrt nach Jerusalem waren "alle Straßen mit Scharen von Menschen aus allen Völkern bedeckt;"[246] er erblickte "in blauer Ferne die heilige Stadt und den hohen Tempel"[247]. - Seine Eltern suchten ihn "in den vielen Gassen der großen Stadt ... unter dem Gedränge der vielen tausend Menschen"[248].
Die angeführten Beispiele zeigen, wie Schmid die biblische Erzählung mit Hilfe der Beschreibung der näheren Umstände des Ortes und der Zeit ausmalt. Dadurch "lebt alles"[249], alles ist bestimmt. Der Hörer

---

Lk 2,2. Der ganze Vers fehlt. Lk 2,6. Der Vers fehlt und ist durch eine eigene Formulierung ersetzt. Die Erwähnung der unfruchtbaren Elisabet fehlt in vielen Biblischen Geschichten, ebenso ist Lk 2,2 in der Regel ausgelassen. Die "Herbergsuche" wird meist der Geburt vorgestellt. - Die Bearbeitung der Biblischen Geschichte von 1846 verändert den Text der Ausgabe von 1813 nur unwesentlich.

239) Biblische Geschichte 1843, 5.
240) Ebd.
241) Ebd., 10.
242) Ebd., 11.
243) Ebd.
244) Ebd., 12.
245) Ebd., 18; 20: Jesus lebte in ihrer armen stillen Hütte.
246) Ebd.
247) Ebd.
248) Ebd., 19.
249) Chr. v. Schmid, Erinnerungen IV, 187.

wird in die Welt des Erzählers hineingenommen, er erlebt das "Städtchen", die "kalte Nacht", den "armen Stall", die "vielen Menschen" usw. in seiner Phantasie mit. Zur Verlebendigung gehören aber vor allem die handelnden Personen. Am Beispiel von Maria und Jesus soll eine Personencharakterisierung verdeutlicht werden.

1.4.3.1.2 Maria und Jesus

Maria[250]

Maria war eine arme Jungfrau, die - obwohl aus dem königlichen Geschlecht Davids stammend - still und unbemerkt, von der Arbeit ihrer Hände lebte. Obwohl sie an irdischen Gütern arm war, war sie reich an Tugenden, die reinste Unschuld, die lauterste Demut. Ihr Herz sehnte sich nach der Ankunft des Erlösers. - Nach dem Gruß des Engels dachte sie hin und her. Sie konnte ihn gar nicht begreifen. "Voll der liebenswürdigsten Bescheidenheit schwieg sie still." - Nach der Botschaft des Engels sagte sie "mit jungfräulichem Erröthen ... Wie kann das seyn? ..." Und nach der Erklärung des Engels neigte sich Maria "voll Anbethung, Dank und Freude ..." - Das Bild Marias ließe sich durch die zwei anderen Erzählungen noch vervollständigen. Aber die angeführten Beispiele zeigen bereits deutlich, wie Chr. v. Schmid sein Marienbild zeichnet.

Jesus[251]

Jesus war "ein Kind voll göttlicher Anmuth und als ein Knabe schon voll himmlischer Weisheit." Bei der Wallfahrt nach Jerusalem war sein ganzes Herz "innigst gerührt", beim Betreten des Tempels "ganz Anbethung, Freude und Dank." - Im Tempel wurde er nach drei Tagen von seinen Eltern gefunden: "Aller Augen waren auf ihn gerichtet. Alle horchten mit Aufmerksamkeit auf jedes Wort seiner Lippen. In jedem Angesichte zeigte sich Verwunderung. In allen Herzen regten sich die freudigsten Hoffnungen. Ja Alle, die Ihn hörten, waren Ein Erstaunen über die wunderbare Weisheit dieses außerordentlichen Kindes."
Die beiden Beispiele sollten zeigen, wie Chr. v. Schmid seine Personen charakterisiert, wie er sie durch Worte[252] und Gebärden[253] und beson-

---

250) Die Beispiele sind genommen aus: Maria (Lk 1,26-38), Biblische Geschichte 1843, 5f.

251) Die folgende Zusammenstellung stammt aus: Der zwölfjährige Knabe im Tempel, Biblische Geschichte 1843, 18-20.

252) "In zwei, drei Worte ist die ganze Empfindung wie in einem Brennpunkt gesammelt." Erinnerungen IV, 190.

253) "Die Geberden sind oft noch sprechender als die Worte". Ebd.

dere Attribute²⁵⁴ den Kindern näher bringt, so daß sie gleichsam als "vollkommene" Menschen die Bewunderung der Zuhörer finden. Dazu kommt, daß Chr.v.Schmid auch die Spannungsmomente, die in den Erzählungen liegen, kräftig herausarbeitet: den Augenblick der Engelserscheinung (Lk 1,28), die überraschende Reise nach Bethlehem (Lk 2,4), die vergebliche Herbergsuche (Lk 2,7), die wunderbare Erscheinung der Engel vor den Hirten (Lk 2,9), die Suche nach dem verlorenen Jesus (Lk 2,45) usw.²⁵⁵
Die Wirkung solcher Erzählweise beschreibt Chr.v.Schmid so: "Aller Augen leuchteten. Alles war still, daß man hätte eine Stecknadel können fallen hören."²⁵⁶

1.4.3.1.3 Die Auslegung mit Hilfe der ausmalenden Erzählung

Die Beachtung der Erzählweise Chr.v.Schmids sollte eine Hilfe sein, um seiner Auslegung auf die Spur zu kommen. Wie legte Chr.v.Schmid Lk 1-2 aus? Diese Frage versuchen wir nun zu beantworten.
1) Zunächst ist die in der Literatur häufig sich findende Meinung zu korrigieren, daß Chr.v.Schmid in der Bibel nur ein Arsenal für die sittliche Belehrung erblickt²⁵⁷. Zwar lobt er in seinem Tagebuch ihren "hohen Werth in Absicht auf Sittenlehre. Sie ist ein hohes, herrliches, lebensvolles Gemälde der Sitten."²⁵⁸ Aber man muß zur Beurteilung auch sein übriges Schrifttum heranziehen. Sowohl in der Vorrede zu seinem Katechismus, als auch zur Ausgabe seiner Biblischen Geschichte von 1845 betont er zunächst, daß die Schrift die "Geschichte der Offenbarungen Gottes" enthält²⁵⁹ und vor allem von der Güte und Menschen-

---

254) "Auch haben die wichtigsten Personen noch immer etwas eigenes, das sie auszeichnet und die Aufmerksamkeit auf sie heftet." Ebd. 191.

255) Siehe Anm. 220.

256) Chr.v.Schmid, Erinnerungen IV, 187.

257) Z.B. Knauber, Die Geschichte der "Katholischen Schulbibel" und ihre Gestaltkräfte, in: 50 Jahre Katholische Schulbibel, 20.
Dreher, Die biblische Unterweisung, 214.

258) Chr.v.Schmid, Erinnerungen IV, 191.

259) Biblische Geschichte 1845, Vorrede VI. Die Betonung einer heilsgeschichtlichen Linie übernahm er von seinem Lehrer J.M.Sailer, vgl. dazu: Dreesen, Das Verhältnis Chr.v.Schmids zu J.M.Sailer, 67f.

freundlichkeit Gottes kündet. Deshalb muß sie auch dem Religionsunterricht zugrunde gelegt werden[260]. Schmid will also durchaus mit seinen[261] Erzählungen die Offenbarung Gottes in W o r t und T a t bekanntmachen.
2) Schmid versucht durch die Beachtung der volkstümlichen Erzählelemente diese Vermittlung zu leisten. Im Vordergrund steht bei ihm - in der praktischen Durchführung - pädagogisches Interesse, die Kinder so zu fesseln, daß sie die Geschichten am liebsten von allen hören und lesen. Von diesem Interesse bestimmt, werden die Kindheitserzählungen zu einer fortlaufenden, spannenden, wunderbaren Geschichte; in ihren überraschenden, nur übernatürlich zu erklärenden Momenten scheint die Offenbarung Gottes auf. Dabei hat Schmid durchaus die vorgegebene Erzählstruktur im großen und ganzen beibehalten. Wörtliche Rede wird sorgfältiger als die übrige Erzählung wiedergegeben. Sie gebraucht er auch für seinen Katechismus[262].
3) Bei der Beachtung der formalen Seite der Erzählungen und ihrer zum Teil pädagogisch begründeten Erweiterungen verschieben sich die Akzente des ursprünglichen Textes. Bei der Verkündigungserzählung stehen das tugendhafte Verhalten und die wundersame Engelserscheinung im Mittelpunkt und lassen die Botschaft des Engels in den Hintergrund treten. In Lk 2,1-20 verdrängen die Reise nach Betlehem und die Herbergsuche die eigentliche Mitte der Erzählung, ebenso stehen das Verhalten der Hirten und der übrigen Personen vor der Botschaft an die Hirten und dem Lobpreis. Die anschauliche Schilderung der Wallfahrt nach Jerusalem, das angstvolle Suchen, die Betonung des korrekten Verhaltens Jesu beim Vorwurf Marias, all das läßt die Antwort Jesu (Lk 2,49) mehr oder weniger nebensächlich erscheinen, trotz eines erweiternden Zusatzes.
4) Einen weiteren Aufschluß über die Auslegung geben uns die Charakterisierungen der Personen. Die Betonung ihres vorbildlichen, vollkommenen Verhaltens in jeder Situation nimmt einen solchen Umfang an, daß dadurch die eigentliche Erzählabsicht verdunkelt wird. Es zeigt sich, daß Chr.v.Schmid eine Vorliebe für tugendhafte Vorbilder hat und diese auch mit vielen Details ausschmückt. Dabei besteht die Gefahr, daß die vielen Zutaten den Fortgang der Erzählung zu sprengen drohen.

---

260) Chr.v.Schmid, Der Katechismus, Vorrede VII; vgl. auch S.66f d. Arbeit.

261) Chr.v.Schmid, Biblische Geschichte 1845, VI.

262) Ein Vergleich mit seinem Katechismus zeigt, daß Schmid die Texte der Biblischen Geschichte - gemäß seiner Vorrede - zur Verdeutlichung heranzieht; vgl.: ders., Der Katechismus, 74-82. Am ausführlichsten ist die Auslegung zu Lk 2,51f (79-82).

5) Die Biblische Geschichte Chr. v. Schmids ist ein Beispiel, wie man historisierend Verkündigungstexte in konkurrenzfähige Kindergeschichten mit moralischer Abzweckung umwandeln kann. Unter pädagogischer und methodischer Rücksicht ist sein Werk - den Anforderungen seiner Zeit entsprechend - gut gelungen, das bestätigt auch die lange und weite Verbreitung. Der Anspruch des Textes ist jedoch dabei zu wenig beachtet worden.

1.4.3.2 Die Anwendungen in der Biblischen Geschichte von 1846

Neben der weitverbreiteten und über Jahrzehnte den biblischen Unterricht in den Schulen Süddeutschlands beherrschenden Biblischen Geschichte Chr. v. Schmids, war noch eine weitere Ausgabe von 1845f im Gebrauch[263]. Sie ist mit "beigefügten Bemerkungen" versehen, die den Eltern und Lehrern Hilfestellung leisten sollen, die Kinder "den Schatz heilsamer Wahrheiten" zu lehren[264]. In dieser überarbeiteten Ausgabe der Fassung von 1801 stellte er - anders als in seinem Tagebuch - in der Vorrede den Inhalt der heiligen Geschichte vor die literarischen Vorzüge, ebenso steht die Betonung der Verherrlichung Gottes vor den sittlichen Lehren: "Die beigefügten Bemerkungen ... beziehen sich ... auf Alles, was zur Verherrlichung Gottes und Seines geliebten Sohnes gereicht, und was uns an den guten und bösen Menschen, von denen erzählt wird, nachahmenswerth erscheinen oder zur Warnung dienen muß."[265]

1.4.3.2.1 Die Auslegung der bibl. Erzählungen

Bei der Zusammenstellung bleiben die sittlichen Lehren zunächst unberücksichtigt.
1) Anmerkungen zur Lektion 2 (Lk 1,26-38)[266]

---

263) Diese Ausgabe ist nach dem Vorwort die überarbeitete Biblische Geschichte von 1801. Biblische Geschichte 1845, Vorrede V.

264) Ebd., Vorrede XVI. - "Die jeder Erzählung beigefügten Nutzanwendungen mögen den Aeltern dazu dienen, die Kinder auf die guten Lehren, die in der Geschichte enthalten sind, aufmerksam zu machen und ihnen dieselben an das Herz zu legen." (Ebd., XV).

265) Ebd., Vorrede VIIf.

266) Chr. v. Schmid, Biblische Geschichte 1846, 9-10.

Am Anfang der Auslegung steht die Erfüllung der Verheißung an David.
Diese Verheißung wird vom christlichen Vorverständnis her interpretiert: Der Erlöser der Menschen ist der Sohn des Allerhöchsten und zugleich ein Sohn Davids. Sohn Davids ist er deshalb, weil Maria aus
dem königlichen Geschlecht Davids stammt[267]. Welche Bedeutung
der Verheißene für die Menschen hat, ist aus seinem Namen ersichtlich: Hilfe, Heil und Segen[268].

2) Anmerkungen zu den Lektionen 5. u. 6 (Lk 2,1-20)[269]
Im Vordergrund steht die Betrachtung der Armut des Gottessohnes.
Sie ist ein mächtiger moralischer Appell, die Wertungen der Menschen
in Frage zu stellen. Im Reich Gottes gilt nur Tugend und Heiligkeit[270].
Im Anschluß an die Hirtenerzählung hebt Chr. v. Schmid in bibelnahen
Sätzen die Bedeutung Jesu hervor: In ihm ist die Freundlichkeit Gottes
erschienen[271]. Er verherrlicht durch sein Kommen Gott und bringt den
Menschen Freude, Friede[272], Seligkeit, indem er ihm zu Hilfe kommt,
die Sünde zu besiegen, die die Ursache des Unfriedens ist. Voraussetzung auf der Seite des Menschen ist der gute Wille[273]. In aller Kürze
hat er damit ohne alle metaphysische Spekulation die Bedeutung der
Menschwerdung Gottes für die Menschen herausgestellt: der Retter der
Menschen ist geboren worden.

3) Anmerkungen zur Lektion 10
Die Anmerkungen zu Lk 2,41-52 beschränken sich auf die Auslegung
von Lk 2,52. Dieser Vers wird nur in der Bedeutung für das Verhalten
der Menschen, vorzüglich der Jugend, gesehen und dementsprechend
ausgelegt[274]. Anschließend wird in einer eigenen Lektion die heilige

---

267) Ebd., 9; Schmid übernimmt die in der kirchlichen Tradition
schon sehr früh bestehende Auffassung, Maria sei aus davidischem Stamm.

268) Chr. v. Schmid, Biblische Geschichte 1846, 9.

269) Ebd., 19 u. 22f.

270) Ebd., 19.

271) Tit 3,4; vgl. Biblische Geschichte 1845, Vorrede II; vgl.
Overberg, S. 38 d. Arbeit.

272) Vgl. Gal 5,22; 2 Kor 8,9 - Chr. v. Schmid, Biblische Geschichte 1846, 22.

273) Ebd., 23. Hier und auch weiterhin begegnen wir der ethisch
abgezweckten Auslegung von Lk 2,14. Der gute Wille besteht
darin, sich von den verführerischen Reizen der Welt nicht
verführen zu lassen. (Ebd.).

274) Ebd., 39-41.

Familie vorgestellt, in der das Ideal einer christlichen Familie und die erstrebenswerten Verhaltensweisen jedes einzelnen Familienmitgliedes in vollkommener Weise verwirklicht werden.[275]

4) Die Anmerkungen zeigen, wie Chr. v. Schmid weitgehend seinem Programm treu geblieben ist, zuerst Christologie, denn Ethik zu bieten[276]. Nur bei Lk 2, 41-52 finden sich ausschließlich ethische Auswertungen[277]. Schmid betont in seinen christologischen Aussagen die Heilsbedeutsamkeit der Menschwerdung Gottes und die Erfüllung der Verheißung. Beide Aussagen werden ergänzt durch die Hervorhebung sittlicher Folgerungen, die sich aus der Annahme des Evangeliums ergeben.

1.4.3.2.2 Sittliche Verhaltensweisen in Lk 1-2

In den sittlichen Verhaltensweisen, die im Anschluß an die Erzählungen geboten werden, wird zum einen die in den Erzählungen selbst begonnene Tendenz weitergeführt, Personen mit tugendhaftem Verhalten auszustatten. Darüber hinaus gibt es weitere ethische Appelle und Vorbilder.
- So wird vor allem Lk 2, 52 ausführlich exegetisiert und auf den Leser hin ausgelegt: Er erfährt, daß er Weisheit und Tugend in sich vereinen muß, um die Achtung der Mitmenschen zu erlangen usw.[278]
Aufschlußreich ist die Nummer elf der Biblischen Geschichte. In dieser Lektion malt Chr. v. Schmid das Bild einer vorbildlichen Familie, in der die einzelnen Familienmitglieder in vollkommener Weise zusammenleben und so ein Vorbild jeglicher Familie sind. J o s e f , der ehrwürdige Nährvater, las aus den Hl. Schriften vor[279], er war fromm, augenblicklich befolgte er jedes Wort Gottes. Er war ein treuer, gehorsamer Untertan, ein guter Bürger und fleißiger Arbeiter.
Für M a r i a war die Gottesfurcht der größte Familienschatz, sie wollte nur eine Magd des Herrn sein. Sie konnte "geistreich aus dem Herzen beten." Als die sorgfältigste Hausmutter verrichtete sie ihre Hausgeschäfte freudig, bereitwillig und mit größter Genauigkeit.

---

275) Ebd., 41-45.

276) Siehe S.71f d. Arbeit

277) Die Antwort Jesu in Lk 2,48 wird direkt im Text durch eine zusätzliche Bemerkung erläutert.

278) Chr. v. Schmid, Biblische Geschichte 1846, 39-41.

279) Die folgenden Belege sind der Biblischen Geschichte von 1846 entnommen und zwar der Lektion 11: Die heilige Familie zu Nazareth, 41-45.

Maria und Josef lebten fromm und gottselig zusammen, nie gab es ein
feindseliges Wort oder einen unfreundlichen Blick. "Beide waren voll
der liebreichsten Sorgfalt für das theure, ihnen von Gott anvertraute
Kind." Ihr Heim war von höchster Reinlichkeit und Ordnung, der
"schönste und einzige Schmuck der einfachen Wohnung." Jesus vervollkommnet das irdische Glück. Wie seine Eltern hielt er sich am
liebsten im Tempel auf. Die eigentlichste Pflicht des Kindes übte er,
den Gehorsam, der in sich alle anderen Pflichten begreift. Durch seine
Arbeit ist er ein Vorbild geworden für Lehrlinge und Gesellen, überhaupt
gab er "allen Kindern, der heranwachsenden und erwachsenen Jugend
das schönste Beispiel."
Mit dieser Familienidylle schließt Chr.v.Schmid seine Kindheitsgeschichte ab. Sie zeigt deutlich, wie das Interesse des Erzählers, die
friedvolle, stille, harmonische Familie, zu der hin er seine Leser
führen will, alle entfernten Andeutungen aus der Schrift[280] in seinen
Dienst nimmt.

1.4.4 Zusammenfassung

Schmids Biblische Geschichte ist von seinem dichterischen Talent und
von seiner Liebe zu den Kindern[281] her aufzuschlüsseln. Gekonnte volkstümliche Erzählkunst verwandelt die lukanischen Texte in spannende, zum
Teil dramatische Erzählungen.
Die Personen werden durch eine Vielzahl von Attributen den Hörern und
Lesern näher gebracht. Sie sind besonders fromme, tugendhafte und
deshalb nachahmenswerte Personen. Mit ihren vielen lobenswerten Verhaltensweisen rücken sie zum Teil so in den Vordergrund, daß darüber
die Botschaft des Textes zu kurz kommt.
Die Tugenden, die gepriesen werden, sind wünschbare Verhaltensweisen der sozialen Gegebenheiten in der Umwelt Chr.v.Schmids, sie sind
kaum aus dem Text zu eruieren. Durch die Verankerung in biblischen
Texten erhalten sie besondere Autorität und Verpflichtung.
In Jesus sind alle Tugenden in einem Höchstmaße verwirklicht. Für
die Hörer und Leser wird er zu einem "Superknaben". Er ist die Vollkommenheit schlechthin.
Chr.v.Schmid ist aber nicht nur ein Erzählkünstler mit moralischer
Intention, er will durch seine Kunst die Offenbarungen Gottes, die in
Jesus Christus ihre Mitte und ihr Ziel haben, vermitteln. Das geschieht

---

280) Chr.v.Schmid verweist in seiner Schilderung öfters auf Lk 1-2.

281) "Auch sah ich mehr als je ein, daß nur herzliche Liebe zu den
Kindern den Worten des Kinderlehrers in ihre Herzen Eingang
verschaffen könne." (Chr.v.Schmid, Erinnerungen III, 82).

sowohl in den erzählenden Partien, als auch in den Anmerkungen seiner großen Biblischen Geschichte.
Das Verdienst der Schmidschen Biblischen Geschichte - das sollte nicht übersehen werden - lag in der gelungenen kindertümlichen Sprache, die den Kindern biblische Geschichten nahezubringen verstand. Das zeigte sich besonders auch in den Kindheitserzählungen. Sie waren für ihn richtige Kindergeschichten. Die Kinder finden "noch mehr ... an dem Kinde Jesus in der Krippe (das ihnen die höchst erfreulichen Weihnachtsgeschenke beschert) große Freude."[282]
Für uns ist dieser Weg heute nicht mehr gangbar. Aber die Auswirkungen der Schmidschen Bibelauslegung sind bis heute zu finden.

1.5 Augustin Gruber: Katechetische Vorlesungen (1830ff)

Nach den Verfassern der ersten Biblischen Geschichten sollen nun die Lehrskizzen Augustin Grubers[283] vorgestellt werden. Als Erzbischof von Salzburg hielt er den Priesteramtskandidaten diese Katechesen als Fortsetzung der theoretischen Einführung in die Katechetik an Hand

---

282) Chr. v. Schmid, Biblische Geschichte 1845, Vorrede XIV.

283) J. Augustin Gruber wurde am 23. Juni 1763 in Wien geboren. Nach seiner Priesterweihe (1788) war er als Seelsorger tätig, bis er 1796 Katechet an der Haupt- und Normalschule St. Anna wurde. An dieser Schule, die von J.I. Felbiger begründet wurde, hatte er neben der praktischen unterrichtlichen Tätigkeit u.a. auch ausgewählte Geistliche in die vorgeschriebene Methode des Religionsunterrichts einzuführen und deren Prüfung abzunehmen. 1803 wurde Gruber Mitglied der Kommission zur Organisation des Religionsunterrichts. Mit seinen katechetischen Vorlesungen als Erzbischof von Salzburg hatte er entscheidenden Einfluß auf die weitere Entwicklung der Katechese.
Zu Gruber vgl. neben den Lexikaartikeln noch Franz Ranft, Fürsterzbischof Augustin Gruber von Salzburg 1763-1835. Ein Beitrag zur Geschichte der kath. Religionspädagogik, Innsbruck-Leipzig 1938; Leopold Lentner, Leben und Lebenswerk des Erzbischofs Augustin Gruber, in: Österreichisches Klerusblatt, Nr. 16/17 1959, 177-179.

der Schrift des hl. Augustinus: "De catechizandis rudibus"[284]. Seine Einführung ist eine zustimmende Verdeutlichung der Lehren Augustinus' auf seine Zeit hin. "Alles, was von der Methode des Unterrichts an dem hl. Augustin hervorleuchtet, ist auch durchaus für die Methode des Unterrichts bey unseren Katechumenen anwendbar; ja, nur nach solcher Methode unterweisen wir richtig und zweckmäßig."[285] Obwohl Gruber im Anschluß an Augustinus die heilige Geschichte "zum Anfange und Ende seines Unterrichts"[286] machen will, ist für ihn nicht eine Biblische Geschichte, sondern der Katechismus der Leitfaden für seine Katechesen[287]. Die Glaubenswahrheiten aber sind in Form einer Geschichte darzubieten, denn "in der Geschichte der göttlichen Offenbarung liegen alle übrigen Glaubenswahrheiten ... die ganze Moral läßt sich ... aus der Geschichte der Gesetzgebung auf Sinai, dann aus den Aussprüchen Jesu beybringen."[288] Das Erzählen einer Geschichte ist für Gruber Unterrichtsprinzip[289]. Die Auswahl der Erzählungen

---

284) Augustin Gruber, Katechetische Vorlesungen über des hl. Augustinus Buch: Von der Unterweisung der Unwissenden in der Religion ..., Bd. 1, Salzburg 1830. Benützt wurde die dritte unveränderte Auflage, ^{3}1853. (Zit.: Katechetische Vorlesungen). Ders., Katechetische Vorlesungen ... Bd. 2, Praktisches Handbuch der Katechetik für Katholiken ... Erster Theil Elementarunterricht der Kleinen, Salzburg ^{2}1833 (unveränderte Auflage). (Zit.: Elementarunterricht). Ders., Katechetische Vorlesungen ... Bd. 3, Praktisches Handbuch der Katechetik für Katholiken ... Zweyter Theil, Religionsunterricht für die Schüler der ersten Klasse, Salzburg 1834. (Zit.: Religionsunterricht 1. Klasse).

285) Gruber, Katechetische Vorlesungen, 295.

286) Ebd., 40: "Und so kann der Katechet seiner Pflicht durchaus nur dann Genüge thun, wenn er seinen ganzen Religionsunterricht auf Gottes Authorität, die sich in der heiligen Geschichte offenbaret, gründet, Alles nur aus ihr hernimmt, und sie durchaus zum Anfange und zum Ende seines Unterrichtes macht." Vgl. auch ebd., 309.

287) Das zeigt der Lehrgang sowohl für den Elementarunterricht als auch für die 1. Klasse. Gruber, Elementarunterricht, 5. "Den Leitfaden in dem katechetischen Unterrichte gibt uns der Katechiusmus." (Ebd., 10).

288) Gruber, Katechetische Vorlesungen, 39.

289) Ders., Elementarunterricht, 26.

hat so zu erfolgen, "daß deutlich werde, wie sich die sämtlichen Leitungen Gottes auf Christus, den Erlöser der Welt beziehen..."[290]
Für Gruber ist Jesus Christus das Konzentrationsprinzip der Katechese, weil "eben der Herr Jesus Christus, der Gott und Mensch ist, das kundmachende Zeichen der Liebe Gottes zu uns" ist[291]. Auf ihn hin und von ihm her ist alle Lehre darzustellen und zwar so, "daß der Hörende die Verbindung der ganzen Leitung in beyden Testamenten in der heiligen Liebe erkenne und glaube, und durch Glauben hoffe, und durch Hoffen liebe..."[292]

1.5.1 Die Kindheitserzählungen im Aufbau des Religionsunterrichts

In seinem Lehrgang folgt Gruber dem Prinzip der konzentrischen Kreise. "Nur durch **stufenweises Fortschreiten der Erklärung in wiederholter Behandlung derselben Gegenstände** kann die wahre religiöse Bildung bewirkt werden."[293] In "**jedem Schuljahre**" soll "**das Ganze** der christlichen Lehre vorgetragen"[294] werden. So finden sich in den Katechesen der beiden Jahrgänge die Kindheitserzählungen, wie die nachstehende Übersicht zeigt.

---

290) Ders., Katechetische Vorlesungen, 309.
Im praktischen Teil seiner Vorlesungen wiederholt er dieses Konzentrationsprinzip. In einer Lehrerinnerung zu den Elementarkatechesen schreibt er: "Ich nehme ... nur **die Stücke der Geschichte Jesu** heraus, welche zur Erzeugung tiefer Ehrfurcht gegen Jesus und dadurch des Glaubens nothwendig sind, und zugleich die Hauptmomente seiner Geschichte in Hinsicht auf den Gang der göttlichen Offenbarung näher bezeichnen". (Ebd., 67). Vgl. auch Katechetische Vorlesungen, 25 und 309.

291) Ders., Katechetische Vorlesungen, 47.

292) Ebd., vgl. auch 25.310 u.ö..Wie für Galura die Reich-Gottes-Idee, so ist für Gruber Jesus Christus Mittelpunkt aller Katechese. Zugleich ist in dem zitierten Satz das Ziel des Religionsunterrichts angegeben, das er im Anschluß an Augustinus so formuliert: die Liebe aus reinem Herzen und gutem Gewissen, und ungeheucheltem Glauben. Ebd., 22 (= 1Tim 1,5).

293) Ders., Elementarunterricht, 17.

294) Ebd., In den unteren Klassen wird das Nötigste eines jeden Gegenstandes hervorgehoben. Dabei soll man mehr das Gedächtnis und das Gefühl schulen, während man in den oberen Klassen ins Detail gehen und mehr auf Klarheit und Deutlichkeit der Begriffe achten soll. (Ebd., 24).

Elementarkatechesen[295]	Katechesen für die erste Klasse[296]
	8. Katechese
	Vom Erlöser Jesus Christus - dessen Geburt
	1. Die Frommen des AT haben ihn erwartet
	2. Gott sandte Propheten
	3. Voraussagen über den Erlöser
7. Katechese	9. Katechese
Der Erlöser ist uns geboren worden	Fortsetzung - dessen Jugendgeschichte
1. <u>Lk 1, 26-38</u>	1. <u>Lk 1, 26-38</u>: fragweise Wiederholung
2. <u>Lk 2, 1-20</u>	2. <u>Lk 2, 1-20</u>: fragweise Wiederholung
	3. <u>Lk 2, 21</u>
8. Katechese	
Des Erlösers Bekanntwerden in der ersten Kindheit	
1. <u>Mt 2, 1-12</u>	4. <u>Mt 2, 1-12</u>: Wiederholung und nochmalige Erzählung
2. Lk 2, 22-38	5. <u>Lk 2, 22-38</u>: Wiederholung
9. Katechese	10. Katechese
Jesus als zwölfjähriger Knabe	Fortsetzung der Jugendgeschichte Jesu
	1. Mt 2, 14-23
1. <u>Lk 2, 41-52</u>	2. <u>Lk 2, 41-52</u>: Wiederholung

Die Erzählungen zur Kindheit Jesu nimmt Gruber aus Lukas und Mattäus. Mit einigen Abänderungen und Verschiebungen bleibt seine Auswahl für die unteren Jahrgänge bis in unsere Zeit bestimmend[297]. Auch die

---

295) Ebd., 53-68.

296) Ders., Religionsunterricht 1. Klasse, 66-92.

297) Vgl. z.B. noch Rahmenplan (1967).

"heilsgeschichtliche" Einordnung der Kindheitsgeschichte (1. Klasse) wird von den späteren Katechesen zur Unterstufe übernommen. Auffallend ist, daß auch in der erweiterten Wiederholung für die 1. Klasse der Johanneszyklus nicht berücksichtigt ist. Die Erklärung ist wohl darin zu suchen, daß für Gruber der Inhalt des Katechismus als Auswahlprinzip maßgebend ist[298].

Die einzelne Katechese ist in der Regel so aufgebaut, daß nach einer Erzählung diese mit Hilfe einzelner Fragen des Katecheten wiederholt wird. An die Fragen schließt sich die Anwendung an, die ebenfalls öfters "fragweise" vorgebracht wird. In den Katechesen für die erste Klasse steht vor der Anwendung der Text des Katechismus, der anschließend durch Wiederholungsfragen verdeutlicht wird[299]. In einer "Lehrerinnerung" verweist Gruber seine Studenten auf wichtige katechetische Prinzipien[300].

1.5.2 Die Katechesen im einzelnen

Bei der Analyse der Katechesen ist zu berücksichtigen, daß sie Beispiele für einen möglichen Anfangsunterricht sind. Sie tragen deshalb mehr den Chrakter von gesprochenen Vorlagen. Darauf muß man in der Analyse besonders bei den erzählenden Teilen achten. Die Katechesen der 1. Klasse werden in der folgenden Besprechung mitberücksichtigt.

---

298) Gruber, Elementarunterricht, 5: "Es macht also das Symbolum, das äußere Bekenntniß der gesammten geoffenbarten Lehre, das M a t e r i a l e unseres katechetischen Unterrichts aus".

299) Ders., Religionsunterricht 1. Klasse, Vorwort IX: "Auf historischem Wege wird eingeleitet die Darstellung der einzelnen Materie, diese wird dann durch zweckdienliches Abfragen im Gedächtnisse und Verständnisse befestigt; hierauf - dem Verständnisse bereits nahe genug gerückt - wird die betreffende Stelle im Katechismus abgelesen, und durch neue Fragen mit dem Ganzen verwoben, schließlich wandelt eine gemüthliche und werkthätige Nutzanwendung das Ganze in Saft und Kraft."

300) Z.B. ders., Elementarunterricht 58: "Ich bemerke euch, m.F.! wie ich die einfache Erzählung zur Vorbereitung auf die Kenntniß der Dogmen benütze...".

1.5.2.1 Der Erlöser ist uns geboren worden[301]

1) Nach einer kurzen Anknüpfung an die vorhergehende Katechese folgt als Kern der Katechese die Erzählung des Lehrers nach Lk 1,26-38. Zu ihrer Charakterisierung ist es zweckmäßig, auf die Auslassungen und Erweiterungen näher einzugehen[302]. In der Verkündigungserzählung fehlen die Verse 32-37; nur von Vers 35 werden das Kommen des hl. Geistes und der Sohn Gottes übernommen. Für das erste Bekanntwerden mit dieser Erzählung ist für Gruber demnach wichtig: das Kommen des Engels, die Verheißung des Kindes und die Offenbarung seines Wesens, sowie die Antwort Marias. Die Wiederholung in der ersten Klasse bringt im erzählenden Teil keine Ergänzungen[303]. Grubers Katechese zu Lk 1,26-38 ist ein Beispiel für eine sehr verkürzende Erzählung, die wohl aus pädagogischen und psychologischen Gründen so gefaßt worden ist. Neben den Versen über die Bedeutung Jesu (VV 32f) fehlen auch die Marienfrage, die Antwort des Engels und der Hinweis auf Elisabet. Die verbliebenen Sätze genügen Gruber für die anschließenden Belehrungen und auch für die Katechismussätze der ersten Klasse. Erweiterungen finden sich bei Ortsangaben[304]. Für Kin-

---

301) Ebd., 53-58.

302) Unter methodischer Rücksicht sind auch die Erklärungen zu den einzelnen Versen interessant. Sie werden hier jedoch nicht weiter berücksichtigt.
Beispiele:
Lk 1,26 "In einem Lande, das weit von uns weg ist, und wo damals die Juden wohnten" (Elementarunterricht, 54).
Lk 1,28 "Ich grüße dich, fromme Jungfrau Maria, du bist bei Gott recht in großen Gnaden; Gott liebt dich sehr, und steht dir besonders bey; du bist die glücklichste unter allen Weibern." (ebd.).
Lk 2,14 "Glücklich werden durch ihn alle Menschen, die das Gute von Herzen wollen, und an ihn, den Heiland, den Sohn Gottes, glauben!" (Ebd., 57).
Lk 2,49 "Dachtet ihr nicht daran, daß ich dort seyn muß, wo ich von meinem Vater sprechen kann?" (Ebd., 65).

303) Gruber, Religionsunterricht 1. Klasse; 9. Katechese: Fortsetzung, dessen Jugendgeschichte: 73-76.

304) Ebd..

der schwer verständliche Ausdrücke sind erläutert, z.B. der Gruß des Engels[305]. Vor allem aber werden die Vorzüge und die Auserwählung Marias hervorgehoben. Lk 1,26-38 wird wie schon bei Chr. v. Schmid zu einem Marientext. Demgegenüber tritt die Bedeutung der Ankündigung der Geburt Jesu in den Hintergrund. Die Fragen des Katecheten, die der Erzählung folgen, gehen auch gleich auf die Vorzüge Marias ein und verstärken so die beobachtete Tendenz. Wir finden die bekannten Attribute: arm aber fromm, und die Anwendung für die Kinder, ebenfalls fromm zu sein, um die Liebe Gottes zu erlangen. Eine weitere hervorstechende, nachahmenswerte Eigenschaft Marias ist ihr Gehorsam. Er bringt den Menschen Segen und Heil, im Gegensatz zum Ungehorsam Evas, der allen zum Verderben gereichte[306].
Die Aussagen über Jesus gipfeln in der Feststellung seines Wesens: Jesus ist der Sohn Gottes. "Merket euch einstweilen das: Drey Personen sind in Gott: der Vater, der Sohn und der hl. Geist."[307] In der Katechese für die 1. Klasse stehen die Fragen und Antworten aus dem Katechismus in exakter Formulierung[308].
An die Katechismussätze schließt Gruber eine Betrachtung an über das große Glück für die Menschen, das ihnen durch die Menschwerdung der zweiten göttlichen Person zuteil geworden ist. "Seht, wie uns Gott lieb hat. ... Wir müssen ihn wieder lieben."[309] In solchen Überlegungen, die die Kinder zur Liebe gegen Gott anspornen sollen, sieht

---

305) Ebd., Gott liebt dich sehr, und steht dir besonders bey.

306) Zur Gegenüberstellung von Eva - Maria siehe S.270ff d. Arbeit.

307) Gruber, Elementarkatechesen, 55. In seiner "Lehrerinnerung" macht er seine Studenten auf die "vorbereitende" Funktion seiner Katechese für die Kenntnis der Dogmen aufmerksam: "... da ich die göttlichen Personen bey der Botschaft des Engels Gabriel beobachten lasse...". (Ebd., 58).

308) Ders., Religionsunterricht 1. Klasse, 70: "Jesus hatte Mariam, die seligste Jungfrau, zu seiner Mutter der menschlichen Natur nach, welche die zweyte göttliche Person, Gott Sohn, an sich genommen hat in dem Augenblick der Entstehung derselben." Die "Zumutung" eines solchen Satzes wird noch auffälliger, wenn man seine Bemühung um eine kindgemäße Erzählung dagegenstellt.

309) Ders., Religionsunterricht 1. Klasse, 71. - Die Katechese beginnt mit der Erwartung und den Voraussagen im Alten Testament. Ebd., 66f. Auch im "Elementarunterricht" steht am Schluß ein Hinweis auf den Grund der Menschwerdung. (Ebd., 55).

Gruber ein ganz wichtiges Element des Katechisierens[310], das auf das Ziel jeglicher religiöser Unterweisung überhaupt hinweist, die "Erzeugung heiliger Liebe."

2) Gruber fährt in derselben Katechese fort mit der Erzählung der Geburt Jesu. Der Zensus und die Reise nach Betlehem werden in einer kurzen Notiz zusammengefaßt. In der Armut des Stalles kommt Jesus zur Welt. Die Hirtenerzählung schließt sich verhältnismäßig eng an den biblischen Text an. Die Verse Lk 2,17-20 werden ausgelassen. An ihre Stelle tritt ein freier Schluß: Die Hirten erzählen ihren Bekannten, was sie gesehen und gehört haben[311].

Nach der Darbietung läßt Gruber die Erzählung wiederholen. Dazwischen schiebt er seine Anwendungen. Bei der Geburt ermahnt er die Kinder, ihre Armut gern zu tragen, weil auch Jesus arm gewesen ist. Trotzdem hatte Gott dieses arme Kind sehr lieb, welch ein Trost für die Kinder[312]. Auch den Lobgesang der Engel deutet er für die Kinder: "Glücklich werden durch ihn alle Menschen, die das Gute von Herzen wollen, und an ihn, den Heiland, den Sohn Gottes, glauben."[313] Am Ende der Katechese steht neben der Erinnerung an das Weihnachtsfest ein ausführlicher Hinweis auf die Krippendarstellung in der Kirche[314], für die 1. Klasse kommen der Engel des Herrn und das Fest Mariä Verkündigung dazu[315]. Gruber verbindet so mit der Erzählung von der Geburt Jesu liturgische Feste und Bräuche der Volksfrömmigkeit, die im Erfahrungskreis der Kinder liegen. Sie sind für ihn ein Mittel, um das "Hauptereignis" tief in den Katechumenen zu verankern. Die späteren Katechesen für die Unterstufe werden diese Form der Vertiefung weiter ausbauen. Die Katechese schließt in beiden Lehrgängen mit einem Appell an die Kinder, die Liebe Gottes mit ihrer Gegenliebe zu beantworten[316].

---

310) Siehe S. 79 , Anm. 292.

311) Gruber, Elementarunterricht, 56.

312) Ebd., 57.

313) Ebd., Die moralische Ausdeutung von Lk 2,14 findet sich bis heute in der Katechese.

314) Ebd., 57f.

315) Gruber, Religionsunterricht 1. Klasse, 76.

316) Ders., Elementarunterricht, 57f; Religionsunterricht 1. Klasse, 77.

1.5.2.2 Jesus als zwölfjähriger Knabe[317]

Lk 2,41-52 wird im Elementarunterricht sehr ausführlich, im Unterricht der 1. Klasse wiederholend behandelt und mit den Katechismusfragen abgeschlossen[318]. Die ausführliche Lehrdarstellung zeigt das Interesse Grubers an dieser Perikope. Die biblische Erzählung wird an einigen Stellen erweitert (Wallfahrtsbrauch, Suchen der Eltern) bzw. leicht verändert (Verhalten Marias beim Finden im Tempel; Lk 2,52). Der Schwerpunkt liegt in den anschließenden Fragen, die verbunden sind mit Ermahnung und Anwendung. Jesus ist das höchste Muster der Vollkommenheit. Die Wallfahrt der hl. Familie nach Jerusalem leitet zum eifrigen Kirchgang über; der Aufenthalt Jesu im Tempel soll zum freudigen Schulbesuch und zum aufmerksamen Zuhören anspornen, sein Gehorsam gegen die Eltern zur Nachahmung. In der Lehrerinnerung begründet er seine Auslegung: "Darum habe ich so sehr herausgehoben: Jesus der Knabe ist nur gern in der Kirche - bey den Lehrern - bey den Eltern; damit sie - die guten Kleinen - auch nur in der Kirche, in der Schule und bey den Eltern seyn sollen."[319] In der Wiederholung der erzählten Geschichte geht Gruber auch auf die Antwort Jesu (Lk 2,49) ein. Sie zeigt den Kindern, daß sich Jesus als Sohn Gottes verstand. Die rechte Antwort der Kinder auf diese Offenbarung Jesu ist die Liebe zu ihm[320].
Die Katechese für die 1. Klasse wiederholt diese Gedankengänge und bringt den Katechismustext zur Perikope[321].

1.5.3 Die Auslegung Augustin Grubers

1.5.3.1 Die Lehren über Jesus Christus und Maria

In der Auslegung Grubers wird zunächst sein katechetischer Ansatz deutlich, daß nämlich der Katechismus den Leitfaden des Unterrichts

---

317) Ders., Elementarunterricht, 64-68.

318) Ders., Religionsunterricht 1. Klasse, 91f.

319) Ders., Elementarunterricht, 69.

320) Ebd., 67.

321) Ders., Religionsunterricht 1. Klasse, 91f. Im Katechismustext zur Katechese fehlt die Antwort Jesu (Lk 2,49). Er bringt nur das Staunen über seine Antworten gegenüber den Schriftgelehrten.

abgibt[322]. Auch die Erzählungen Lk 1-2 stehen im Dienst von Katechismuslehren, diese schlagen sich vor allem in christologischen Sätzen nieder: Jesus ist der Sohn Gottes, die zweite göttliche Person[323]. Im Unterricht der 1. Klasse ist die genaue Katechismusformulierung der hauptsächliche Auslegungstext für Lk 1-2.

Eine zweite Gruppe von Aussagen bezieht sich auf die Bedeutung des Kommens Jesu für die Menschen. Sie wird hineingestellt in das Schema Verheißung des Erlösers - Erfüllung dieser Verheißung. In der Katechese der 1. Klasse nehmen die Verheißungen einen breiteren Raum ein. Auch die Erfüllung der Verheißungen Gottes in der Menschwerdung der zweiten göttlichen Person wird für die 1. Klasse ausführlicher dargelegt. Die Liebe Gottes zu uns Menschen fordert zur Gegenliebe auf. Das ist ein stets wiederkehrendes Thema[324]. Die dritte Aussagengruppe bezieht sich auf die Vorbildhaftigkeit Jesu, die allen Menschen, vor allem den Kindern, zur Nachahmung empfohlen wird[325].

Neben Jesus wird M a r i a in ihrer Heiligkeit besonders hervorgehoben. Sie ist eine arme, aber überaus fromme Jungfrau. Sie ist ein Beispiel dafür, daß Gott auch, ja vor allem, arme Menschen liebt, wenn sie nur fromm sind[326]. Besonders zu loben ist an ihr ihr vorbehaltloser Gehorsam Gott gegenüber. Dieser Gehorsam spornt alle zur Nacheiferung an[327]. Auch J o s e f ist in seinem Verhalten vorbildlich, ebenso wie Maria arm, aber fromm[328].

1.5.3.2 Lehren für das Verhalten der Kinder

1) Der Katechet hat nach Gruber nicht nur die Aufgabe, die Geschichte zu erzählen und die in ihr liegenden dogmatischen Lehren zu entfalten, er muß auch die Erkenntnis bearbeiten, die die Lehre im Verhältnis

---

322) Siehe S. 78 d. Arbeit.

323) Gruber, Elementarunterricht, 55.

324) Siehe S. 79 d. Arbeit.

325) Gruber, Katechetische Vorlesungen, 32: Der Katechet muß den Zweck des Unterrichtes, die Liebe aus reinem Herzen und gutem Gewissen und ungeheucheltem Glauben, fest im Auge behalten, und die Katechumenen dazu rühren und leiten.

326) Ders., Elementarunterricht, 54f.

327) Ebd., 55.

328) Ebd., 54.

zu uns hat, "um so auf das Gemüth, auf das Gefühlsvermögen, hinzuwirken, in welchem das Hauptgetriebe und der Sitz der Religiosität ruht"[329]. Gruber will dieser Aufgabe entsprechen, indem er in seinen wiederholenden Fragen die Anwendungen mit einflicht, indem er vor allem durch das methodische Mittel des Appells und des Hinweises die Katechumenen zur Liebe zu Gott führen will[330], denn die Liebe ist das Hauptmotiv des ganzen Wirkens eines Christen[331], aus ihr geht jegliches Handeln hervor[332]. In seinen Katechesen versucht Gruber diesem Grundsatz treu zu sein. Das geschieht z.B. dadurch, daß er am Ende der Katechese nochmals auf die Liebe Gottes zu sprechen kommt, die sich in der eben gehörten Erzählung kundtut. Sie verlangt unsere Gegenliebe, die sich vor allem in der Erfüllung seines Willens zeigt. So heißt es am Ende der Katechese über Lk 2,1-20: "Ihr sollt euch freuen, daß Jesus geboren ist, und ihn lieb haben, weil er aus Liebe zu uns so arm auf die Welt gekommen ist, und ihm versprechen, daß ihr alles das aus Liebe zu ihm thun wollt, was ich euch sagen und lehren werde, das er haben will, damit ihr recht fromme Kinder werdet, die Gott lieb haben und die Gott lieb hat"[333]. In den Lehrerinnerungen macht er seine Studenten immer wieder auf den Zusammenhang der Liebe Gottes und der Gegenliebe des Menschen aufmerksam. In der konkreten Durchführung seiner Katechesen geht er aber auch den umgekehrten Weg: Zuerst muß der Mensch ein tadelloses "Betragen" an den Tag legen,

---

329) Ebd., 8.

330) Ebd., 54. Gruber versucht mit dieser Methode das Ziel seines Unterrichts zu erreichen, wie er es immer wieder in seinen katechetischen Vorlesungen angibt, z.B. ebd., 51: "Wir müssen allen unseren Unterricht so einrichten, daß aus jeder Wahrheit die Liebe Gottes gegen uns hervorgehe".

331) Ders., Katechetische Vorlesungen, 294.

332) Ebd.,54; vgl. das ganze IV. Kapitel der Kat. Vorlesungen v.a., 43-47 (Augustinus) u. die Erklärung Grubers, 48-59.

333) Ders., Elementarunterricht, 58. In der Formulierung "was ich euch sagen und lehren werde, das er haben will" zeigt sich die Auffassung Grubers, daß der Katechet als "Bothe Gottes" vor seinen Katechumenen steht. (Ebd., 1). Inhaltlich konkretisiert ist dieser Anspruch z.B. im Anschluß an die Darstellung im Tempel: "Wenn nun ihr hört von mir, ihr soll't schön zu Gott bethen; was sollt ihr? Wenn ich sage, ihr soll't fleißig aufmerken und lernen, so müsset ihr - ? Wenn euch zu Hause Gott einfallen läßt, ihr soll't euern Eltern gehorsam seyn; so müsset ihr?" (Ebd., 63).

dann liebt ihn Gott, so bei der Wiederholung zu Lk 1,26-38: "Aber wie muß man seyn, damit er uns lieb hat? ... Und wenn ein Mensch reich ist, aber nicht fromm, so hat Gott ihn -?"[334]
2) In den konkreten Angaben zum Verhalten der Kinder finden sich die bekannten Tugenden wieder. Das Beispiel Maria und Jesus zeigt uns die Wichtigkeit des G e h o r s a m s . Wie Maria müssen auch wir gehorsam sein, wenn Gott befiehlt[335]. Jesus war gehorsam, war seinen Eltern stets untertänig und war gern bei ihnen, wenn er sich nicht in der Kirche oder bei den Lehrern aufhielt[336].
Auch das Thema A r m u t kehrt bei Gruber wieder. An Maria kann man ablesen, daß Gott nicht auf den Reichtum der Menschen schaut, sondern auf seine Frömmigkeit. Gott hat den Menschen auch lieb, wenn er arm ist, nur fromm muß er sein[337]. Ebenso war Jesus von Gott geliebt, obwohl er als ein armes Kind in einem elenden Stall zur Welt kam. "Sollten wir nicht denken: ich will gern arm seyn, weil Jesus? ..."[338] Das Problem der Armut wird, wie bei den bereits besprochenen Biblischen Geschichten religiös zu bewältigen versucht. Die Armut ist zu ertragen, sie ist kein Hindernis, sondern eine Chance für Frömmigkeit, die allein zählt.
"O Kinder, seht da an dem Knaben Jesu, wie ihr seyn müsset"[339]. Unter diesem Gesichtspunkt wird Lk 2,41-52 hauptsächlich ausgewertet. Jesus zeigt den Kindern, wie sie sich in der Kirche, in der Schule und bei den Eltern verhalten sollen: gerne beten, bei der Predigt und Christenlehre zuhören, ebenso in der Schule, den Eltern gehorsam sein ...[340]

1.5.3.3 Hinweise auf das Kirchenjahr und auf volkstümliche Gebräuche

Bei den Katechesen Grubers ist das erste Mal ein ausführlicheres Eingehen auf Liturgie und religiöse Gebräuche festzustellen. Die Verkün-

---

334) Ebd., 55.

335) Ebd. Was Gott haben will bringt Gruber im Anschluß an Mt 2,1-12: Gott will, daß ihr fleißig lernen sollt, daß ihr schön bethen sollet ... Gehorsam will Gott von euch. (Ebd., 61).

336) Ebd., 67.

337) Ebd., 54f.

338) Ebd., 57.

339) Ebd., 66; ähnlich Gruber, Religionsunterricht 1. Klasse, 89f.

340) Ebd., 90f.

digungs- und Geburtserzählung bieten sich für solche Hinweise an:
Weihnachtsfest, Krippendarstellungen[341], Fest Mariä Verkündigung,
der Engel des Herrn[342]. Die Verbindung von Erzählung mit Festen
und Gebräuchen aus der Erlebniswelt des Kindes unterstützt das Ziel
Grubers, den ganzen Menschen in all seinen Vermögen anzusprechen.
Darüber hinaus will Gruber der "Gedankenlosigkeit bey den kirchlichen
Vorstellungen und Gebräuchen" entgegenarbeiten[343]. Die späteren
katechetischen Werke für die Unterstufe werden die Methode Grubers,
zu den biblischen Erzählungen zusätzliche Materialien zur Verdeutlichung und Vertiefung hinzuzufügen, weiter ausbauen. Diese zusätzlichen Stoffe haben natürlich auch Rückwirkungen auf die Auslegung
der ursprünglichen biblischen Texte.

1.5.4 Zusammenfassung

In seinen praktischen Katechesen stellt Gruber einen Anfangsunterricht
vor, der nicht mit abstrakten Katechismussätzen beginnt, sondern mit
einer "narratio", die die Hauptereignisse der Offenbarung Gottes zum
Inhalt hat[344]. Unsere drei untersuchten Erzählungen gehören zum Bestand seiner Katechesen sowohl für den Elementarunterricht, als auch
für den Unterricht der 1. Klasse.
Obwohl Gruber die Erzählung biblischer Ereignisse in den Mittelpunkt
seines Unterrichts stellt, ist für ihn das Maß und die Richtschnur für
die Auswahl der Katechismus. So sind auch die Katechismuslehren zum
2. und 3. Glaubensartikel, vor allem für die 1. Klasse, das Mittel
der Auslegung für die vorangegangene Erzählung.
Das Ziel seiner Katechisation übernimmt er von Augustinus. In der
Einzelkatechese versucht er dieses Ziel, "die Liebe aus reinem Herzen" bei den Katechumenen anzusprechen und sie anzuspornen, diese
zu realisieren. So kehrt in seiner Auslegung die Liebe Gottes zu uns
Menschen immer wieder, die nach einer Gegenliebe verlangt[345]. In
seinen ethischen Forderungen, die er den Erzählungen entnimmt, bewegt er sich zum großen Teil auf bereits bekannten Bahnen. Hier zeigt
sich auch, daß er der gängigen Auffassung erlegen ist, wonach die
vorbildliche Haltung des Menschen die Liebe Gottes zum Menschen nach

---

341) Ders., Elementarunterricht, 57.

342) Ders., Religionsunterricht 1. Klasse, 75f.

343) Ders., Elementarunterricht, 58.

344) Ebd., 67.

345) Siehe S. 79, 87 d. Arbeit.

sich zieht[346]. In der religiösen Kindererziehung wirkt diese Auffassung bis heute nach.
Gruber hat auch erkannt, daß die religiöse Umwelt des Kindes zur Deutung herangezogen werden kann und daß diese zur Verankerung des Erzählten im Kinde einen wertvollen Beitrag leistet. Das Problem der Katechese auf der Unterstufe, das er für seine Zeit vorbildlich gelöst hat, wird von Mey wieder aufgenommen und im Geiste Grubers neu zu lösen versucht.

1.6 Johann Baptist Hirscher: Die Geschichte Jesu Christi (1839)[347]

Johann Baptist Hirscher, der katechetische Klassiker des 19. Jahrhunderts[348], Mitbegründer der katholischen Tübinger Schule und ihrer Theologischen Quartalschrift, ist der bedeutendste Vertreter unter den Religionspädagogen, die den Einfluß der Aufklärung in der Katechese zurückzudrängen versuchten. Mit seiner "Katechetik"[349], seinen übrigen Schriften zum Religionsunterricht[350], seinen beiden Katechis-

---

346) Ebd., 63.

347) Die Geschichte Jesu Christi des Sohnes Gottes und Weltheilandes von Dr. Johann Baptist Hirscher, Professor der Theologie zu Freiburg, Tübingen 1839, ^{2}1842 (Neue wohlfeile Auflage). Wenn nicht anders vermerkt, wird nach der Ausgabe von 1842 zitiert. (Zitiert: Geschichte Jesu Christi).

348) Franz Xaver Arnold, Erneuerung der Glaubensverkündigung, in: ThQ 128 (1948), 82.

349) Katechetik oder: der Beruf des Seelsorgers, die ihm anvertraute Jugend im Christenthum zu unterrichten und zu erziehen, nach seinem ganzen Umfange dargestellt von Dr. Johann Baptist Hirscher, Tübingen 1831, ^{4}1840. Zitiert wird nach der 4. (verbesserten) Auflage. (Zitiert: Katechetik).

350) Hier sind u.a. zu nennen: Über das Verhältniß des Evangeliums zu der theologischen Scholastik, Tübingen 1823. (Zitiert: Verhältnis); Zur Verständigung über den von mir bearbeiteten und demnächst erscheinenden Katechismus der christkatholischen Religion, Tübingen 1842. (Zitiert: Verständigung); Beiträge zur Homiletik und Katechetik, Tübingen 1852. (Zitiert: Beiträge); Hauptstücke des christkatholischen Glaubens für Schule und Haus, Tübingen 1857. (Zitiert: Hauptstücke); Besorgnisse hinsichtlich der Zweckmäßigkeit unseres Religionsunterrichtes, Freiburg 1863. (Zitiert: Besorgnisse).

men[351] und nicht zuletzt mit seiner "Geschichte Jesu Christi" stellte er die religiöse Unterweisung auf das Fundament der Offenbarung, des Heilshandelns Gottes in Jesus Christus. Mit diesem Programm beeinflußte er nachhaltig die Katechetik bis weit ins 20. Jahrhundert[352]. J.B. Hirscher wurde 1817 ordentlicher Professor für Moral- und Pastoraltheologie in Tübingen. Nach zwanzigjähriger Lehrtätigkeit folgte er einem Ruf nach Freiburg und lehrte dort bis 1863 Moraltheologie[353].

Er schätzte das Amt des Katecheten sehr hoch ein. Der katechetische Beruf "ist bei weitem der wichtigste Teil des ganzen Pastoral-Amtes"[354]. In der gewissenhaften Unterweisung der Jugend sieht er das Mittel gegen den Glaubensabfall[355]. Während seiner ganzen Lehrtätigkeit zeigte er unablässiges Interesse an der Verkündigung. Noch mit 75 Jahren, zwei Jahre vor seinem Tod, schrieb er seine "Besorgnisse hinsichtlich der Zweckmäßigkeit unseres Religionsunterrichtes"[356].

---

351) Katechismus der christkatholischen Religion, Carlsruhe und Freiburg 1842. (Zitiert: Katechismus); Der kleinere Katechismus der christkatholischen Religion, Freiburg 1845. Vgl. dazu Franz Bläcker, Johann Baptist Hirscher und seine Katechismen in zeit- und geistesgeschichtlichem Zusammenhange, Freiburg 1953.

352) Vgl. Heinz Loduchowski, Biblische Verkündigung nach Johann Baptist v. Hirscher, Regensburg 1970. Franz Xaver Arnold, Dienst am Glauben, Freiburg 1948, 73.

353) Zum Leben und Werk Hirschers: Hubert Fr. Schiel, Johann Baptist von Hirscher. Eine Lichtgestalt aus dem Deutschen Katholizismus des XIX. Jahrhunderts, Freiburg 1926; Erwin Keller, Johann Baptist von Hirscher, Graz 1969, 17-89. Zur Tübinger Schule: Josef Rupert Geiselmann, Lebendiger Glaube aus geheiligter Überlieferung, Mainz 1942.

354) Hirscher, Katechetik, Vorrede zur ersten Auflage III; pathetisch am Ende des Vorwortes zur zweiten bis vierten Auflage, S. XIV; Nachtrag zur "Verständigung", 6.

355) Ders., Katechetik, Vorrede zur zweiten bis vierten Auflage VIIIf; "Nur dadurch, daß wir uns der Jugend bemächtigen, und dieselbe durch einen umgemeinen Aufwand von Mühe und Zeit im christkatholischen Glauben fest gründen, und heiligen, werden wir die Völker glücklich durch den aufgeregten Sturm hindurchführen" (Ebd., XI). Die Erwartungen, die Hirscher an die schulische Unterweisung knüpft, sind ein Erbe der Aufklärungszeit. Siehe S.16f d. Arbeit.

356) Siehe Anm. 350.

In seiner "Geschichte Jesu Christi" findet sich sein theologisches Programm wieder, wenn er zusammenfassend in seinem Vorwort schreibt: "Es sey hier (müßte man lehren) darum zu thun, die Gnade des Vaters, wie sie in Jesu Christo erschienen ist, und die Wahrheit und Gnade des Sohnes, womit er unter uns gewandelt hat, in der Ganzheit ihrer Größe und Herrlichkeit, kennen zu lernen, damit wir von keinem Unglauben der Zeit erschüttert, dem Sohne in ungetrübter Freudigkeit für und für anhangen und dem Vater in Ihm"[357]. Sein theologisches Anliegen soll, zum besseren Verständnis des ersten Hauptstückes dieser "Geschichte Jesu Christi", zusammen mit seinen katechetischen Grundsätzen kurz skizziert werden.

1.6.1 Fundament und Inhalt der Verkündigung

1) Hirschers theologischer Ansatz ist in seiner Bedeutung für die Verkündigung nur zu ermessen auf dem Hintergrund der Theologie der Aufklärungszeit. Einzelne theologische Aussagen, die uns heute selbstverständlich sind, mußten damals erst wieder neu ins Bewußtsein der Theologen gebracht werden. So setzte sich Hirscher, wie andere Theologen seiner Zeit, mit Entschiedenheit gegen deistische und rein ethisierende Tendenzen in der Theologie der Aufklärungszeit[358] ein. Auch vor allem anthropozentrisch betonte Begründungen von Religion und Christentum ließ er nicht gelten[359]. Für ihn ist nicht der Mensch und was er sich erdenkt Ausgangs-, Mittel- und Zielpunkt seiner Theologie, sondern Gott und zwar als Vater Jesu Christi.

2) Jesus ist für ihn nicht in erster Linie der edelste Lehrer, der je gelebt hat, ein Tugendvorbild für alle Menschen, er ist die Offenbarung der Liebe Gottes. In seiner Menschwerdung offenbart sich, "daß Gott die Liebe ist, und was diese Liebe, und wie groß sie ist"[360].

---

357) Hirscher, Geschichte Jesu Christi, Vorrede Vf (1842).

358) In der extremen Auffassung identifizierte man Religion mit Moral.

359) Vgl. dag. B.M.Werkmeister (zitiert nach Frielingsdorf, Auf dem Weg zu einem neuen Gottesverständnis, Frankfurt/M. 1970), 20: Ein guter Christ ist derjenige, "der in dem Stande, in den ihn die Vorsehung berief, rechtschaffen lebt, seine bürgerlichen Pflichten redlich erfüllt, als Menschenfreund und Gottesverehrer Gutes thut und Gutes genießt, nach Anweisung seiner Vernunft und seiner Religion. Das ist der Zweck, den sich Jesus bei seiner vortrefflichen Religionsanstalt vorstellte."

360) Hirscher, Hauptstücke, 326.

So stellt die Menschwerdung Gott "als einen **nahen, sorgenden, in seiner** (des Menschen, Anm.d.V.) **Mitte wohnenden und in Menschengestalt unter den Menschen gegenwärtigen Gott**"[361] dar. Das heißt, daß Jesus Christus Mitte und Höhepunkt der Selbsterschließung Gottes ist und daß dieser Jesus als Offenbarung Gottes in seiner Selbsterniedrigung und Erhöhung zugleich für den Menschen Heil bedeutet[362]. Auf diesem Fundament will er Theologie und Verkündigung gegründet wissen.

3) Auf Jesus Christus als den Mittelpunkt der Offenbarung läuft alles Wirken Gottes zu und von ihm her ist alle fernere Geschichte der Menschen geprägt. Hirschers theologisches Denken ist deshalb als heilsgeschichtlich-christologisch zu bezeichnen. Die Heilsgeschichte läßt Plan und Zusammenhang erkennen[363], sie ist ein "lebendiges Ganzes"[364] das sich darstellt "in fortschreitender Enthüllung"[365]. In der Idee des Reiches Gottes[366] kann das Organisch-Zusammenhängende der Heils-

---

361) Ebd., 365.

362) Der Sohn Gottes ist Mensch geworden, hat unter uns gelebt, hat gelitten und ist auferstanden, er sitzt als Mittler zur Rechten des Vaters. "Dieses ist der Zusammenhang der Lehre von der Menschwerdung des Sohnes Gottes, mit unserem Christenglauben, unserer Christenliebe, und unseren Tröstungen. Um dieses Zusammenhangs willen ist es nothwendig und heilsam, Jesum Christum als den **Mensch gewordenen Sohn Gottes** darzustellen, und zu glauben." Hirscher, Verhältnis, 108.

363) Ders., Hauptstücke, Vorrede III: "Ich bin bei meiner Darstellung von der Voraussetzung ausgegangen, daß in den Werken Gottes Idee, Plan und Zusammenhang sei."

364) Ders., Katechetik, 110.

365) Ebd., 115.

366) Ebd., 141f: Die Idee des Reiches Gottes ist "das Eine Organisch-Zusammenhaltende der ganzen von Gott gekommenen und von den Menschen aufgenommenen Heilsordnung." Vgl. auch ebd., 20; Titel seiner "Moral": "Die christliche Moral als Lehre von der Verwirklichung des göttlichen Reiches in der Menschheit", 2 Bde., Tübingen ^{5}1851; darin Vorrede zur 1. Auflage, IV. Zum Reich-Gottes-Begriff Hirschers: Filthaut, Das Reich Gottes, 71-102. Ein Vergleich zwischen Galura und Hirscher zeigt: "Während wir in allen größeren und zu einem Teil in den kleineren und kleinsten Schriften Galuras der Zentralidee des Reiches Gottes begegnen, spielt sie in den meisten Werken Hirschers, selbst in seinen Katechismen, entweder überhaupt keine oder nur eine untergeordnete Rolle." (Ebd., 72f). Nach Frielingsdorf ist nicht das Reich Gottes das Konzentrationsprinzip Hir-

ordnung treffend zusammengefaßt werden³⁶⁷.

1.6.2 Die Verwirklichung der theologischen Prinzipien in der Katechetik

Als praktischer Theologe fragt Hirscher nach der Möglichkeit der Verwirklichung seiner Theorie in der Praxis:"**Was soll sie nun nützen? Hat nun ein Mensch durch sie an Erleuchtung im Glauben und an Kräftigung in der Liebe etwas gewonnen?**"³⁶⁸ Diese Frage ist vor allem auch von der Eigenart der Offenbarung her berechtigt: "Endlich ist die Gesamtheit der christlichen Offenbarung praktisch - sie soll und will uns heiligen und beseligen."³⁶⁹ Nach diesem Grundsatz versucht Hirscher seine theologischen Prinzipien für die katechetische Praxis fruchtbar zu machen.
1) Alles katechetische Tun ist von seinem Ziel her bestimmt. Dieses Ziel ist "**der Christusglaube, in Liebe thätig.**"³⁷⁰
Das Ziel der Offenbarung ist zugleich Ziel der katechetischen Bemühung³⁷¹.

---

    schers, sondern die Verkündigung der Trinität (Frielingsdorf, Auf dem Weg zu einem neuen Gottesverständnis, 143). Im Zusammenhang unserer Arbeit spielt der Reich-Gottes-Gedanke kaum eine Rolle. Hirscher kennt neben dem Reich Gottes noch andere konzentrierende Ideen (Katechetik, 263).

367) In der Vorliebe Hirschers für das Organisch-Lebendige und Ganzheitliche wird der Einfluß der romantischen und idealistischen Geistesströmung seiner Zeit erkennbar.

368) Hirscher, Verhältnis, 97; ders., Verständigung, 7.

369) Ders., Katechetik, 113.

370) Ebd., 2; Vgl. auch ebd., 20f. 176. 177. 203. 365. 621; - ders., Besorgnisse, 3. - Der Formulierung liegt Gal 5,6 zugrunde.

371) Ders., Katechetik, 199: "Die katechetische Darstellung soll **fruchtbar seyn**, heißt: sie soll **Glauben thätig in Liebe** bewirken. Mit Recht fordert man dieses von ihr. Denn **dazu** ist ja endlich alle göttliche Offenbarung gegeben." An einer anderen Stelle gibt er konkrete, nachprüfbare Ziele des Religionsunterrichts an: "... daß jeder genügende christkatholische Religionsunterricht zur christlichen **Großjährigkeit** führen, folglich die Jugend in den Stand sezen (!) muß, die **heilige Schrift** (ob auch für die schwierigen Stellen mit Beihilfe von Anmerkungen) zu lesen, religiöse Schriften und Vorträge zu verstehen usw." (Nachtrag zur Verständigung, 26).

Vom Ziel her bestimmt sich der Gegenstand des Unterrichts. Dieser Gegenstand ist nach Hirscher ein zweifacher: die Lehre vom Reiche Gottes - wie sie sich nach der Offenbarung darstellt - und die Lehre vom Kommen dieses Reiches zum Menschen[372].

Aus der Eigenart der Offenbarung des Reiches Gottes ergeben sich weitere Grundsätze Hirschers, die bereits erwähnt worden sind: Der Katechet soll so unterrichten, daß der Katechumene die christliche Heilsökonomie in seinem Zusammenhang überschauen kann[373]. Jeder einzelne Gegenstand des Unterrichts soll dort aufgeführt werden, wo er seinen Ort in der Heilsordnung hat[374]. Die Eigenart des katechetischen Gegenstandes verlangt weiter, daß er dargestellt werde in seiner fortschreitenden Enthüllung[375].

2) Die Ordnung für den katechetischen Unterricht kann nach alledem nur die geschichtliche sein. In der Form einer fortlaufenden Geschichte hat

---

372) Ders., Katechetik, 21;"Der Katechet hat über zwei Hauptgegenstände Unterricht zu erteilen, über das Reich Gottes nemlich, wie dieses auf der einen Seite an sich und objektiv dasteht und ist - der Menschheit geoffenbart und dargeboten; auf der anderen Seite, wie dasselbe zu der Menschheit kömmt, von ihr aufgenommen und gelebt." (Ebd., 112). Zum "Reich Gottes" bei Hirscher vgl. Anmerkung 366.

373) Der Katechet hat die Offenbarung als ein "großes Weisheit- und Gnadevolles Ganzes" darzustellen. (Katechetik, 113).

374) Ebd., 117; "Der Katechet wird sich daher einer solchen Darstellung zu befleißen haben, worin das Eine der göttlichen Offenbarung durch ihr Mannigfaltiges durchgeführt, das Mannigfaltige aus dem Einen entwickelt, und jedes nach seiner Beziehung zu diesem Einen, und zu seinen Mit-Gliedern gewürdigt erscheint." (Ebd., 197).

375) Ebd.; "Indem man nemlich lehren will, was Gott verkündet und gethan habe, kann man kaum umhin, die Ordnung zu befolgen, in der Er - immer Mehres enthüllend und vorkehrend, selbst sich geoffenbaret hat. Dann aber empfängt allezeit das Spätere von dem Früheren Licht...". (Ebd., 115). - "Was die Anordnung für die hl. Geschichte betrifft, so ist es Gott und der Rath Gottes in ihr, wie solcher sich im Ablauf der Zeiten mehr und mehr enthüllt." (Ebd., 171f).

Gott seine Offenbarung gegeben[376]. Hirscher vertritt deshalb konsequent die heilsgeschichtliche Anordnung des Unterrichtsstoffes. "In der Gesamtheit und dem Zusammenhange der biblischen Tatsachen nämlich legt sich uns der Wille Gottes in seiner Ganzheit übersichtlich dar."[377]

Auch in der Stoffverteilung für die einzelnen Klassen hält Hirscher seinen Ansatz durch[378]. Für die erste Elementarklasse "wäre einzig die biblische Geschichte des alten und neuen Testaments der Lehrgegenstand"[379]. Für die zweite Elementarklasse ist der Katechismus als Lehr- und Lerngegenstand vorgesehen[380]. Damit ist aber die Hl. Schrift nicht beiseite geschoben. "Vielmehr geht es jetzt erst an die rechte Enthüllung des Inhalts und Geistes der Geschichte ... der gesammte Katechismus, d.h. der gesammte christliche Lehrbegriff ist am Ende nichts anderes, als die hl. Offenbarungsgeschichte, aufgelöst in den darin enthaltenen gnadevollen Rath und Willen Gottes."[381]

Für die Christenlehrpflichtigen wünscht Hirscher u.a. eine Wiederholung des bereits Bekannten und zwar "aus neuen und höheren Gesichts-

---

376) Ebd., 116.

377) Ebd., 141.

378) Die Katechumenen teilt Hirscher in vier Klassen ein. (Katechetik 73-76):
 1. Klasse: Vorbereitungsklasse
 2. Klasse: erste Elementarklasse (umfaßt Kinder im Alter von 7-10 Jahren)
 3. Klasse: zweite Elementarklasse (umfaßt Kinder im Alter von 10-14 Jahren)
 4. Klasse: Die Christenlehrpflichtigen (Jugendliche im Alter von 14-18 bzw. 20 Jahren).

379) Ebd., 84f; ders., Verständigung,3. Für die Verwendung einer Biblischen Geschichte sprechen auch die entwicklungspsychologisch bedingten Gesetze der Aneignung: "Wo in aller Welt darf man die von Gott gesetzte Ordnung zu Kenntnissen zu gelangen, umkehren, und statt mit Anschauungen mit abstrakten Lehrsätzen anfangen?" (ders., Besorgnisse, 106).

380) Ders., Katechetik, 97.

381) Ebd.; ders., Besorgnisse, 104: "Die biblische Geschichte ist für den späteren katechetischen Unterricht die Grundlage. Auf sie weist der Lehrer allezeit hin."

punkten." Die großen Hauptwahrheiten und Hauptthatsachen des Christentums" sind noch einmal vorzustellen[382].
In Hirschers Anordnung des Lehrgutes kommen zwei seiner Anliegen zum Tragen: Die betonte Führung der Hl. Schrift, auch im Katechismusunterricht und sein Streben, die christliche Lehre als Ganzes, als um einen Mittelpunkt zentriert, darzustellen. Seine "Geschichte Jesu Christi" ist bei dieser Aufteilung auf der dritten Stufe anzusetzen, wie man dem Vorwort zur zweiten Auflage entnehmen kann[383].

1.6.3 Die "Geschichte Jesu Christi"

1.6.3.1 Grundanliegen und Adressaten

Hirschers "Geschichte Jesu Christi" ist wie seine Katechismen ein Beispiel konkreter Verwirklichung seiner katechetischen Prinzipien. So finden sich in seinen Vorreden die bereits erwähnten Zielsetzungen wieder, z.B. die Idee der Ganzheit, die zu einer Geschichte Jesu Christi, nicht zu Geschichten über Jesus führt[384]. Hirscher versucht "aus den vorliegenden evangelischen Berichten das Ziel und Werk Christi zu einer großen Übersicht und Gesamtanschauung zusammenzustellen"[385]. Konzentrations- und Mittelpunkt sind nach den Vorreden die Menschenfreundlichkeit Gottes, offenbar im Werk Jesu Christi. Das Ziel seiner Schrift ist der gründlich freudige Glaube des Christen[386].

---

382) Ders., Katechetik, 99.102.

383) Ders., Geschichte Jesu Christi, Vorrede V.

384) Ebd., Vorrede 1839, IV; ders., Selbstanzeige, in: ZfTh 8 (1842) 244. An den bisherigen biblischen Geschichten beklagt er, daß sie zwar Geschichten, aber keine Geschichte bieten (Katechetik, 288). In seiner Katechetik tadelt er scharf die bisherige Praxis: "Nur jene so viel verbreitete Weise, wo man ein Geschichtchen nach dem anderen erzählt, und auf jedes moralische Reflexionen und Anwendungen aufhäuft, so viele man deren zusammenbringen kann, nur diese lediglich zu moralischem Geschwätz und herzlosen Nutzanwendungen verführende Weise der Geschichts-Behandlung taugt in allweg ... nichts." (Ebd., 292).

385) Ders., Geschichte Jesu Christi, Vorrede 1839, IV; ähnlich: ebd., Vorrede 1842, III.V; ders., Selbstanzeige in: ZfTh 8 (1842) 244.

386) Ders., Geschichte Jesu Christi, Vorrede 1839, IV; ders., Selbstanzeige, in: ZfTh 8 (1842) 245: Die vom Abfall vom Glauben bedrohten Christen sollen "durch solche Übersicht und Totalanschauung" im Christusglauben gefördert werden und gegen die Feinde des christlichen Namens geschirmt sein.

Die Adressaten sind ursprünglich die Seelsorger, dann solche, die sich "aus freiem Eifer" mit der Religion beschäftigen bzw. Erlerntes wiederholen oder nicht Gelerntes nachholen wollen[387]. Sodann gibt Hirscher als Leser[388] an: Sonntagsschüler, Gymnasiasten und Realschüler[389]. In seiner Darstellung läßt er - nach der Vorrede - "die heiligen Urkunden reden"[390], im übrigen vertraut er auf das "lebendige Wort der Lehrer"[391] und fügt nur das hinzu, "was zur richtigen Auffassung der Urkunden unentbehrlich schien"[392]. Die Anregung des Gemüts soll nicht so sehr aus der Kunst menschlicher Worte als "aus dem Gehalt der vorhandenen göttlichen Sache"[393] kommen.

---

387) Nach der Vorrede zur Geschichte Jesu Christi von 1839, III, ist diese ein Teil des Handbuchs zum Katechismus. Das Handbuch erschien jedoch nicht. 1857 gab Hirscher Teile davon unter dem Titel heraus: "Hauptstücke des christkatholischen Glaubens", Tübingen 1857. In der Ausgabe der Geschichte Jesu Christi von 1842 fehlt der Hinweis auf die Einordnung des Werkes.

388) Hirscher, Selbstanzeige, in: ZfTh 8 (1842) 245: 14-16 Jahre. Vorrede zur Geschichte Jesu Christi, 1842, V: 14-15 Jahre.

389) Ebd., 1839, V; Hirscher, Katechetik, 175: "Für das Verständniß des eigentlichen Pragmatismus in der hl. Geschichte, und zur klaren tiefen und organisch-verknüpfenden Erkenntniß des Geistes und Werkes Gottes in ihr gehört ein reiferes Alter."

390) Hirscher, Geschichte Jesu Christi, Vorrede 1839, V. Hirscher reflektiert nicht weiter über die Wiedergabe des Schrifttextes. Eine Bemerkung finden wir in: Verständigung 1842, 10. Dort schreibt er von den Schriftstellen, die im Katechismus vorkommen: "Die Schrifttexte sind fast durchaus wörtlich und größtenteils nach der Übersetzung Alliolis angeführt. Der Grund der wörtlichen Anführung der Schrifttexte ist, weil diese Texte den christlichen Schatz bilden, den der Zögling aus der Schule mit sich ins Leben nehmen muß." In der "Geschichte Jesu Christi" geht er freier mit seiner Vorlage um.

391) Hirscher, Selbstanzeige, in: ZfTh 8 (1842) 245: die Nachhilfe des Lehrers ist notwendig.

392) Ders., Geschichte Jesu Christi, Vorrede 1839, V.

393) Ebd., vgl. dazu ders., Katechetik 34: "Die Wahrheiten des Christenthums sind ... Fruchtkeime."; Die Offenbarung Gottes ist ein lebendiger Same.

1.6.3.2 Die Menschwerdung des Sohnes Gottes; seine Kindheit und Jugend; seine Einweihung zum Weltheiland, und seine öffentliche Ankündigung[394]

Die Texte von Lk 1-2 finden sich im ersten Hauptstück seiner "Geschichte Jesu Christi". Die Überschrift deutet bereits sein theologisches Anliegen an, die Menschwerdung des Sohnes Gottes nach den Urkunden der Schrift darzustellen. In seiner Christologie spielt das Thema Menschwerdung eine wichtige Rolle[395]; in ihr ist bereits unsere ganze Erlösung grundgelegt, ein Gedanke, der in der moralisierenden Jesusdarstellung der Aufklärungszeit verlorengegangen war. Zunächst sollen - wie bei den bisherigen Biblischen Geschichten - die Anordnung und der Text, dann die Auslegung Hirschers näher betrachtet werden.

1) Gemäß seinem Grundsatz, eine Geschichte, nicht Einzelgeschichten zu bieten, ordnet Hirscher sein Hauptstück in sein heilsgeschichtliches Konzept ein: Das, was berichtet wird, ist vorbereitet von Gott, der sein Volk geführt und alles "in seiner Weisheit bis dahin gefügt und vorgekehrt"[396] hat. Jesus wird sofort mit seinem Werk vorgestellt[397], das darin besteht, uns zu entsündigen und zu heiligen. Mit Hilfe von Überleitungen, Zwischentexten, Vortexten und einer abschließenden Betrachtung zur Kindheitsgeschichte weist Hirscher beständig auf Plan, Zusammenhang, wunderbare Fügung usw. hin. Der Leser gewinnt so, mit Hilfe der Führung Hirschers, den Eindruck eines geschlossenen Ganzen, in dem sich die Weisheit Gottes und sein Erlö-

---

394) Ders., Geschichte Jesu Christi, 2.

395) Ders., Verhältnis 106ff; Hauptstücke, 326: Jesus Christus hat die Welt zur Wahrheit und Gewißheit über Gott geführt ..., "schon durch die That seiner Menschwerdung ja durch diese vor Allem." Vgl. auch ebd., 364-366. Katechetik, 263: Es gibt konzentrierende Ideen "in denen die Summe des Evangeliums mehr oder weniger vollständig zusammengedrängt ist ... Sie sind nicht umsonst, sondern zu dem Ende gegeben, daß der Christ in ihnen die Wahrheit und Gnade von Gott, zusammenfasse, und belebend mit sich herumtrage". Dazu zählt Hirscher u.a. die Menschwerdung.

396) Ders., Geschichte Jesu Christi, 2.

397) "Hören wir nun, wie das Wort, d.i. der Sohn Gottes (von Gott, bei Gott und Gott) in der Zeit Mensch geworden ist, unter uns gewohnt, uns aus Finsterniß und Sünde erlöst, und zu geliebten Kindern Gottes gemacht hat". Ebd. 1; vgl. auch Vorrede 1839 und Vorrede 1842, III.

sungswille kundtut[398].

2) Der Überschrift ist zu entnehmen, daß Hirscher, abweichend von seinen Vorgängern, noch den Beginn des öffentlichen Wirkens Jesu in sein erstes Hauptstück aufnimmt[399]. Im übrigen hält er sich an den Lukastext mit dem Jesus- und Johanneszyklus und verquickt damit die entsprechenden Mattäustexte, wie die Verfasser Biblischer Geschichten vor ihm. Aus den Überschriften wird sein Anliegen - die Menschwerdung des Sohnes Gottes zu verkünden - nochmals deutlich[400].

3) Die einzelnen Erzählungen werden - wie erwähnt - von Hirscher eingeleitet und meist auch durch eine zusätzliche Erläuterung abgeschlossen. Der Korpus der Erzählung ist im allgemeinen verhältnismäßig treu nach den Evangelien wiedergegeben. Zusätze sind nur sparsam eingestreut[401]. Die Interpretation Hirschers durch Auslassungen[402] und Erweiterungen[403] soll jedoch hier nicht weiter verfolgt werden, sie würde ähnliche Ergebnisse bringen wie die bisherigen analysierten Biblischen Geschichten. Seine Schriftauslegung ist besonders in den Einleitungs- bzw. Schlußtexten greifbar, sie sollen daher gesondert betrachtet werden.

---

398) Ders., Geschichte Jesu Christi, 18: Wesentlicher Zusammenhang des Bisherigen mit der übrigen Geschichte Jesu. In dem Gesamtplan nimmt Johannes die Stelle des Vorläufers ein (Überschriften Nr. I, III, VII).

399) Ebd., 20: Der Vorläufer kündet ihn öffentlich an, und bereitet ihm den Weg; ebd., 22: Johannes weiht Jesum zum Messias ein.

400) Vgl. außer der Überschrift zum ersten Hauptstück noch Nr. II. Ankündigung der Menschwerdung des Sohnes Gottes. Nr. IV Empfängnis und Geburt des Sohnes Gottes.

401) Beispiele: Lk 1,38: "Und Maria glaubte, und voll der Demuth und Hingebung sprach sie..." (Geschichte Jesu Christi, 5) Lk 2,7 (größerer Einschub): "Joseph besaß in Bethlehem keine eigene Wohnung; auch in der Herberge war für ihn und Maria kein Platz; ebenso wenig nahm sonst Jemand die Armen auf. So kam der Heiland - der große König, zur Welt in einem Stalle ..." (Ebd., 8). Lk 2,49: "Wußtet ihr nicht ... d.h. daß ich seyn müsse in dem Hause meines Vaters, und beschäftigt mit dem Wort und Gesetze desselben?" (Ebd., 17f).

402) Beispiele für Auslassungen: Lk 2,50: Nichtverstehen der Eltern. Dazu: Hirscher, Das Leben der seligsten Jungfrau und Gottesmutter Maria, Freiburg 1854, 227: "Ohne Zweifel war das aber nur im ersten Augenblick der Fall." - Lk 2,52.

403) Auch dogmatische Einschübe kommen vor, z.B. im Anschluß an Mt 1,25 ... die der Himmel sich erwählt hatte, blieb dem Himmel geheiligt durch ihr ganzes Leben. (Geschichte Jesu Christi, 8).

1.6.3.3 Die Zwischentexte in der "Geschichte Jesu Christi"

Wie bereits erwähnt, vermittelt Hirscher durch Einleitungen, Schlußbemerkungen und kurze Zwischentexte den Eindruck einer abgeschlossenen zusammenhängenden Erzählung[404]. Darüber hinaus deuten sie auch den Text des Evangeliums selbst.

Begleittexte zu Lk 1,26-38 (56)
Vortext: Der Heiland Gottes folgt als der Erwartete seinem Vorläufer unmittelbar. Er kommt zur Welt als "schwaches, hülfeloses Kind", wie alle Menschen[405]. Hirscher betont, wie öfters in seinen Schriften, so auch hier gleich zu Beginn, die Menschwerdung Gottes[406], seine Erniedrigung bis zur Knechtsgestalt.
Schlußbemerkung: Hirscher faßt die Bedeutung der vorangegangenen Erzählungen zusammen, indem er das Geheimnis der Person Jesu (Sohn Gottes, da er von Gott kommt) und sein Amt (Herrschaft auf dem Thron Davids) nochmals herausstellt[407].
Begleittexte zu Lk 2,1-20
Vortext: Im Vortext zu Lk 2,1-20 kommt ein weiteres Auslegungsprinzip Hirschers zur Geltung, das der Erfüllung alttestamentlicher Verheißungen[408]. Weil nach den Worten des Propheten Micha der Ersehnte in Betlehem geboren werden sollte, erließ der Kaiser Augustus den Befehl zur Volkszählung, denn: "was Gott gesagt, kann nicht unwahr werden."[409]

---

404) Auch formal kommt dies zum Ausdruck, z.B. nach Lk 1,56 in der Abschlußbemerkung: "Folgen wir der Geschichte, und sehen wir, wie das kommen wird." (Geschichte Jesu Christi, 6), ebenso vor Lk 2,41-52: "Wir wollen nun gerne wissen, wie sich der Knabe Jesus entwickelt, und was sich weiter mit demselben begeben habe." (Ebd., 16). Daneben kennt er auch die psychologische Erklärung, die die Fortführung der Geschichte erklärt, z.B. nach Lk 1,38: "Was wird die Jungfrau nun beginnen? ... Ach, daß sie Jemand hätte, dem sie solches mittheilen, und mit dem sie sich derselben freuen könnte! - Da drängt es sie, zu der Verwandten zu gehen...". (Ebd., 5).

405) Ebd., 4.

406) Vgl. Hirscher, Verhältnis, 106: Der Sohn Gottes ist Mensch geworden, "also hat der Sohn Knechtsgestalt angenommen." Ders., Hauptstücke, 326.

407) Ders., Geschichte Jesu Christi, 6. Vgl. dagegen die dogmatische Erklärung bei Gruber (Anm. 308) und Hirschers Polemik in: Verhältnis, 108.

408) Vgl. dazu Hirscher, Hauptstücke, 295ff und ders., Geschichte Jesu Christi, 2.
409) Ebd. 8f.

Zwischentext: Nach Lk 2,7a schiebt Hirscher eine Zwischenbetrachtung ein. Der Leser wird auf den Kontrast der Geburt in Armseligkeit - der Sohn Gottes als Genosse der Armut und Not - hingewiesen, obwohl er doch der König der Welt mit ewiger Herrschaft nach der Auskunft des Engels sein sollte. Zugleich soll der Leser diesen scheinbaren Gegensatz als im Willen Gottes begründet betrachten[410].

Schlußbemerkung: In den geringen Hirten sieht Hirscher Vertreter der Adressaten von Jesu Botschaft überhaupt. Sie sollte ja eine frohe Botschaft für die Armen sein (Lk 4,18)[411] und für die Menschen guten Willens (Lk 2,14). Die Armen sind es auch, die sich wahrhaft über seine Botschaft freuen[412].

Begleittexte zu Lk 2,41-52

Vortext: Vor der Erzählung über den 12jährigen Knaben Jesus führt Hirscher den Leser zunächst nochmals auf das eigentliche Ziel der Sendung Jesu hin: die Erlösung der Menschen aus der Sünde. Unter diesem Aspekt ist alles, was berichtet wird, zu betrachten. Daran schließt sich unmittelbar die Bedeutung Jesu als Vorbild für die Jugend an. Wir finden die bekannte Trias: Gehorsam gegenüber den Eltern[413], Lernbegierde und Frömmigkeit. In Lk 2,40.52 findet Hirscher die Begründung für das Vorbildsein Jesu[414].

Schlußbemerkung: Für Hirscher ist Lk 2,49 der Höhepunkt der Erzählung[415], er deutet diesen Vers ausführlich. Im Hause des Vaters sein, heißt für Hirscher, mit dem Wort und dem Gesetz und dem Dienst

---

410) Ebd., 9.

411) Vgl. Hirscher, Leben der seligsten Jungfrau, 164:
"**Den Armen soll der Knabe das Evangelium bringen, und wie der Prophet sagt, den Gefangenen Loslassung, den Blinden das Sehen, den Gefesselten Freiheit.** Darum sind die frommen, glaubenswilligen Hirten ... die Ersten, denen der große König, der Heiland verkündet wird."

412) Ders., Geschichte Jesu Christi, 10. - Lk 2,14 wird von Hirscher im üblichen Verständnis ausgelegt. - Wie bei den bisher besprochenen Auslegungen der Biblischen Geschichten findet sich auch bei Hirscher die Verbindung von "arm aber gut" und "vornehm aber nicht fromm".

413) Der Gehorsam ist - wie bei den vorhergehenden Religionspädagogen - auch bei Hirscher eine zentrale Tugend des Kindes. Vgl. Leben der seligsten Jungfrau, 31f.

414) Ders., Geschichte Jesu Christi, 16.

415) Vgl. auch Schürmann, Lukaskommentar I, 137.

Gottes beschäftigt sein. Er als der Sohn Gottes ist sich darüber im klaren, daß das seine Aufgabe und der Tempel der Ort seines Wirkens sein werde. Zunächst aber geht er zurück in das verachtete Nazaret[416].

Schlußnotiz zur Kindheitsgeschichte[417]

Bevor Hirscher zur Predigt des Johannes übergeht, faßt er in einer abschließenden Überlegung die wesentlichen Gesichtspunkte zu den vorstehenden Erzählungen zusammen und fügt sie in die Gesamtgeschichte Jesu ein. Nach einer apologetisch gefärbten Einleitung[418] schließt er den Anfang mit dem Ende Jesu zu einem Kreis: Die Herabkunft vom Himmel und die Auffahrt zum Himmel bilden ein Ganzes. Deutlich zeigt sich hier das von der Romantik beeinflußte Ganzheitsbzw. Organismusdenken Hirschers als Interpretationsinstrument für das Leben Jesu. Weiter sieht Hirscher in den verschiedenen Erzählungen der "Vorgeschichte" das Wesentliche der späteren Geschichte Jesu widergespiegelt. Dieses Wesentliche ist die Offenbarung der Gnade und und Menschenfreundlichkeit des Vaters und Jesu Christi[419]. Zugleich ist in der Vorgeschichte seine Verwerfung vorgebildet[420]. Jesu An-

---

416) Hirscher, Geschichte Jesu Christi, 18.

417) Ebd., 18-20.

418) Ebd., 19: Alles was uns die hl. Geschichtsschreiber erzählen, gehört zur wirklichen Geschichte des Lebens Jesu. - Dieser Hinweis erhält ein besonderes Gewicht, wenn man bedenkt, daß D.F. Strauß 1835 sein: "Leben Jesu" veröffentlichte, in dem die Vorgeschichte Jesu als Mythos bezeichnet wird; vgl. dazu Albert Schweitzer, Geschichte der Leben-Jesu-Forschung, Tübingen 1913; auch Siebenstern Taschenbuch 77-80 (2 Bde.), München und Hamburg 1966. Ebd.I, 118: "An den Vorgeschichten ist alles Mythos ... Auch an der Geschichte vom zwölfjährigen Jesus im Tempel ist kaum etwas als historisch anzunehmen."

419) Vgl. auch Geschichte Jesu Christi, Vorrede 1842, V. Der Gedanke wiederholt sich in der Schlußbemerkung.

420) Hirscher lehnt sich hier an den Prolog des Johannesevangeliums an. Vgl. Geschichte Jesu Christi, 15: "Wie jetzt, so später." Ders., Leben der seligsten Jungfrau, 150f: "Daß Joseph und Maria keine Herberg in Bethlehem fanden, und das Kind in einem Stalle zur Welt kommen mußte, war nicht ohne Vorbedeutung. Das war die erste Erfüllung des Johanneischen Wortes, denn die ganze irdische Zukunft des Kindes ist nur die Fortsetzung dieses Anfangs...". Vgl. auch ebd., 155.

kunft "in der Gestalt des Kindes, arm, nackt, demütig, gehorsam ..."[421] ist Licht in der Nacht des Hochmuts, der Selbstsucht, Habsucht und Herrschsucht.

1.6.4 Die Auslegung J.B. Hirschers

Die Einzelbeobachtungen sollen nun auf dem Hintergrund des Verkündigungsanliegens Hirschers zusammengefaßt werden.
1) In der Auslegung der Kindheitsgeschichte zeigt sich Hirschers heilsgeschichtliches Interesse, das auch in seiner übrigen Verkündigung dominierend ist[422]. In Lk 1-2 weist er nach, daß sich in Jesus Christus die Verheißungen erfüllt haben, daß er der Erwartete ist[423]. Das ganze Alte Testament ist die große "Voranstalt" des eigentlichen Heilsereignisses Jesus Christus. Die Welt war auf ihn "vollkommen vorbereitet"[424]. Auch die profanen Geschehnisse dienen der Erfüllung der Verheißung und ordnen sich ihr unter. So muß z.B. Augustus den Befehl der Aufzeichnung ergehen lassen, damit das Wort des Propheten Micha sich erfüllt[425]. In der Geschichte des Anfangs des Jesus von Nazaret wird der Heilswille Gottes offenbar. Gott handelt in der Geschichte zum Heil des Menschen: Er läßt Johannes Jesus vorhergehen, um ihm ein Herold zu sein[426]. Auch Johannes ist ein von Gott Gegebener[427]. Die ganze Liebe Gottes aber zeigt sich in der Sendung seines Sohnes, der ganz in das Menschengeschlecht eingeht. Er "er-

---

421) Ders., Geschichte Jesu Christi, 19.

422) Vgl. z.B. die Anordnung des katechetischen Stoffes in seiner "Katechetik", 128-133.

423) Der "Erwartete", der "Ersehnte", der "Verheißene" sind bevorzugte Attribute für Jesus.

424) Hirscher, Geschichte Jesu Christi, 2.

425) Ebd., 8f. Der Aufbau ist folgender:
1. Weissagung 2. scheinbarer Widerspruch der geschichtlichen Tatsachen 3. Unmöglichkeit, daß Gottes Weissagung irren kann 4. Der Befehl des Augustus als Anlaß für die Erfüllung der Weissagung. "Und so erfüllte sich das Wort des Propheten" (ebd., 9) - Vgl. Hirscher, Hauptstücke, 295: An Jesus von Nazareth gingen die wunderbaren und anscheinend sich widersprechenden Voraussagen in Erfüllung.

426) Hirscher nennt Johannes in seinen Überschriften den "Vorläufer"; Geschichte Jesu Christi, 7.20.

427) Ebd., 4.

scheint in der Welt wie die Menschen alle - als schwaches hülfeloses Kind"[428]. Nichts kann den Heilswillen Gottes vereiteln, auch nicht die Verfolgung Jesu durch Herodes[429]. Die Vorgeschichte ist schließlich ein Vor-Bild des gesamten Lebens Jesu. In ihr ist das Lebenswerk Jesu vorgezeichnet. Die Ereignisse der Kindheit und Jugend enthalten nichts anders, "als was die spätere Geschichte gleichfalls enthält."[430]

2) In der heilsgeschichtlichen Konzeption Hirschers steht Jesus Christus im Mittelpunkt. "Werth, Gewicht und organische Bedeutsamkeit fordern also, daß sich das ganze christliche Heilswerk um diese Persönlichkeit reihe."[431] Betont werden vor allem der Auftrag und das Werk Jesu Christi[432]. Seine Gottessohnschaft ist als selbstverständlich vorausgesetzt[433]. Von seinem Auftrag und seinem Werk her bestimmen sich die näheren Angaben über Jesus. Er ist der Erlöser aus Finsternis und Sünde, der Vermittler der Gotteskindschaft[434]. Er ist der Geber des Heils[435], der Bringer der frohen

---

428) Ebd., 4."... arm, nackt, demüthig, gehorsam mit einem Kinderherzen." (Ebd., 19). Hirscher, Hauptstücke, 364: Die Tat der Menschwerdung bedeutet Selbsterniedrigung des Sohnes bis zur Gestalt eines Knechtes.

429) Ders., Geschichte Jesu Christi, 15f.

430) Ebd., 19; vgl. ders., Das Leben der seligsten Jungfrau, 150f.

431) Ders., Katechetik, 117; vgl. ebd., 135 und Vorrede zur Geschichte Jesu Christi, 1839, III.

432) Hirscher bringt auch in seinem übrigen katechetischen Schrifttum vor allem das Werk Jesu zur Geltung. In seinem Katechismus wird Jesus als Retter und Beglücker bzw. als Erlöser und Seligmacher der Welt eingeführt. (Katechismus, 52). Unter der Überschrift: "Von dem Werk Jesu Christi" handelt Hirscher breit die Erlösungstat ab. (Ebd., 59-69).

433) Das zeigen schon der Titel seiner "Geschichte Jesu Christi", die Überschriften im ersten Hauptstück, wie auch seine Erläuterungen. Dagegen gehören die Spekulationen "über die Vereinigung der göttlichen und menschlichen Natur in Christus" nicht in den katechetischen Unterricht. Vielmehr soll die Lehre "einfach und mit Beziehung auf ihre praktische Bedeutung ganz nach dem Vorgange des Evangeliums" vorgetragen werden. (Hirscher, Verhältnis, 153).

434) Ders., Geschichte Jesu Christi, 1.16.

435) Ebd., 9. Der Name "Heiland" ist im Ersten Hauptstück seiner "Geschichte Jesu Christi" ein bevorzugter Name für Jesus. Vgl. auch ders., Katechismus, 69: "Wenn man nun das, was Jesus Christus hiernach der Menschheit geworden ist, ... mit Einem Worte bezeichnen will, wie nennt man Ihn? - Den Heiland der Welt."

Botschaft[436], der im Dienst seines Vaters steht[437]. Indem er diesen Dienst tut und das ihm aufgetragene Werk ausführt, zeigt sich uns in ihm "die Gnade und Menschenfreundlichkeit des Vaters"[438]. So sind bei Hirscher Person und Werk Jesu Christi in den allgemeinen Heilswillen Gottes, der sich in der Heilsgeschichte kundtut, integriert. Zugleich bedeutet dieses Jesusbild eine radikale Abkehr vom "Tugendvorbild" und vom "edlen Lehrer" der Aufklärungszeit.

3) Aus dem Gesagten ergibt sich auch die Stellung der "moralischen" Aussagen im Zusammenhang der drei Erzählungen. Sie sind ganz und gar sekundär gegenüber seinen heilsgeschichtlichen und christologischen Darlegungen. Die Aneinanderreihung einzelner biblischer Geschichten mit sich anschließenden moralischen Anwendungen, so "viele man deren zusammenbringen kann"[439], verurteilt er scharf. Für ihn ist die Ausrichtung der Frohen Botschaft das Entscheidende. Das Verhalten des Menschen folgt aus der Annahme der Frohen Botschaft, aus der Durchdringung mit der Wahrheit.[440] Deshalb rät er den Katecheten: "Bringe das, was der Mensch seinerseits, um des ihm dargebotenen Heiles theilhaftig zu werden, seyn und thun muß, überall zugleich mit den betreffenden Gaben, Offenbarungen, Anstalten und Führungen zur Sprache..."[441]. In diesem Sinne sind seine moralischen Darlegungen und Hinweise zu verstehen, nicht als hinzukommende Ermahnungen. Maria wird gerühmt als fromme und engelreine Jungfrau[442], die voll Demut und Hingebung[443] ihr Ja-Wort spricht. Die Hirten sind geringe, arme aber gute Menschen, die sich mehr über diese Botschaft freuen, als es Tausende getan hätten, die vornehm aber nicht fromm sind[444].

---

436) Hirscher, Geschichte Jesu Christi, 10.

437) Ebd., 18.

438) Ebd., 19. Ders., Katechetik, 135: "Er und dieses Werk zeigen uns sofort auch den Vater in der Wahrheit... Sein Rath und Wille hat sich verklärt im Sohne." Ders., Hauptstücke, 364. Hier wird Joh 3,16 zitiert.

439) Hirscher, Katechetik, 292. Siehe Anm. 384.

440) Hirscher, Verhältnis, 163. Das sittliche Leben ist nichts Anderes, als die christliche Offenbarungswahrheit, in dem Menschen wirksam. (Hirscher, Die christliche Moral, Vorrede zur 1. Auflage, IV).

441) Ders., Katechetik, 124. Im Original gesperrt; vgl. noch: ders., Verhältnis, 163.

442) Hirscher, Geschichte Jesu Christi, 8.

443) Ebd., 5.

444) Ebd., 10.

Die Welt dagegen ist hochmütig, habsüchtig, herrschsüchtig und selbstsüchtig[445]. Jesus ist ein Vorbild der Jugend. Das ergibt sich - nach Hirscher - aus Lk 2,40.52. In diesem Punkt läßt sich Hirscher in die Reihe der besprochenen Religionspädagogen einreihen. Allerdings stellt er die vorbildhaften Verhaltensweisen der eigentlichen Erzählung (Lk 2,41-52) voran. Die Auslegung von Lk 2,41-52 selbst ist bei ihm christologisch-heilsgeschichtlich orientiert[446].
Diese christologisch-heilsgeschichtliche Sicht in seiner gesamten katechetischen Theorie und praktischen Anwendung hat in der Geschichte der Katechetik weitergewirkt, vor allem auch die materialkerygmatische Erneuerung im 20. Jahrhundert inspiriert[447].

4) Vergleicht man die Ausführungen Hirschers zur "Vorgeschichte" Jesu mit den Ergebnissen der heutigen exegetischen Auslegung, so lassen sich einige Parallelen nicht übersehen. Zwar betrachtet Hirscher die einzelnen Erzählungen von Lk 1-2 als mehr oder weniger historisch genaue Berichte[448], während die Auslegungswissenschaft, vor allem mit Hilfe der formgeschichtlichen Methode, die literarische Eigenart der Kindheitsgeschichte anders bestimmt[449]. Diese Einschränkung vorausgesetzt, sind aber die christologischen Akzente in der Verkündigung Hirschers bedenkenswert. Er betont vor allem die Nähe Gottes in Jesus, in ihm wirkt Gott für die Menschen[450]. Zwar ist Gott schon immer in der Geschichte Israels am Werk gewesen, aber in Christus ist das heilsgeschichtliche Handeln Gottes zur Vollendung und zu seinem Ziel gelangt. Hirscher findet die Bestätigung dieser Aussagen in der Erfüllung atl. Verheißungen in Lk 1-2[451].
Weiter sieht er in den ersten Erzählungen über Jesus sein gesamtes Lebensschicksal vorgebildet. Diese von Hirscher herausgestellten theologischen Akzente finden sich - unter gewandelten Voraussetzungen - auch in der heutigen Auslegung. Sie macht deutlich, daß aus den Er-

---

445) Ebd., 19.

446) Siehe S. 102 f d. Arbeit.

447) Siehe S. 203 ff d. Arbeit.

448) Hirscher, Geschichte Jesu Christi, 19.

449) Die Bestimmung der literarischen Form der Kindheitsgeschichte ist in der exegetischen Literatur kontrovers. Es finden sich Legende (Dibelius), Sage (Schierse), Midrasch (Laurentin), Haggada (Schürmann). Aufgegeben ist allgemein die Auffassung, daß es sich um die Berichterstattung historischer Ereignisse der Kindheit Jesu handelt.

450) Siehe S. 92 ff d. Arbeit.

451) Siehe S. 101 ff d. Arbeit.

fahrungen der Gemeinde mit Jesus als ihrem erhöhten Herrn diese in reflektierten christologischen Aussagen von Lk 1-2 bekennt:[452]
Er ist der "Gott-mit-uns", er ist der Davidsohn, der Messias und Herr. Sie sieht in diesem Jesus, indem sie auf zahlreiche atl. Verheißungen anspielt, die Erfüllung der Verheißung Gottes[453].

1.7 Ergebnis

In den Biblischen Geschichten von Felbiger bis Hirscher finden sich verschiedene Ansätze zur Auslegung von Lk 1-2 in der Katechese, die in den nachfolgenden Epochen weitertradiert werden. Sie sollen hier nochmals kurz zusammengestellt werden.
1) Die rein ethische Auslegung der drei ausgewählten Abschnitte aus Lukas findet sich in der ersten Biblischen Geschichte (Felbiger). Eine betont ethische Akzentuierung, vor allem für Lk 2,41-52, ist auch in den weiteren Biblischen Geschichten feststellbar. Zugleich war man aber bestrebt, die moralische Verzweckung biblischer Texte zu überwinden.
2) Diese Überwindung versuchten die Verfasser von Biblischen Geschichten in der ersten Hälfte des 19. Jahrhunderts. Sie betonten den übernatürlichen Charakter der Hl. Schrift. In Lk 1-2 wird die Gnade und Menschenfreundlichkeit Gottes offenbar, die in Jesus erschienen ist. (Overberg, Chr.v.Schmid, Gruber, Hirscher)[454].
3) Der aufklärerischen Bestrebung, biblische Erzählungen lediglich als "rührende Beispiele" zu benützen, wirkten vor allem Galura und Hirscher entgegen, indem sie die ganze Hl. Schrift von einer Leitidee her aufzuschlüsseln versuchten. Galura verwendete dafür seine Reich-Gottes-Idee, wobei die konkrete Durchführung für Lk 1-2 - wie wir gesehen haben - nicht überzeugen konnte. Er blieb noch zu sehr in

---

452) Karl Hermann Schelkle, Gott war in Christus (Theologie des Neuen Testaments 2), Düsseldorf 1973, 171: "Hier werden Jesus von Anfang an hohe Titel zugeeignet, die im Neuen Testament das Ergebnis langer christologischer Glaubens- und Lehrentwicklung sind."

453) Jes 7,14 LXX; 2 Sam 7,12-16; Jes 9,5f; Mich 5,1. Ausführlich informiert über die Verwendung des AT in Lk 1-2: René Laurentin, Struktur und Theologie der lukanischen Kindheitsgeschichte, Stuttgart 1967, 74-105.

454) Alle genannten Autoren verwenden dieses Schriftwort zur Erläuterung der Menschwerdung des Sohnes Gottes. (Nach Tit 2,4).

moralischen Anwendungen stecken. Hirscher legte Lk 1-2 konsequent von seinem heilsgeschichtlich-christozentrischen Ansatz her aus und betonte die Einordnung der Textgruppe in das Ganze des Heilsgeschehens. In Lk 1-2 zeigen sich Plan und Zusammenhang, ein verheißungsvoller Anfang, der sich in der Himmelfahrt Jesus vollendet. Auf dem Weg über den Rückgriff auf die Tradition (Augustinus), brachte A. Gruber Jesus Christus als das Zentrum der katechetischen Unterweisung in seine Katechesen ein. Dabei betonte er bei jeder Erzählung die "Erzeugung heiliger Liebe", als das Ziel jeglichen Religionsunterrichts. Im Leben des Katechumenen soll sich die Liebe zu Gott als Antwort auf die gehörte Botschaft aktuieren. Hirscher hat dafür die Kurzformel: "der Glaube, in Liebe tätig" (Gal 5, 6).

4) Neben diesem allgemeinen Bestreben, den Religionsunterricht und damit auch die Verwendung der Schrift von der Offenbarung her neu zu bestimmen, sind für diese Zeit weitere katechetische Bemühungen festzustellen, die in den folgenden Epochen erneut zur Debatte stehen. Es sind dies die Hereinnahme dogmatischer Sätze, vor allem aus dem zweiten und dritten Glaubensartikel, die Erweiterung der Auslegung durch das Kirchenjahr und durch volkstümliches Brauchtum (Gruber), sowie die kindgemäße, anschauliche Erzählung (Schmid).

2. BIBLISCHE GESCHICHTEN UND KOMMENTARE NACH DEM EINBRUCH DER NEUSCHOLASTIK (1850-1900)

J.B. Hirscher forderte als Konzentrationsidee für die Inhalte des Religionsunterrichts die in der Hl. Schrift niedergelegte Geschichte Gottes mit den Menschen. Damit verbunden war die Mittelpunktstellung der Bibel für die gesamte Verkündigung. Dieser Ansatz wurde noch zu Lebzeiten Hirschers abgelöst von einem systematischen Lehrsystem exakter theologischer Sätze, wie es die Neuscholastik für die Theologie insgesamt vertrat. Diese beherrschte fortan mit ihrer Anordnung des Stoffes und ihren genauen dogmatischen Formulierungen den Religionsunterricht. Verantwortlich für diese Wende in der Theologie insgesamt war Joseph Kleutgen,[1] "der Wortführer und konstruktive Begründer der Neuscholastik in Deutschland"[2].

Auf dem Gebiet der Katechetik sorgte der Katechismus von Deharbe (1847)[3] für die Tendenzwende. In den bearbeiteten Ausgaben (1900/1924)[4] wurde er bis zum Erscheinen des KKBD (1955) in den Schulen verwendet. Der Deharbesche Katechismus orientierte sich seinem Inhalt nach an der Schultheologie und war ein theologisches Kompendium im Kleinen. Im Mittelpunkt standen "klare und bestimmte Ausdrucksweise, scharfe begriffliche Fassung und theologische Korrektheit im Einzelnen mit streng systematischem Aufbau des Ganzen"[5], Anschaulichkeit, eine kindgemäße Sprache, Beschränkung des Stoffes usw., standen nicht im Blickpunkt katechetischer Überlegungen.

Das Anliegen Hirschers und anderer Katecheten vor ihm, vor allem und zuerst Heilsgeschichte im Unterricht, um die Person Jesus Christus zentriert, zur Darstellung zu bringen, trat in den Hintergrund. Die Hl. Schrift in der Form der Biblischen Geschichte wurde Dienerin, die Zuliefererdienste für "das eigentliche und wesentliche Lehrbuch der katho-

---

1) Joseph Kleutgen, Die Theologie der Vorzeit, 3 Bde., Münster 1853ff.

2) Franz Xaver Arnold, Dienst am Glauben, Freiburg 1948, 53.

3) Joseph Deharbe, Katholischer Katechismus oder Lehrbegriff, Regensburg 1847; ders., Katholischer Katechismus für die Elementarschulen, zunächst für die mittleren und höheren Klassen, Freiburg 1866; ders., Kleiner katholischer Katechismus für die unteren Klassen der Elementarschulen, Freiburg 1866. Zur Verbreitung der Deharbeschen Katechismen vgl. Hofinger, Art. Katechismus, in: LThK VI, ²1961, 49.

4) Bearbeitungen: J. Linden, Der mittlere Deharbesche Katechismus, Regensburg 1900.
Th. Mönnichs, Deutscher Einheitskatechismus, München 1925.

5) Arnold, Dienst am Glauben, 56.

lischen Religion" - den Katechismus zu leisten hatte⁶. Die Herrschaft der Deharbeschen Katechismen in der Katechese wurde aber auch schon immer in Frage gestellt, vor allem von der methodischen Forderung nach Anschaulichkeit, besonders für die jungen Schüler. Für sie postulierte man, wie schon vorher Gruber und Hirscher, die "geschichtliche" Form der Unterrichtung, konkret mit einer kleinen (kurzen) Biblischen Geschichte. Zur Zeit der Methodenbewegung war man bestrebt, den Umfang des katechetischen Stoffes zu reduzieren, auf eine mehr kindgemäße Sprache zu achten, vor allem aber mit Hilfe der induktiven Methode und der sog. Formalstufen, den Kindern die Katechismuswahrheit ihrem Verständnis nahezubringen. Erst in der Zeit der materialkerygmatischen Erneuerung fragt man, unabhängig von der Schultheologie, wieder nach einem einheitsstiftenden Prinzip der Katechese, nach ihrem wesentlichen Inhalt⁷, wie es die Katechetiker der ersten Hälfte des 19. Jahrhunderts getan hatten.

Vor diesem katechesegeschichtlichen Hintergrund sind die Werke der jetzt zu besprechenden Katecheten zu sehen, die neben dem den Religionsunterricht beherrschenden Deharbeschen Katechismus, mit ihren Biblischen Geschichten und Kommentaren die Katechese mitgeprägt haben. Zu ihnen gehören in der zweiten Hälfte des 19. Jahrhunderts vor allem Schuster, Mey und Knecht.

2.1. Die Biblischen Geschichten von Schuster-Mey-Knecht

Während die Biblischen Geschichten bis J.B. Hirscher ihre Auslegungen in den, den einzelnen Perikopen folgenden Anmerkungen, Anwendungen oder Zwischentexten niederlegten, wird nun der Bibeltext von dem dazugehörigen Kommentar getrennt. Dieser wächst zu einem umfangreichen Werk an und wird meist in zwei Bänden (AT/NT) für die Hand des Lehrers aber auch des interessierten Laien herausgegeben. Die Biblische Geschichte ist ein Schulbuch in je einer Ausführung für die Unter- und Oberstufe⁸.

---

6) Justus Knecht, Art. Biblische Geschichte, in Wetzer u. Weltes Kirchenlexikon V, ²1888, 497.

7) Siehe S. 203-205 d. Arbeit.

8) Dabei werden weiterhin manchmal zusätzliche Erklärungen im Anschluß an den Bibeltext gegeben, z.B. bei Schuster in der frühen Ausgabe. Eine Auslegung durch Lieder, Lehrsätze, Bilder usw. erfolgt häufig vor allem in den Büchern für die Unterstufe.

Für die Vielzahl der Biblischen Geschichten, die in der zweiten Hälfte des 19. Jahrhunderts erschienen und in den Schulen in Gebrauch waren, sollen hier die von Schuster, auch in den Bearbeitungen von Mey und Knecht, in den uns interessierenden Erzählungen untersucht werden. Neben der Biblischen Geschichte von Overberg[9] und der von Ch. v. Schmid[10] ist die Ausgabe von Schuster das am meisten verbreitete Schulbuch für den Bibelunterricht bis zur Einführung der Ecker-Bibel[11]. Die Biblischen Geschichten in der Hand der Schüler sind nicht zu unterschätzende Ergänzungen zu den Kommentaren, denn die Bearbeitung des Bibeltextes, die Auslassungen (auch die Bilder) und Hervorhebungen, die Zusatztexte, üben einen nicht geringen Einfluß auf das Verständnis der Schüler aus. Die Akzentsetzung der Schuster-Bibel soll deshalb durch einen Textvergleich mit der Vollbibel herausgestellt werden, bevor die Kommentare und Katechesen zu diesen Schulbüchern analysiert werden.

2.1.1. Die Ausgaben der Biblischen Geschichte von
 Schuster - Mey - Knecht

Zur besseren Übersicht werden zunächst die Bearbeitungen der Biblischen Geschichte sowie ihre "kleinen" Ausgaben vorgestellt.
1) Ignaz Schuster[12], Biblische Geschichte.
 (Große Ausgabe)

---

9) Die Biblische Geschichte von Overberg wurde in der Folgezeit bearbeitet von G. Kellermann, W. Erdmann, Schuhmacher und Linnemann. (Kreutzwald, Geschichte, 116.290).

10) Schmids Biblische Geschichte erschien weiter in der Bearbeitung seines Neffen A. Werfer. Sie zählte bis zum Erscheinen der Buchberger-Bibel über 225 Auflagen (Kreutzwald, Geschichte, 174).

11) Nach Knauber ist die Biblische Geschichte von Schuster die im deutschen Sprachgebiet meist verbreitete. (Ders., Die Geschichte der "Katholischen Schulbibel" und ihre Gestaltkräfte, in: Fünfzig Jahre Katholische Schulbibel, 21, Anm. 13).

12) Ignaz Schuster (1813-1869), Pfarrer in der Diözese Rottenburg, Schüler von Hirscher und Möhler, gab einen Katechismus heraus (1844), dazu ein fünfbändiges katechetisches Handbuch. Zu seiner Biblischen Geschichte (1848) erschien ebenfalls ein Handbuch. Zu I. Schuster vgl. A. Gleissner, Art. Schuster, in: LThK IX, ^{2}1964, 520f und Kreutzwald, Geschichte, 147.

I. Schuster gab nach einem veröffentlichten Entwurf (1847) seine "Biblische Geschichte des Alten und Neuen Testamentes im Auszuge für katholische Volksschulen"[13] heraus. Sie wurde von den meisten deutschen Ordinariaten gutgeheißen und war im gesamten deutschsprachigen Raum verbreitet.

Eine Neuherausgabe der Schusterschen Biblischen Geschichte besorgte 1875 G. Mey [14], nach Kreutzwald eine meisterhafte Bearbeitung[15]. Schließlich bearbeitete F. J. Knecht[16] im Jahre 1907 die Schuster-Mey-Bibel nochmals und gab sie als "Biblische Geschichte für Schule und Haus"[17] heraus.

2) Schuster, Kurze Biblische Geschichte

Wie die große Ausgabe seiner Biblischen Geschichte wird auch die Kurze Biblische Geschichte zunächst als Manuskript (1856, 1858) herausgegeben:

Kurze Biblische Geschichte von Dr. I. Schuster, Freiburg 1866. Sie soll für die unteren Klassen der Volksschulen Verwendung finden[18].

F. J. Knecht bearbeitete die große Ausgabe von Schuster-Mey (1875) für die unteren Schuljahre der katholischen Volksschule und gab sie als "Kurze Biblische Geschichte" 1882 heraus[19].

Was die Treue zum ursprünglichen Text betrifft, so läßt sich eine textnahe von einer mehr vom ursprünglichen Text sich lösenden Gestaltung unterscheiden. Zum ersten Typ gehören die Ausgabe von 1848[20] sowie

---

13) Freiburg, 1848. (Zitiert: BG - Schuster).

14) Zu Gustav Mey siehe S. 150. - G. Mey, Dr. I. Schusters Biblische Geschichte für katholische Volksschulen, Freiburg 1875. (Zitiert: BG - Schuster-Mey).

15) Kreutzwald, Geschichte, 159.

16) Zu Justus Knecht siehe S. 137 der Arbeit.

17) Biblische Geschichte für Schule und Haus. Im Anschluß an Schuster-Mey bearbeitet und zum Besten des Bonifatiusvereins herausgegeben von Dr. F. J. Knecht, Freiburg 1907. (Zitiert: BG - Schuster-Mey-Knecht).

18) Zitiert: Kurze BG - Schuster.

19) Kurze Biblische Geschichte für die unteren Schuljahre der katholischen Volksschule. Nach der Biblischen Geschichte von Schuster-Mey bearbeitet von Friedrich Justus Knecht, Freiburg 1882. (Zitiert: Kurze BG - Knecht).

20) Schuster selbst hat sich in einer für seinen Entwurf bestimmten Vorrede für eine "größtmögliche Beibehaltung des biblischen Wortlautes" ausgesprochen. (Zit. nach Kreutzwald, Geschichte, 148; dort auch die Begründung Schusters). Spätere Ausgaben zeigen eine freiere Textgestaltung.

die Bearbeitungen von Mey und Knecht, auch die "Kurze Biblische Geschichte" von Knecht ist hierherzurechnen. Der zweite Typ ist in den späteren Ausgaben der Schuster-Bibel zu finden, sowie in seiner "Kurzen Biblischen Geschichte" (1866). Beide nehmen Elemente der Schmid-Bibel auf[21]. Die fünf genannten Biblischen Geschichten waren in zahlreichen Diözesen und über viele Jahre in den Schulen verbreitet. Zusammen mit den Biblischen Geschichten von Overberg und Schmid, mit den Kommentaren von Schuster und Knecht und den Katechesen von Mey bildeten sie das Gegenüber zur Katechismusherrschaft Deharbescher Prägung.

2.1.2. Die Anordnung der Texte

Sowohl die umfangreichen als auch die "Kurzen" Biblischen Geschichten zeigen die gleiche Anordnung von Lukas- und Mattäustexten, wie wir sie bei den bisher besprochenen Werken festgestellt haben. Der Johanneszyklus wechselt mit dem Jesuszyklus ab[22]. Nach Lk 1,26-38 oder vor Lk 2,1-20 ist der Mattäustext - stark gekürzt - eingeschoben, der den Traum Josefs zum Inhalt hat (Mt 1,18-25). Nach der Darstellung im Tempel wird wieder zum Mattäustext übergewechselt mit dem Besuch der Weisen und der Flucht nach Ägypten (Mt 2,1-23). Die Erzählreihe schließt mit Lk 2,41-52 ab, sie ist in den großen Ausgaben durch eine Gesamtüberschrift zusammengeschlossen, die alle Einzelerzählungen als Nachrichten über Geburt und Jugend Jesu kennzeichnet[23].
In den Überschriften sind erste Auslegungshinweise der Verfasser festzustellen. Mey und Knecht ersetzen die "Geburt Jesu" bei Schuster durch: "die Geburt unseres Herrn Jesus Christus"[24]. Der Austausch "Herr Jesus Christus" ersetzt zum Teil auch den "erstgeborenen Sohn"

---

21) Dazu gehören ausführliche Angaben zu Personen (v.a. zu Maria), zu Situationen (Herbergsuche, das Finden Jesu im Tempel) usw..

22) Eine Ausnahme bildet die "Kurze BG - Schuster". Sie bringt zwar die Verkündigung der Geburt des Johannes, aber nicht seine Geburt. Diese Biblische Geschichte gliedert die einzelnen Erzählungen in kleinere Einheiten auf (v.a. den Mattäustext).

23) BG - Schuster: Geburt und Jugendgeschichte Jesu.
BG -Schuster - Mey und BG - Schuster - Mey - Knecht :
Ankunft und verborgenes Leben Jesu.

24) BG - Schuster - Mey, 121. BG - Schuster - Mey - Knecht, 120.
Kurze BG - Knecht, 49.

in Lk 2,7[25]. Damit geschieht die Herausstellung der Bedeutung des Kindes bereits deutlich vor der Kundmachung durch den Engel. Der Akzent der Hirtenerzählung liegt bei Schuster auf dem Besuch der Hirten bei der Krippe, während Knecht die Verkündigung des Engels herausstellt[26].

2.1.3. Die Verkündigung der Geburt Jesu

Die großen Ausgaben von Schuster, Mey und Knecht
Ein Textvergleich der drei Ausgaben mit dem ursprünglichen Text zeigt, wo nach der Meinung der Verfasser für die Schüler Ergänzungen anzubringen sind, bzw. wo weniger wichtige Verse und Versteile vernachlässigt werden können. Verdeutlichungen und Vereinfachungen werden angebracht bei Orts- und Zeitangaben, so in Lk 1,26 (Stadt in Galiläa) und Lk 1,36 (6. Monat); Josef wird mit der Berufsbezeichnung Zimmermann eingeführt (BG Schuster). In der textlich frei gestalteten Ausgabe der Biblischen Geschichte von Schuster finden sich weitere Konkretisierungen zu den Personen, wie wir sie schon bei Schmid kennengelernt haben[27]. Gekürzt werden die Angaben zur zukünftigen Aufgabe des verheißenen Sohnes (Lk 1,32f) und zwar wird "die Herrschaft über das Haus Jakob" herausgenommen. Von Jesus wird gesagt, daß er auf Davids Thron in Ewigkeit herrschen werde. Die Versteile, die in die Gebetspraxis eingegangen sind - Lk 1,28 (erweitert) und Lk 1,38 - sind häufig durch Sperrdruck hervorgehoben und in der Formulierung des Gebetstextes wiedergegeben. Damit ist bereits durch die optische Hervorhebung ein mariologischer Akzent gesetzt. Eine weitere Beobachtung am Text der Biblischen Geschichte zeigt - darauf hat bereits Knauber[28] aufmerksam gemacht - daß geschlechtliche Andeutungen entweder umschrieben oder ausgelassen werden. In unseren Ausgaben fehlen des-

---

25) BG - Schuster, 163. Kurze BG - Schuster, 46. Kurze BG - Knecht, 49.

26) BG - Schuster, 164 und Kurze BG - Schuster, 46; Die Hirten bei der Krippe... Kurze BG - Knecht, 50: Ein Engel verkündigt die Geburt Jesu.

27) Auf diese Ausgabe der Schuster-Bibel (z.B. 1881) wird hier nicht weiter eingegangen, weil sie in ihrer Form stark der Schmid-Bibel ähnelt. Die "Kurze BG" von Schuster v. 1866 steht dieser Ausgabe näher als dem Manuskript zur Kurzen BG von 1856.

28) Knauber, Die Geschichte der "Katholischen Schulbibel" und ihre Gestaltkräfte, in: Fünfzig Jahre Katholische Schulbibel, 34f.

halb "empfangen" (Schuster 1881)[29] bzw. "gebären"[30] (Lk 1,31), der "6.Monat" und "unfruchtbar" (Lk 1,36)[31].

Die "Kurzen Biblischen Geschichten" von Schuster und Knecht

Von der Zielsetzung her ist in beiden Ausgaben die Vereinfachung und Verkürzung des ursprünglichen Textes stärker ausgeprägt. Dabei geben die Schuster-Ausgabe und die Knecht-Ausgabe zwei mögliche Modelle einer Biblischen Geschichte für die Unterstufe ab. Während Knecht den Satzbau vereinfacht und nur einzelne - für jüngere Kinder schwer verständliche Sätze ausläßt - kürzt Schuster ganz erheblich. Die Verse 1,30b, 31a, 32-34, 35b-37 fehlen ganz. Übrig bleibt der Gruß des Engels, die Verheißung der Geburt des Sohnes Gottes und die Antwort Marias[32]. Diese drei Erzählmomente werden angereichert mit näheren Angaben zur Person Marias und zur Situation, nach der Art der Schmidschen Biblischen Geschichte[33].

2.1.4. Die Geburt Jesu

Die großen Ausgaben
Für Lk 2,1-20 lassen sich im großen und ganzen dieselben Tendenzen feststellen wie sie schon bei Lk 1,26-38 beobachtet wurden. Der Erlaß des Kaisers und die näheren Umstände der Aufzeichnung werden besonders frei und gekürzt wiedergegeben; Lk 2,2 fehlt in allen Ausgaben.

---

29) BG - Schuster 1881, 123: für "empfangen" steht "bekommen".

30) BG - Schuster 1848, 160: empfangen, gebären.
BG - Schuster - Mey, 118: empfangen.
BG - Schuster - Mey - Knecht, 117: empfangen.
Kurze BG - Schuster, 44: bekommen.
Kurze BG - Knecht, 46: empfangen.

31) BG - Schuster 1848, 160: in drei Monaten...
BG - Schuster - Mey, 119: bekommen.
BG - Schuster - Mey - Knecht, 118: bekommen.
Kurze BG - Schuster, 44: der Vers über Elisabet fehlt.
Kurze BG - Knecht, 47: bekommen.

32) Kurze BG - Schuster, 43; vgl. Anm. 28.

33) BG - Schuster - Mey, 121.
BG - Schuster - Mey - Knecht, 120.
Kurze BG - Knecht, 49.

Die Davidsabstammung Marias wird eingetragen[34]. Die "Herbergsuche" (Lk 2,7b) erfolgt in allen Ausgaben vor der Nachricht über die Geburt des Kindes. Wie in der vorigen Erzählung fehlen auch hier die geschlechtlichen Andeutungen: "schwanger" (Lk 2,5), "Tage vollenden und gebären" (Lk 2,6b). Die Geburt des Sohnes Gottes ist der Höhepunkt des ersten Teiles der Erzählung bei Schuster: "Und hier wurde Jesus Christus, der Sohn Gottes, geboren."[35] Die Verkündigung an die Hirten schließt sich weitgehend an den Lukastext an. Lk 2,14 wird im liturgisch festgelegten Wortlaut wiedergegeben, zum Teil im Sperrdruck.

Die Kurzen Biblischen Geschichten

Sie teilen Lk 2,1-20 auf in eine Geburts- und eine Verkündigungserzählung. Schuster geht dabei sehr frei mit seiner Vorlage um, indem er sie mit vielen Details ausschmückt. Beispiele: Sie kamen Abends spät an... Wie selig wird Maria gewesen sein... Sie wickelte das liebe göttliche Kindlein... Sie (die Hirten Anm.) konnten sich nicht satt sehen an dem lieben herzigen Kindlein. usw.[36]. Beide Biblischen Geschichten vernachlässigen Lk 2,17-20. Der Höhepunkt der Erzählung und zugleich der Abschluß liegt beim Besuch der Hirten an der Krippe, vor der sie anbetend knien[37]. Durch beigefügte Liedverse werden die Kinder zur Antwort auf das Gehörte animiert. Die dadurch gegebene Kommentierung wird bei der Fortentwicklung zum Religionsbüchlein weiter ausgebaut werden[38].

2.1.5. Der zwölfjährige Jesus im Tempel

Die großen Ausgaben
Lk 2,41-51 (52) wird in allen drei Fassungen ohne größere Abweichungen vom ursprünglichen Text wiedergegeben[39], wobei der Anfang etwas freier ausgestaltet ist. Eine kurze Notiz über das weitere Leben Jesu

---

34) In allen Ausgaben.
35) BG - Schuster, 163.
   Kurze BG - Schuster, 46.
   Kurze BG - Knecht, 49.
36) Kurze BG - Schuster, 46.
37) Ebd., 48.
38) Siehe S. 186 f d. Arbeit.
39) Eine Ausnahme bildet wieder die Ausgabe von 1881.

bis zu seinem öffentlichen Auftreten beschließt die Erzählung[40]. Das Nichtverstehen der Eltern (V 50) bereitet der Deutung offensichtlich Schwierigkeiten. Schuster übergeht den Vers ganz (ebenso V 51b), die beiden Bearbeiter verknüpfen V 50 mit V 51b. Somit ergibt sich folgender Sinn: Die Eltern verstanden nicht, was er sagte, aber seine Mutter bewahrte alle diese Worte in ihrem Herzen[41]. Die für die Auslegung wichtigen Sätze: "Er war ihnen untertan. Er nahm zu an Weisheit..." werden durch Sperrdruck hervorgehoben[42].

Die Kurzen Biblischen Geschichten

Während die Knecht-Bearbeitung mehr am ursprünglichen Text bleibt, erzählt Schuster sehr frei nach der Weise Chr. v. Schmids vom prächtigen Tempel, der herrlichen Stadt, der beschwerlichen Reise, der Andacht Jesu usw. Beide Ausgaben schließen mit einem Merkspruch, der die Kinder an ihre Pflichten in Kirche, Schule, Haus[43] erinnern soll.

2.1.6. Ergebnis der Textbeobachtungen

Die Durchsicht der einzelnen Biblischen Geschichten machte Auslegungstendenzen deutlich, die hier nun zusammengestellt werden sollen.
1) Die Frage nach dem genauen Text als einer Voraussetzung für die sachgemäße Auslegung stellte sich dem Verfasser und den Bearbeitern nicht ausdrücklich[44], obwohl sie sich dem Wort der Schrift verpflichtet fühlten. So konnten sie um der leichteren Verständlichkeit willen Glättungen, Vereinfachungen, Verdeutlichungen vornehmen. Diese sind vor allem - wie wir gesehen haben - bei Ortsangaben, bei den Zeitumständen und den Situationsbeschreibungen zu finden. Mit ihrer Hilfe sollen den Schülern unbekannte Orte (Nazaret, Jerusalem, Tempel) und

---

40) BG - Schuster - Mey, 127.
   BG - Schuster - Mey - Knecht, 127.
   Kurze BG - Knecht, 57.

41) BG - Schuster - Mey, 127.
   BG - Schuster - Mey - Knecht, 127.

42) BG - Schuster - Mey, 127.
   BG - Schuster - Mey - Knecht, 127.

43) Kurze BG - Schuster, 57: Fromm, fleißig, freundlich, folgsam sein.... (Mey kritisiert diesen Spruch, s. u.).
   Kurze BG - Knecht, 57: - ... bete, lerne, folge gern.

44) Siehe Anm. 20.

schwer zu verstehende historische Angaben (Zensus) verständlich gemacht werden[45]. Die Veränderungen an den örtlichen und zeitlichen Textstellen verstärken dazu die - selbstverständlich vorausgesetzte - Historizität des Erzählten. Zu den Vereinfachungen zählen auch die Auslassungen von Versen und Versteilen. So wird in Lk 1,26-38 die Aufgabe des verheißenen Kindes verkürzt wiedergegeben[46]. Um der "Geradlinigkeit" der Erzählung willen können in Lk 2,1-20 der Vers 18 und in Lk 2,41-52 der Vers 50 ausgelassen werden, denn beide "passen" nicht zum Tenor der Erzählung und stören die Harmonie. Dazu gesellen sich als weitere Verse auch 2,19 und 2,51b[47]. Schließlich werden geschlechtliche Andeutungen umschrieben oder weggelassen: "empfangen", "gebären" (Lk 1,31); "sechster Monat", "unfruchtbar" (Lk 1,36); "schwanger" (Lk 2,5); "die Tage vollenden", "gebären" (Lk 2,6)[48].
2) Hervorgehoben wird im Text dogmatisch Wichtiges und liturgisch Geläufiges. Dies geschieht sowohl durch Sperrdruck, als auch durch die Textgestaltung selbst. Am wichtigsten ist dabei die Betonung Jesu als des Sohnes Gottes (Lk 1,35), die auch zum Teil Lk 2,7 ersetzt durch: "Und hier wurde Jesus Christus, der Sohn Gottes geboren"[49]. Auch die oben genannten Auslassungen (Lk 2,18.50) dienen im Grunde dem Ziel, die Person Jesu als Gottessohn zu betonen.
3) In den "Kurzen Biblischen Geschichten" sind die gleichen Tendenzen festzustellen. Bei ihnen wird einerseits noch mehr vereinfacht, andererseits mehr ausgeschmückt. Zugleich will man durch einzelne Bibelverse (Knecht) und gängige Kirchenlieder sowie Merkverse die Erzählung ausdeuten bzw. einprägen. Im Vordergrund stehen dabei Huldigung und Anbetung sowie moralische Lehren.
4) Die Biblischen Geschichten von Schuster - Mey - Knecht stellen den dritten Typus von Biblischen Geschichten dar neben der enger am Text bleibenden Overberg-Bibel und der mehr frei erzählenden Schmid-Bibel. Die weitere Entwicklung geht in die Richtung des textnahen Typus (Eckerbibel) und der freieren Wiedergabe der Vorlage (Buchbergerbibel).

---

45) Weitere detaillierte Angaben zu den Personen finden sich in der BG - Schuster von 1881 und in der Kurzen BG - Schuster.

46) Siehe S. 116 d. Arbeit.

47) Lk 2,18 fehlt in den "Kurzen Biblischen Geschichten".
Lk 2,50 fehlt in BG - Schuster und in den Kurzen Biblischen Geschichten. Lk 2,19.51b fehlen in BG - Schuster und in den Kurzen Biblischen Geschichten.

48) Siehe S. 116 ff d. Arbeit.

49) BG - Schuster; Kurze Biblische Geschichten.

Größere Änderungen vollziehen sich bei den Biblischen Geschichten für die Unterstufe, die sich teilweise zu Religionsbüchlein weiterentwickeln werden. Die zu den Schulbibeln erschienenen Kommentare werden die bereits festgestellten Tendenzen des Schulbuches aufnehmen und näher ausführen.

2.2. Ignaz Schuster: Handbuch zur Biblischen Geschichte (1862/64)[50]

Zur Erklärung seiner Biblischen Geschichte läßt I. Schuster 1862 ein Handbuch folgen, das nach der Ankündigung der Herderschen Verlagshandlung[51] drei Aufgaben erfüllen soll:
Es soll ein "erschöpfender Kommentar" zur Biblischen Geschichte sein. Es soll zweitens all denen dienen, die zu einem tieferen Studium der Hl. Schrift nicht gelangen können. Schließlich soll es für die, "welche die heilige Geschichte schon in allen ihren Teilen erforscht", eine Zusammenstellung bieten. Von Anfang an geht damit seine Zielsetzung über die praktische Hilfestellung für den Bibelunterricht hinaus und entfernt sich in den späteren Auflagen immer mehr von der unmittelbar schulpraktischen Einsatzmöglichkeit[52].

---

50) Handbuch zur Biblischen Geschichte des Alten und Neuen Testaments. Für den Unterricht in Kirche und Schule, sowie zur Selbstbelehrung von Dr. I. Schuster, Freiburg Bd. I (AT) 1862, Bd. II (NT) 1864. (Zit.: Handbuch). Das Handbuch erschien in 8 Auflagen. Den neutestamentlichen Teil bearbeitete von der 2. bis zur 5. Auflage Dr. J. B. Holzammer, Prof. für atl. Exegese; von der 6. bis zur 8. Auflage Dr. J. Schäfer. Die einzelnen Auflagen: [1]1862/64 (Schuster); [2]1871 (Holzammer); [3]1878 (Holzammer); [4]1886 (Holzammer); [5]1891 (Holzammer); [6]1906 (Selbst und Schäfer); [7]1910 (Selbst und Schäfer); [8]1925/26 (Selbst, Kalt und Schäfer).

51) Sie ist der ersten Auflage vorgebunden.

52) Bereits in der 2. Auflage werden weniger die Lehrer angesprochen. Das Handbuch sollte "eine auf die weitesten Kreise der gebildeten katholischen Welt berechnete Darstellung der heiligen Geschichte sein". (Zitiert nach Selbst, Kalt und Schäfer [8]1925, VII). Nach dem Vorwort der 3. Auflage soll das Handbuch auch als fortlaufender Kommentar zur Hl. Schrift dienen (Vorwort IX). - Methodische Hinweise für den Lehrer fehlen. Es bietet lediglich eine Textinterpretation.

Insbesondere will Schuster mit seinem Handbuch die Wahrheit der biblischen Tatsachen - aufgrund der Ergebnisse der Wissenschaft - gegen Zweifelsucht und Unglaube darstellen[53].
In der Tat bietet das Handbuch vielfältiges und von Auflage zu Auflage immer auf den neuen Stand gebrachtes Material, das nicht direkt in den Schulunterricht gehört[54], sondern "eine populärwissenschaftliche Verteidigung der Hl. Schrift"[55] ermöglichen soll.
Die betont bibelwissenschaftliche Ausrichtung des Handbuches ist nicht zuletzt bedingt durch die Bearbeiter der späteren Auflagen. Holzammer, Selbst, Kalt und Schäfer sind keine Katechetiker sondern Bibelwissenschaftler. Somit ist die Eigenart des Handbuches zu bestimmen als eine an der jeweiligen Bibelwissenschaft orientierte Erklärung der Biblischen Geschichte, mit apologetischem Akzent[56]. Bei der allgemeinen Charakterisierung des Handbuches ist noch eine für die Auslegung wichtige Beobachtung hinzuzufügen. Vergleicht man den Bibeltext und die dazugehörigen Anmerkungen mit den zusätzlich gegebenen Informationen, so überwiegen rein quantitativ das geographische, topographische Bildmaterial sowie die Bilder von Kultstätten mit jeweils ausführlichen Beschreibungen gegenüber der sonstigen Auslegung. Für unsere drei Erzählungen ergibt sich folgende Übersicht[57]:

---

53) Vorankündigung, 1862.

54) Schuster, Handbuch, ^{2}1871 (Holzammer) - Zit. nach ^{3}1878, VII.

55) Dass., ^{7}1910, V (Selbst und Schäfer).

56) Der Zielsetzung, weiteren Kreisen der gebildeten katholischen Welt zu dienen, (Holzammer ^{2}1871, VII) entsprechend, ist jede Auflage mit der inzwischen neu erschienenen Literatur versehen (Vorwort zu ^{4}1886; ^{6}1906; ^{7}1910; ^{8}1925). - Die Einleitungsfragen nehmen von Auflage zu Auflage einen immer breiteren Raum ein. Sie setzen sich vor allem mit der liberalen Bibelkritik auseinander, mit naturwissenschaftlichen Einwänden gegen die Bibel (Holzammer ^{2}1871) und mit Einwänden, die von der Geschichtswissenschaft vorgebracht werden (Selbst und Schäfer ^{6}1906). In den späteren Auflagen werden Verlautbarungen der päpstlichen Bibelkommission aufgenommen. (Vgl. Vorworte zu ^{6}1906; ^{7}1910; ^{8}1925). Das Anwachsen der Einleitungsfragen zum NT zeigen folgende Zahlen: ^{1}1864: 5 Seiten; ^{3}1878: 8 Seiten; ^{6}1906: 45 Seiten; ^{8}1925: 76 Seiten.

57) Die nur der 1. Auflage beigefügten Bibelbilder bleiben unbeachtet.
I = Lk 1,26-38; II = Lk 2,1-20; III = Lk 2,41-52.

	[1]1864			[3]1878		
	I	II	III	I	II	III
Gesamtzahl der Seiten	$8^1/_2$	11	7	13	14	$7^1/_2$
Anteil der Bilder und Beschreibungen	5	$7^1/_2$	$3^1/_2$	7	10	$5^1/_2$
Anteil in % (ca.)	60	70	50	50	70	70

	[6]1906			[8]1926		
	I	II	III	I	II	III
Gesamtzahl der Seiten	$17^1/_2$	18	13	$14^1/_2$	14	$10^1/_2$
Anteil der Bilder und Beschreibungen	$8^1/_2$	$10^1/_2$	10	4	7	$7^1/_2$
Anteil in % (ca.)	50	60	80	30	50	70

Obwohl die Anzahl der Bilder und der Umfang der Beschreibungen bei den ersten beiden Erzählungen in späteren Auflagen abnehmen, bleibt ihr Anteil an der Gesamtzahl der Seiten noch beträchtlich. Bei Lk 2, 41-52 machen der Grundriß und die Beschreibung der Rekonstruktion des Tempels in der 8. Auflage fast 75 % der gesamten Ausführungen aus[58]. Für den Benützer des Handbuches sollen diese Realien eine zusätzliche Gewähr für die in der Hl. Schrift niedergelegten historischen Tatsachen bieten, indem sie zuverlässig die Orte des Geschehens bezeu-

---

58) Sowohl Holzammer (1881) als auch Schäfer (1908) unternahmen Orientreisen, die sich in einem verbesserten Bildmaterial und genaueren Beschreibungen im Handbuch niederschlugen. (Nach dem Vorwort von [8]1925/1926).

gen [59]. Neben der Orientierung an der kath. Bibelwissenschaft ist die verbürgte Tatsächlichkeit des Berichteten mit Hilfe der Topographie und der Beschreibung von Gebäuden des Hl. Landes ein weiteres Charakteristikum des Kommentars [60].

2.2.1 Die Kindheitsgeschichten

Der zweite Band des Handbuches umfaßt die Erklärungen zum Neuen Testament. In der Einleitung werden die vier Evangelisten kurz charakterisiert [61]. Es folgt der erste größere Abschnitt: Geburt und Jugendgeschichte Jesu [62]. Jede der zwölf Erzählungen enthält eine Vielzahl von Anmerkungen zum eigentlichen Bibeltext, Bilder zur Geographie, Topographie und Geschichte des Hl. Landes, vor allem zu den Kultstätten, sowie Exkurse zu geschichtlichen Ereignissen. Ab der sechsten Auflage setzt sich das Handbuch mit der "übernatürlichen Geburt des Heilandes aus der seligsten Jungfrau Maria" auseinander. An-

---

59) Beispiele: In der Verkündigungskirche steht eine Säule, die den Standort des Engels andeuten soll (^{1}1864, 11); man zeigt die Werkstätte des hl. Josef (ebd.); der Brunnen, aus dem Maria Wasser zu schöpfen pflegte (ebd., 12); hier soll das Haus der hl. Jungfrau gestanden haben (ebd., 10); den Ort, wo die Hirten der Engelserscheinung gewürdigt wurden, zeigt man noch heute (ebd., 30); zur Grotte: "Ueber die Aechtheit der Grotte kann kein Zweifel bestehen. Mit der größten Bestimmtheit bezeichnen die ältesten Väter eine 'Höhle' bei Bethlehem als Ort der Geburt des Herrn." (Holzammer, ^{3}1878, 37 Anm. 1).

60) Nach Dreher, Die Bibl. Unterweisung, 42, dominiert im Schuster-Handbuch die moralisch-erbauliche Auslegung. Für unsere Texte trifft dies nicht zu. Die Schwerpunkte, die Schuster in seinem Handbuch setzte, finden ihre theoretische Begründung bei A.K.Ohler, Lehrbuch der Erziehung und des Unterrichts, Mainz 1861, 296f. (Vgl. Dreher, Biblische Unterweisung, 45).

61) Schuster, Handbuch ^{1}1864, Einleitung 1-5; die späteren Auflagen bringen neben einer ausführlicheren Besprechung der Evangelien noch zahlreiche Einleitungsfragen zum Neuen Testament (Übersetzungen, Synoptische Frage, Glaubwürdigkeit der Evangelien, Wunderfrage usw.). Siehe auch Anm. 56.

62) Schuster, Handbuch ^{1}1864, 5; ^{3}1878, 12: "Ankunft und verborgenes Leben Jesu"; so auch die übrigen Auflagen.

laß dazu war die vielfältige Literatur der liberal-protestantischen Bibelkritik zu diesem Thema und ihre von der kath. Lehre abweichenden Ergebnisse. Von der Zielsetzung her "populärwissenschaftliche Verteidigung der Hl. Schrift" zu sein, mußte das Handbuch zu diesem Thema Stellung nehmen.

2.2.1.1 Die Geburt Jesu aus Maria der Jungfrau

Die Einleitung zu Lk 1, 26-38 ist der erste Versuch in einem katechetischen Kommentar, nicht nur die traditionell-kirchliche Lehre zur Geburt Jesu aus der Jungfrau wiederzugeben, sondern sie auch gegen ihre Bestreitung zu verteidigen[63]. Dabei werden die abweichenden Auffassungen referiert und durch Gegenargumente zu entkräften versucht. Die Einleitung zeigt einmal den Stand der Auseinandersetzung, zum anderen das, was ein "gebildeter Katholik" zu diesem Thema wissen soll.

Die Einwände gegen die Geburt Jesu aus der Jungfrau lassen sich in zwei Gruppen gliedern[64]. Eine erste Gruppe befaßt sich mit literarkritischen und textkritischen Fragen.
1) Lk 1, 34. 35 und das Wort "Jungfrau" in Lk 1, 27 sollen Zusätze sein. Die ursprüngliche Erzählung weiß von einer Jungfrauengeburt nichts.
2) Nach dem Codex Syrus Sinaiticus ist Mt 1, 16 so wiedergegeben: "Joseph, dem verlobt war Maria die Jungfrau, zeugte Jesus, der der Messias genannt wird." Auch nach diesem Codex ist die Jungfrauengeburt textlich nicht gesichert.
Eine zweite Gruppe von Einwänden versucht die Jungfrauengeburt als "Mythe" oder "Sage" zu erklären. Sie sei entweder heidnischer Herkunft (Usener), judenchristlicher Herkunft (Harnack, Lobstein) oder über heidnische Vorstellungen ins Judentum und von dort ins Christentum eingedrungen (Gunkel).
Diesen Erklärungsversuchen werden Einwände, Gegenbehauptungen, die Auffassungen anderer Gelehrter (v. a. evangelischer Theologen) entgegengesetzt. Schließlich wird der Grund aller Angriffe auf dieses Dogma genannt: "Diese Aufstellungen wurzeln in den prinzipiellen Voraussetzungen moderner Theologie... die Scheu und Flucht vor allem Übernatürlichen bedingt zum voraus die Ablehnung eines jeden

---

63) I. Schuster hat die Infragestellung der kirchlichen Lehre noch nicht in seinem Werk diskutiert.

64) Schuster, Handbuch ^{8}1926, 82-84. (Selbst, Kalt und Schäfer).

Wunderberichtes"[65].
Zum Schluß wird auf weiterführende Literatur zu diesem Thema verwiesen[66]. Die ganze Auseinandersetzung ist apologetisch geführt[67]. Der Bestreitung der Historizität der Berichte wird die Behauptung ebendieser Historizität entgegengesetzt und mit fundamentaltheologischer Argumentationskunst untermauert. Der Leser soll, in der traditionellen Lehre gestärkt, mit Gründen gegen die Auffassungen der "modernen Theologie" versehen, sich nun der Einzelauslegung zuwenden. Bemerkenswert bleibt, daß der Katechet über den Stand der Diskussion zu diesem Thema informiert wird. Das geschieht in den katechetischen Kommentaren lange Zeit nicht mehr[68].

2.2.1.2 Die Auslegung der Verkündigungserzählung

Wie schon angedeutet, ist die Auslegung des Handbuches geprägt von geographischen, topographischen und geschichtlichen Ausführungen, die einen guten Teil der gesamten Interpretation ausmachen. Sie sollen dem Leser ein anschauliches Bild vom Schauplatz der Geschehnisse vermitteln, eine Konkretisierung des in der Bibel Berichteten mit Hilfe von Realien[69]. Im Zusammenhang der Verkündigungserzählung bietet der Kommentar dem Leser zwei Bilder von Nazareth, drei Bilder von der Verkündigungskirche, ein Bild vom Brunnen Mariens sowie zwei Bilder

---

65) Ebd., 84. Zitiert wird O. Bardenhewer, Mariä Verkündigung. Ein Kommentar zu Lk 1,26-38, in den B St X,5 (Freiburg 1905), 5. Ein Vergleich mit diesem Buch zeigt, daß die Abhandlung im Handbuch die Einleitung Bardenhewers zusammenfaßt: Der Bericht im Schatten moderner Theologie (4-26) und: der Bericht im Lichte literarhistorischer Kritik (26-35). Die Einzelexegese Bardenhewers findet im Kommentar jedoch keine Verwendung.

66) Die Literaturangaben zeigen die lebhafte Auseinandersetzung mit diesem Thema.

67) Hier hat Dreher recht, wenn er das Handbuch als ein apologetisches Werk bezeichnet (Biblische Unterweisung, 40). Aber die apologetische Methode findet sich vor allem in den Einleitungen und ist kein durchgehender Zug im Werk selbst (soweit dies unsere Texte betrifft).

68) Die Auslegung wird im allgemeinen der ersten Auflage entnommen. Die weiteren Auflagen sind mit verglichen worden.

69) Bevorzugt werden Heiligtümer beschrieben (Kirchen, Tempel). Legendäre Züge gehen dabei mit in die Beschreibung ein.

von der Kirche St. Anna[70].
Die eigentliche Auslegung von Lk 1, 26-38 hat ihre Schwerpunkte in den Aussagen über Maria und Jesus.

Aussagen über Maria
1) Nach der Ausdeutung ihres Namens[71] werden ihre Eltern - Joachim und Anna - eingeführt. Joachim stammte aus der königlichen Familie Davids, Anna aus der priesterlichen Familie Aarons, nach "alter christlicher Überlieferung"[72] und nach "uralter Überlieferung"[73]. Wohltätigkeit und Frömmigkeit waren die herausragenden Tugenden beider. Nach langer Unfruchtbarkeit Annas erflehten sie ein Kind. Im Alter von drei Jahren wurde dieses (Maria) zum Dienst Gottes im Tempel geopfert, dort erzogen und unterrichtet. Sie führte "ein engelreines, ganz heiliges Leben im Gebet, frommer Lesung und Betrachtung"[74].
Die Tendenz dieser Ausführungen ist deutlich: noch mehr zu konkretisieren, noch mehr in Erfahrung zu bringen - hier mit Hilfe von Apokryphen - als der Evangelientext selbst an vermeintlichen historischen Details hergibt. Dahinter steht Schusters Interesse, den tatsächlich historischen Ablauf zu bieten und zu sichern.
2) Neben apokryphen Nachrichten über Maria und ihre Eltern stehen Ausdeutungen, die aus der Tradition der Kirchenväter stammen. Hierher gehört z.B. die Annahme, daß sie als erste unter den Menschen

---

70) Handbuch ^{1}1864. In der ersten Auflage sind die Bilder und die dazugehörigen Beschreibungen unter den Text gedruckt, so daß sie diesen förmlich überwuchern. In den späteren Auflagen sind die Erklärungen zum Text von den Bildern und Beschreibungen getrennt.

71) Die Ausdeutung des Namens erfolgt nach den Vätern. Sie nimmt in den späteren Auflagen an Umfang zu. Dazu wird Literatur angegeben. (V.a. Handbuch ^{6}1906 Selbst und Schäfer).

72) Schuster, Handbuch ^{1}1864, 12.

73) Ebd., 13; Handbuch ^{3}1878, 20 "mannigfaltige uralte Überlieferungen".

74) Schuster, Handbuch ^{8}1926, 91: "Über die Eltern und die erste Jugendzeit der allerseligsten Jungfrau" (Exkurs seit der 3. Auflage). Während frühere Auflagen die Informationen über die Eltern und die Jugend Marias gleichwertig neben andere Texte stellen, macht Schäfer in der 8. Auflage auf die fragwürdige Historizität aufmerksam. "Irgend welche historische Gewähr kommt seinen Erzählungen (des Protev. des Jakobus. Anm.d.Verf.) nicht zu." (Ebd., 91).

"vom Heiligen Geiste dazu angetrieben, nach den Andeutungen der Heiligen Schrift, das Gelübde beständiger Jungfräulichkeit machte".[75] [76]
3) Als Erbtochter wurde sie mit einem Manne namens Josef vermählt.
Maria stammte wie Josef aus dem Stamme Davids[77]. Zur Begründung dieser Behauptung werden Verse aus Lukas herangezogen (z.B. Lk 1,27.32). Weiter verweist Schuster auf die Tatsache, daß Maria mit nach Bethlehem ging, indirekte Hinweise anderer Schriftstellen sowie Väterstellen folgen. In der 8. Auflage wurde nach Schäfer die Herkunft "aus dem Hause Davids" (Lk 1,27) von der Jungfrau ausgesagt. "Hier also ist direkt bezeugt, daß Maria aus dem Hause Davids war."[78]
4) Maria war schon vor ihrer Geburt mit Gnaden erfüllt, die sie durch eifrige Benützung noch vermehrte. Insbesondere ihre Demut wurde offenbar, als sie zur Botschaft des Engels ihr Jawort gab.

---

75) Schuster, Handbuch ^{8}1926, 91. In allen Auflagen wird die Auffassung vertreten, daß Maria stete Jungfräulichkeit gelobt habe. Z.B. Handbuch ^{1}1864, 15: "...da ich den Entschluß gefaßt oder nach der begründeten Auslegung der hl. Väter Gott förmlich gelobt habe, stets Jungfrau zu bleiben...". Vgl. auch die Biblische Geschichte Schusters von 1881, die das Gelübde der Jungfräulichkeit in den biblischen Text aufgenommen hat.

76) Schuster, Handbuch ^{1}1864, 14. Die genannten Gründe, weshalb sich Maria mit Josef vermählte, obwohl sie doch das Gelübde der Jungfräulichkeit abgelegt hatte, stammen ebenfalls von den Kirchenvätern.

77) Ebd., 13; ^{8}1926, 84f. Die davidische Abstammung Marias findet sich bei zahlreichen Kirchenvätern. (Vgl. dazu: Schaefer, Die Gottesmutter in der Hl. Schrift, Münster ^{2}1900, 88 Anm. 1). Vgl. Bardenhewer, Mariä Verkündigung, 74. Auch die beiden Geschlechtsregister werden zum Beweis der Davidsabkunft Marias bemüht, in den einzelnen Auflagen mit wechselnden Begründungen. Die davidische Abstammung Marias wird in den Biblischen Geschichten Marias weitertradiert. Sie legt sich von der Vorstellung der leiblichen Abkunft Jesu her nahe, weil Josef "nur" der Pflegevater war. Heutige Auffassung bei Schürmann, Lukaskommentar I, 42. Die Abstammung war danach - nach damaliger jüdischer Auffassung - nur vom Vater her begründbar.

78) Schuster, Handbuch ^{8}1926, 84f.

Aussagen über Jesus
Der zweite Schwerpunkt der Verkündigungserzählung liegt bei den Angaben über Jesus. Angesprochen werden seine Abkunft von David, die Bedeutung seines Namens und sein Gott-Mensch-Sein.
Jesus ist ein Abkömmling Davids und zwar mütterlicherseits und von seiten seines Pflegevaters[79].
Der Name, der ihm gegeben wird, deutet auf seine Berufung hin. Schon im Alten Testament hatten ihn Rettergestalten inne, doch den vollen Sinn des Namens schöpft Jesus aus, denn er hat "die ganze Welt für alle Jahrhunderte und Jahrtausende von Anfange bis zum Ende der Welt von den geistigen und ewigen Uebeln erlöst und ihr vollen Frieden und ewige Seligkeit gebracht."[80] An dieser Erklärung zeigt sich beispielhaft der Einfluß der Lehrsätze aus der dogmatischen Systematik (hier der Erlösungslehre). Der weitere Verlauf der biblischen Erzählung wird zur Erklärung der Bedeutung Jesu nicht herangezogen (V 32f). Ähnlich werden viele Verse durch Lehrsätze erläutert. Ihre Formulierungen finden sich oft in Katechismen[81].
Jesus, der Retter und Heiland, ist Sohn Gottes, nicht im bildlichen, sondern im eigentlichen Sinne. Er ist der wesensgleiche Sohn Gottes, wie schon in den Weissagungen des AT angekündigt (Ps 2,7; 44,7.8.12; 109,3). Die Ausdrücke "Sohn des Allerhöchsten" und "Seines Reiches wird kein Ende sein" weisen in der Erzählung selbst auf den Sohn Gottes hin, am ausdrücklichsten geschieht das in Lk 1,35 mit der Ankündigung der Empfängnis aus "dem Hl. Geiste" und durch die "Kraft des Allerhöchsten."[82]
Die Antwort Marias auf die Botschaft des Engels ist der Augenblick der Menschwerdung. "Gottes Sohn verband diese zwei Bestandteile

---

79) Siehe Anm. 77. Ab der 3. Auflage wird die Abstammung aus priesterlichem Geschlecht hinzugefügt: "So war es dem himmlischen Geheimniß geziemend und entsprechend, daß Christus, der ewige König und hohe Priester, aus königlichem und priesterlichem Geschlechte abstammte." Handbuch [3] 1878, 20. Die 8. Auflage erwähnt die Abstammung aus priesterlichem Geschlecht nicht mehr. Bardenhewer, (Mariä Verkündigung, 79), findet in der Schrift keinen Hinweis auf priesterliche Herkunft Marias.

80) Schuster, Handbuch, [1] 1864, 15.

81) Z.B. im Kath. Katechismus für die Elementarschulen von J. Deharbe, Ausgabe Freiburg 1866, 2. Glaubensartikel, Frage 1, S. 17.

82) Schuster, Handbuch, 15; ab der 3. Auflage: Ist Jesus der Sohn Gottes, so Maria die Mutter Gottes, Handbuch [3] 1878, 17, u.ö..

(Leib und Seele Anm.d.Verf.) der menschlichen Natur und war so vollkommener Gott und vollkommener Mensch."[83]
Ohne Beziehung zur Sendung Jesu wird bei Vers 35 auf die metaphysische Gottessohnschaft verwiesen. In katechismusähnlichen Formulierungen ist das Geheimnis seiner Person, sein Wesen "an sich" erklärt. Die Bedeutung und Tragweite dieser Erklärung kommt für den Leser nicht mehr in den Blick. Die Aufgabe Jesu und sein Personegeheimnis sind getrennt, wie die Soteriologie von der Christologie i.e. Sinne in der Dogmatik (und im Katechismus). Wichtig für den Kommentar ist die Feststellung, daß Jesus der Sohn Gottes ist, im Sinne des Katechismuslehrsatzes. Heilsgeschichtliche Hinweise, wie wir sie bei Overberg, Hirscher und andeutungsweise bei Schmid finden, fehlen. In den exakten Formulierungen könnte sich die Auffassung von der Dienstfunktion der Bibel gegenüber dem Katechismus widerspiegeln[84].

2.2.1.3 Die Geburt Jesu

Die Geburtserzählung ist wie die Verkündigungserzählung beherrscht von geographischen und geschichtlichen Angaben[85]. Das Problem des Zensus wird in späteren Auflagen immer ausführlicher behandelt[86].

Die Geburt Jesu selbst wird in den Anmerkungen nicht weiter hervorgehoben. Dafür gibt es ausführliche Erklärungen zur Grotte, zu Bethlehem, zur Geburtskirche und zur Volkszählung.

---

83) Schuster, Handbuch, ^{1}1864, 15. In der 8.Auflage wird noch die Auffassung der syrischen, griechischen und lateinischen Kirche erwähnt, daß die Jungfrau den Sohn Gottes durch das Ohr empfangen habe. Diese Lehre ist seit dem 4. Jhd. nachweisbar. Sie will besagen, daß Maria Jesus empfangen habe, "durch das gläubige Anhören der Botschaft des Engels und durch das gläubige Eingehen auf Gottes Absichten". (Handbuch, ^{8}1926, 87).

84) Vgl. Schuster, Vorrede zur Biblischen Geschichte, zit. bei Kreutzwald, Geschichte, 150.

85) Schuster, Handbuch, ^{1}1864, 20-31. Die zehn Bilder teilen sich folgendermaßen auf (nach der 1.Auflage): 1 Bibelbild, 2 Bilder von Bethlehem, 5 Bilder von der Geburtskirche (einschließlich Grundriß und Querschnitt), 1 Bild von der Milchgrotte, ein Bild vom Tal der Hirten. Auffallend ist eine detaillierte Beschreibung der Geburtskirche mit sämtlichen Nebengebäuden.

86) Schuster, Handbuch, ^{1}1864, ca.1/2 S. (20); ^{8}1926, ca. 2 S.(108f). Auch die Festlegung des Geburtsjahres wird in späteren Jahren abgehandelt (^{8}1926, 105-108).

In der Verkündigung an die Hirten folgen längere Ausführungen über das "Zeichen" und über den "Frieden". Allen Menschen guten Willens ist Gottes Gnade wieder erworben worden. Diese Gnade treu benützend, gelangt man zum Frieden mit Gott, mit sich selbst, mit dem Nächsten[87]. Der Friede im römischen Imperium zur Zeit der Geburt Jesu war ein Widerschein dieses Friedens[88]. Es fällt auf, daß im Kommentar nur der Preisgesang der Engel interpretiert wird, während die Botschaft von der Geburt des Heilandes, des Christus und Herrn unbeachtet bleibt. Kommt bei der Feststellung des Wesens Jesu die Dogmatik zu Hilfe, so ist bei Lk 2,14 die moraltheologische Komponente unübersehbar, die in diesem Vers die Aufforderung sieht, durch Glaube und Halten der Gebote guten Willen zu zeigen, dadurch den verheißenen Frieden zu erlangen.

2.2.1.4 Der zwölfjährige Jesus im Tempel

Ist die Geburterzählung beherrscht von der Beschreibung der Geburtskirche[89], so ist es die Perikope vom zwölfjährigen Jesus von der ausführlichen Beschreibung des Tempels[90]. Es entsteht der Eindruck,

---

87) Schuster, Handbuch, ^{1}1864, 28. In der 3.Auflage wird dieser dreifache Friede konkretisiert: der Friede mit Gott durch die Erlösungsgnade - der Friede im eigenen Herzen durch den Sieg über die Leidenschaften - der Friede mit den Menschen in Folge der Vereinigung der Herzen mit Gott. In der 6.Auflage wird die Übersetzung des griechischen Textes in der Anmerkung wiedergegeben: "Friede den Menschen des Wohlgefallens." Er gilt jenen, die sich dem Messiaskönig gläubig anschließen. In der 8.Auflage ist diese Version bereits in den Bibeltext aufgenommen. Der Satz bedeutet Friede den Menschen, auf denen das göttliche Wohlgefallen ruht. Der einzelne muß sich dies durch den willigen und gläubigen Anschluß zu eigen machen. (^{8}1926, 104).

88) Schuster, Handbuch, ^{1}1864, 28f. Die Kriegsruhe war jedoch nur vorübergehend "weil so Viele bösen Willens, die in Christo dargebotene Friedensgnade von sich stießen." (29). Die Waffenruhe ist ein Widerschein des Friedens, den Christus gebracht hat. Vgl. auch ^{6}1906, 75; ^{3}1878, 34.

89) Vor allem in den ersten Auflagen. In den späteren Auflagen nehmen die Ausführungen über den Census und das Geburtsjahr des Herrn einen ebenso großen Raum ein.

90) Diesen Eindruck gewinnt man vor allem, wenn man die erste Auflage zur Hand nimmt. In späteren Auflagen werden die Ausführungen zu den Gebäuden in einem eigenen Abschnitt - getrennt von den Anmerkungen - angeführt.

als ob die ganze Erzählung für Schuster nur Anlaß dazu ist, bis ins einzelne Anlage und Bau des Tempels darzulegen. Abgesehen vom Exkurs über den Tempel gibt es in der Auslegung - wie bei Lk 1,26-38 wieder zwei Schwerpunkte: die Aussagen über Maria (bzw. über Maria und Josef) und über Jesus.

Jesus
1) Jesus besaß göttliche Allwissenheit, seinem Geist waren Jerusalem und der Tempel nichts Neues, nur die Sinne waren von der großen Stadt und dem herrlichen Tempel überrascht[91]. Sein Verstand und Betragen waren nicht nach den Kindern seines Alters zu bemessen[92]. Sein Verhalten im Tempel wird folgendermaßen geschildert: Er hatte "einen Kreis von lauter Gesetzgelehrten um Sich gesammelt und benahm Sich mit ihnen über wichtige und schwere Fragen des Gesetzes, bei aller kindlichen Demuth und Bescheidenheit, die Ihn nach der Weise von Lernbegierigen Fragen stellen ließ, doch zugleich als ebenbürtig, ja als vollendeter Meister."[93] Der Zweck des Zurückbleibens im Tempel war die Offenbarung der göttlichen Abkunft, die sich in seiner Antwort kundtat. Sie zeigt, daß "schon am Anfang seines Lebens das Bewußtsein vom göttlichen Charakter seiner Persönlichkeit bei ihm feststand."[94] Ist Jesus wesensgleicher Sohn Gottes, ist eine eigentliche Zunahme seiner Erkenntnis und seiner Heiligkeit nicht möglich. Die in Lk 2,52 bezeugte Zunahme seiner Weisheit kann nur so verstanden werden, daß er diese immer mehr zu erkennen gab[95].

2) Seinem göttlichen Wesen entsprach sein vorbildliches Verhalten. Der Vorwurf, er habe den kindlichen Gehorsam nicht beachtet, ließe außer acht, daß er der wahre Sohn Gottes war[96]. Jesus besaß eine kindliche Demut und Bescheidenheit und war lernbegierig. Seiner Mutter antwortete er im Tempel freundlich und sanft, nicht vorwurfsvoll[97].

---

91) Schuster, Handbuch, ^{1}1864, 53.

92) Ebd., 56.

93) Ebd..

94) Schuster, Handbuch, ^{1}1864, 58f; ^{8}1926, 129.

95) Dass., ^{1}1864, 59; ^{3}1878, 57f (mit Verweis auf s th III qu 17 a 12). ^{6}1906, 102f: Er konnte nur auf einem neuen Wege das erkennen, was er zuvor schon vermöge der Anschauung Gottes viel besser und vollkommener wußte. Vgl. ^{8}1926, 126f.

96) Dass., ^{3}1878, 60; ^{6}1906, 105f; ^{8}1926, 128.

97) Dass., ^{1}1864, 56f; vgl. auch BG - Schuster von 1881 und Kurze BG - Schuster 1866.

Nicht genug bedacht werden kann seine Untertänigkeit den Eltern gegenüber. Der vollkommene kindliche Gehorsam nämlich schließt die Fülle aller gottseligen Tugenden in sich. Dieser Gehorsam erstreckte sich bei ihm auf die niedrigsten Dienstleistungen[98]. An der Auslegung ist sehr gut das schon in Lk 1,26-38 beobachtete Grundanliegen zu sehen, die Göttlichkeit des Kindes herauszustellen. Ausgehend von der klassischen Zweinaturenlehre, verbunden mit einem statischen Personverständnis, wird z.B. bei der Erklärung von Lk 2,52 die menschliche Natur vernachlässigt bzw. lediglich als Durchgangsstadium zur Offenbarung der göttlichen Weisheit gesehen. Jesus als Mensch, der sein Menschsein in geschichtlicher Erstreckung wie alle Menschen lebt, kommt nicht in den Blick. Über dem Interesse an der Gottheit Jesu wird sein Sohnsein, seine Hörigkeit Gott gegenüber, die sich im Zurückbleiben im Tempel erstmals zeigt, übersehen. In ähnlicher Weise wird Lk 2,41ff noch lange in der Bibelkatechese ausgelegt werden.

Maria
Die bereits in der Verkündigungserzählung angeklungene Vorbildhaftigkeit Marias wird weitergeführt. Sie ist eine fromme Frau, die sich freiwillig dem Pilgerzuge anschließt[99]. Wie von Jesus jeder scheinbare Ungehorsam ferngehalten wird, so von Maria die scheinbar mangelnde Sorge um ihren Sohn. Denn Maria und Josef wußten, daß Jesus der wahre Sohn Gottes war, darüber bestand "die vollkommenste Gewißheit". Eine ängstliche Überwachung war deshalb nicht angebracht[100]. Aufgrund dieser "vollkommensten Gewißheit" wunderten sie sich auch nicht über die Weisheit Jesu[101]. Marias Frage an Jesus ist kein Vor-

---

98) Dass., ^{1}1864, 58; hingewiesen wird auf Jes 53,2.
^{3}1878, 62: "So wollte er auch den Stand der Arbeiter adeln und insbesondere uns das innerliche Leben lehren und uns begreiflich machen, daß nicht die Größe der Werke, sondern die Größe der Liebe Gottes in unseren Werken für Gott entscheidend sei. So wollte er uns lehren, ein in Gott verborgenes Leben in Dienst und Gehorsam zu schätzen und zu lieben." (Kol 3,3). Ebenso ^{6}1906, 107; ^{8}1926, 130.

99) Dass., ^{1}1864, 52; ^{3}1878, 60; ^{6}1906, 105; ^{8}1926, 128.
Vgl. Schürmann, Lukaskommentar I, 134, Anm.255.

100) Dass., ^{3}1878, 60; ^{6}1906, 105f; ^{8}1926, 128.

101) Dass., ^{3}1878, 61; ^{6}1906, 106; ^{8}1926, 129.

wurf, sondern der Ausdruck der "mütterlichen Bekümmerniß."[102]
Einige Schwierigkeiten bereitet bei dem klaren Wissen der Eltern
Jesu das Nichtverstehen seiner Worte, wie es in Lk 2,50 zum Ausdruck kommt. Die Erklärung des Verses ist in der ersten Auflage
weggelassen, in den späteren Auflagen wird er so ausgelegt, daß die
Eltern den tiefen und vollständigen Sinn der Worte Jesu nicht
verstanden haben[103]. Ebenso hinzugefügt ist in den weiteren Auflagen
die Erklärung zu Lk 2,51b. Wie Lk 2,19 könnte dieser Vers ein Hinweis für die Quelle des Lukas sein[104].
Die Übersicht über die Aussagen, die sich auf Maria beziehen, zeigt
dieselbe Tendenz, die wir schon bei den Jesusaussagen festgestellt
haben. Die Überhöhung der Person Marias von einer entfalteten Mariologie her führt zu Überlegungen, die von der eigentlichen Absicht
des Textes mehr wegführen, als daß sie für sein Verständnis hilfreich sind. Verse, die sich dem Hoheitsbild über Maria entgegenstellen, werden entweder ausgelassen (Lk 2,50) oder so ausgelegt, daß
sie in den vorgegebenen Rahmen passen (Lk 2,48).

2.2.2 Zusammenfassung

Eine zusammenfassende Charakteristik des Schusterschen Handbuches
geht am besten von seinem bereits eingangs erwähnten Ziel aus, die
Wahrheiten der biblischen Tatsachen gegenüber der Pseudowissenschaft
zu verteidigen[105]. Die Wahrheit der biblischen Tatsachen in Form der
traditionellen kirchlichen Lehre untermauern Schuster und die Bearbeiter der folgenden Auflagen mit Hilfe geographischer Beschreibungen, historischer Exkurse, auch durch die Aufnahme apokrypher Literatur. Sie sind zugleich die inhaltlich neuen Themen zur Auslegung
der Kindheitsgeschichte gegenüber der vorhergehenden Epoche.

---

102) Dass., ^{3}1878, 61; ^{6}1906, 106; ^{8}1926, 129.

103) Dass., ^{3}1878, 61; ^{6}1906, 107; ^{8}1926, 129.

104) Ab der 3.Auflage. In der Einleitung zur 8.Auflage schreibt Schäfer: "Für die Kindheitsgeschichte Jesu insbesondere (Kap 1 und 2) hat ihm ohne Zweifel eine aramäisch geschriebene Quelle vorgelegen, die in den Erzählungen der Gottesmutter ihren Ursprung hatte; denn durch 2,19 und 51, wohl auch durch 1,66 ist Maria deutlich genug als 'Trägerin der Traditionen' für diese Geschichte bezeichnet." (^{8}1926, 27).

105) Schuster, Handbuch, ^{1}1862, Ankündigung. Die Absichten der einzelnen Auflagen sind zusammengestellt in der 8.Auflage des Handbuches (1925), VI - VIII.

Die geographischen Beschreibungen
Diese nehmen - wie bereits ausgeführt - den größten Teil der Erklärungen ein. Hier soll nur noch einmal festgehalten werden, daß die Bilder und die Beschreibungen die Tatsächlichkeit des Geschehenen verdeutlichen sollen. Dabei wird das verwendete Material nicht kritisch gesichtet, unterschiedslos werden Kirchenbeschreibungen neben Örtlichkeiten gestellt, die aus frommer Überlieferung biblische Stätten sein sollen[106]. Eine Orientreise des Bearbeiters der 3. Auflage (Holzammer) ist Anlaß für eine noch sorgfältigere Ausgestaltung[107].

Während die 1. Auflage die geographischen Erklärungen noch direkt in die Anmerkungen eingebaut hat, fügen die späteren Auflagen die Erklärungen in Exkursen an. Damit ist die Gefahr der Überfrachtung der Auslegung im engeren Sinn wenigstens zum Teil gebannt. Fragwürdig ist, aufs Ganze gesehen, der Wert des vorgelegten Materials für die Erschließung des Textverständnisses. Wenn auch heute dieses Material vollkommen ausgetauscht ist, so ist ein gut ausgewähltes Bild- und Kartenmaterial fester Bestandteil der Bibeln für die Hand der Schüler und für die Vorbereitung des Lehrers geworden[108]. Die Biblische Umwelt als eine Voraussetzung zum Verständnis des Textes ist mit Schuster in die katechetische Vorbereitungsliteratur gekommen.

Die historischen Exkurse
Eine zweite Gruppe von Anmerkungen bezieht sich auf die historischen Angaben in unserem Text. Auch sie sollen wie die vorhergehenden Anmerkungen die Faktizität des in der Bibel Berichteten untermauern. Interesse finden vor allem der Zensus unter Kaiser Augustus sowie das Geburtsjahr Jesu. Ausführlicher befassen sich damit die Auflagen des Handbuches ab 1906[109]. Die Diskussion der Fragen zum Zensus

---

106) Siehe Anm. 59.

107) Siehe Anm. 58; Schuster, Handbuch, [4]1886, Vorwort X: "Auch konnten wir die Schilderung der heiligen Orte jetzt genauer und viel anschaulicher geben, da es uns im Jahre 1881 vergönnt war, die Haupt-Örtlichkeiten in Ägypten, dem Heiligen Lande und Kleinostasien auf einer längeren Reise zu besuchen."

108) Vgl. z. B. neuerdings die Neue Schulbibel mit einem gesonderten Band mit Dia-Bild-Material (Köln-Hamburg-Freiburg u. a. 1973).

109) "Nächst der Exegese und biblischen Theologie mußte dabei der Geschichtswissenschaft und Altertumskunde, nicht mehr der Naturwissenschaft der Hauptanteil zufallen." Aus dem Vorwort zur 6. Auflage, 1906, zitiert in Schuster, Handbuch, [8]1925, VIII. In eben dieser Auflage umfaßt die Einleitung zum Thema Bibel und Naturwissenschaft ca. 3 1/2 Seiten, zum Thema Bibel und Geschichtswissenschaft 32 Seiten (21-53).

soll einmal mehr die historische Glaubwürdigkeit der betreffenden Lukasstelle untermauern[110].

Die apokryphen Zusätze
Die Auslegung des Handbuchs ist weiterhin bestimmt von der (erstmaligen) Hereinnahme apokrypher Überlieferung. Die erste Auflage spricht von "alter christlicher Überlieferung" und "uralter Überlieferung"[111]. Diese Prädikate werten zugleich das Material. Auch die Liturgie (die griechische wie die lateinische) verbürgt dessen Zuverlässigkeit[112]. Wie die von frommer Überlieferung in Zusammenhang mit der Kindheitsgeschichte gebrachten Örtlichkeiten sollen auch die apokryphen Zusätze, neben Konkretheit und Anschaulichkeit, zusätzliche geschichtliche Zuverlässigkeit bieten. Daß sie eher den Zugang zu der Botschaft der Texte verstellen, wird noch nicht gesehen. Verwunderlich ist, daß gerade in einem bibelwissenschaftlich bestimmten Kommentar apokryphes Material unkritisch verwendet wird. Erst in der 8. Auflage geschieht eine kritische Sichtung ansatzweise[113]. In der Bibelkatechese sind apokryphe Erzählungen auch in der nächsten Epoche noch ein willkommener Stoff für die anschauliche Darbietung[114].

Die Auslegung der einzelnen Verse
Neben den ausführlichen Exkursen erfolgt die Auslegung in Anmerkungen zu den einzelnen Versen. Sie geschieht unter der Berücksichtigung dogmatisch feststehender Lehren, vor allem aus dem Bereich der Mariologie, Soteriologie und Christologie, teilweise ist sie in apologetischer Form in Auseinandersetzung mit der liberalen Bibelkritik gehalten, gemäß dem Anliegen des Handbuches. Die Erklärung geschieht sodann unter bevorzugter Verwendung der Lehre der Kirchen-

---

110) "Die Geburt Christi erfolgte also nicht unter Quirinius sondern unter Quinktilius Varus. Allein der Evangelist sagt auch nicht: Christus sei unter Quirinius geboren, sondern nur, er sei geboren zur Zeit einer Schätzung, die (teilweise nämlich abschließend) von Quirinius geführt wurde." Schuster, Handbuch, ^{8}1926, 110. (Schäfer bezieht sich auf A. Mayer, Die Schätzung bei Christi Geburt in ihrer Beziehung zu Quirinius, Innsbruck 1908).

111) Schuster, Handbuch, ^{1}1864, 12 u. 13.

112) Ebd., 12.

113) Ebd., ^{8}1926, 91: "Irgendwelche historische Gewähr" kommt den Erzählungen nicht zu.

114) Vergleiche die Erzählung zur Zeit der Methodenbewegung.

väter, wie ein Vergleich mit dem Kommentar von Cornelius a Lapide[115] zeigt.
Für die Bibelkatechese ist das Schustersche Handbuch ein Beispiel, wie die exegetische Wissenschaft (hier in der populärwissenschaftlichen Form) zu einer Voraussetzung des biblischen Unterrichts gemacht wird. Neben der moralisch und heilsgeschichtlich geprägten Auslegung bietet Schuster zum ersten Mal und für längere Zeit auch zum einzigen Mal exegetisches Fachwissen als Vorbereitung für den Bibelunterricht. Eine für den Unterricht brauchbare Auswahl der Informationen und ihre methodische Aufbereitung bleiben unberücksichtigt. Das Handbuch entwickelt sich nach der 8.Auflage weiter zu einem Werkbuch der Bibel[116]. Die katechetische Vorbereitungsliteratur zum Bibelunterricht führt aber für lange Zeit den Schusterschen Ansatz nicht weiter, sondern wendet sich mehr methodischen Fragen zu.
Eine für die Hand des Katecheten unmittelbar zu verwendendes Präparationsbuch ist der Kommentar von Knecht, der für Jahrzehnte das Terrain des Bibelunterrichts beherrscht.

2.3. Justus Knecht: Praktischer Kommentar zur Biblischen Geschichte[117] (1881)

Wie Schuster selbst hat auch Knecht[118] für die Schustersche Biblische Geschichte[119] ein Handbuch verfaßt. Während Schusters Handbuch für einen größeren Adressatenkreis gedacht war und ab der zweiten Auf-

---

115) Cornelius a Lapide, Commentaria in Quatuor Evangelia III, Antwerpen 1670.

116) Edmund Kalt, Werkbuch zur Bibel, Bd.1: Das Alte Testament, Freiburg 1941.

117) Praktischer Kommentar zur Biblischen Geschichte mit einer Anweisung zur Erteilung des biblischen Geschichtsunterrichts und einer Konkordanz der Biblischen Geschichte und des Katechismus. Im Anschlusse an die von Mey neu bearbeitete Schustersche Biblische Geschichte für die katholischen Religionslehrer an Volksschulen herausgegeben von Dr. Friedrich Justus Knecht, Freiburg, 1881, [19]1902, [25]1925. Die drei Auflagen wurden für die Arbeit verglichen. Zitiert wird, wenn nicht anders angegeben, nach der 25. Auflage.

118) Zu Knecht vgl. Rudolf Padberg, Art. Knecht, in: LThK VI, [2]1961, 355f.

119) Knecht bearbeitete 1907 die Biblische Geschichte von Schuster-Mey neu. Siehe S. 114 d. Arbeit.

lage von Exegeten weiter betreut wurde, die vor allem exegetische Erkenntnisse populärwissenschaftlich aufbereiteten, ist der Knecht-Kommentar "zur unmittelbaren Vorbereitung der Lehrer und Katecheten auf die biblische Geschichtsstunde bestimmt"[120]. Der methodischen Aufbereitung des Materials "aus der zwanzigjährigen katechetischen Praxis des Verfassers herausgewachsen"[121], ist es u.a. zuzuschreiben, daß der Kommentar 25 mal aufgelegt wurde und "im Mittelpunkt der biblischen Katechese seit dem Ende des 19. Jahrhunderts bis in die jüngsten Jahrzehnte"[122] stand. Zugleich mit dem Kommentar beherrschte auch der von Knecht dem Unterricht in Biblischer Geschichte eingeräumte Stellenwert im Verhältnis zum Katechismusunterricht die katechetische Theorie und Praxis. In seiner Einleitung zum Kommentar gibt er dafür eine ausführliche Begründung.

2.3.1 Die Bedeutung der Biblischen Geschichte für den Religionsunterricht

Die erste grundlegende These Knechts zum Problem des Verhältnisses von Bibel und Katechismus lautet: "Nicht die Biblische Geschichte, sondern der von der Kirche vorgelegte Katechismus ist das Religionslehrbuch der katholischen Schüler."[123] Die Begründung für seine These sieht Knecht in der Tatsache, daß der Katechismus in kurzen und bestimmten

---

120) Vorrede zur 1. Auflage 1881: "'Praktischer' Kommentar wird derselbe genannt, weil er den Katecheten zur unmittelbaren Vorbereitung auf die biblische Geschichtsstunde dienen soll."

121) Ebd., Vorrede.

122) Dreher, Biblische Unterweisung, 46. Die Fortsetzung des Knecht-Kommentars ist das "Handbuch zur Schulbibel" von Karl Kastner, Freiburg 1937. Viele Kommentare der Folgezeit stehen unter dem Einfluß Knechts, z.B. K.A. Beck, Handbuch zur Erklärung der Biblischen Geschichte, Köln 1896; einige in direkter Abhängigkeit, so C. Hoffmann, Hilfsbuch zum Unterricht in der Biblischen Geschichte, Habelschwerdt ^{3}1900; J. Ecker, Handbuch zur katholischen Schulbibel, 2. Teil: Neues Testament, Trier 1908; vgl. auch: W. Bartelt, Handbuch zur Schulbibel, Freiburg 1956.

123) Knecht, Praktischer Kommentar, 3: "Der Katechismus also bildet die Grundlage und das Zentrum unseres Religionsunterrichts."

Sätzen die ganze Religionslehre vorlegt und zwar in der vom Lehramt gebilligten Form[124]. Die zweite These Knechts: Die Biblische Geschichte ist dem "eigentlichen" Lehrbuch des Religionsunterrichts bei- bzw. untergeordnet. Der biblische Geschichtsunterricht hat dann die Aufgabe, "den Katechismusunterricht zu unterstützen", er "hat sich durchweg in den Dienst der Glaubens- und Sittenlehre zu stellen, welche im Katechismusunterricht vorgetragen wird"[125]. Die Biblische Geschichte ist "ein Hilfsmittel zur Belebung, Begründung, und Fruchtbarmachung des Katechismusunterrichts"[126]. Schon diese wenigen Sätze aus der Einleitung Knechts zeigen, nach welchen Prinzipien die Erzählungen der Biblischen Geschichte ausgelegt werden: Dogmatische und moralische Sätze aus dem Katechismus sind Interpretationsmittel für den Lehrer des Bibelunterrichts. Dazu kommen weitere Funktionen, die die Biblische Geschichte im Religionsunterricht wahrnimmt: Sie dient zur Veranschaulichung der Katechismuslehren[127], zu ihrer erklärenden Erweiterung[128], zur Ergänzung[129] und zur fruchtbringenden Anwendung[130]. Als letzte Dienstleistung führt Knecht an, daß die Biblische Geschichte "einen Einblick in den Entwicklungsgang der göttlichen Offenbarung und in den Zusammenhang zwischen dem Alten und dem Neuen Testamente gewährt"[131].
Darunter versteht Knecht wie andere Religionspädagogen, daß es im Alten Testament eine Entwicklungslinie gibt, die die Biblische Ge-

---

124) Ebd., Die Katechumenen dürfen sich ihren Glauben nicht aus der Biblischen Geschichte heraussuchen. Diese Gefahr sieht Knecht, wenn man die Biblische Geschichte auch auf der Oberstufe zur Grundlage des Religionsunterrichts macht.

125) Ebd..

126) Ebd., 6.

127) Ebd., 7: "Man kann deshalb die Biblische Geschichte... als ein Bilderbuch zur Illustration des Katechismus bezeichnen."

128) Ebd., 8.

129) Ebd..

130) Ebd., 9.

131) Ebd..

schichte chronologisch nachzeichnet und die auf ihre Mitte Jesus Christus zuläuft[132].

Kann auch die zuletzt genannte Aufgabe vom Katechismusunterricht kaum wahrgenommen werden, so gilt doch insgesamt vom Bibelunterricht, daß er dem Katechismusunterricht gegenüber eindeutig Dienstfunktionen wahrnimmt. Mit dieser katechetischen Ortsbestimmung gibt Knecht zugleich die herrschende Auffassung auch anderer Katechetiker wieder[133], wie er auch selbst durch seinen Einfluß als Weihbischof, durch Veröffentlichungen in den Katechetischen Blättern und im Kirchenlexikon[134], sowie durch Referate auf den katechetischen Kursen diese Einschätzung des Bibelunterrichts mitgeprägt und verbreitet hat.

2.3.2 Die Methode des biblischen Geschichtsunterrichts

Knecht gibt in seiner Einleitung die einzelnen methodischen Schritte an, die beim Unterricht in der Biblischen Geschichte aufeinander folgen sollen. Es sind dies: 1. Erzählung, 2. Erklärung, 3. Einprägung, 4. Auslegung, 5. Anwendung[135]. Für jeden dieser Schritte gibt er dem Katecheten praktische Ratschläge. Für die folgende Analyse sind die Erklärung, Auslegung, und Anwendung von Bedeutung. In der Erklärung sind Wörter und Satzverbindungen zu erläutern, Belehrungen über Gebräuche usw. anzubringen, ebenso geographische Angaben. Eine Hilfe dazu sollen die Bilder der Schulbibel sein[136]. Die Auslegung soll die Schüler dazu führen, die Erzählungen der heiligen Geschichte als Offenbarungen Gottes aufzufassen. Offenbarung Gottes ist für Knecht in Form von festen Sätzen (des Katechismus) aus den Geschich-

---

132) Ebd.. Die Katechetik lehrte lange Zeit eine einfache heilsgeschichtliche Entwicklungslinie, die sie etwa ineinssetzte mit der Abfolge der biblischen Bücher. Auch in der Unterstufe wurde diese Entwicklungslinie lange Zeit gelehrt. Siehe S.208 d. Arbeit. In ihrer vereinfachenden Darlegung liegt zugleich ihre Problematik.

133) Er nennt selbst Ohler, Barthel, Krus (ebd., 4).

134) Z.B. Artikel in Wetzer und Welte's Kirchenlexikon: Biblische Geschichte; Katechismus.

135) Vgl. Knecht, Praktischer Kommentar, 17: "Das Erzählen und Erklären der Geschichte findet im letzten Drittel der ersten Stunde statt; hierauf wird die Geschichte zu Hause vollends memoriert und zu Anfang der folgenden Stunde samt den Erklärungen abgehört, erst dann wird der tiefere Sinn aufgeschlossen und die Folgerung für Herz und Willen gezogen."

136) Ebd., 20-22. Zur Funktion der Bilder ebd., S.22, Anm. 1.

ten herauszufiltern bzw. in ihnen wieder zu entdecken. "Jede einzelne biblische Geschichte enthält dogmatische und moralische Lehren und ist - könnte man sagen - um dieser Lehren willen geschehen; diese Lehren herauszuziehen und den Schülern zum klaren Bewußtsein zu bringen, das ist die wichtigste Aufgabe des biblischen Geschichtsunterrichts."[137] Auslegungsprinzip ist das Auffinden dogmatischer bzw. moralischer Lehren. Schließlich soll die erkannte Wahrheit in der Nutzanwendung für das sittlich religiöse Leben fruchtbar gemacht werden. Der Schüler soll zur Erkenntnis geführt werden: "Was hier erzählt wird, geht auch dich an... es ist ein Spiegel für dich."[138] Wie sich seine theoretischen Vorüberlegungen in der Auslegung der Kindheitsgeschichte auswirken, soll nun zur Darstellung kommen.

2.3.3 Ankunft und verborgenes Leben Jesu[139]

2.3.3.1 Die Verkündigung der Geburt Jesu[140]

Die Erklärung
Knecht läßt jeder Erzählung eine Reihe von Erklärungen folgen, die nach seinen eigenen Angaben Wörter, Belehrungen über Gebräuche, geographische Notizen usw. zum besseren Verstehen des Erzählten enthalten. Eine Durchsicht zeigt, daß Knecht für die Erklärung Informationen bereitstellt, wie wir sie bei Schuster kennengelernt haben. Wir finden wieder apokryphe Nachrichten über die Eltern Marias und über die Jugend Marias im Tempel. Dazu kommen einzelne Hinweise aus der Erklärung der Kirchenväter (z.B. das Jungfrauengelübde), sodann nähere Angaben zur Erzählung selbst: "Wahrscheinlich war Maria gerade in Andacht versunken, als der Engel zu ihr kam..."[141]. "Voll Freude ging der Engel von ihr..."[142]. Auch

---

137) Ebd., 25.

138) Ebd., 30. Die "Nutzanwendung" arbeitet vor allem mit den methodischen Mitteln des Vergleichs und der Paränese (ebd.).

139) Gesamtüberschrift für die Kindheitsgeschichte: Knecht, Praktischer Kommentar, 408. Vgl. Anm. 23.

140) Ebd., 412-418.

141) Ebd., 412. Die im Gebet versunkene Maria ist seit Schmid fester Bestandteil der Verkündigungserzählung vieler Auslegungen.

142) Ebd., 414.

daß Jesus der Sohn Gottes ist, wird bekräftigt[143].

Die Auslegung
Die Auslegung als der wichtigste Vorgang in der Bibelkatechese zieht die dogmatischen und moralischen Lehren aus der erklärten Erzählung. Die dogmatischen Lehren beziehen sich auf Jesus, die moralischen Lehren kommen vor allem bei der Betrachtung Marias zur Geltung.
Folgende Lehren sind anzumerken[144]:
1) Das Geheimnis der göttlichen Dreifaltigkeit ist "klar und deutlich durch die Botschaft des Engels geoffenbart worden".
2) Jesus ist der Sohn Gottes und Gottmensch (Zweinaturenlehre). Für die Gottheit Jesu Christi gibt es Beweise in der Erzählung.
3) Gott ist getreu, denn alle Verheißungen wurden erfüllt.
4) Maria hat zu unserem Heil mitgewirkt, von ihr hat der Sohn Gottes die menschliche Natur angenommen.
Die moralischen Lehren umfassen die Tugenden Marias, vor allem ihren Glauben, ihre Keuschheit und ihre Demut[145]. Bemerkenswert ist die Auskunft Knechts, daß Maria "lieber darauf verzichtet hätte die Mutter Gottes zu werden, als ihre jungfräuliche Reinigkeit zu verlieren"[146]. Der Vergleich zwischen Eva und Maria kommt in einer längeren Ausführung wieder zur Geltung, bezeichnenderweise jedoch im Zusammenhang mit den Tugenden Marias[147], obwohl die Gegenüberstellung ursprünglich unter heilsgeschichtlichem Aspekt gesehen wurde. Schließlich wird noch auf das Ave Maria und den Engel des Herrn, sowie auf das Fest Maria Verkündigung hingewiesen[148]. Die auf Maria bezogenen Aussagen umfassen insgesamt zwei Drittel der gesamten Auslegung. Lk 1,26-38, erweist sich wie schon früher vor allem als eine Marienerzählung.

Die Anwendung
In der Anwendung fordert Knecht zum Gebet des "Engel des Herrn" auf. Er tut dies mit den von ihm empfohlenen Mitteln des Vergleichs

---

143) Ebd., 413.
144) Knecht, Praktischer Kommentar, 414f.
145) Ebd., ^{21}1907, 394.
146) Ebd., In der 25. Auflage fehlt die Erwähnung der Keuschheit. Die Trias Glaube, Keuschheit und Demut findet sich früh in der Auslegung der Biblischen Geschichte und hält sich noch lange. Siehe S. 282.
147) Knecht, Praktischer Kommentar, ^{25}1925, 417.
148) Ebd., 416.

und der Ermahnung[149]. Auch ein Hinweis auf diszipliniertes Verhalten der Kinder fehlt nicht: "Bleibst du abends, wenn die Betglocke geläutet hat, zu Hause?"[150] In der gesamten Anwendung, vor allem aber in der letzten Frage zeigt sich, wie religiöses Tun noch ganz eingebettet ist in die religiös geprägte Umwelt der Schüler, bzw. wie wünschbares Verhalten der Kinder religiös motiviert wird. Zugleich bemerkt man den Abstand, der zwischen der Verkündigungsabsicht des Textes und der Anwendung liegt, rechtzeitig zu Hause zu sein.

2.3.3.2 Die Geburt unseres Herrn Jesus Christus[151]

Die Erklärung
Die Erklärung bringt neben Sachinformationen und Verdeutlichungen zum Verlauf der Geschichte auch bereits dogmatisch vorentschiedene Erklärungen.
Die sachlichen Erläuterungen bestehen in kurzen Informationen zu Augustus, zur Reise nach Betlehem, zum Aufzeichnungsverfahren usw.
Eine zweite Gruppe von Erklärungen befaßt sich mit schwer verständlichen Worten z.B. Herrlichkeit, Zeichen. Die Erzählung wird erweitert, indem vor allem die Umstände und das Verhalten der Personen weiter ausgedeutet werden. Chr.v.Schmids Tendenz, den Text des Evangeliums auszumalen, wird von Knecht in seinen Anmerkungen wieder aufgenommen. Beispiele: "Während Maria in Andacht versunken war, gebar sie ihr Kind."[152] "Die frommen Hirten glaubten sich in den Himmel versetzt: der himmlische Glanz, die große Zahl herrlicher Engel, der entzückende und herzergreifende Gesang - das alles erfüllte sie mit heiligem Schauer und zugleich mit unnennbarer Freude."[153] Ferner wird das Verhalten Marias und der Hirten aufgrund ihres Wissens um das göttliche Kind beschrieben: Maria und die Hirten knieten nieder und beteten das Kind an. Maria aber "verglich die Erzählung der Hirten mit den messianischen Weissagungen der Propheten und mit dem was Gabriel ihr selbst verkündet hatte, und fand in allem die Bestätigung ihres Glaubens, daß ihr wunderbar empfangenes Kind der Sohn Gottes sei"[154]. Für ein Sich-Wundern der Eltern (Lk 2,18) ist kein Platz.

---

149) Zuerst folgt in Form von Fragen der Vergleich von lobenswerten und tatsächlichem Verhalten, dann eine Ermahnung, regelmäßig und andächtig zu beten. (Praktischer Kommentar, 417 f).
150) Ebd., 417.
151) Ebd., 424-431.
152) Ebd., 425.
153) Ebd., 426.
154) Ebd., 426, ähnlich 447 (zu Lk 2,51b).

Die Auslegung

Die Auslegung behandelt folgende Themen: die göttliche Vorsehung, die Gottheit Jesu Christi, das Weihnachtsfest[155], das Leiden Jesu. Die Liebe Gottes, die sich in einem hilflosen Kind offenbart, wird in Katechismussätzen "abgehandelt"[156].

Die Geburt in Bethlehem ist die Erfüllung der Weissagung des Propheten, die durch das Edikt des Kaisers Augustus möglich wird. Maria kommt dem Befehl der Obrigkeit gehorsam nach[157].

Die Feststellung der Gottheit Jesu Christi ist dem Kommentar ein wichtiges Anliegen. Sie kommt in acht von neun Erzählungen vor, die sich mit der Kindheit Jesu befassen. Die Menschheit tritt demgegenüber - wie bei Schuster - in den Hintergrund. Katechismussätze beschließen wieder die Ausführungen. Am ausführlichsten beschäftigt sich der Kommentar mit dem "Leiden Jesu"[158]. Der Beweggrund für sein Leiden ist unsere Erlösung, die Leistung einer Genugtuung für unsere Sünden[159]. Knecht schildert sehr anschaulich die Armseligkeit der Geburt des Gottessohnes. Mit seinen in der Geburt geübten Tugenden der Demut, Entsagung und Abtötung leistete er Buße für die zahllosen Sünden der Hoffart, der Augenlust und Fleischeslust der Menschen[160]. Die Erlösung wird von Knecht einseitig von der Genugtuungslehre her interpretiert, und mit (unkindlichen) Lastern und Tugenden in ihrer Bedeutung für uns weiter zu konkretisieren versucht. So bleibt von der Armut und Menschlichkeit Jesu ein Appell zur Entsagung von Lastern und zur Übung der Tugenden übrig[161].

Im Kleindruck erfolgt die Auslegung von Lk 2,14. Hier ist nur zu vermerken, daß die Linie Schusters fortgeführt wird, die die "Menschen guten Willens" als solche bezeichnet, die die Lehre Christi willig annehmen und mit der Gnade mitwirken[162].

---

155) Im Kleindruck folgen weitere Erklärungen zur Volksfrömmigkeit (430).

156) Ebd., 427.

157) Vgl. dazu die ausführlichere Darlegung des Gehorsams bei Galura. Siehe S.52f d.Arbeit.

158) Knecht, Praktischer Kommentar, 428f.

159) Ebd., 428. Um uns von der Sünde und der Hölle zu befreien, ist Gott Mensch geworden. (Ebd., 429).

160) Ebd., 428.

161) Ebd., 429.

162) Ebd., 430.

Die Anwendung
Die in der Auslegung bereits genannten Tugenden werden in der Anwendung zur Nachahmung vorgelegt. Nicht im Zusammenhang mit der Erzählung steht der Aufruf, recht gehorsam zu sein, sowie den guten Ermahnungen des Schutzengels, der Eltern und Vorgesetzten zu gehorchen. Die Anwendung beginnt mit der Aufforderung zum Besuch Jesu, wie es die Hirten getan haben: "Siehe, in der Kirche ist Jesus immer gegenwärtig im heiligsten Sakramente des Altars. Seine Krippe ist der Tabernakel, seine Windeln sind die Brotsgestalten."[163] Mit Knecht wird die Gegenüberstellung Krippe - Tabernakel aufgenommen. In dem Bestreben, für das Kind Erfahrbares und Übbares zu bringen, noch dazu in "anschaulicher Sprache" (seine Windeln sind die Brotsgestalten), kommt es im weiteren Verlaufe der Kommentare zu immer neuen Modifikationen der Gegenüberstellung. Zugleich zeigt sich, daß die direkte Anwendung auf das Leben der Kinder ohne die theologische Rückfrage nach der Vertretbarkeit solcher Aussagen, zu unverantwortlichen Schiefheiten führen muß. Ganz außer acht gelassen ist der Zusammenhang von Text und Anwendung.

2.3.3.3 Der Knabe Jesus im Tempel[164]

Die Erklärung
Die Erklärung bringt die Realien zur Erzählung: die Vorschriften für den Tempelbesuch, die Festdauer, die Örtlichkeiten des Tempels, die Versammlung der Gesetzeslehrer. Es wird das Verhalten von Maria und Josef erklärt: "Welche Angst wird die zärtliche Mutter und den liebreichen Pflegevater erfaßt haben... Mit wachsender Angst kamen sie endlich nach Jerusalem."[165] "Diese Worte (Worte Marias Anm.d.V.) sind der Ausdruck der Liebe und der großen Seelenangst, welche das Mutterherz um des geliebten Kindes willen ausgestanden hatte."[166] Die Göttlichkeit des Kindes und das Wissen Marias und Josefs[167] führen in den Versen 47.50.52 zu folgender Deutung: Jesus stellte Fragen an die Schriftgelehrten und gab Antwort auf ihre Fragen, um sie zur

---

163) Ebd., 430. Der Vergleich Jesus in der Krippe - Jesus im Tabernakel wird in späteren Kommentaren wiederholt. Siehe S.184 d.Arbeit

164) Knecht, Praktischer Kommentar, 445-451.

165) Ebd., 446.

166) Ebd., 447.

167) Ebd., 447: "Sie wußten, daß Jesus Gottes Sohn, der Erlöser von Sünden und der Erleuchter der Heiden ist."

Wahrheit hinzuführen. Wahrscheinlich handelte die Besprechung von den Weissagungen der Propheten. Er zeigte tiefe Einsicht in die Ratschlüsse Gottes und die Weissagungen der Propheten[168]. Da sich das Nichtverstehen in Vers 50 kaum mit dem "Wissen" der Eltern Jesu vereinbaren läßt, wird ihr Unverständnis wie bei Schuster auf den "tiefen Sinn" bezogen. Sie verstanden nämlich nicht, "in welcher Weise er das große Werk der Erlösung von Sünde und Irrtum vollbringen werde..."[169]. Die Göttlichkeit Jesu läßt auch eine Zunahme an Weisheit und Gnade (V 52) nicht zu, nur in den Augen der Menschen ist eine solche Zunahme festzustellen, da er die Fülle der in ihm wohnenden Weisheit und Gnade immer mehr offenbarte[170].

Die Auslegung
Die Auslegung beginnt mit der Zweinaturenlehre, die in der Erzählung einen weiteren deutlichen Beweis erhält. Hier zeigt Jesus seine göttliche und menschliche Natur, seine göttliche natürlich vor allem in seiner Antwort an die Eltern (V 49). Die weitere Auslegung befaßt sich mit den moralischen Lehren, die aus der Erzählung gezogen werden können[171]. Es sind dies: der Gehorsam, die Frömmigkeit, die Arbeitsamkeit und das Wachstum im Guten. Jede dieser Tugenden wird durch einzelne Züge der Erzählung konkretisiert und mit Katechismusfragen abgeschlossen[172].
Bei Knecht findet sich auch zum ersten Mal ein Hinweis auf die heilige Familie, die allen Familien als ein Muster dienen soll. Geschildert wird eine Familienidylle, es herrschen Liebe, Eintracht und Friede[173]. Schließlich wird der Verlust Jesu in der Erzählung verglichen mit dem Verlust Jesu durch eine schwere Sünde. Wie Maria finden wir Jesus wieder in der Kirche - wir "durch eine aufrichtige und reumütige Beichte"[174].

Die Anwendung
Sie befaßt sich, wie zu erwarten, mit der Frömmigkeit und dem Gehorsam. Dagegen wird der Eifer im Lernen nicht ausdrücklich hervorgehoben. Die Frömmigkeit umfaßt die gewünschten Verhaltensweisen

---

168) Ebd., 446.

169) Ebd., 447.

170) Ebd.; diese Erklärung ist in den Kommentaren geläufig.

171) Vgl. ebd., 25.

172) Ebd., 448f.

173) Ebd., 450. Das Thema "Hl. Familie" wird in der Folgezeit weiter ausgebaut.

174) Ebd..

in der Kirche und den Gottesdienstbesuch überhaupt. Besonders eingeschärft wird der Gehorsam als erste und notwendigste Tugend: "Wenn du denen nicht folgen willst, welche Gottes Stelle an dir vertreten, so verdienst du nicht den Namen eines Christen."[175]

2.3.4 Die Auslegung der Kindheitsgeschichte nach Knecht

Nach Dreher kommt mit dem biblischen Kommentar Knechts die dogmatisch-moralische Bibelkatechese zur Geltung[176]. Dieser Charakterisierung des Knechtschen Kommentars kann man nach der Analyse der drei Perikopen zustimmen. Die Auslegung vollzieht sich bei ihm in drei Stufen. Schon die "Wort- und Sacherklärung" als erste Auslegungshilfe zeigt, wie das Verständnis der Erzählung mit Hilfe "traditioneller" Erklärungen gelenkt wird. Die wichtigste Stufe des Bibelunterrichts, die Auslegung i.e.S., bringt dann vollends die dogmatischen und moralischen Lehren (sie sind meist im Katechismus zu finden) als Richtschnur für die Auslegung ins Spiel. Die Anwendung, die eigentlich die Schüler dazu hinführen soll, das Gehörte auf ihr eigenes Leben zu beziehen, wiederholt meist einzelne moralische Lehren aus der Auslegung oder mehr oder weniger damit verwandte Lehren.

Jesus Christus - wahrer Mensch und wahrer Gott

In allen drei untersuchten Perikopen findet Knecht diesen Lehrsatz bestätigt. Dabei wird vor allem die Gottheit Jesu regelmäßig hervorgehoben[177] und in Schlußfolgerungen bewiesen[178]. Alles, was sonst über Jesus ausgesagt wird, ordnet sich seiner Göttlichkeit unter: Maria und die Hirten beten ihn an. Er übt alle Tugenden in Vollendung. Er ist sich seiner Gottheit bewußt usw.. Die Konzentration auf die Person Jesu als einer Erscheinung Gottes auf Erden, die schon bei Schuster festzustellen war, wird bei Knecht fortgesetzt. Die Bedeutung der Menschwerdung Gottes für die Menschen ist gegenüber seinem Persongeheimnis erst in zweiter Linie angesprochen. Die in Frage kommenden Verse bleiben dabei weitgehend unberücksichtigt, umschrieben wird das Werk Jesu Christi in katechismusähnlichen Sätzen,

---

175) Ebd., 451.

176) Dreher, Die biblische Unterweisung, 46.

177) In den übrigen Nummern des 1.Teiles werden neben diesem christologischen Schwerpunkt besonders häufig die Eigenschaften Gottes (Treue, Allwissenheit, Gerechtigkeit) genannt.

178) Z.B. Knecht, Praktischer Kommentar, 415.

die nach einem kurzen Rekurs auf die anselmianische Genugtuungslehre sehr bald in moralische Betrachtungen übergehen[179].
Damit hat Knecht die entfaltete dogmatische Christologie, wie sie gekürzt, aber in exakten Formulierungen im Deharbeschen Katechismus zu finden ist, in der Bibelkatechese voll zur Geltung gebracht. Er hat mit dieser Form der Auslegung, wie von ihm beeinflußte Kommentare zeigen, für eine lange Zeit der Bibelkatechese die Richtung gewiesen; ihre Nachwirkungen sind bis heute feststellbar.

Jesus, ein Beispiel der Demut, Entsagung, Abtötung
Maria, ein Beispiel des Glaubens, der Keuschheit, der Demut

Die genannten Tugenden könnten durch viele andere ergänzt werden. In den neun Lektionen der Kindheitsgeschichte werden ca. 35 nachahmenswerte Verhaltensweisen genannt und es wird vor 15 Lastern gewarnt[180]. Bei den Mehrfachnennungen der Tugenden stehen der Glaube, die Demut und der Gehorsam an der Spitze[181]. Der Glaube ist bei Knecht vor allem ein Festhalten an dem, was Gott geoffenbart hat[182], er übernimmt selbstverständlich die Definition Deharbes[183]. Der Gehorsam erstreckt sich im religiösen Bereich auf alle Vorschriften des Gesetzes[184], auf alle Gebote Gottes, die zu halten sind[185], z. B. alle schuldigen Gebete recht pünktlich und andächtig zu beten[186]. Nimmt man die in der Auslegung und Anwendung empfohlenen Tugenden und zu meidenden Laster zusammen, so ergibt sich ein ganzer Katalog von Pflichten, die uns Lk 1-2 zu erfüllen aufträgt und die unter dem Motto stehen könnten: "...bessere dich, damit du nicht ewig verloren gehest."[187] Inhaltlich

---

179) Vgl. ebd., 428f. Selbstverständlich wird auch Lk 2,14 (Friede den Menschen seines Wohlgefallens) ethisch verzweckt.

180) Rechnet man die Mehrfachnennungen dazu, so ergibt sich die Zahl 45 für Tugenden und 30 für die Laster.

181) Der Glaube wird viermal genannt, die Demut fünfmal, der Gehorsam sechsmal. Ein Vergleich mit dem Kommentar Cornelius a Lapide zeigt, daß diese drei Tugenden auch bei den Kirchenvätern häufig genannt werden.

182) Knecht, Praktischer Kommentar, 429. Der Glaubenszweifel kommt bei Zacharias zur Sprache(411f). Vgl. auch 420. 439.

183) Mittlerer Katechismus der christkatholischen Religion. Ausgabe Bamberg, 1853, Fr.1, S.2; vgl. dazu Margarete Niggemeyer, Glaubenskatechese, Düsseldorf 1973, 87-102.

184) Knecht, Praktischer Kommentar, 411.

185) Ebd., 412.

186) Ebd., 412.

187) Ebd., 445.

betrachtet überwiegen vor allem die sogenannten passiven Tugenden[188], wie auch die Mehrfachnennung der Demut anzeigt. Sie können treffend zusammengefaßt werden in der "Anwendung": "Merke dir vor allen Lehren: Lerne dulden und entbehren."[189] Gott ist Mensch geworden, so könnte man nach diesem Überblick vermuten, um uns vor allem zu einem sittlichen Leben anzuspornen, wobei wir vor allem die passiven Tugenden zu üben hätten. Die erfreuliche Nachricht von der Menschwerdung Gottes, vom Erscheinen der Menschenfreundlichkeit Gottes in Jesus Christus (Overberg, Hirscher, Chr. v. Schmid) kommt jedenfalls bei Knecht kaum zur Geltung. An ihre Stelle tritt ein System von Gesetzen und Pflichten, das den Menschen (hier den Schüler) zu Höchstleistungen auf sittlichem und religiösem Gebiet anspornt. Treffend schreibt dazu Jungmann: "Es ist gewiß nur löblich, wenn man... die große Liebe und Herablassung bewundert, die sich im Kommen Gottes, des Gottessohnes, offenbart und die von uns um so größeren Tugendeifer fordert. So wird diese Schau wohl ein heiliges Staunen wecken darüber, daß der allmächtige Gott in Menschengestalt auf Erden erschienen ist, ein Staunen, das zur Anbetung, zur Zerknirschung, ja auch zur Anspannung der sittlichen Kraft aufruft; aber diese Schau läßt doch leicht über das Größere hinwegsehen, daß Christus als neuer Adam unser Menschentum zu neuem Sinn, zu neuer Gottesnähe emporgehoben hat."[190]

Weitere Auslegungshilfen
Die schon bei Gruber beobachtete Hereinnahme der Liturgie und der Volksfrömmigkeit wird bei Knecht weiter verstärkt. Lk 1-2 ist hineingestellt in den Weihnachtsfestkreis der Liturgie, Volksbräuche (z.B. Aufstellen eines Christbaums) werden im christlichen Sinn ausgedeutet, das "Ave Maria" und "der Engel des Herrn" bei der Auslegung von Lk 1, 26-38 erklärt und anempfohlen[191].
Bei Knecht wird auch die sakramentale Frömmigkeit in Zusammenhang gebracht mit Lk 1-2. Das geschieht z.B. bei der Anbetung der Hirten, wenn er die eucharistische Anbetung dazu in Beziehung setzt[192].

---

188) Z.B. Enthaltsamkeit (411), Demut (416), Abtötung (423), Dienstfertigkeit (421).

189) Ebd., 445.

190) Josef Andreas Jungmann, Die Frohbotschaft und unsere Glaubensverkündigung, Regensburg 1936.

191) Vgl. z.B. Knecht, Praktischer Kommentar, 416.

192) Ebd., 430. Im Anschluß an Mariä Heimsuchung fordert Knecht zur Demut beim Empfang der heiligen Kommunion auf (421). In der Anwendung zur Darstellung im Tempel wird auf das Glück der heiligen Kommunion verwiesen (436).

Das Sakrament der Buße, das zum Wiederfinden Jesu führt, vergleicht er mit dem Wiederfinden Jesu durch die Eltern im Tempel zu Jerusalem[193].

2.4. Gustav Mey: Vollständige Katechesen (1871)[194]

Gustav Mey[195] mit seinen "vortrefflichen" (Knecht) Katechesen ist der dritte Katechetiker zur Zeit der neuscholastischen Herrschaft in der Katechese, der durch ein praktisches Vorbereitungsbuch Stoff und Methode des Religionsunterrichts mitgeprägt und zugleich auch die nächste Periode der religionspädagogischen Bewegung inspiriert hat[196]. Wie Knecht stellt auch Mey seinen eigentlichen Katechesen eine längere Einleitung voran, um die praktische Anweisung "auf sicherer theoretischer und theologischer Grundlage aufzubauen."[197] Die Katechesen selbst sind der Niederschlag langer kateche-

---

193) Siehe S. 146 d. Arbeit.

194) Mey, Vollständige Katechese für die untere Klasse der katholischen Volksschule. Zugleich ein Beitrag zur Katechetik, Freiburg 1871, ^{3}1877. Die Katechesen wurden von Thaddäus Hoch 1932 nochmals aufgelegt (16. Auflage); ^{17}1952. In den verschiedenen Auflagen spiegelt sich auch die jeweilige katechetische Entwicklung wider. Wenn nicht anders angegeben wird aus der dritten Auflage zitiert. (Zitiert: Mey, Katechesen).

195) Zu Mey vgl.: Alfred Barth, in: LThK VII, ^{2}1962, 387; F.M. Willam, in: Lentner, Katechetisches Wörterbuch, 502f; Franz Xaver Thalhofer, in: Kat Bl 28 (1903), 54: "Es gibt gottbegnadete Erzieher und Schulmeister im besten Sinne des Wortes... Zu diesen gehört Mey... Wer Mey tüchtig innehat und dessen wertvolle Bemerkungen öfters durchstudiert hat, der ist auch für die Katechese der späteren Schuljahre auf dem richtigen Wege."

196) Der Einfluß läßt sich vor allem zur Zeit der Methodenbewegung beim Religionsbüchlein nachweisen.

197) Mey, Katechesen, Vorrede IX (zur ersten Auflage). Vgl. dazu Franz Weber, Geschichte des Katechismus in der Diözese Rottenburg, Freiburg 1939, 179f: "Die 'Einleitung' zu seinen berühmten 'Katechesen' gehört zum klassischen Gut der katholischen Katechetik."

tischer Praxis. Von ihnen sagt F.X.Arnold, daß sie "durch den methodisch sicheren Aufbau und durch die wohlabgewogene Einzeldurchführung der einzelnen Lehrstücke alles in den Schatten" stellen, "was bisher für die Katechese der Unterstufe erschienen war."[198]

2.4.1. Die Biblische Geschichte, die geeignetste Grundlage des ersten religiösen Schulunterrichts[199]

Die Überschrift gibt zugleich den Ansatz für seine Katechesen wieder. Der Gewährsmann für diese Auffassung Meys ist J.B.Hirscher, dessen "Besorgnisse" er ausführlich zitiert. Mit ihm ist er der entschiedenen Ansicht, daß ein Katechismus nicht in die Hände der Kinder der Unterstufe gegeben werden sollte, denn ein Katechismuslehrgang steht im Widerspruch "mit der Art und Weise wie Gott selbst die Offenbarung gegeben hat", dann aber auch mit der Natur des Kindes[200]. In den Katechesen Meys wird das Anliegen Hirschers weitergetragen, die Hl.Schrift im Lehrplan der Grundschule an den Anfang und in den Mittelpunkt zu stellen; in der konkreten Durchführung der Katechesen wirken die Impulse, die Gruber gegeben hat, weiter. Die Alternative (kleiner) Katechismus oder Bibel fällt, wie Mey betont, aus theologischen und pädagogischen Überlegungen zugunsten der Bibel aus. Diese Entscheidung ist auch für die nächste Epoche richtungsweisend. Ebenso werden die beiden Begründungen Meys (Ordnung der geschichtlichen Offenbarung, Natur des Kindes) in der Folgezeit wiederholt werden.
Inhaltlich soll man sich auf das Notwendige beschränken, dieses aber so allseitig wie möglich verwerten[201]. Zur Kindheit Jesu bringt er alle Erzählungen aus Lukas (ohne den Johanneszyklus), dazu eine Einführungskatechese (Jesus Christus), zwei Gebetskatechesen und zwei mehr lehrhafte Katechesen. Von 31 Nummern des neutestamentlichen Teils entfallen 13 auf dieses erste Kapitel. Durch den Lehrgang

---

198) Arnold, Von der anthropozentrischen zur heilsgeschichtlichen Katechese, in: Seelsorge aus der Mitte der Heilsgeschichte, Freiburg 1956, 211.

199) Mey, Katechesen, Vorrede XVI.

200) Ebd., Vorrede XX. Das Prinzip der Anschauung allein allerdings darf nicht über die Stoffrage entscheiden. (Mey gegen Hirscher, ebd., XXIf).

201) Ebd., Vorrede XXIII.

ist zugleich ausgedrückt, daß der Inhalt für die jüngeren Schüler notwendig, ihnen angemessen und kindertümlich ist.
Die Biblische Geschichte selbst soll getreu erzählt werden[202]. Die kleinlichen Nutzanwendungen, vage, gemeine Nützlichkeitsmaximen tadelt er. "Glaube, Hoffnung, Gottesfurcht, Abscheu vor der Sünde und über alles die Liebe, Liebe Gottes und des Nächsten, sind die rechten und ächten, Nutzanwendungen, welche von den Biblischen Geschichten zu machen sind"[203]. Als Zusammenfassung einer behandelten Geschichte wünscht sich Mey einen Reimspruch[204], der das Wesentliche einprägsam enthalten soll.

2.4.2 Die Kindheitserzählungen

2.4.2.1 Die Katechese über Jesus Christus

Durch diese Katechese am Anfang des neutestamentlichen Teils will Mey ein Gesamtbild dessen zeichnen, was im folgenden im einzelnen entfaltet werden soll[205]. Er stellt die Person vor, Jesus Christus als den eingeborenen Sohn Gottes, und zugleich sein Werk, die Erlösung der Menschen aus Sünde und Elend[206]. Dabei liegt die Betonung auf

---

202) Ebd., XXV.

203) Ebd. Sowohl das Ziel des Religionsunterrichts, Glaube und Liebe, als auch der Tadel seichter Moralregeln finden sich bei Hirscher, siehe S.106; vgl. auch Mey, Katechesen, XXVI; "Der Katechet möge aber nie vergessen, daß ächte Sittlichkeit nur auf dem Fundament des Glaubens sicher ruht." (Ebd., 353).

204) Ebd., XXVII.: "Die Reimverse, welche die Kinder vom geistlichen Katecheten empfangen, seien silberne Schalen, gefüllt mit Goldkörnern des Offenbarungsschatzes." Mey bringt selbst nach jeder Einheit etliche solcher Reimsprüche zur Auswahl. Eine andere Möglichkeit praktiziert Knecht, wenn er in der "Kurzen Biblischen Geschichte" an das Ende der Erzählung Kirchenlieder setzt. Ab der 10.Auflage werden Texte aus dem Rottenburger Gesangbuch verwendet. Der Reimspruch findet auch Verwendung im "Religionsbüchlein".

205) Mey, Katechesen, 181-185. Bemerkungen zu dieser Katechese: 321-323.

206) Ebd., 321 (Bemerkungen). - 181: Mey beginnt die Katechese mit dem Elend Adams und Evas und der Verheißung eines Erlösers. Noch die Religionsbüchlein von 1957 bzw. 1960 schalten Sündenfall, Vertreibung und das Versprechen eines Erlösers der Verkündigungserzählung vor. (Siehe S.208 d. Arbeit).

der Sendung und dem Werk des Messias[207]. Mey versucht hier katechetisch eine Verbindung zwischen der Christologie i.e.S. und der Soteriologie herzustellen und methodisch durch einen Vergleich zu vermitteln[208]. Es ist natürlich zu fragen, ob Kinder der ersten drei Schuljahre diese Zusammenhänge verstehen können, bzw. ob dies eine für sie notwendige Lehre ist. Geht man aber von Meys Zielvorstellung aus, daß vor allem "den Kindern die Kenntnis der Grundtatsachen der göttlichen Heilsökonomie beizubringen"[209] sei, so hat er in dieser Katechese für seine Zeit und verglichen mit der übrigen katechetischen Literatur doch einen Akzent gesetzt, der erst später wieder aufgenommen wird[210]. Die Schüler sollen in dieser ersten Katechese das Erbarmen des Vaters kennenlernen, der seinen Sohn zur Erlösung aus Sünde und Elend schickt, dies ist "fort und fort der Hauptinhalt der katechetischen Unterweisung"[211], auch die folgenden Erzählungen stehen unter diesem Vorzeichen.

2.4.2.2 Mariä Verkündigung[212]

Die Verkündigungserzählung ist bei Mey nach seinen eigenen Angaben eine Marienerzählung[213]. In zwei größeren Abschnitten wird dann auch Maria vorgestellt, einmal als die Jungfrau, die mit allen Tugenden geschmückt ist[214], dann als die Mutter Gottes oder Gottesgebärerin. Erst im dritten Abschnitt folgt die Verkündigungserzählung in freier, ausschmückender Wiedergabe; auch in diesem Abschnitt ist Maria die Hauptperson.

---

207) Ebd., 182-184.

208) Der Vergleich (ein Kind, das in den Brunnen gefallen ist, wird "erlöst"), fehlt ab der 10. Auflage (1898).

209) Ebd., Einleitung XXIII. "Das Ganze der Heilsordnung in ihren erhabenen Umrissen sollen wir die jüngsten Katechumenen schauen lassen." Ebd.

210) Vgl. die Bemühungen zur Zeit der materialkerygmatischen Besinnung in der Katechese.

211) Mey, Katechesen, 321.

212) Ebd., 185-189.

213) Ebd., 185: "Heute will ich über seine Mutter reden."

214) Nach den "Bemerkungen" tut dies Mey im Anschluß an Chrysostomus, der sagt, daß der Sohn Gottes sich nicht irgendeine reiche oder begüterte Frau zur Mutter erwählt hat, sondern jene selige Jungfrau, deren Seele mit Tugenden geschmückt war. (Ebd., 323).

An Maria wird gerühmt, daß sie ohne Erbsünde war, daß sie gern gebetet hat, überaus schamhaft war, Gott von ganzem Herzen geliebt hat und gegen alle Menschen freundlich war[215]. Auch als der Engel zu ihr kam, betete sie in ihrer Kammer um den Erlöser[216]. Die Menschwerdung des Sohnes Gottes steht gegenüber der Betonung der Person Marias an zweiter Stelle. Die Anwendung unterstreicht diese Rangfolge[217]. Dabei sieht Mey sehr wohl, daß Maria hinter der eigentlichen Botschaft des Engels zurückzutreten hat, denn in den "Bemerkungen" schreibt er: Die Katechese "hat sich auf die Darlegung des Geschichtlichen so einzuschränken, daß das große Wunder der Menschwerdung als Thatsache von den Kindern erkannt wird."[218] Da er aber zunächst über Maria spricht und Lk 1,26-38 darin einbettet, steht Maria im Vordergrund und die Ankündigung der Geburt Jesu ist vorzüglich für sie persönlich gesprochen. Unter der Rücksicht des "Geschichtlichen" allerdings ist diese Akzentuierung verständlich.

2.4.2.3 Die Geburt Jesu Christi[219]

Lk 2,1-20 wird bei Mey auf zwei Katechesen verteilt. Die Mitte der ersten ist die Geburt im Stalle. Die Erzählung ist sehr frei und anschaulich. "Der hl. Joseph ist im ganzen Städtlein herumgelaufen und hat an viele Thüren geklopft, aber umsonst... Der hl. Joseph hat einen Strohwisch genommen und die Krippe ausgefegt; dann hat er Stroh und Heu hineingeschüttelt."[220] Auch die Auslegung ist in die Erzählung eingeflochten: Das Kind ist der Erlöser, auf den die Menschen seit viertausend Jahren gewartet haben. Da dieses Kind Gott selbst ist, sind Maria und Josef niedergekniet und haben es angebe-

---

215) Ebd., 186.

216) Vgl. Schmid, Knecht und die Biblischen Geschichten.

217) Ebd., 188. Die Anwendung hat zum Inhalt die Feier des Festes Mariä Verkündigung, eine Zusammenfassung in Versform und eine Bildbetrachtung.

218) Ebd., 323 (Bemerkungen).

219) Mey, Katechesen, 202-210. Am Beginn der Erzählung steht der Traum Josefs. Bemerkungen zur Erzählung ebd., 330-333.

220) Ebd., 203f. Dazu wird in den "Bemerkungen" die anschauliche Redeweise für die 7-10 Jahre alten Kinder begründet. (Ebd., 331).

tet[221]. Die Geburt im Stalle zeigt, daß Jesus (das Christkind) die Armut dem Reichtum vorzieht, ein Beispiel auch für die Kinder[222]. Durch den Besuch des Gottesdienstes und durch ein Gebet sollen die Kinder danken, daß Jesus Christus zu den Menschen gekommen ist[223]. Diese Aufforderung zum Dank und zum Gebet wird nach der zweiten Katechese (Lk 2,8-20) wiederholt, denn der eingeborene Sohn Gottes ist vom Himmelsthron herabgestiegen - "hinab bis in den Stall"[224]. In der Hirtenerzählung führt Mey seine anschauliche Erzählweise fort[225]. In die Erzählung fügt er bei Lk 2,10-12 und Lk 2,14 sogleich seine Erklärungen ein. Vor allem die zuletzt genannte Stelle wird ausführlich ausgedeutet und zwar in dem bereits bekannten Sinn, daß die Verkündigung für Menschen guten Willens gilt, d.h. für solche, "welche an das Christkind glauben und ihm folgen"[226]. In seinen Bemerkungen weist er nochmals mit Nachdruck darauf hin, daß das von den Engeln verkündete Heil denen zugesprochen wird, die an Christus glauben. Dieser Glaube, der in Liebe tätig ist, ist das Ziel des gesamten Unterrichts[227]. Sehr ausführlich[228] geht Mey in den "Bemerkungen" auf die Tatsache ein, daß auf den Bildern zur Geburt Christi Ochs und Esel dargestellt werden. Wie soll sie der Katechet erklären? In der Beantwortung dieser Frage erfahren wir einige Grundsätze Meys, die ihn bei seiner Auslegung leiteten.

---

221) Ebd., 204f.

222) Vgl. das Thema Armut bei den bereits besprochenen Katecheten.

223) Mey, Katechesen, 205.

224) Ebd., 209.

225) "Vor Freude sind sie so schnell gelaufen. Sie haben gleich den rechten Ort gefunden, denn von ferne haben sie ein Licht gesehen. Langsam und voll Ehrfurcht sind sie in den Stall hineingegangen; sie haben dabei den Hut herabgenommen, wie man's macht beim Hineingehen in die Kirche... Es ist ihnen dabei ganz hell und warm im Herzen geworden..." (Ebd., 208).

226) Ebd., 208. Die Erklärung ist für die Kinder des dritten Schuljahres bestimmt. (Ebd., 333).

227) Ebd., 334; vgl. dazu Hirscher.

228) Die ganze Bemerkung zu Lk 2,8-20 umfaßt 4 Seiten, davon handeln 2 1/2 Seiten über die Darstellung von Ochs und Esel.

1) Die Deutung der Umwelt des Kindes. Als Katechet will Mey Gegenstände, Darstellungen, Gebräuche religiösen Inhalts (hier die Darstellung der Tiere der Weihnachtsgeschichte auf Bildern, Altären, in Liedern usw.) auch "als w e s e n t l i c h e Bestandtheile einer volkstümlichen Unterweisung"[229] betrachtet wissen. Ähnliches ist von den volkstümlichen Gebeten zu sagen, die aus unseren Texten herausgewachsen sind und die in eigenen Katechesen behandelt werden[230].

2) Die Frage, ob man das Vorhandensein der beiden Tiere als geschichtliche Tatsache hinstellen dürfe, obwohl die Schrift dazu schweigt, beantwortet er mit Hinweisen auf Kirchenväter, vor allem auf das kirchliche Offizium. Dagegen ist für ihn der Einwand der historischen Kritik nicht maßgebend, "denn die 'Kritischen' sind im Stande, nicht bloß den Ochsen und den Esel, sondern den ganzen Stall sammt allem, was darin sich zugetragen, wegzudiskutieren."[231]

3) An der Anwesenheit der beiden Tiere darf man aufgrund "einer alten, ehrwürdigen Ueberlieferung festhalten"[232]. Dieser Grundsatz findet sich auch bei Schuster und Knecht. Man sieht daran, daß die historisch-kritische Hinterfragung "altehrwürdiger" Überlieferung noch nicht ausgeprägt ist. Väterüberlieferung, liturgische Praxis genügen noch, um "geschichtliche Tatsächlichkeit" zu verbürgen.

Wichtig bleibt jedoch für Mey die symbolische Deutung der Tiere: "Der Erlöser ist voll Erbarmen dem verirrten Schafe nachgegangen und hat sich bis zur Genossenschaft des Rindes und Esels erniedrigt, um den Menschen, der von der Gottähnlichkeit bis zur Thierähnlichkeit herabgesunken war, aus seinem tiefen Falle zu erheben."[233] Die Geburt Jesu Christi als Hoffnung und Heilszuwendung Gottes steht als Grundaussage hinter Meys Erklärung. Diese theologische Deutung schätzt man um so mehr, wenn man z.B. die Bearbeitung von 1932 liest, die zu Lk 2,8-20 folgende Auslegung bietet: "Das lebendige Christkind ist in der Kirche in der h e i l i g e n H o s t i e. Bei der hl. Wandlung kommt es wieder vom Himmel auf den Altar... In der hl. Hostie siehst du nicht einmal mehr das Gesicht vom Christkind: es ist ganz zugedeckt... Das Christkind: ein frommer Mann hat es einmal gesehen. Der Schutzengel sieht es auch."[234] Hier ist

---

229) Ebd., 234.

230) So: Der Englische Gruß (193-197). Der Engel des Herrn (197-201). Der freudenreiche Rosenkranz (231f).

231) Ebd., 335.

232) Ebd., 336.

233) Ebd., 336.

234) Mey-Hoch, Katechesen, ^{16}1932, 413f.

um der Kindertümlichkeit und Anschaulichkeit willen jegliche theologisch verantwortete Rede vernachlässigt.

2.4.2.4 Jesus im Tempel gefunden[235]

In einer anschaulichen Erzählung schildert Mey die beschwerliche Reise Jesu nach Jerusalem, seine Andacht im Tempel, die angstvolle Suche der Eltern usw. Auch hier gehen Erzählung und Deutung ineinander über. Im Mittelpunkt steht das Verhalten Jesu. Er opfert sich im Tempel auf: "O himmlicher Vater, ich will sterben, wie diese Lämmer; ich will mein Blut vergießen für die Menschen, sobald du es haben willst."[236] Er läßt im Tempel vor den Lehrern seine Weisheit offenbar werden. Alle wundern sich über seine Antworten und Fragen. Nur Maria und Josef wußten, daß Jesus weiser ist als alle Menschen, sie wunderten sich deshalb nur über den Zeitpunkt der Offenbarung[237]. Vor den Lehrern und allen Leuten zeigte Jesus durch seine Antworten seine Zugehörigkeit zu seinem wahren Vater. Als Sohn Gottes läßt er die Strahlen seiner göttlichen Weisheit aufblitzen, um sie dann für viele Jahre wieder zu verbergen.
Die ganze Katechese ist um Jesus zentriert, vor allem um die Offenbarung seiner Göttlichkeit.
In den Bemerkungen zu dieser Katechese wendet sich Mey gegen die gängige moralische Auswertung von Lk 2,41-52, wie man sie häufig in der Katechese vorfindet[238]. Für ihn hat die Erzählung die Erkenntnis Christi zu befördern, sowie den Glauben an ihn zu stärken. Die Erkenntnis Christi aber besteht darin, "daß seine Gottheit... auch beim Übergang vom Kindes- ins Jünglingsalter sich kundgegeben habe..."[239]
Damit gibt Mey - unter anderen Voraussetzungen - durchaus ein richtiges Anliegen der lk. Erzählung wieder, so wie es die Exegese heute sieht. Gerade Lk 2,41-52 will als Abschluß der ganzen Kindheitsgeschichte Jesu Weisheit offenbaren sowie seine besondere Stellung

---

235) Ebd., 227-231; Bemerkungen zur Erzählung, 347-353.

236) Ebd., 228.

237) Ebd., 229.

238) Mey führt als Beispiel Hirschers "Betrachtungen über die sonntäglichen Evangelien" an (347f). Ebenso könnten die Beispiele aus den bisher besprochenen katechetischen Kommentaren und Biblischen Geschichten genommen werden.

239) Ebd., 349.

zu Gott[240], "die Radikalität seines Sohnesgehorsmas gegenüber dem Vater"[241]. Meys Katechese hebt sich in diesem Sinne wohltuend ab von den moralisierenden Auslegungen seiner Vorgänger.
Die Göttlichkeit Jesu und die "in das Geheimnis der Menschwerdung tief einblickenden Eltern"[242] sind auch die Gesichtspunkte, von denen aus die Erzählung, v.a. Einzelheiten an ihr, ausgedeutet werden.
1) Die Gottheit Jesu verbietet es, in der Erzählung davon zu sprechen, die Eltern hätten Jesus in den Straßen und auf den Spielplätzen gesucht. "Von der göttlichen Person des Heilandes so etwas, als ob er sich wie ein gemeines Kind umhergetrieben, auch nur als möglich sich vorzustellen, wäre ein Frevel gewesen..."[243]
2) Die treue Sorge der Eltern um das Kind wird durch die Erzählung in Frage gestellt, wenn man annimmt, daß Jesus zum ersten Mal in Jerusalem gewesen ist. Ist nämlich Maria in früheren Jahren ohne Jesus nach Jerusalem gegangen, so hätte sie Jesus fast zwei Wochen fremder Sorge anvertraut. "Wer möchte dieser Voraussetzung zustimmen?"[244]
3) Es ist wahrscheinlich, daß die "demüthige und weise Jungfrau" ihre Frage an Jesus erst gestellt hat, als die Unterredung mit den Schriftgelehrten beendet war. Von Maria ist nicht anzunehmen, daß sie sich in dieser öffentlichen Art vorgedrängt hat, noch in so rascher Weise ihrem Gefühle Ausdruck verliehen habe[245]. Auch die Antwort Jesu war nur für seine Eltern bestimmt.
Die drei angeführten Beispiele sollen zeigen, wie dogmatische Voraussetzungen, verbunden mit der Auffassung eines geschichtlichen Tatsachenberichtes, Erklärungen im Gefolge haben, die von der eigentlichen Intention des Textes weg zu Einzelspekulationen führen z.T. unter Zuhilfenahme von Väteraussagen. Mey gibt diese jedoch nur in den Bemerkungen, so daß sie in der Katechese selbst nicht störend hervorzutreten brauchen.

---

240) Vgl. Schürmann, Lukasevangelium I, 132.

241) Ebd., 136.

242) Ebd., 349.

243) Ebd..

244) Ebd., 352. In der 10. Auflage (1898) wird die Frage wieder in der Schwebe gelassen.

245) Ebd.. Mey stützt sich dabei auf Maldonat in seinem Kommentar zu Lk 2,45. (Ebd.)

2.4.2.5 Der Knabe Jesus als Vorbild der Kinder[246] - Jesus ist seinen Eltern unterthan und wächst an Weisheit und Gnade[247]

Während die Katechese Lk 2,41-52 (51) von moralischen Anwendungen und Appellen freigehalten worden ist, um Jesu Sohnschaft und seine göttliche Weisheit zu betonen, sind die vorausgehende und nachfolgende Katechese ethisch akzentuiert.

1) In der ersten Katechese geht es darum, "den göttlichen Knaben in einem vollständigen sittlichen Lebensbilde vor die Augen der Kinder zu stellen"[248]. Methodisch ist dabei "die Hauptaufmerksamkeit auf anschauliche, im Lebenskreis der Kinder sich bewegende Schilderung zu richten"[249]. Dabei darf der Katechet das beifügen und hinzudichten, was sich aus der Herablassung des Sohnes Gottes zur Lebensgemeinschaft mit den Menschen ergibt[250]. Er zeigt das in anschaulichen Beispielen auf. Inhaltlich setzt Mey an die erste Stelle die Liebe Jesu zu seinem himmlischen Vater[251]. Es folgt der Gehorsam gegen die Eltern, der auch in der zweiten Katechese nochmals ausführlich dargestellt wird. Jesus hat sich unter die Menschen gestellt, "um den Kindern zu zeigen, wie sie Vater und Mutter ehren, und ihnen folgen sollen"[252]. Überspitzt ausgedrückt könnte man sagen, er stellt sich unter die Menschen, nicht um unser menschliches Leben zu teilen, sondern um ein Bei-

---

246) Ebd., 223-227. Bemerkungen zur Erzählung, 345-347. Ab der 10. Auflage (1898) fehlt diese Katechese und wird teilweise in die folgende eingearbeitet.

247) Ebd., 233-237. Bemerkungen zur Erzählung, 353-359.

248) Ebd., 345.

249) Ebd., 347.

250) Ebd.. Besonders anschaulich ist die Erzählung in der 16. Auflage (1932), 238-242.

251) Mey schildert anschaulich, wie Jesus seinen himmlichen Vater geliebt hat. Immer hat Jesus an ihn gedacht. "Ja sogar im Schlafe hat er an Gott gedacht. Nur seine Augen haben geschlafen, das Herz aber hat gewacht." (Ebd., 224).

252) Ebd., 235. "Er ist vom Himmel herabgekommen, um allen Kindern zu zeigen, wie sie gegen Vater und Mutter sich betragen sollen." (Ebd., 225).

spiel zu geben[253].

Konkret und im einzelnen wird angegeben, worin sich dieser Gehorsam gezeigt hat. Jesus ist ein Knabe, der sich ganz einfügt in ein häusliches Leben, wie es die Kinder in etwa daheim vorfinden. Wie gegen seine Eltern war er gegen alle Leute voll Güte und Freundlichkeit.

Die beiden Tugenden werden wieder durch viele Beispiele aus der Umwelt des Kindes belegt. "Sind alte Leute des Wegs gekommen, so ist er auf die Seite gegangen und hat sie auf dem guten Weg laufen lassen. Armen hat er sein Brot geschenkt, Fremden hat er den Weg gezeigt, Blinde hat er an der Hand geführt, für Kranke und Gestorbene hat er gebetet."[254] Bei aller Anschaulichkeit möchte aber Mey nur so von Jesus reden, daß dadurch der Glaube an die Menschwerdung Gottes nicht zerstört wird. Bei aller Betonung der Menschlichkeit Jesu ist diese doch beständig überhöht von seiner Göttlichkeit, denn eigentlich hätte er nicht nötig gehabt, Menschen zu folgen, er ist ja Gott, der allerhöchste Herr[255]. Die konkreten, von den Eltern und Lehrern gewünschten Verhaltensweisen der Kinder werden durch das Beispiel Jesu mit einer besonderen Autorität ausgestattet. Meys Katechese "der Knabe Jesu als Vorbild der Kinder" wirkt in den folgenden katechetischen Entwürfen zur Unterstufe weiter. In ihnen ist das Bestreben erkennbar, den Kindern ein Vorbild für ihr Verhalten als Christen zu geben. Die vorgeschlagenen Verhaltensweisen selbst werden dabei nicht reflektiert. Vielmehr gilt: "Wenn die Kinder so sich betragen, dann sind sie wahrhaft christliche Kinder."[256]

2) In der Katechese, die Lk 2,41-51 folgt, deutet Mey den für Kinder schwierigen Vers 52, die Zunahme an Alter, Weisheit und Gnade. Dabei geht es Mey auch hier darum, die Zunahme an Weisheit und Gnade mit der Göttlichkeit Jesu in Einklang zu bringen. Dann kann es

---

253) In seinen Bemerkungen (358f) korrigiert Mey diese Auffassung, indem er für die obere Klasse eine Ergänzung wünscht. Den reiferen Schülern soll deutlich gemacht werden (in Anlehnung an Irenäus), daß Jesus jedes Alter durchlebte, um es zu erneuern und zu heiligen als zweiter Adam. "Es lag in seiner barmherzigen Absicht, jedes Alter an sich zu nehmen und durch diese Aufnahme zu erlösen, zu heiligen, des wahren Lebens theilhaft zu machen und zur Gemeinschaft mit Gott zurückzuführen." (Ebd., 359).

254) Ebd., 226.

255) Ebd., 234.

256) Ebd., 227.

sich bei der Zunahme nur um eine zunehmende Offenlegung der in ihm wohnenden Gnaden- und Weisheitsfülle handeln. Wie eine Blume sich öffnet, so zeigte Jesus dem Menschen mehr und mehr, daß er voll Weisheit und Gnade ist[257].

2.4.3 Zusammenfassung

Eine Analyse der vorgelegten Katechesen Meys zeigt deutlich zwei Schwerpunkte seiner Überlegungen zum ersten Religionsunterricht. Unter der Voraussetzung, daß die Biblische Geschichte die geeignetste Grundlage des ersten religiösen Schulunterrichts ist[258], strebt er eine "der Sache und dem wahren Bedürfnis der Katechumenen entsprechende Behandlungsweise"[259] an.

1) Die Sache, um die es ihm geht, sind die biblischen Texte, die richtig ausgelegt sein wollen. Mey tat dies unter dem Gesichtspunkt, das Geheimnis Christi kund zu tun[260], der als Sohn Gottes vom Himmel herabgekommen ist[261]. Die Göttlichkeit Jesu will er in allen Katechesen klar zum Ausdruck bringen. Deshalb muß alles Reden über ihn von der Ehrfurcht gegen den Sohn Gottes getragen sein[262]. Vor allem darf ein flaches Moralisieren nicht die Hoheit Jesu verstellen[263]. Bei seiner Auslegung stützt er sich öfters auf die Auslegung der Kirchenväter, auch auf die Liturgie und den Cat. Romanus[264]. Der histo-

---

257) Ebd., 236. Vgl. Schuster und Knecht zu diesem Vers. Ab der 10. Auflage (1898) wird auf eine Deutung des Verses verzichtet.

258) Siehe S. 151 f d. Arbeit.

259) Mey, Katechesen. 349.

260) Ebd., 321.

261) Ebd., 181. 182.

262) Z.B. 346. 349. 355. 237: "Jesus ist Gott , - derselbe Gott ist er, der aus dem Blitz und Donner heraus gesprochen hat."

263) Z.B. 349. 321.

264) Kirchenväter: Chrysostomus (323) zur Erwählung Marias; Gregor d. Große (334) zum Glauben; Irenäus (358f); Hieronymus (335) zu Ochs und Esel; Beda der Ehrwürdige (351) - Jesus vor dem 12. Lebensjahr im Tempel; Bernard (357) - zu Lk 2,52; Kirchliches Offizium (335) zur Frage nach Ochs und Esel bei der Krippe; Kommentar des Maldonat (352) zu Lk 2,45 und 2,40 (356); Catechismus Romanus (356) zu Lk 2,52.

rischen Kritik ist er weniger zugetan, diese hat ihre Berechtigung vor allem auf der Oberstufe. Für den ersten Unterricht gibt sie nichts her[265]. Auch bei der Untersuchung der Frage, ob Ochs und Esel im Stall standen, befragt er nicht die historische Kritik[266]. Öfters kommt er auf das Verhältnis von Glaube und Moral zu sprechen. Für ihn ist - wie für Hirscher - der Glaube das Fundament der Moral und dieser ist zunächst zu stärken und festigen[267].

2) Die Katechesen Meys zeigen ein betontes Eingehen auf die Bedürfnisse und das Fassungsvermögen der Kinder. Dabei bleibt jedoch der Anspruch theologisch verantwortbarer Rede erhalten. Zu nennen ist hier die ausmalende Erzählung. Die Perikopen werden selbstverständlich als historische Tatsachen genommen, die durch Hinzufügungen weiter konkretisiert werden. "Hier ist Anschaulichkeit der Erzählung vor allem anzustreben... es muß mit frommer Phantasie mancher Zug hinzugedichtet werden..."[268] Die zur Ausmalung erforderlichen Farben können nicht immer bei den gelehrten Exegeten und Archäologen geholt werden[269]. Weitere methodische Mittel sind ihm Geschichten, Vergleiche und Reime[270]. Mey berück-

---

265) Vgl. 331.

266) Siehe S. 155 f d. Arbeit.

267) Mey, Katechesen, 350.

268) Ebd., 331. In seinem Bestreben, anschaulich zu reden, geht er manchmal bis an die Grenze des Sagbaren, so z.B. wenn er über das Vorhaben des Herodes schreibt: "Nicht wahr, wenn ihr ein Glas mit Wasser in der Hand habet, und es ist eine Fliege darin, so sehet ihr die Fliege durch das Glas und das Wasser hindurch. So sieht's auch Gott, wenn jemand einen bösen Gedanken im Herzen hat. Durch Haut und Fleisch und Bein schaut er hindurch." (Ebd., 219). - In den späteren Auflagen rücken die Bearbeiter von der ausmalenden biblischen Erzählung wieder ab (Vorwort zur 7./8. Auflage). - In der 15. Auflage wird wieder "maßvoll" ausgemalt.

269) Ebd., 331. Die Erweiterungen "bilden die Saugwurzeln des zu pflanzenden Baumes, ohne die er wohl aufrecht steht, aber nicht anwächst". (Ebd.).

270) Das Erlösen erklärt er mit Hilfe eines in den Brunnen gefallenen Kindes. (Ebd., 183). Vergleiche: die Seele Marias ist schöner als eine Lilie. (Ebd., 186). Wie das Glas voll Wein ist, so ist das Herz des Knaben Jesu voll Liebe gewesen. (Ebd., 223). Der Knabe Jesus ist der schönste Spiegel. (Ebd., 226). Jesus ist die allerschönste Rose. (Ebd. 236). Am Ende jeder Katechese bietet Mey einen Reim an, der das Wesentliche zusammenfaßt und von den Kindern gelernt werden soll. (Vgl. S. 152 d. Arbeit).

sichtigt auch die Umwelt des Kindes, die religiöse in Gebeten, Brauchtum[271] und durch Hinweis auf Kirchenfeste, dann die soziale Umwelt, vor allem durch die Einordnung in Familie und Schule in Form zahlreicher sittlicher Verhaltensweisen[272]. Mit Hilfe dieser methodischen Mittel wird die Kindheitsgeschichte zu einer Kindergeschichte. Dieser Trend wird in den nachfolgenden Kommentaren für die Unterstufe und in den Religionsbüchlein weiter verstärkt. Sie sind, vor allem was die Methode anbelangt, von Gruber und Mey abhängig. Der Münchener Katechetenverein, in dem die Methodenbewegung ihren Anfang nahm, schätzte schon sehr früh die Katechesen Meys und verwendete sie bei schulpraktischen Erörterungen[273], wie sie überhaupt öfters als vorbildlich hingestellt wurden[274].

2.5 Ergebnis

1) Wie die allgemeine Zielsetzung der Katechese zur Zeit der Neuscholastik vermuten ließ, wird für die Auslegung von Lk 1-2 vor allem die dogmatisch exakte Formulierung in katechismusnahen Sätzen benützt. Es finden sich vermehrt christologische, soteriologische, mariologische und moraltheologische Lehrinhalte. Besonders häufig kehrt in der Christologie die Zweinaturenlehre wieder, wobei die Göttlichkeit der Person Jesu eindeutig in den Vordergrund rückt. Sie erfordert ein "ehrerbietiges und ehrfürchtiges Sprechen " (Mey).
2) Im Handbuch Schusters kommt die Bedeutung der biblischen Realien als weiteres Auslegungsprinzip zur Geltung. Dabei ist noch ungeschieden alles, was sich an biblischen Örtlichkeiten und christlichen Denkmalen finden läßt, zur Betonung des historischen Berichtes verwendet. Der möglichen Bestreitung biblischer Berichte wird durch verstärkte Betonung der Historizität begegnet.

---

271) Ebd., 334: "Was dem katholischen Volke von Jugend auf und das ganze Leben hindurch auf Gemälden, in Sculpturen, in heiligen Liedern und selbst auf Altären vor Augen gestellt wird, verdient gewiß Beachtung von Seiten des Unterrichtes, Erläuterungen über derartige Dinge müssen sogar als wesentliche Bestandtheile einer volkstümlichen Unterweisung betrachtet werden." Vgl. auch S. 156 d. Arbeit.

272) Z.B. S. 159 f d. Arbeit.

273) Hans-Wolfgang Offele, Geschichte und Grundanliegen der sogenannten Münchener katechetischen Methode, München 1954, 16.

274) Ebd., 85. 138.

3) Weitere Einflüsse, die in dieser Epoche verstärkt in Lk 1-2 wirksam werden, sind das apokryphe Material, die Gleichsetzung von biblischen Erzählelementen und sakramentaler Wirklichkeit (Knecht) und das Vorbild der hl. Familie (Knecht).

4) Tendenzen der vorherigen Epoche finden sich wieder. Die moralische Auswertung nimmt an Umfang zu, die anschauliche, ausmalende Erzählung vor allem für die Unterstufe (Mey) wird weitergepflegt. Die Bedeutung der Biblischen Geschichte für den grundlegenden Religionsunterricht überhaupt (Hirscher, Gruber) hält sich bei Mey durch. Gebete, Lieder, Bräuche des Kirchenjahres sind feste Bestandteile der Auslegung.

3. KOMMENTARE UND BIBLISCHE GESCHICHTEN IN DER ZEIT DER METHODENBEWEGUNG (1900-1930)

Die Kommentare von Schuster und Knecht sowie die Katechesen von Mey reichen mit ihren wiederholten Auflagen weit hinein in die Zeit der sogenannten Methodenbewegung, die sich um die Jahrhundertwende in der Katechetik im gemeinsamen Bemühen von Theoretikern und Praktikern herausbildete[1]. Ihre bekannteste Frucht ist die "Münchener Methode" (MM)[2], die vor allem die Katechismuskatechese in ihrem Aufbau erneuern sollte[3]. Zugleich wurden auch - gleichsam als Nebenprodukt - für den Bibelunterricht neue Akzente gesetzt. So ist es angebracht, in Kürze auf die Hauptanliegen und die Zielsetzung dieser neuen Bewegung einzugehen sowie auf die veränderte Sichtweise der Bibelkatechese, soweit sie unsere Texte betrifft.

3.1. Das Anliegen der Methodenbewegung

1) Den Anstoß zu einem verbesserten Religionsunterricht gaben die in der Schulstube stehenden Katecheten, die sich um die christliche Erziehung der Jugend in einer weithin säkularisierten und entchristlichten Umgebung bemühten[4]. Die Katechismuskatechese selbst, mit der es die Katecheten zu tun hatten, war inhaltlich bestimmt vom System des Deharbeschen Katechismus und methodisch von der Exegese seiner korrekten, klaren Sätze. Die Systematik des "Lehrbegriffs"

---

1) Vgl. v.a. Hans-Wolfgang Offele, Geschichte und Grundanliegen der sogenannten Münchener katechetischen Methode. Die methodische Erneuerung im katechetischen Unterricht, München 1954. (Zitiert: Offele, MM bzw. Münchener Methode).

2) Das Hauptinteresse lag - wie der Name sagt - auf der Entwicklung der richtigen Methode. Diese wurde zunächst "psychologische Methode" genannt, auch "synthetische" oder "genetische Methode", ab 1903 "Münchener Methode" (MM). (Offele, MM, 61); Heinrich Stieglitz, Die Münchener Methode, in: Josef Göttler (Hrg.), der Münchener katechetische Kurs 1905, München 1906, 167f.

3) Anton Weber, Das Wesen der Münchener Methode und ihre Beziehungen zu Herbart, in: Kat Bl 32 (1906) 24: Da der Unterricht in der Biblischen Geschichte in den Händen der Lehrer lag, "hatten wir kein Interesse, bei unserer Methode auch die Biblische Geschichte zu berücksichtigen."

4) Vgl. dazu Offele, MM, 9-14.

beherrschte die Katechese. Die Erfahrung der Religionslehrer zeigte jedoch, daß die vor allem den Intellekt ansprechende Analyse der korrekten neuscholastischen Begriffe des Katechismus von den Schülern oft genug mit Langeweile und Desinteresse quittiert wurde. So suchte man nach einer effektiven Unterrichtsgestaltung und ging dabei bei der Profanpädagogik in die Schule[5]. Zahlreiche Konferenzen, Kurse und Kongresse wurden von Katechetenvereinen abgehalten, auf denen die neuen pädagogischen, methodischen und psychologischen Erkenntnisse zur Diskussion gestellt, auf ihre Brauchbarkeit überprüft und in praktischen Unterrichtsversuchen erprobt wurden. Einen erheblichen Anteil an dem lebhaften Bemühen um eine neue Unterrichtsmethode hatten der Münchener und Wiener Katechetenverein[6], die die erwähnten Kurse abhielten und auch in den Zeitschriften ihre Ergebnisse publizierten[7].

2) Die wichtigsten Ergebnisse der Auseinandersetzung waren folgende: An die Stelle der texterklärenden trat die textentwickelnde Methode mit den Formalstufen der Vorbereitung, Darbietung, Erklärung, Zusammenfassung und Anwendung[8]. Unter dem Namen Münchener Methode, modifiziert in den kommenden Jahren durch die Arbeitsschulbewegung, die Wert- und Erlebnispädagogik, beherrschte sie den Religionsunterricht der kommenden Jahrzehnte[9].

Mit der Entwicklung einer dem Kind angemessenen Methode hing die Beachtung der kindlichen Psyche zusammen, gegenüber dem bisher vorherrschenden Stoffprinzip. So kam man zu den Forderungen der An-

---

5) So ließ man sich insbesondere von Herbart und Ziller inspirieren. An der weiteren religionspädagogischen und methodischen Entwicklung hatten die Pädagogen Otto Willmann und Josef Göttler erheblichen Anteil.

6) Die Geschichte der MM ist mit der Geschichte des Münchener Katechetenvereins eng verknüpft (Offele, MM, 13). Besonders deutlich spiegeln die Kursberichte der katechetischen Kurse die Entwicklung der MM wider. Wichtig sind die Münchener katechetischen Kurse (MKK), die in den Jahren von 1905-1911 stattfanden (Berichte von Josef Göttler); die Salzburger Kurse (1903, 1906) und der erste katechetische Kongreß in Wien (1912).

7) Die Verbandszeitschriften sind: Christlich-pädagogische Blätter (Wiener Katechetenverein) und Katechetische Blätter (Münchener Katechetenverein).

8) Offele, MM, 174-176. Die Formalstufen wurden bald auch auf den Bibelunterricht angewandt.

9) Vgl. Franz Xaver Eggersdorfer, Die Kurve katechetischer Bewegung in Deutschland in einem halben Jahrhundert, in: Katechetische Methoden heute, bearb. v. Josef Goldbrunner, München 1962, 24-47.

schaulichkeit[10], zum Studium des Kindes und zur gründlichen Klarstellung "der aus der Kindesseele sich ergebenden Bedürfnisse nach religiösem Wissens- und Bildungsstoff"[11]. Zunächst sollten die augenblicklichen Bedürfnisse der Kinder berücksichtigt werden[12]. Eine Hauptstoßrichtung der neuen Bewegung lag so in der Erfassung der kindlichen Eigenart und der daraus sich ergebenden Folgerungen für die Methode des Unterrichts. Die MM ist deshalb psychologisch im eminenten Sinn[13]. Auch die Bibelkatechese wurde von psychologischen Rücksichten her bestimmt.
Innerhalb der intensiven Bemühung um die Lösung des katechetischen Problems mittels Methode, wurde auch der Bibel ihr Ort zugewiesen. Sie wurde zunächst gesehen als ein Anschauungsarsenal, das seinen Dienst leistet für den Formalstufenaufbau der Katechismuskatechese. Die anschauliche Darbietung sollte möglichst biblische Anschauung sein[14]. Ihre Funktion kann auch in der Forderung nach einer möglichst engen Verbindung von Bibel- und Katechismusunterricht zum Ausdruck kommen. Die "Dienstleistung" der Bibel in der Methodenbewegung ist in diesem Punkt verwandt der Knechtschen Auffassung von der Aufgabe biblischen Unterrichts[15]. In der Zeit der Methodenbewegung wurde sodann die biblische Erzählung endgültig als Grundlage für den Religionsunterricht der Unterstufe erkannt und propagiert. Hier konnte bereits auf Vorläufer zurückgegriffen werden. Schon sehr früh verwies man auf Mey[16] und auf A. Gruber[17]. Das Ergebnis der Bemühungen um den Religionsunterricht der Unterstufe war das Religionsbüchlein, in dem die biblische Erzählung im Mittelpunkt stand[18]. Neben der

---

10) Offele, MM, 27.

11) Franz Xaver Thalhofer, Fortbildung des Katecheten, in: Josef Göttler (Hrg.), Der Münchener katechetische Kurs 1905, Kempten 1906, 259f.

12) Göttler, Verteilung des Lehrgutes nach den religiösen Entwicklungsstufen, in: ders., Münchener katechetischer Kurs 1911, Kempten 1911, 162ff.

13) Göttler, Die neue Methode endlich fertig, in: Kat Bl 32 (1906), 40.

14) Vgl. Eggersdorfer, Die Kurve der katechetischen Bewegung, in: Goldbrunner, Katechetische Methoden, 33.

15) Siehe S. 138 ff d. Arbeit.

16) Offele, MM, 16.

17) Ebd., 57.

18) Ebd., 91f; zum Religionsbüchlein siehe S. 186 ff d. Arbeit.

Rolle, die die Bibel im System der Formalstufen und im Religionsunterricht der Unterstufe spielte, wurde auch der Bibelunterricht als solcher auf den katechetischen Kursen verhandelt, vor allem von P. Bergmann[19]. Mit ihm kam die psychologische Behandlung der Biblischen Geschichte ausdrücklich in die Diskussion. Ferner war man um eine kindertümliche, lebensvolle Erzählweise bemüht. Neben der Erzählung rückt dann die Anwendung, vor allem unter dem Einfluß der Arbeitsschulbewegung und der Wertpädagogik, in den Mittelpunkt des Interesses.

3) Mit diesem gedrängten und nur in groben Umrissen skizzierten Überblick über die katechetischen Bemühungen zur Zeit der Methodenbewegung sollte deutlich werden, wo die Schwerpunkte der Bibelkatechese jener Zeit lagen. Die psychologische Behandlung der Biblischen Geschichte, die anschauliche Erzählung, die ein inneres Erlebnis ermöglichte[20], die Bildung des Gewissens in einer zur Tat aufrufenden Anwendung[21], das waren die Elemente der Bibelkatechese, denen sich das Interesse der Katecheten zuwandte. Es war eine kräftige Betonung der Bedürfnisse des Kindes und der methodischen Bemühung um einen lebensvollen Unterricht. Die Eigenwertigkeit des Stoffes, die theologischen Überlegungen zur "Sache" des Bibelunterrichts rückten in den Hintergrund[22]. Im folgenden Abschnitt soll zunächst das Anliegen Bergmanns referiert werden. Dann folgen Beispiele, wie man Lk 1-2 von den veränderten Zielsetzungen her ausgelegt hat. Dabei werden sowohl einzelne Katechesen als auch die wichtigsten Kommentare berücksichtigt. Gerade die Einzelbeispiele zeigen zunächst deutlicher als die Kommentare die veränderte Einstellung zur Bibelkatechese.

---

19) Josef Kundi, Behandlung der Biblischen Geschichte, in: Göttler (Hrg.), der Münchener katechetische Kurs 1905, 199-209. Paul Bergmann, Die psychologische Behandlung der Biblischen Geschichte, in: Göttler (Hrg.), Der Münchener katechetische Kurs 1907, Kempten 1908, 196-217. Auch Valerian Schubert schaltete sich in die Auseinandersetzung ein.

20) Heinrich Kautz, der Neubau des Religionsunterrichts, 3 Bde., Kevelaer 1922. ^{6}1928. (Zit. wird nach der 6. Auflage). Bei Kautz dient die Stufe der Darbietung (Darstellung) der "Erlebnisbereitung". Ebd., I, 64.

21) Kautz nennt diese Stufe "Tatgestaltung"; ebd., 64.

22) Insofern hat Dreher recht, wenn er von der Bibelkatechese dieser Zeit behauptet, daß sie gegenüber der vorausgehenden Epoche theologisch keinen Fortschritt brachte. (Dreher. Bibl. Unterweisung, 56).

3.2 P. Bergmann. Die psychologische Behandlung der Biblischen Geschichte[23]

3.2.1 Die psychologische Behandlungsweise

In der Psychologie, der in dem Ringen um eine neue Methode für den Religionsunterricht ein bedeutender Platz eingeräumt wurde, sieht Bergmann "eine helfende Tochter", um die Liebe zu den religiösen Wahrheiten neu zu entfachen[24].
Im Bibelunterricht soll die Beachtung psychologischer Gesetze - "alles verläuft nach psychologischen Gesetzen"[25] - die erzählten Vorgänge gleichsam in eine organische Verbindung mit dem Selbst führen[26]. Daraus gehen die Willensentschlüsse hervor, die sich auf Gottes- und Nächstenliebe richten, dem Ziel des Religionsunterrichts überhaupt[27]. So wirkt Bibelunterricht charakterbildend[28]. Methodisch geschieht die Verschmelzung von fremden Erfahrungen mit dem eigenen Selbst, indem die Seelenvorgänge der in der Erzählung vorkommenden Personen aufgedeckt, miterlebt und verwertet werden[29]. Die Kinder sollen "in das Drama mitfühlend hineingezogen

---

23) Siehe Anm. 19. Zuvor hatte Bergmann in den Katechetischen Blättern sein Anliegen vorgestellt in dem Aufsatz: "Gedanken über die Behandlung biblischer Geschichten", Kat Bl 32 (1906), 34-38. Auf beide Aufsätze wird im folgenden zurückgegriffen. Zu Paul Bergmann vgl.: J. Spieler, in: LexPäd I, Freiburg 1930, 258f.

24) Bergmann, Die psychologische Behandlung der Biblischen Geschichte, 212.

25) Ders., Kat Bl 32 (1906), 36.

26) Ebd., 35.

27) Ders., Die psychologische Behandlung der Biblischen Geschichte, in: Münchener kat. Kurs 1907, 208.

28) "Die Bibel ist die Hochschule der Charakterbildung." Ders. Biblische Geschichte und Charakterbildung, in: Der 2. pädagogisch-katechetische Kurs in Wien 1908, hrg. v. d. Österr. Leo-Gesellschaft, Wien 1908, 194.

29) Ebd., 197: "Aufgedeckt werden die Seelenvorgänge der biblischen Personen, miterleben sollen die Schüler und Lehrer, Verwertung finden sie zunächst im Lernenden...".

werden"[30]. Dazu ist eine Schau ins Herz nötig[31], wo es geht auch in die Seele Jesu[32].
Neben dem Aufdecken der Seelenvorgänge ist zur rechten Behandlungsweise der Bibel die Betonung des Zusammenhangs der einzelnen Erzählungen von Bedeutung: "...Entwicklung, Zusammenhang, Vollendung, Entwicklung innerhalb der Einzelgeschichte, Entwicklung und Aufspürung des Zusammenhangs innerhalb mehrerer Geschichten, Entwicklung und Zusammenhang von der ersten bis zur letzten Geschichte, vom ganzen Erlösungswerk."[33] Für den Volksschulunterricht bedeutet dies konkret, den Kindern ein zusammenhängendes Leben Jesu zu vermitteln, dafür bietet die Leben-Jesu-Forschung genügend Stoff[34]. Bergmanns Forderung nach Betonung des Zusammenhangs des gesamten Erlösungswerkes mit dem Mittelpunkt Jesus Christus ist - gegenüber der Betonung des heilsgeschichtlichen Zusammenhangs z. B. bei Hirscher - ganz bestimmt von psychologischen Gesetzen und vom Aufdecken dieser Gesetze in der Hl. Schrift.

3.2.2 Die Begründung für die psychologische Behandlungsweise der Bibel

Die Natur des Kindes, die Erzählweise der Bibel und die Bedürfnisse der Zeit drängen nach Bergmann zur psychologischen Behandlung der Biblischen Geschichte[35]. Die Psychologie und die moderne Kinderforschung belehren uns, daß das Kind nach Anschaulichem verlangt, nach Leben, nach dem, was wirkt und sich entwickelt[36]. Den psychologischen Bedürfnissen des Kindes entspricht die Erzählweise der Bibel: "Einfach und doch fast unüberschaubar, sparsam und doch nichts Wesentliches verschweigend, in schlichtem Gewande kraftvolle Wahrheit und tiefste Wahrheit bergend, Menschenschicksale von Jahrtau-

---

30) Ebd., 202.

31) Ebd., 204.

32) Ebd., 206.

33) Ebd., 214.

34) Ebd., 215f. Um die Jahrhundertwende gab es eine zahlreiche (kath.) Leben-Jesu-Literatur (F. Mussner, in LThK VI ²1961, 863). Besonders J. Grimm: Das Leben Jesu nach den 4 Evangelien, wurde von Verfassern von Kommentaren benützt.

35) Ebd., 200.

36) Ebd., 201. 217.

senden in unerschöpflicher Fülle und Einzelbilder voll lieblicher Anmut entrollend, alles durchzogen von einem psychologischen Gewebe wundervollster Feinheit, vor, in, nach, zwischen und über allem die zwar unsichtbare und doch zum Greifen fühlbare, leitende und liebende Hand Gottes: das ist der Charakter der Bibel und dementsprechend ihre Erzählweise."[37] So wartet die Biblische Geschichte förmlich darauf, daß die Psychologie sich an ihr erprobe[38]. Schließlich verlangen auch die Bedürfnisse der Zeit - das Streben nach dem Zusammenhang und dem Ganzen - nach dieser Form der Behandlung[39].

Die Hilfe des Elternhauses und der Umwelt bei der religiösen Erziehung ist mangelhaft. Da kann die Psychologie dazu dienen, "die Heilige Schrift - das Erziehungsbuch der Menschheit aller Zeiten" - als Mittel zum Entfachen eines neuen Interesses an der religiösen Wahrheit einzusetzen[40].

Bergmann hat seine Theorie auf katechetischen Kongressen (München 1907, Wien 1908, 1912) und in Zeitschriften verbreitet. In seinen zwei Bändchen: "Biblisches Leben aus dem Neuen Testament"[41], setzte er seine Theorie in die Praxis um und gab 1927 eine katholische Schulbibel[42] heraus. Zu unseren drei Abschnitten aus Lukas bringt er keine praktischen Beispiele. Lediglich in seinem Vortrag 1907 in München führt er an Hand von Lk 2,19 aus, wie er sich eine psychologische Behandlung vorstellt. Dieser Vers ist ihm Anlaß zu fragen: "Sind uns nicht Blicke möglich in die durcheinanderwogenden Empfindungen und

---

37) Ebd., 208; vgl. ders. Gedanken über die Behandlung biblischer Geschichten, in: Kat Bl 32 (1906), 35.

38) Ebd., 38.

39) Bergmann, Die psychologische Behandlung der Biblischen Geschichte, 214.

40) Ebd., 212; vgl. auch Bergmann, Die Biblische Geschichte, in: E. Holzhausen, Bericht über die Verhandlungen des Kongresses für Katechetik, Wien 1912 Teil I, Wien 1913, 183: "In den Blättern der Bibel...verbirgt sich die erhabene Pädagogik des Schöpfers der Menschenseele." Bergmann, Die Stellung der Biblischen Geschichte auf der Unterstufe, in: Kat Bl 39 (1913) 295.

41) Paul Bergmann, Biblisches Leben aus dem Neuen Testament, mit Seelenvorgängen, Heilswahrheiten und Willensübungen für den Religionsunterricht, 2 Bde., Freiburg 1920.

42) Ders., Katholische Schulbibel 1927, 1958 von Otto Karrer neu herausgegeben. Sie fand keinen Eingang in die Schulen.

Gedanken Marias in jener heiligen Nacht?... Den Heiland, Christus den Herrn, den Messias, den Sohn Gottes hast du geboren... Hat je ein Mutterherz Größeres empfunden?"[43]
Bergmanns Theorie zum Bibelunterricht hat die Unterrichtsbeispiele und Kommentare verschieden stark beeinflußt[44]. Gegenüber der vorhergehenden Epoche liegt jetzt der Hauptakzent auf der Berücksichtigung der Natur des Kindes: "Der Unterrichtsstoff soll eben nicht in erster Linie maßgebend sein für die Behandlungsweise mit Kindern, sondern die Natur des Kindes."[45] Das führt zur Beobachtung der Seelenvorgänge oder zur ausmalenden Erzählung, die Spannung und Begeisterung erzeugt. Der zweite Schwerpunkt liegt auf dem erziehlichen Moment der Bibel. Deshalb soll der Katechet die in ihr "ruhenden sittlichen Wahrheiten zur Bildung, Übung und Stärkung des christlichen Charakters"[46] enthüllen. Wie sich die Betonung dieser beiden Schwerpunkte auf die Erklärung zu Lk 1-2 auswirkt, wird nun näher aufgezeigt.

3.3 Die Behandlung der Kindheitsgeschichten nach den Zielsetzungen der Methodenbewegung

Bevor sich die Ideen der Methodenbewegung in den Kommentaren zur Biblischen Geschichte niederschlagen, wurde in Aufsätzen und Einzelbeiträgen versucht, die neue Methode und die veränderte Zielsetzung für den Bibelunterricht überhaupt an Hand praktischer Beispiele zu

---

43) Bergmann, Die psychologische Behandlung der Biblischen Geschichte, in: Münchener kat. Kurs 1907, 196f.

44) Die Erklärung der Bischofskonferenz von 1917 nimmt das Anliegen Bergmanns auf, wenn es dort zur Darbietung heißt: "Man erweitert aber nicht nur durch Hinzufügen äußerer Geschehnisse, sondern auch durch Schilderung der Seelenvorgänge der auftretenden biblischen Person (psychologische Vertiefung)." Erklärung der Fuldaer Bischofskonferenz 1917, abgedruckt in: Josef Göttler, Religions- und Moralpädagogik, Münster ²1931, 202.

45) Bergmann, Gedanken über die Behandlung biblischer Geschichten, in: Kat Bl 32 (1906), 35.

46) Ders., Die Biblische Geschichte, in: Bericht über die Verhandlungen des Kongresses für Katechetik, Wien 1912 Teil I, 182. Die alleinige Betonung der sittlichen Wahrheiten wird vom Kongreß ergänzt durch die "Glaubenswahrheiten".

konkretisieren. Einige dieser Versuche werden zusammen mit den Kommentaren hier vorgestellt[47]. Dabei soll vor allem auf die Erzählung und die Stufe der Verwirklichung geachtet werden, da sich dort die Veränderungen am deutlichsten zeigen.

---

47) Folgende Arbeiten wurden benützt:
1. Bruno Clemenz, Der katholische Religionsunterricht in der Arbeitsschule, in: O. Karstädt und G. Wolff, Handbücher für den Arbeitsunterricht, Langensalza 1921. (Zit.:Clemenz, Arbeitsschule).
2. Franz Xaver Weigl, Der Unterricht in der Biblischen Geschichte nach den Grundsätzen der Arbeitsschule in der Mittel- und Oberstufe der Volksschulen (Religion und Leben 3. Teil, hrg. v. Gustav Götzel), Kempten 1922. (Zit.: Weigl, Unterricht in der Biblischen Geschichte).
3. Johanna Huber und Karl Raab, Das Arbeitsprinzip im Religionsunterricht der Grundschule, (Religion und Leben 4. Teil, hrg. v. Gustav Götzel), Kempten 1923. (Zit.: Huber und Raab, Arbeitsprinzip in der Grundschule).
4. Heinrich Schüßler, Arbeitsschulmethode und katholischer Religionsunterricht, (Führer in die Arbeitsschule, Bd. 7), Frankfurt/M. 1922. (Zit.: Schüßler, Arbeitsschulmethode).
5. Heinrich Kautz, Neubau des katholischen Religionsunterrichts, 3 Bde., Kevelaer [1]1922, [6]1928. (Zitiert wird nach der 6. Auflage Bd. 1, wenn nicht anders angegeben: Kautz, Neubau).
   - Kommentare -
6. Norbert und Heinrich Faßbinder, Methodisches Handbuch zur Mittleren Ausgabe der katholischen Schulbibel von Ecker, Trier 1926, Bd. 2. (Zit.: Faßbinder, Handbuch).
7. Heinrich Faßbinder und Marin Pick, Methodisches Handbuch zur katholischen Schulbibel von Ecker, Düsseldorf [7]1951, Bd. 2. (Zit.: Faßbinder-Pick, Handbuch).
8. N. Gottesleben, J.B. Schiltknecht und L. Wagenmann, Die Biblische Geschichte auf der Unterstufe der katholischen Volksschule, Paderborn [10]1918. (Zit.: Gottesleben-Schiltknecht-Wagenmann I).
9. Diess., Die Biblische Geschichte auf der Mittelstufe der katholischen Volksschule, Paderborn [8]1921. (Zit.: Gottesleben-Schiltknecht-Wagenmann II).
10. Diess., Die Biblische Geschichte auf der Oberstufe der katholischen Volksschule nebst Ergänzungsstoffen für Lehrerbildungsanstalten, Paderborn [11]1919. (Zit.: Gottesleben-Schiltknecht-Wagenmann III).
    Fortsetzung der Anmerkung: S. 174

3.3.1 Die anschauliche, ausmalende Erzählung

Wie bereits erwähnt, soll der Unterricht in der Biblischen Geschichte durch eine anschauliche und lebendige Erzählung das Gemüt ergreifen und lebhafte Gefühle erwecken[48]. In immer neuen Umschreibungen wird diese Forderung ausgedrückt: "Detailliere, motiviere, verkindliche",[49] fordert Weigl von dem Erzähler. Vor allem auf der Unterstufe macht sich das Bedürfnis nach Ausmalung geltend. "Die Phantasie will beschäftigt sein. Etwas von dem Zauber des Märchens muß

---

11. Johannes Lohmüller (Bearb.), Lebensvoller Religionsunterricht für das erste und zweite Schuljahr (Lebensvoller Religionsunterricht begr. von Gregor Rensing Bd.1), Düsseldorf [7]1952. (Zit.: Rensing-Lohmüller I).
12. Ders., Lebensvoller biblischer Unterricht für das dritte und vierte Schuljahr (Lebensvoller Religionsunterricht begr. von Gregor Rensing Bd. 2), Düsseldorf 1935, [6]1952. (Zit. nach der 6.Auflage: Rensing-Lohmüller II).
13. Ders., Lebensvoller biblischer Unterricht für das 5.-8.Schuljahr (Lebensvoller Religionsunterricht begr. von Gregor Rensing Bd.3), Düsseldorf [1]1954. (Zit.: Rensing-Lohmüller III).
14. Johannes Wieshau, Der Bibelunterricht. Handbuch für obere Volksschulklassen und höhere Lehranstalten, Bd.2, München 1933, [5]1956, [6]1962. (Zit. wird nach der 5.Auflage: Wieshau, Bibelunterricht).

48) J.Kundi, Behandlung der Biblischen Geschichte, in: Göttler, Der Münchener katechetische Kurs 1905, 203. "Innere Ergriffenheit und maßvoller Ausdruck... in Ton und Stimme, - in Aug und Miene, namentlich bei ergreifenden Erzählungen der heiligen Geschichte, wird von der Natur und W a h r h e i t der Sache gefordert, sie sind notwendig, damit die Erzählung auf das G e m ü t der Kinder rechten Eindruck mache." (Ebd., 205).

49) Franz X.Weigl, Schule, Volk und Bibel, Donauwörth 1937, 9. (Weigl zitiert hier aus seinem Aufsatz in den Kat Bl von 1905). Die drei Forderungen stehen denen Scharrelmanns nahe: Detailliere, motiviere, modernisiere. - Später hat sich Weigl davon distanziert. (Die Darbietung der biblischen Erzählungen auf der Unterstufe, in: Kat Bl 37 (1911) 126. Vgl. auch Huber-Raab, Religionsunterricht in der Grundschule, 67.

auch um die biblischen Erzählungen spielen[50]. "Die Zauberin Phantasie darf ihre Dienste leisten als helfende Dienerin, aber nie als Herrin"[51], denn: "Alles hat uns der liebe Gott nicht aufschreiben lassen,... aber wir können es uns dazu denken."[52] Auch die Beobachtung der Seelenvorgänge kann hier bereits einsetzen[53]. In der Beherrschung der Kunst solchen Erzählens wird jede Religionsstunde zum Erlebnis werden[54]. In den Einführungen der Kommentare finden sich ähnliche Angaben zu den Erzählungen[55]. Auch die Aufdeckung der Seelenvorgänge in Anlehnung an Bergmann wird betont: "Der biblische Stoff wird in seinen Tatsachenverlauf und in seinen Seelenvorgängen anschaulich, plastisch, klar und eindringlich den Kindern nahegebracht und verbunden."[56] Ob die Schrift ein solches Fabulieren und Psychologisieren zuläßt, wird nicht gefragt.

3.3.1.1 Lk 1,26 - 38

Die das Herz und Gemüt packende Erzählung kann durch eine längere Einstimmung vorbereitet sein. So wird das theologische Thema "Erlösung" z.B. bei Weigl vor die Verkündigungserzählung gespannt: An schönen Winterabenden in der warmen Stube erzählt die Mutter: "Es wird einmal ein großer Mann kommen, der das Himmelstor wieder aufsperren kann, so daß man wieder zum lieben Gott und den Engelein kommen könnte... Der liebe Gott hatte streng verboten, daß jemand hineindürfe... Ja, wenn einmal die Himmelstüre aufgig, wie z.B. damals, da die drei Engel mit dem lieben Gott zum Abraham hinunter

---

50) Heinrich Mayer, Religionspädagogische Reformbewegung (F.Schneider (Hrg.), Handbücherei der Erziehungswissenschaft Bd.4), Paderborn 1922, 87.

51) Karl Raab, Der Religionsunterricht in den Unterklassen der Volksschule, in: J. Huber - K.Raab, Arbeitsprinzip in der Grundschule, 67.

52) Ebd., 115.

53) Vgl. Paul Rentschka, Die Psychologie im biblischen Geschichtsunterricht und Sauls Bekehrung, in: Kat Bl 32 (1906), 1.

54) Gustav Götzel, Religion und Leben Teil 1, Kempten ^{2}1922, 19.

55) Beispiele: Faßbinder-Pick, Handbuch, Bd.1, 21f; Gottesleben-Schiltknecht-Wagenmann I, 13; Rensing-Lohmüller I, 12: "Die Kinder müssen erwärmt und in eine solche Spannung versetzt werden, daß sie die Personen und die Vorgänge nacherleben."

56) Rensing-Lohmüller II, 9. Ähnlich auch andere Kommentare.

gingen... da sahen sie wohl ein weniges von all dem Glanz..."[57] In
diesem Stil wird weiter von Maria erzählt, ihrer Jugend, ihrer Sehnsucht nach dem Erlöser, ihrem inbrünstigen Gebet. "Damit der liebe Gott lieber hören würde, fing sie sogar zu singen an."[58]
Ein weiteres Beispiel einer breiten ausgeführten Einleitung bietet
Huber, indem sie den Schwerpunkt der Erzählung auf die Personen
Maria und Josef legt und z.B. den Grund der Verlobung beider so ausführt:
Josef, Marias Vetter, ist schon über 50 Jahre alt. Maria, die Jungfrau bleiben wollte, - sie hatte goldgelbe Haare und blaue Augen - verlobte sich mit ihrem Vetter, nachdem ihre Eltern ihm geraten
hatten: "Du brauchst eine Frau, die für dich sorgt, wenn du krank
bist."[59] Es folgt die Unterredung Gott - Gabriel und der Sendungsauftrag an den Engel. Maria betet gerade in ihrem Zimmer. Als es
Abend wird und die Sonne untergeht, folgt die Ankündigung des Sohnes[60].
Noch ausführlicher wird bei Kautz die Erzählung Lk 1,26-38 eingeleitet. Er benützt als Material seiner "Darstellung"[61] die Geschichte der
Anna Katharina Emmerick, um Marias Geburt, ihren Aufenthalt im
Tempel, ihre Vermählung mit Josef ausführlich und breit darzustellen,
bevor er auf die Verkündigungserzählung kommt, die er so schließt:
"Kaum hatte Maria dem Engel ihre Antwort gesagt, da - verschwand
die Zimmerdecke. Von Maria bis zum Gottesthrone im Himmel erhob sich eine breite Lichtstraße...Sie betete bis zum Morgen, bis die
Sonne kam. Dann ging sie ein Stündchen schlafen und träumte selig
vom Jesuskindlein..."[62] Die eigentliche Darbietung, die der ausmalenden Darstellung folgt, ist kurz und ähnelt in der Auswahl der Verse

---

57) Weigl, Schule, Volk und Bibel, 21. Ähnlich: Ders., Unterricht in der Biblischen Geschichte, 58f.

58) Ebd., 60.

59) Raab, Der Religionsunterricht in den Unterklassen der Volksschule, in: Huber und Raab, Arbeitsprinzip in der Grundschule, 115.

60) Ebd., 117.

61) Kautz, Neubau I, 67-96 bes. 78ff. Zum Ausbau und Ausschmücken der biblischen Erzählung dürfen herangezogen werden: Die Hl. Schrift selbst, wissenschaftliche Ereignisse, kirchentreue Mystik, das Selbst-Erleben, das Erleben anderer und die religiöse Kunst.

62) Ebd., I, 252. Kautz verlangt, daß in der Erzählung die Gesichter der A.K. Emmerick als solche zu kennzeichnen sind. Aber durch die Art der Darstellung selbst wird diese Information nicht deutlich herausgestellt. Vgl. auch ebd., 236.

der "Kurzen Biblischen Geschichte" von Schuster[63]. Nach diesen breiten Einführungen wirkt jedoch die eigentliche Erzählung Lk 1,26-38 nüchtern und streng. Sie hat keine Chance, gegen die ergreifenden, Herz und Gemüt bewegenden Schilderungen anzukommen sondern wird von diesen förmlich an den Rand gedrängt.
In den Kommentaren steht im allgemeinen[64] die ausführliche Erzählung im Mittelpunkt mit folgenden Zusätzen:
1. Maria ist fromm, heilig, ohne Erbsünde. Sie betet in ihrem Kämmerlein, als der Engel zu ihr kommt.
2. Sie hat stete Jungfräulichkeit gelobt.
3. Ausführungen zu ihrer Erwählung, Würde, Verhalten Marias beim Gruß des Engels.
4. Einwilligung in Demut, Freude Marias und des Engels. Folgen der Einwilligung.

"In demselben Augenblick, in dem die hl. Maria zugestimmt hatte, ging der Himmel auf. Ein Licht strahlte auf sie herab. Der Heilige Geist gab ihr das Jesuskindlein ins Herz."[65]
Ausdrücklich will Wiesheu Legenden und Visionen bei der Erzählung berücksichtigen, "weil das Jugendleben der reinsten Jungfrau sehr lehrreich für die Kinder ist"[66]. Faßbinder fordert die Kinder auf, sich das Aussehen des Engels und die Beschäftigung Marias lebhaft vorzustellen[67].

3.3.1.2 Lk 2,1 - 20

Mehr noch als die Verkündigungserzählung kommt die Weihnachtserzählung dem Bedürfnis nach Ausgestaltung entgegen. Jede der einzelnen Phasen der Erzählung bietet dazu Gelegenheit: die Volkszählung[68],

---

63) Folgende Verse fehlen: Lk 2,27.32.33.34b.35.36.

64) Für das 1. und 2. Schuljahr verwandelt Rensing-Lohmüller Lk 1,26-38 in eine Folge von Szenen, die mit dem Weinen von Adam und Eva beginnen und sich über die Unterredung im Himmel bis zum Bericht des Engels nach der Erfüllung seines Auftrags erstrecken. (Ebd., 35f).

65) Rensing-Lohmüller II, 78.

66) Wiesheu, Bibelunterricht, 7. Visionen berücksichtigt v.a. Kautz, Legenden z.B. auch Rensing-Lohmüller.

67) Faßbinder, Handbuch, 21.

68) Bei Wiesheu kehrt an dieser Stelle der Gehorsam Marias und Josefs wieder, wie er sich auch bei Galura und Knecht findet: "Während alle murrten und schimpften, traten Joseph und Maria still und gehorsam ihre Reise an, die vier Tage dauerte."(Wiesheu, Bibelunterricht, 13).

die Herbergsuche, das Herrichten des Lagers, das Verhalten Marias und Josefs, die Verkündigung an die Hirten und ihr Besuch an der Krippe. Für alle Einzelthemen ließen sich anschauliche Erzählelemente in den Kommentaren finden. Die Geburt wird z.B. so erzählt: "Da auf einmal wurde es ganz hell im Stalle. Maria hörte Engel singen. Sie kamen hereingeflogen in den Stall und legten ein kleines Kindlein vor Maria hin. Das war das Christkindlein."[69] Wichtig ist für die Erzählung, eine Heilig-Nacht-Stimmung[70] zu schaffen, das gelingt dem Lehrer u.a., wenn er in die Zeit zurückblickt, "wo er selbst noch glaubte, das Christkind sei leise und sacht gekommen und habe alle die herrlichen Gaben unter den brennenden Weihnachtsbaum gelegt."[71] Vor allem in der Unterstufe ist Lk 2,1-20 ganz hineingenommen in die volkstümlichen Gebräuche.

Für einen volks- und landeskundlichen Unterbau zieht Clemenz die Abstimmung in den deutschen Grenzmarken heran, wobei ausführlich auf die Heimattreue der Oberschlesier eingegangen werden soll. Auch das Märchenerzählen (im Anschluß an die Durchnahme des Weihnachtsfestes) soll als "Grundstoff für die Volkstumsgesinnung"[72] nicht vernachlässigt werden.

Lk 2,1-20 bietet in seinem Verlauf selbst vielerlei Gelegenheit zur Ausschmückung und Ausweitung, die durch Volksbräuche, Kunst, Musik usw. nahegelegt wird. Sie sind ein willkommenes Interpretationsinstrument.

3.3.1.3 Lk 2,41-52

Während für Lk 2,1-20 das Kirchenjahr, begleitet vom volkstümlichen Brauchtum, eine anschauliche Kulisse bietet, stützt sich hier die Erweiterung mehr auf das Verhalten und das Erlebnis der Personen (v.a. von Maria und Jesus). Folgende Teile der Erzählung werden besonders ausgeschmückt:

1. Die Wallfahrt nach Jerusalem - Vergleich mit den Prozessionen aus der Erfahrungswelt der Kinder.
2. Der Verlust Jesu, die Sorge und Angst der Eltern bis zum Wiederfinden.

   "Am dritten Tag kamen Maria und Joseph voller Entsetzen, voller

---

69) Rensing-Lohmüller I, 37.

70) Wiesheu, Bibelunterricht, 14.

71) Gottesleben-Schiltknecht-Wagenmann I, 126.

72) Clemenz, Arbeitsschule, 87f.

Sorge und Schmerz, abgemattet und verzagt zum Tempel."[73]
3. Die Unterhaltung Jesu mit den Schriftgelehrten.
4. Die Frage Marias und die Antwort Jesu.
Die Schwierigkeit des Erzählers, den "Ungehorsam" Jesu zu erklären, wird in der Zeit der betont psychologischen Betrachtungsweise verstärkt gesehen und zu bewältigen versucht. Während Knecht noch von der Gottessohnschaft her argumentierte, die jegliches tadelnswerte Verhalten ausschloß, werden jetzt mehr natürliche Erklärungen gesucht. Eine solche findet sich z. B. bei Schüßler, der Jesus die heimwärtspilgernden Menschen verpassen läßt, weil er sich zu lange in der Tempelschule aufhielt[74]. Rensing-Lohmüller läßt Jesus entschudigen: "Mutter sei nicht böse! Ich habe nicht gesehen, wie ihr fortgegangen seid. Und ich bin doch so gerne im Tempel; denn das ist das Haus des Himmelsvaters."[75] Der Anfang der Entschuldigung könnte von jedem Kind gesprochen sein. Die ganze Erzählung wird für den 1. Jahrgang zu einer Geschichte vom Verlieren und Finden eines Kindes, das sich lediglich durch sein vorbildliches Verhalten im Tempel von den gewöhnlichen Kindern unterscheidet. Die beiden Höhepunkte der Erzählung, die Offenbarung der Weisheit Jesu und seines Gehorsams gegenüber dem Vater[76], bleiben außer Betracht. Auch Wiesheu findet das Bleiben im Tempel als nicht ganz in Ordnung, denn er läßt Jesus auf dem Heimweg für den bereiteten Kummer um Verzeihung bitten[77]. Neben der Tendenz, Jesu Verhalten Kindern verständlich zu machen, wirkt als weiteres Motiv die Vorbildwirkung Jesu mit. Das Beispiel eines Sich-Hineinfühlens in die Personen zeigt besonders deutlich, wie die Erzählabsicht von Lk 2, 41-52 dabei außer acht gelassen bzw. wie sie von allerlei Überlegungen verstellt wird.

Die angeführten Beispiele sollten veranschaulichen, wie die unter dem Einfluß der Methodenbewegung stehende Bibelkatechese das Problem der stofflichen Vermittlung (hier der biblischen Erzählung) löst unter der Losung: "vom Kinde aus". Die dem Verständnis des Kindes ange-

---

73) Rensing-Lohmüller III, 67.

74) Schüßler, Arbeitsschulmethode, 82: "Bis die anderen kommen, kann ich noch einmal schnell in die Schule gehn! - Schnell lief er hin, setzte sich still auf einen freien Platz und hörte zu und vergaß die Eltern und die Prozession...".

75) Rensing-Lohmüller I, 43.

76) Schürmann, Lukasevangelium I, 132f. An diesem Beispiel zeigt sich auch, wie das Problem der Stoffauswahl für die Unterstufe gelöst wird durch die "Umfunktionierung" der Erzählung.

77) Wiesheu, Bibelunterricht, 25.

paßte Erzählung wurde schon früher in der Bibelkatechese angestrebt[78]. Jetzt aber wird die "Kindgemäßheit" mit der Forderung nach "Erlebnisbereitung" verquickt und führt dann zu spannenden Erzählungen voll wundersamer und legendenhafter Züge. Apokryphes Material, Visionen und Selbst-Erdichtetes werden unbedenklich als geeignete Mittel ausgiebig benützt. Die Göttlichkeit des "Jesuskindes" und die Heiligkeit der Personen sind gewahrt und gestützt von den eben genannten Erzählelementen. Zwar wird auf die Verbindlichkeit des Bibeltextes hingewiesen[79], der man im methodischen Aufbau der Bibelkatechese durch die "Darbietung", im Anschluß an die lebendige Darstellung (Kautz), gerecht zu werden versucht[80]. Aber diese Darbietung ist, wie erwähnt, gegenüber dem Vorhergegangenen nüchtern, spröde, mehr ein Anhängsel, das gegen die "eigentliche" Erzählung nicht ankommt. Das Ziel der lebendigen Erzählung des Lehrers besteht darin, das Gefühl und das Gemüt anzusprechen.

Dagegen wird die Verbindlichkeit des biblischen Textes nicht ernstgenommen. Auch wenn man sie im Sinn von historischen Tatsachenberichten nimmt, sind sie beliebig anzureichern, um den gewünschten Erfolg zu erzielen. So wenigstens stellt sich die Praxis in den Katechesen und Kommentaren dar.

3.3.2 "Tatgestaltung"[81] im Bibelunterricht

Das Ziel der lebendigen, alle Seelenkräfte des Kindes erfassenden

---

78) Vgl. v.a. Chr. v.Schmid. Wie er und Overberg verweist auch Weigl auf die selbsterlebte Wirkung anschaulicher Erzählung. (F.Weigl, Die Darbietung der biblischen Erzählung auf der Unterstufe, in: Kat Bl 37 (1911), 236).

79) Kautz, Neubau I, 78: "Vornehmster Darstellungsstoff ist unzweifelhaft die H e i l i g e S c h r i f t ...". Ebd., 99: Der bibl. Bericht muß im Zentrum der ganzen unterrichtlichen Behandlung stehen. Vgl. auch Raab, der Religionsunterricht in den Unterklassen der Volksschule im Geiste der Arbeitsschule, in: Huber und Raab, Das Arbeitsprinzip im Religionsunterricht der Grundschule, 67.

80) Z.B. Kautz, Neubau, 96.

81) Der Ausdruck "Tatgestaltung" findet sich bei Kautz, Neubau, 103 und umfaßt die verschiedenen Arten der Durchschau und der religionspraktischen Übung.

Erzählung ist es, die Kinder über das religiöse Erleben und Nachleben zum geistig sittlichen Selbsttun zu bewegen[82]. Vor allem in der Arbeitsschulbewegung wird großer Wert auf den Unterricht gelegt, der zur "Tat fortreißt" (Raab). Das Ziel, das sich auch in amtlichen Lehrplänen[83] niederschlägt, ist der lebendige Christ, der sich durch sein sittliches Handeln ausweist[84]. Unterricht in Biblischer Geschichte ist zur Erreichung dieses Ziels hervorragend geeignet, ist doch die Bibel "das Erziehungsbuch der Menschheit" (Bergmann), und die biblischen Charaktere eignen sich prächtig "zur Charakterschulung und Charakterstärkung, Gewissensausbildung und Willenszucht"[85]. Der Schwerpunkt der Auslegung verschiebt sich zum sittlichen Imperativ hin. Besonders das Neue Testament soll dazu dienen, "das Tugendleben in der Nachfolge Christi fest zu gründen und zu vertiefen"[86]. Das eigentliche Ziel des Unterrichts ist die **Bestimmung zur sittlichen Tat**[87]. Das läßt sich für alle drei Perikopen feststellen, wobei Lk 2,41-52 besonderes Interesse verdient: "Ihre Erzählung und Erklärung sollte mit Fug und Recht den Mittel- und Glanzpunkt des ersten Religionsunterrichts bilden."[88] Das "verborgene Leben in Nazareth" ergänzt die Erzählung vom 12jährigen Jesus, wobei wieder Berichte von Visionen mitverwendet werden[89]. Im einzelnen ergeben sich folgende Schwerpunkte:

3.3.2.1 Lk 1,26-38

Die Verkündigungserzählung ist in den Unterrichtsbeispielen, wie schon

---

82) Raab, Der Religionsunterricht in den Unterklassen der Volksschule, in: Huber und Raab, Arbeitsprinzip in der Grundschule, 55. Kautz, Neubau, 57: Die religiöse Tat ist "die Frucht des religiösen Erlebens".

83) E.J. Birkenbeil, Curriculum-Revision im Fragebereich der Religionspädagogik (Studien zur praktischen Theologie 2), Zürich-Einsiedeln-Köln 1972, 36-63, v.a. 60ff.

84) Raab, Der Religionsunterricht in den Unterklassen der Volksschule, in: Huber und Raab, Das Arbeitsprinzip in der Grundschule, 62.

85) Ebd., 58.

86) Ebd., 114.

87) Faßbinder, Handbuch, 40.

88) Zisterer, Gedanken über die "Kleine Schulbibel", in: Kat Bl 37 (1911) 269.

89) Kautz, Neubau, 353-360.

vorher, vornehmlich als Marienerzählung ausgelegt. Auf der Stufe der Verwirklichung werden allgemeine Appelle formuliert: "Was willst du heute noch tun, daß die Mutter eine Freude haben kann?" oder "Versprecht es dem lieben Gott, daß ihr keine Sünde begehen wollt."[90] Außerdem werden die gängigen Gebete eingeübt[91]. Kautz geht unter dem Aspekt einer "ästhetischen Durchschau" mit rührseligen Worten auf das "Aveläuten im Volksmund" ein: "Das Muttergottesglöckchen ruft - die Engelein sagen der Muttergottes Gute-Nacht - das Schlafglöckchen ruft die Kinder von der Straße... - die Tore des Fegfeuers öffnen sich bei jedem Aveläuten und geben eine arme Seele dem Himmel zurück."[92] Auch in seiner "Willensschule" kommt er zu fragwürdigen theologischen und religionspädagogischen Aussagen, die bei Kindern Erwartungen wecken, die so nicht eingelöst werden können. So heißt es bei ihm: Wer nicht gut lernen kann, wer arm und krank ist, wer sich in Not befindet und nicht gut früh aufstehen kann, alle sollen sich an Maria wenden, deren Befehle und Wünsche die Engel alle erfüllen. Gott nämlich hat versprochen, ihr keine Bitte abzuschlagen[93].

Ebenso wie bei Kautz ist die Stufe der Verwirklichung auch in den Kommentaren vornehmlich marianisch bestimmt. Die Kinder werden ermahnt "lebenslänglich auf den Ruf der Gebetsglocke zu hören"[94], ein Marienkind zu werden[95], Maria in der Not anzurufen usw.[96]. Die starke Einbindung der Erzählung in Liturgie und Volksfrömmigkeit entspricht dem Heimatprinzip der Methodenbewegung und dem Streben

---

90) Raab, Der Religionsunterricht in den Unterklassen der Volksschule, in: Huber und Raab, Das Arbeitsprinzip in der Grundschule, 118f.

91) Ebd., 119-122 (Ave Maria, Engel des Herrn); Kautz, Neubau, 253.

92) Ebd., 253.

93) Ebd., 255-257. Kautz bringt dazu allerlei Erzählungen von wunderbaren Erhörungen.

94) Gottesleben-Schiltknecht-Wagenmann I, 125.

95) Rensing-Lohmüller II, 79. Dazu gehört: beten, gehorchen, demütig, bescheiden sein. "Mein Herz soll rein und frei von Sünden sein." (Ebd.); vgl. auch Rensing-Lohmüller I, 110.

96) Ebd., 109f.

nach Verwirklichung und religiösem Tun[97]. Auch von der Anwendung und Einübung her ist Lk 1,26-38 zur Marienerzählung geworden.

3.3.2.2 Lk 2,1-20

Die Geburt Jesu wird, wie zu erwarten, vor allem mit dem Brauchtum der Weihnachtszeit verknüpft. Zwar werden auch Lehren gebracht, die die Heilsbedeutung des Ereignisses verdeutlichen sollen oder die Aussagen zur Person Jesu machen[98]. Aber diese stehen gegenüber der Betonung der Volksfrömmigkeit im Hintergrund. Clemenz führt für Lk 2,1-20 folgende Tätigkeiten auf: Zeichnen, Malen, Formen einer Krippe; Kunstbetrachtung, Singen von Weihnachtsliedern; Aufführungen von Weihnachtsspielen; Besichtigung von Weihnachtskrippen; Weihnachtswanderung; Märchenerzählen; Bescherung[99]. Vor allem ist die Geburt Christi in Bezug zur Heimat zu bringen[100]. Auch die Kommentare gehen ausführlich auf weihnachtliches Brauchtum ein als dem Ort der Verwirklichung des Gehörten. Die Tradition des Weihnachtsfestes kommt der erlebnispädagogischen Bewegung entgegen, nach deren Theorie durch das Werterleben der Wille zur Tat aktiviert wird. Kautz entscheidet sich bei der Auswertung für die ästhetische Durchschau: "Am besten läßt der Lehrer die Kinder das in der Darstellung erlebte Ereignis im Zauberglanze der Poesie noch einmal genießen..."[101] Dazu führt er an: die Herbergsuche, Weihnachtslieder, Legenden, Krippenbesuch, Gebete. Der praktische Umgang mit Liedern, Texten, Spielen soll die Kinder - so das Ziel - zu "religiösen Tatleistungen" führen[102]. Diese bestehen bei Kautz

---

97) Das Leben in der Kirche und die kirchliche Liturgie sind für die Erlebnispädagogik Veranschaulichungsmittel übersinnlicher Begriffe. (Gustav Götzel, Begriff und Methode der religiösen Lebensschule, in: ders., Religion und Leben 1.Teil, Kempten 1922, 15f). - Ähnlich wird durch das Einüben in die Frömmigkeitsformen die Bedeutung der Erzählung mitvermittelt.

98) Z.B. Clemenz, Der katholische Religionsunterricht in der Arbeitsschule, 89.95. J.Kundi, Behandlung der Biblischen Geschichte, in: J.Göttler (Hrg.), Der Münchener katechetische Kurs 1905, 206.

99) Clemenz, Der katholische Religionsunterricht in der Arbeitsschule, 90-93.

100) Ebd., 95. Vergleiche auch seine Bemerkung: "Mit der Geburt Christi beginnt eine Wendung in der Geschichte der Kultur."

101) Kautz, Neubau, 269.

102) Ebd., 104.

im Krippenbesuch und im Kirchenbesuch überhaupt: "Denn im Tabernakel in der hl. Hostie ist Jesus Tag und Nacht wirklich bei uns. Er wartet alle Stunden, ob nicht ein Kind kommt, und muß oft bitter weinen, weil er so allein ist in den Kirchen Tag und Nacht..."[103]
Auch bei Rensing-Lohmüller[104] kommt die Verbindung von Krippe und Tabernakel bzw. Kommunion vor. Dabei wird die Geburt Jesu, sein Liegen in der Krippe gleichgesetzt mit seiner Anwesenheit im Tabernakel bzw. im Herzen der Gläubigen. Bei der hl. Kommunion "kommt der Heiland wirklich in euer Herz, wie er einst in der Krippe zu Bethlehem lag"[105]. "Jeden Morgen wird er bei der hl. Messe auf dem Altar geboren."[106] Solche Gleichsetzungen sind wohl nur möglich von einer statischen Betrachtungsweise her, die die in Jesus unveränderlich gedachte Gottheit berücksichtigt und hervorkehrt unter Vernachlässigung seiner Menschheit, die doch gerade in Lk 2,1-7 deutlich zum Ausdruck kommt. Überhaupt wird in den Kommentaren für die Jahrgänge 3 und 4 - wohl angeregt vom Lehrplan und im Bestreben einer ganzheitlichen religiösen Erziehung - die Verbindung von Weihnachtstexten und eucharistischer Erziehung gesucht. So rühmt sich Rensing-Lohmüller in seinem Kommentar für das 1. und 2. Schuljahr, eine Brücke vom historischen Christus zum mystischen Christus zu bauen und das hl. Meßopfer besonders herauszustellen[107]. Die Konkretisierung dieses Vorhabens schlägt sich u. a. nieder in unseren Texten in der Parallelisierung der Geburt Jesu mit der Eucharistie[108], ohne daß die theologische Zulässigkeit solcher Gleichsetzung reflektiert wird.
Im Aufruf zur Vorbereitung auf das Fest werden die Kinder natürlich auch zur sittlichen Anstrengung aufgefordert: "Auch wir müssen dem lieben Heiland Opfer bringen, wenn wir ihm unser Herz als Krippe anbieten wollen."[109]

---

103) Ebd., 288f. Vgl. die Anwendung zu Lk 1,39-46; "Und was machen wir mit dem armen, gefangenen, einsamen Heiland im Tabernakel...?" (Ebd., 264).

104) Vgl. dazu Knecht, siehe S. 145 der Arbeit.

105) Rensing-Lohmüller II, 84; vgl. Rensing-Lohmüller I, 114.

106) Ebd., 38. Der Tabernakel ist die Krippe. "Dort ist es in der hl. Hostie verborgen." (Ebd., 118).

107) Ebd., 9.

108) Rensing-Lohmüller II, 83: "Wenn er in der hl. Wandlung auf den Altar niedersteigt, wird er jedesmal für uns geboren wie im Stall zu Bethlehem um uns zu erlösen."

109) Ebd., 85; vgl. Rensing-Lohmüller I, 37 u. 114.

3.3.2.3 Lk 2,41-52

Die Erzählung vom zwölfjährigen Jesus ist, im unveränderten Verständnis als Beispielgeschichte für Kinder, besonders geeignet, zur religiösen Tat anzuspornen, wie sie Kinder üben sollen. Die Anwendung bewegt sich dabei in bewährten Bahnen: die Nachahmung Jesu wird gefordert, besonders die Befolgung des vierten Gebotes, denn auch Jesus "gehorchte aufs Wort. Nichts brauchten seine Eltern zweimal zu sagen."[110] Dazu kommt das Betragen in der Kirche und gegen die Eltern[111], das ebenfalls von Jesus vorbildlich vorgelebt wurde. Frömmigkeit[112], Lernbegierde und Gehorsam sind die wichtigsten Verhaltensweisen, die Kinder aus dem Bibeltext herauslesen können. Auch Lk 2,52 wird als ethischer Appell betrachtet und dementsprechend aufgeschlüsselt[113].
Eine zusätzliche Überlegung bringt Kautz in einer heroischen Durchschau. Sie geht von der Annahme aus, daß Jesus sich deshalb drei Tage lang suchen ließ, um zu sehen "ob seine Eltern diesen Schmerz geduldig auf sich nehmen würden"[114]. Die Kinder sollen ebenfalls alle Leiden - es werden spezifische Kinderleiden aufgezählt - geduldig ertragen, denn das ist verdienstlich und Gott nimmt sie aus Freude über die Geduld bald weg. In den meisten Kommentaren wird sehr ausführlich und anschaulich das Leben der hl. Familie geschildert. Sie zeigt, welche Normen in einer christlichen Familie herrschen sollen: Josef zeichnete sich aus durch Frömmigkeit, Gottesfurcht, Reinheit, Keuschheit. Maria achtete Josef als Oberhaupt der Familie, "lebte in hingebender Anbetung ihres Sohnes"[115]. Jesus war unendlich heilig, untertan, diente demütig und adelte die Arbeit. Überhaupt zeigt das Evangelium die zwei Grundbedingungen eines glücklichen Familienlebens: die Erfüllung religiöser Pflichten und den Gehorsam

---

110) Schüßler, Arbeitsschulmethode, 83.

111) Zisterer, Gedanken über die "Kleine Schulbibel", in: Kat Bl 37 (1911), 269.

112) Z.B. realisiert durch den Besuch des Sonntagsgottesdienstes: "Heute muß jedes Kind, wenn es sieben Jahre alt geworden, am Sonntag zur hl. Messe gehen. Wer es nicht tut, begeht eine Todsünde. Wer mit dieser Sünde stirbt, kommt in die Hölle." Rensing-Lohmüller I, 44.

113) Rensing-Lohmüller III, 68; Gottesleben-Schiltknecht-Wagenmann III, 421f.

114) Kautz, Neubau, 349.

115) Rensing-Lohmüller III, 69f.

gegenüber den Eltern[116]. In den Grundaussagen wiederholen die übrigen Kommentare die Schilderung Rensing-Lohmüllers[117]. Das Leben der hl. Familie ist für die Methodenbewegung ein dankbares Objekt, konkret und anschaulich zu erzählen. Zudem führen die einzelnen löblichen Verhaltensweisen direkt zur Handlungsaufforderung. Auch das liturgische Fest der Hl. Familie mit dem Evangelium (Lk 2, 41-52) begünstigt eine solche Auslegung.

Rückblick auf das Leben Jesu[118]

Nach der Zielsetzung der Kommentare soll der Bibelunterricht ein zusammenhängendes Lebensbild Jesu bieten[119]. Dieser Aufgabe kommen verschiedene Kommentare nach, indem sie von Zeit zu Zeit einen Überblick über die bisherige Geschichte bieten. So werden die "Nachrichten" über Kindheit und Jugend Jesu im Überblick zusammengefaßt unter verschiedenen Ordnungsgesichtspunkten: Aufzählung und Abfolge der Berichte oder Aufzählung mit heilsgeschichtlicher Interpretation[120] oder eine mehr systematische Zusammenfassung[121]. Der Überblick über das Jugendleben Jesu ist ein Teil, der sich mit den übrigen zusammenfassenden Darstellungen zu einem Lebensbild Jesu fügt[122]. Ein "Leben Jesu" zu bieten ist ein Anliegen der Kommentare bis in die Mitte der fünfziger Jahre, unbekümmert trotz der inzwischen auch in der katholischen Exegese aufgenommenen Forschungsergebnisse, die gerade die Unmöglichkeit eines solchen Unternehmens mit guten Gründen aufzeigen.

3.4. Das Religionsbüchlein

Der Einfluß pädagogischer, didaktischer und psychologischer Erkenntnisse auf die Bibelkatechese machte sich auch bemerkbar in der Bemühung um die Lösung des katechetischen Problems für die Unterstufe.

---

116) Ebd., 70.

117) In den Kommentaren für die Unterstufe steht dabei mehr das Verhalten Jesu im Vordergrund; vgl. z. B. Gottesleben-Schiltknecht-Wagenmann II, 261f.

118) Wiesheu, Bibelunterricht, 26f.

119) Diese Forderung erhob vor allem Bergmann. Siehe S.170 d. Arbeit.

120) Rensing-Lohmüller III, 72-75.

121) Wiesheu, Bibelunterricht, 26f.

122) Vgl. auch Hirscher, S. 97 d. Arbeit.

Das Ergebnis dieser Bemühungen war ein Religionsbüchlein für die Unterstufe der Volksschule. Dabei konnte man zugleich an die katechetische Tradition des 19. Jahrhunderts anknüpfen, die in den Forderungen Hirschers[123], in den Katechesen von Gruber und Mey[124] und in vereinzelten Schulbüchern[125] auf diese Lösung zustrebe. Die Zusammenfassung der Ideen, Forderungen und Beispiele gab W. Pichler auf dem katechetischen Kongreß in Wien 1912 und legte selbst in einer ausführlichen Gliederung die Anlage eines Religionsbüchleins für die Unterstufe vor[126].

In der Folgezeit kam es zur allgemeinen Einführung eines solchen Büchleins in Oesterreich (ab 1918/19), in Bayern (1927) und in der Diözese Breslau, während in anderen Diözesen eine kleine Biblische Geschichte und ein kleiner Katechismus, in einem Band, in Gebrauch waren[127].

3.4.1 Elemente des Religionsbüchleins

Der Typus "Religionsbüchlein", der in inhaltlich modifizierter Form

---

123) Hirscher, Verständigung, 6: "Wohl möchte es wünschenswerth seyn, ein Lehrbüchlein der Biblischen Geschichte zu haben, in welchem das, was in einem kleinen Katechismus zu stehen pflegt, überall am gehörigen Ort an die Geschichtserzählung angeschlossen wäre."

124) Siehe die entsprechenden Kapitel der Arbeit. Pichler knüpft ausdrücklich an diese katechetische Tradition an in seinem Referat auf dem Wiener Kongreß 1912.

125) Pichler nennt in seinem Referat die Religionsbüchlein von Linden, Huß und Schiffels: Wilhelm Pichler, Ein einheitliches Religionsbüchlein für die Unterstufe der Volksschule, in: Referate des Kongresses für Katechetik, Wien 1912, hrg. von der katechetischen Sektion der österr. Leo-Gesellschaft, Wien, Leipzig 1912, Heft 1, 98f. Auch die Kurze Biblische Geschichte von Knecht fügte an die Erzählung bereits Liedverse an. Siehe S.118 d. Arbeit.

126) Pichler, Ein einheitliches Religionsbüchlein, 109-169.

127) Wilhelm Burger, Die katechetische Bewegung 1912-1928, in: Karl Schrems (Hrg.), Zweiter katechetischer Kongreß München 1928, Donauwörth 1928, 37. Für die anderen Diözesen vgl. Lentner, Kat. Wörterbuch, 78.

bis zur Ablösung der Glaubensbücher[128] durch neuere Unterrichtswerke den Religionsunterricht der Grundschule mitbestimmte, ist gekennzeichnet durch die organische Verbindung von Katechismuslehrsätzen, liturgischen Texten, biblischen Erzählungen und entsprechenden Bildern. So lautet der erste Grundsatz Pichlers: "**Zur allgemeinen Durchführung der der Unterstufe angemessenen einheitlichen geschichtlichen Lehrweise...** ist ein einheitliches Religionsbüchlein notwendig in welchem der Katechismus und der liturgische Lehrstoff mit dem biblischen organisch verbunden erscheinen."[129] Der Versuch dieser organischen Verbindung wirkt sich selbstverständlich auf die Auslegung der biblischen Erzählung aus. Sie ist ein Teil des Religionsunterrichts, eingefügt in den oben angegebenen Kontext mit der speziellen Funktion, einen "genetischen Lehrgang" zu ermöglichen[130]. Im Gesamt des Religionsunterrichts ist nach Pichler das Hauptgewicht nicht auf die biblischen Erzählungen zu legen, sondern auf die Lehren und ihre Anwendung[131]. Diese Forderung ist verständlich auf dem Hintergrund der methodischen Prinzipien der MM[132]. Die bayerische Lehrordnung von 1926 läßt der Biblischen Geschichte die Führung zukommen. Die Dienstfunktion der biblischen Erzählung besteht auch für die Unterstufe weiter, obgleich sie weitgehend die Abfolge des Lehrgangs bestimmt. Die Auslegung des biblischen

---

128) Offiziell ist das Glaubensbuch (ebenso wie das Glaubensbüchlein) bis heute in Gebrauch, es ist aber praktisch von einem neuen Typ des Religionsbuches für die Primarstufe abgelöst. Beispiele: Günter Biemer und Ingomar Kern, Unterwegs zu Dir, Freiburg o.J., (Religionsfibel); Günther Weber, Wie wir Menschen leben, Freiburg, 1972ff (für die Schuljahre 2-4); Exodus, Unterrichtswerk für den katholischen Religionsunterricht in der Grundschule, hrg. v. Deutschen Katechetenverein, München-Düsseldorf 1974 (für die Schuljahre 3 u. 4).

129) Pichler, Ein einheitliches Religionsbüchlein... für die Unterstufe der Volksschule, in: Referate des Kongresses für Katechetik 1912, 100. Die 17. Forderung lautet: "Das Büchlein sei mit guten Illustrationen versehen." Ebd., 107. Vgl. auch: ders., Katechesen für die Unterstufe der Volksschule, Bd.1, Wien ³1925, 25: "In die Einheit von Erzählung, Lehre und Gebet fügen sich auch die **Bilder** vollkommen ein."

130) Pichler, Ein einheitliches Religionsbüchlein, 83. "Die Anordnung sei chronologisch." (Ebd.,103, im Original gesperrt).

131) Ebd., 87.

132) Siehe S.168 d. Arbeit.

Stoffes erfolgt innerhalb des Kontextes der Zusatzstoffe. Diese Auslegungsweise ist noch für die folgende katechetische Epoche der materialkerygmatischen Erneuerung bestimmend.

3.4.2 Bibeltext und Beitexte in den Religionsbüchlein

Der Bibeltext der Religionsbüchlein[133] läßt von der Entstehungszeit des Buchtyps her eine lebendige, anschauliche Erzählung erwarten. Das ist jedoch nicht der Fall[134]. Vielmehr sind die Texte verhältnismäßig treu an ihre Quelle angelehnt. Sie zeigen im übrigen alle Tendenzen wie sie bei den Biblischen Geschichten und insbesondere bei den "Kleinen Biblischen Geschichten" von Schuster, Mey und Knecht festgestellt wurden. Neben sprachlichen Rücksichten und Vereinfachungen in Zeit- und Ortsangaben werden die bereits erwähnten Umstellungen und Glättungen des Textes weitertradiert, die Personen werden durch Zusätze in ihrer Bedeutung herausgehoben, während schwer zu verstehende Verse (z.B. Lk 1,32f) ausgelassen sind[135]. Das Ergebnis ist ein kurzer, einfacher, für das Kind leicht verständlicher Text, der durch die Bilder eine zusätzliche Stütze erhält. Ihre Aufgabe hat schon Schuster im Manuskript zu einer kleinen biblischen Geschichte aufgezählt: Sie erhalten das Interesse der Kinder, wecken das Gefühl fürs Schöne und Edle, beleben den toten Buchstaben, bringen den Text zum vollen Verständnis und fixieren den Inhalt für alle Zukunft im Gedächtnis[136].

---

133) Berücksichtigt wurden: Wilhelm Pichler, Katholisches Religionsbüchlein. Mit Bildern von Philipp Schumacher, hrg. vom Katechetischen Institut der Erzdiözese Wien, [17]1940. Ein Vergleich mit dem Entwurf 1912 zeigt eine weitgehende Übereinstimmung. 30. Auflage 1960. (Zit. wird nach [17]1940); Heinrich Stieglitz, Religionsbüchlein für die Kleinen, Kempten und München 1915; Karl Raab, Katholisches Religionsbüchlein für die Grundschule, hrg. von den bayerischen Bischöfen, München 1927.

134) Eine Ausnahme bildet das "Religionsbüchlein für unsere Kleinen auf dem Lande", München o.J. (1913?) v. K. Lindenecker.

135) Siehe S. 119-121 d. Arbeit.

136) Schuster, Manuskript zu einer kleineren biblischen Geschichte, Freiburg 1856, Vorwort IV. Ähnliche Äußerungen finden sich z.B. bei Faßbinder, Handbuch, 20 und in einer Besprechung des Religionsbüchleins von Stieglitz, in: Kat Bl 37 (1911) 303. (Bespr. v. Zisterer).

Wie beim Bibeltext kann auch bei den Beitexten im Grunde auf die vorhergehende Epoche verwiesen werden. Die katechismusartigen kurzen Sätze, die liturgischen Hinweise, Gebete, Lieder und moralischen Vorsätze finden sich verstreut bereits bei Gruber, Mey und anderen Katecheten. Die besondere Leistung der Religionsbüchlein liegt im Formalen, in der geglückten Zusammenstellung von Materialien für die Hand der Kinder, so daß diese, durch Bilder und Bibeltexte angeregt, die Auslegung assoziativ mitverknüpfen und sich so aneignen.

Lk 1, 26-38 und Lk 2, 1-20

Beide Erzählungen werden durch Erzählbilder veranschaulicht[137]. Die Texte sind "aktualisiert" durch Gebete der Volksfrömmigkeit (Rosenkranz, Ave Maria, Engel des Herrn) sowie durch Kirchenlieder und weitere kurze Gebete. Die organische Verbindung von Bibel- und Katechismustexten erfolgt in der Zuordnung des 2. und 3. Glaubensartikels zu Lk 1, 26ff oder zu Lk 2, 1ff. Ergänzend kommen Fragen zur Person Jesu, zur Vaterschaft Josefs und zur Auszeichnung Marias dazu. Nimmt man noch hinzu, daß die ganze Erzählreihe der Kindheitsgeschichten in das Kirchenjahr hineingestellt ist, so sind die wichtigsten Auslegungstendenzen genannt.

Das Kirchenjahr, die Volksfrömmigkeit, die Liturgie, die Katechismussätze erklären im Religionsbüchlein unsere Texte. Als "Anwendung" folgen noch einige allgemein gehaltene Appelle: Jesus eine Freude machen, ihn in der Kirche besuchen und pünktlich zur Messe kommen[138]. In der Gestaltung der Verkündigungs- und Geburtserzählung im Religionsbüchlein kommt damit all das zur Geltung, was sich an zusätzlichem Material seit Gruber und Mey, vor allem aber in der Zeit der Methodenbewegung an Interpretationsmaterial angesammelt hat. In der Hand des Kindes bilden sie nun zusammen mit den Bildern das "Umfeld" der Texte.

Lk 2, 41-52

Wie in der bisherigen Auslegung behält die Erzählung ihren stark moralischen Akzent. Nur der Umfang und der jeweilige Schwerpunkt sind verschieden. Jesus, als "Vorbild frommer Jugend" (Stieglitz), ist dies bald mehr als Arbeiter (Raab), bald als gehorsames Kind der Eltern oder als frommer Knabe (Pichler). Ein Bild unterstreicht diese Form der Deutung[139].

---

137) Ausnahme: Bei Stieglitz fehlt ein Bild zu Lk 1, 26-38.

138) Der eifrige Meßbesuch bei Raab ist Teil der Kommunionerziehung.

139) Raab, 74: Die hl. Familie bei der Arbeit.

Alle drei Erzählungen zeigen, daß für die Unterstufe zur Zeit der Methodenbewegung die Religionsbüchlein in ihren Kindheitserzählungen in einfacher und kindgemäßer Form viele Auslegungshilfen, die sich im Laufe der Auslegung des 19. Jahrhunderts allmählich angesammelt haben, aufnehmen und meist vervollständigt durch ein sogenanntes Erzählbild, die Erzählung in das Kirchenjahr hineinstellen. Die Anordnung der Stoffe, wie sie sich im Religionsbüchlein zeigt, findet sich wieder in den amtlichen Lehrplänen[140]. Eine Durchsicht der Angaben zum Lehrplan weist ähnliche Inhalte auf.

3.4.3 Die Kommentare zu den Religionsbüchlein[141]

Die Kommentare zu den Religionsbüchlein bzw. die Vorbereitungsbücher für den ersten Religionsunterricht geben einen weiteren Aufschluß über den Unterricht in der Unterstufe der Volksschule. Sie sollen hier nur insoweit Gegenstand der Untersuchung sein, als sie zusätzliche Informationen bringen zu dem zu den Religionsbüchlein bereits Festgestellten.

---

140) Lehrordnung für die bayer. Volksschulen, in: Amtsblatt des Bayer. Staatsministeriums für Unterricht und Kultus, München Nr. 16 vom 29.12.1926; Lehrplan für den katholischen Religionsunterricht in der Volksschule; hrg. im Auftrage der Fuldaer Bischofskonferenz. Paderborn o.J. (1925). Neubearbeitung 1932.

141) Tiberius Burger, Der katholische Religionsunterricht in der Grundschule. Katechetische Skizzen zum bayerischen Religionsbüchlein: Bd. II, Das Neue Testament, München 1933. (Zit.: Burger, Der katholische Religionsunterricht).
Leonhard Grimm, Praktisches Handbuch zum katholischen Gottlehrbüchlein für die unteren Klassen der Volksschulen der Erzdiözese Freiburg, Freiburg 1949 II. Teil NT. (Zit.: Grimm, Praktisches Handbuch).
Wilhelm Pichler, Katechesen für die Unterstufe der Volksschule, 2 Bde., Wien 1919. Bd. 2: Von der Kindheit Jesu. (Zit.: Pichler, Katechesen).
Karl Raab, Hilfsbuch zum katholischen Religionsbüchlein für die Grundschule (hrg. von den bayerischen Bischöfen), Donauwörth 1927. (Raab, Hilfsbuch). Ders., Meine Kommunionklasse, Donauwörth 1927. (Zit.: Raab, Kommunionklasse).
Valerian Schubert, Der erste Religionsunterricht. Für die unteren Klassen katholischer Volksschulen in Bayern, Würzburg, Paderborn 1916, ²1920. (Zitiert wird nach der ersten Auflage: Schubert, Der erste Religionsunterricht).

1) Die Kommentare und Vorbereitungsbücher spiegeln in ihren Einführungen und in ihren Unterrichtsvorbereitungen ihre religionspädagogische Herkunft aus der Zeit der Methodenbewegung wider: Betonung der anschaulichen, erlebnisgesättigten Erzählung (Pichler, Raab), wertpädagogische Maßstäbe (Raab)[142], die christliche Persönlichkeit als das Ziel der religiösen Bildung (Raab) usw.. Dem Heimatprinzip kommt man u.a. durch die weitgehende Anlehnung an das Kirchenjahr entgegen.

2) Während die Schulbücher für die Hand des Kindes sich im besprochenen Umfang an den Bibeltext halten, steht für die Kommentare die "weihe- und gemütsvolle Darlegung" (Raab) und die breite, legendenhafte Ausschmückung durch zusätzliche Stoffe (Schubert) außer Zweifel. Ähnlich wie Kautz bettet Schubert die biblischen Erzählungen ein in eine Reihe legendenhafter, wundersamer Schilderungen. Da wird erzählt, wie Josef zu den Hirten geht und ihnen vom Erlöser vorliest, wie er, durch einen blühenden Stab erwählt, sich mit der Tempeljungfrau Maria vermählt, wie beide fleißig arbeiten, vor allem Maria, denn "wenn der Erlöser kam, mußte alles doch blitzblank sein."[143] In diesem Stil ist der ganze Zyklus ausgestaltet. In der zweiten Auflage nimmt er allerdings - wohl bedingt durch die Erklärung der Fuldaer Bischofskonferenz - die allzu frei fabulierende Erzählweise etwas zurück[144]. Raab schmückt dagegen ohne Einbeziehung fremder Stoffe aus durch das Sich-Hinein-Versetzen in die Erzählung bzw. in die Personen[145]. Auch ihre Heiligkeit und Erhabenheit bieten reichlich Material zur Ausschmückung[146]. Besonders Jesu Tätigkeit ist ganz vorbildhaft. Auch sonst geht man frei in der Beschreibung Jesu um: "Jesus schläft noch. Er lächelt - was träumt er wohl Schönes?...Da - ein Sonnenstrahl, Jesus gerade ins Gesicht.

---

142) Raab, Hilfsbuch, 20: "Aus dem reichen, mit übernatürlichen Werten gesättigten Boden der Biblischen Geschichte wird es (das Kind, Anm. d. Verf.) reichsten Gewinn erlangen für sein eigenes Leben." (Im Original gesperrt).

143) Schubert, Der erste Religionsunterricht, 167.

144) In der zweiten Auflage von 1920 werden legendenhafte und phantasievolle Ausschmückungen oft eingeleitet mit: "Wir können uns auch denken" (102). "Es war ihm vielleicht..." (101); oder die Kinder werden aufgefordert: "Nun denkt euch selbst aus..." (115).

145) Z.B. bei Raab, Hilfsbuch, 208.

146) Pichler, Katechesen, 4f. 30f; Burger, Der katholische Religionsunterricht, 11f.

Er erwacht, schlägt die Augen auf, richtet sich auf und betet..."[147].
Einige Schwierigkeiten bereiten bei der anschaulichen Erzählung die Empfängnis und die Geburt Jesu[148], da die Mutterschaft eine "diskrete" Behandlung erforderlich macht. Pichler löst diese Aufgabe folgendermaßen: "Da ist es auf einmal ganz licht geworden, viel heller als früher in Nazareth, als der Engel Gabriel zu ihr gekommen ist, und die heilige Maria hat ein wunderschönes kleines Kind vor sich gehabt."[149] Ähnlich erzählt Burger: "Es wurde licht im Stall. Da lag das Kindlein auf dem Schoß der Mutter und zitterte und weinte, weil es so kalt war im Stall."[150]
3) Auch in der Auslegung und Anwendung kehren die bereits besprochenen Schwerpunkte der Kommentare der Methodenbewegung wieder. Sie sollen hier nur durch einige Besonderheiten der Unterstufenkommentare ergänzt werden.
Verstärkt wird in der Unterstufe die Liturgie, vor allem die Messe, zur Auslegung der Kindheitsgeschichte herangezogen. Dies hat seinen Grund in der Lehrplangestaltung. Im Sinne einer ganzheitlichen Erziehung kommt es zu einer Verbindung von Messe und Bibeltext bzw. Kommunion und Bibeltext, wie dies auch schon früher festgestellt wurde. Zu einem Vergleich ist besonders der Besuch der Hirten geeignet: "Kommt morgen zur hl. Messe... Bei der hl. Wandlung kommt das Jesukindlein vom Himmel herab und ist dann bei mir auf dem Altare... Es ist nicht in Windeln gewickelt, sondern eingehüllt in der hl. Hostie."[151] Besonders ausführlich geht Raab auf den Kommunionempfang ein. Schubert vergleicht das Bild, Maria mit Jesus auf ihren Armen, mit der Kommunion: "Wenn du später kommunizieren darfst, empfängst du das Jesukindlein; man legt es dir auf die Zunge; es kehrt in dein Herz ein."[152] Außerdem ist Lk 1,26-38 eine Marienerzählung, die Marias Reinheit und Keuschheit betont. Maria ist Vorbild für das Kommunionkind, das durch ein keusches Herz Maria ähnlich werden

---

147) Burger, Der katholische Religionsunterricht, 68.

148) Siehe S.177 d. Arbeit.

149) Pichler, Katechesen, 25; ähnlich Schubert, Der erste Religionsunterricht, 170.

150) Burger, Der katholische Religionsunterricht, 27.

151) Schubert, Der erste Religionsunterricht, 174; ähnlich Burger, Der kath. Religionsunterricht, 34: "Da liegt Jesus, wie in Windeln eingewickelt, in der weißen G e s t a l t des Brotes, ganz s t i l l und lautlos... während des Tages aber ist er fast ganz verlassen."

152) Schubert, Der erste Religionsunterricht, 176.

soll und würdig, den Sohn Gottes zu empfangen[153].
Eine weitere Besonderheit der Unterstufenkommentare ist der Versuch, theologisches Vokabular anschaulich und verständlich zu machen. Dafür einige Beispiele: Der Wert der Gnade wird durch folgenden Vergleich veranschaulicht: Vom Jesukind kommen die Gärten mit dem Obst und das Feld mit dem Getreide. Die Gnade ist viel mehr wert als die Sachen...[154]. Bei der Erklärung der Mittlerrolle Marias wird Gott zu einem nur schwer ansprechbaren Herrscher, der sich aber von Maria überreden läßt: "Was Maria wünscht, tut der liebe Gott; was wir wünschen, wird er nicht tun mögen, weil wir ihm oft nicht folgen. Wir sagen alles erst der hl. Maria; sie sagt es dem lieben Gott; er gibt es uns dann, weil er alles tut, was Maria haben will."[155]

Schließlich finden sich in den Unterstufenkommentaren, bedingt durch den Zwang zur Konkretheit und durch das Ziel des Religionsunterrichts, eine Vielzahl indirekter (Personen zugeschriebenen) und direkter Anweisungen zu ethisch vorbildlichem Handeln. Als Beispiel soll wieder Schubert angeführt werden. Er schaltet vor Lk 2,41-52 eine umfangreiche Erzählung "vom Jesusknaben" und zeigt in ihr, wie sich das brave Kind verhält: 1. Wie ein braves Kind seine Eltern liebte. 2. Beim Unterricht im Vaterhause. 3. Beim Abendgebet. 4. Bei Kameraden. 5. Wie der Jesusknabe anderen Leuten half. 6. Im Gotteshaus[156]. Nach der Erzählung vom zwölfjährigen Jesusknaben im Tempel folgen noch: Im Gotteshaus und Jesus als Arbeiter[157]. Auch die übrigen Kommentare bieten bei den einzelnen Erzählungen eine Vielzahl von Tugen-

---

153) Raab, Kommunionklasse, 142f. Raab bringt Lk 1,26-38 zweimal. Zu Beginn des Kommunionlehrgangs steht die Erzählung unter dem Motto: "Maria, die Hochgebenedeite", Freundin des Kommunionkindes. (Ebd., 10). Zur Weihnachtszeit erfolgt eine erneute Durchnahme, diesmal unter der Überschrift: "Keuschheit" (141). Keuschheit ist eine Grundvoraussetzung für das gute Kommunionkind. (Ebd., 142f). Vgl. auch Burger, Der katholische Religionsunterricht, 16f.

154) Pichler, Katechesen, 32.

155) Schubert, Der erste Religionsunterricht, 167.

156) Schubert, Der erste Religionsunterricht, 192-200.

157) Ebd., 205-209. Auch Burger bringt drei Katechesen, die die Kinder zur Nachahmung Jesu aneifern sollen: Jesu Kindheitstage (68-70); das Kind bei der Arbeit (70-72); Gotteshaus und Schulhaus (72f). (Burger, Der katholische Religionsunterricht).

den an und warnen vor Lastern[158]. Das Ziel des Aufzeigens von Vorbildern und der Appelle an den Willen der Kinder ist das fromme, lernbegierige, sich in alles einfügende Kind. In einem solchen Verhalten drückt sich zugleich der Wille Gottes aus, der biblische Text hilft zur Disziplinierung des Kindes.
Die Kommentare zu den Religionsbüchlein insgesamt zeigen deutlicher als die vorher besprochenen Handbücher die Grenzen des nur von der Pädagogik, Didaktik bzw. Methodik her konzipierten biblischen Unterrichts. Bei dem Versuch, eine dem Text fremde religionspädagogische Aufgabe (Kommunionvorbereitung) mit Lk 1-2 zu kombinieren, erfährt die moralische Komponente eine weitere Verstärkung, denn die Vorbereitung selbst ist wesentlich geprägt von sittlicher Hochleistung[159]. Die Verquickung von Kindheitsgeschichten und Kommunionvorbereitung führt zur Parallelisierung des Kindes in der Krippe mit der Gegenwart Christi in der Eucharistie bzw. im Tabernakel. Nach den Kommentaren wird Jesus täglich geboren in der hl. Wandlung. "Der Sohn Gottes nimmt wieder einen Leib an wie damals, als er als Kind auf die Welt kam."[160] Jesus ist verborgen im kleinen goldenen Haus[161].
Neben der den Text verfremdenden Gegenüberstellung von "historischem" Bericht und sakramentaler Wirklichkeit zeigt dieses Beispiel, stellvertretend für andere, wie anschauliche kindertümliche Rede (täglich geboren in der hl. Wandlung) ohne Kontrolle durch die Fachwissenschaft zu einer theologisch nicht zu verantwortenden Rede wird[162].

3.5 Biblische Geschichten in der Zeit der Methodenbewegung

Aus der Vielzahl der Biblischen Geschichten, die in den ersten Jahrzehnten im Unterricht in Gebrauch waren, sollen hier nur zwei zum

---

158) Zu den "Untugenden" zählen z.B. im Tempel schwätzen oder mit Kameraden spielen, ungezogen sein; in den Lehrstuben unaufmerksam, unartig sein. (Schubert, Der erste Religionsunterricht, 203). - Tiere quälen, stehlen (ebd., 196) usw..

159) Das wird besonders deutlich bei Raab in seinem Buch: "Meine Kommunionklasse."

160) Schubert, Der erste Religionsunterricht, 176.

161) Pichler, Katechesen, 31; ähnlich Raab, Meine Kommunionklasse, 154f.

162) Vgl. auch S. 184 d. Arbeit.

Abschluß dieses Kapitels vorgestellt werden. Es sind dies die Ecker-Bibel und die Buchberger-Bibel[163]. Beide stellen je einen Typus dar, den wir mit textgetreu und paraphrasierend bereits einige Male in der Geschichte der Bibelkatechese angetroffen haben.

3.5.1 Die Katholische Schulbibel von Jakob Ecker[164]

Die Katholische Schulbibel entstand auf Anregung der Fuldaer Bischofskonferenz, wurde 1907 von Ecker herausgegeben und fand, nach einer Revision, ab 1919[165] in vielen Bistümern Eingang[166]. Eines ihrer hervorstechenden Merkmale ist "ihre Urtexttreue, die auf Paraphrasierung und subjektive Ausschmückung verzichtete..."[167]. Damit setzte Ecker zu Beginn des 20. Jahrhunderts gegenüber den bisher besprochenen Biblischen Geschichten einen neuen Akzent. Dieser wurde, ungeachtet der zur gleichen Zeit aufgestellten Forderung nach Ausmalung und Erweiterung, bis heute für die Diskussion um den Text der Schulbibel bestimmend[168]. Für unsere Untersuchung soll hier aus der Gesamtkonzeption der Schulbibel "Geburt und Kindheit Jesu" herausgenommen werden, nach der Ausgabe von 1919[169].

---

163) Zur Verteilung der Biblischen Geschichten im deutschsprachigen Gebiet um 1925 vgl. Wilhelm Burger, Die katechetische Bewegung 1912-1928, in: Zweiter katechetischer Kongreß, München 1928, 38f.

164) Vgl. zum folgenden: Knauber, Die Geschichte der "Katholischen Schulbibel" und ihre Gestaltkräfte, in: 50 Jahre Katholische Schulbibel 1907-1957, 16-25.

165) Eine zweite Revision fand 1927/28 statt. Eine ständige Redaktionskommission sollte notwendig werdende Verbesserungen einarbeiten. Eine weitere "große Revision" wurde 1957 abgeschlossen. Vgl. Knauber, Die Geschichte der "Katholischen Schulbibel", 19 und 25-29.

166) Ebd., 19.

167) Ebd., 18.

168) Auf die Einzelheiten braucht hier nicht eingegangen zu werden. Vgl. dazu Dreher, Zur Gestalt einer künftigen Schulbibel, in: ThQ 137 (1957) 443-472, v.a. 455-464; Gerhard Bellinger, Bibelwissenschaft und Schulbibel, in: Kat Bl 95 (1970) 193-205, v.a. 197f.

169) Katholische Schulbibel für die Diözese Trier, verfaßt von Jakob Ecker, neu herausgegeben 1919, Trier 1919. "Geburt und Kindheit Jesu", 161-172. Zur Geschichte dieser Katholischen Schulbibel vgl. Knauber, Die Geschichte der "Katholischen Schulbibel", 17-29.

Das Neue Testament beginnt mit Joh 1,1-14 und folgt in seinem ersten Kapitel dem gängigen Aufbau. Mit Hilfe von sogenannten Initialbildern von Schumacher illustriert er den Text und fügt dazu einige Landschaftsbilder ein (Nazaret, Betlehem, Grab der Rachel)[170].

Lk 1,26-38[171]

Die Perikope ist durch zusätzliche Überschriften in zwei Teile gegliedert: "Botschaft des Engels" und "Einwilligung Marias". Wie bereits erwähnt, legt Ecker auf Urtexttreue großen Wert, so daß nur geringe Abweichungen zu vermerken sind. Sie liegen, wie Knauber festgestellt hat, vor allem dort, wo Worte aus dem geschlechtlichen Bereich vorkommen[172]. In Lk 1,26-38 ist wohl aus diesem Grunde Lk 1,36b ausgelassen. Der 6. Monat und die Unfruchtbarkeit Elisabets bleiben unerwähnt. Wie in anderen Biblischen Geschichten sind wichtige Texte gesperrt gedruckt: Lk 1,28.31.38. Ecker bringt in dieser (revidierten) Fassung die Vulgatazusätze in Lk 1,28.29. Die ganze Erzählung wird mit einem Lobspruch Marias (in Kleindruck) abgeschlossen: Großes hat an mir der Mächtige getan (Lk 1,49).

Lk 2,1-20[173]

Auch diese Perikope ist durch zusätzliche Überschriften unterteilt, von denen besonders die dritte "die Hirten beten das Kind an" aus der Tradition der Biblischen Geschichte stammen dürfte. Das Engellob, in der liturgisch üblichen Form, ist durch Sperrdruck hervorgehoben. Der Textvergleich zeigt wieder die Auslassung geschlechtlich bezogener Worte, so in Lk 2,6b "es begab sich aber, daß sich die Tage vollendeten, da sie gebären sollte". Die Erzählung schließt mit der Beschneidung Jesu. Im Kleindruck wird Phil 2,10 als Antwort auf die Botschaft beigesetzt[174].

---

170) Zur äußeren Gestalt vgl. Kreutzwald, Geschichte, 195-197.

171) Ecker, Schulbibel, 165f.

172) Knauber, Die Geschichte der "Katholischen Schulbibel", 34; siehe S. 116 f d. Arbeit.

173) Ecker, Schulbibel, 166f.

174) Den Sinn der Beitexte sieht Knauber mehr in der Möglichkeit, eine Antwort auf das Gehörte zu sein, als daß sie Erkenntnisse oder gar Nutzanwendungen darstellen. (Knauber, Geschichte der "Katholischen Schulbibel", 65).

Lk 2,41-52[175]

Die Erzählung vom zwölfjährigen Jesus im Tempel ist auch bei den Biblischen Geschichten, die paraphrasieren, am wenigsten ausgeschmückt. Bei Ecker zeigt sich durch Hervorhebung des ihm wichtigen Verses Lk 2,52 sowie durch den abschließenden Bibelvers seine Auslegungstendenz. Mit Eph 6,1 weist er in die uns bekannte Richtung, Gehorsam den Kindern als "Antwort auf das Gehörte" anzuempfehlen.
Die Ecker-Bibel ist die eine Form der Biblischen Geschichte, die, sich eng an den Text anschließend, im Bibelunterricht der Methodenzeit und der nachfolgenden Epoche benützt wurde. Trotz dieses engen Anschlusses aber an den ursprünglichen Text zeigen sich auch bei ihr noch die Auswirkungen der traditionellen Bibelkatechese: pädagogische und liturgische Rücksicht im Sprachgebrauch, sowie die übliche Auslegung für Lk 2,41-52. Ecker gab 1908 auch eine "Kleine katholische Schulbibel" heraus, die ab 1920 in den Diözesen eingeführt wurde, die auch die "Mittlere Ausgabe" für die Oberstufe benützen. Sie bleibt hier unberücksichtigt.

3.5.2 Die Buchberger-Bibel[176]

Die Buchberger-Bibel, 1922 in den bayerischen Diözesen eingeführt, erzählt "die biblischen Geschehnisse frei, in klarer, kindertümlicher Form"[177]. Der Form nach ist sie der Bibel von Schmid-Werfer verwandt. Eine Durchsicht unserer Texte zeigt folgende Besonderheiten.

Lk 1,26-38[178]

Neben einer Vereinfachung der Ortsangabe bringt die Erzählung die Herkunft Marias aus dem Geschlecht Davids. Das "Gebären des Sohnes" (Lk 1,31) wird ausgelassen, ebenso der "6.Monat" und die Unfruchtbarkeit Elisabets (Lk 1,36).
Der Erzählung angefügt ist eine Zusammenfassung aus Mt 1,18-25. Wie bei Ecker werden wichtige Verse gesperrt gedruckt, so der Beginn des Ave Maria, die Antwort Marias, die von ihr "voll Demut und Gehorsam" gesprochen wurde sowie das Kommen des Heiligen

---

175) Ecker, Schulbibel, 172.

176) Schulbibel für den katholischen Religionsunterricht, bearbeitet von Michael Buchberger, München 1922. Benützt wird eine Ausgabe von 1951.

177) Kreutzwald, Geschichte, 201.

178) Buchberger, Schulbibel, 122f.

Geistes. Buchberger fügt am Ende hinzu: "Da ist der Sohn Gottes Mensch geworden, um uns zu erlösen und zu Kindern Gottes zu machen."[179]

Lk 2,1-20[180]

Die Verse Lk 2,1-7 sind bei Buchberger besonders frei gestaltet. Sie erinnern an die Schmidsche Fassung. Die Herkunft Marias aus dem Geschlecht Davids wird wiederholt, die Herbergsuche ist vorgezogen, der Ort der Geburt näher ausgeführt. Die Verse 6 und 7 sind ersetzt durch die Worte: "In dieser Höhle wurde unser Herr und Heiland Jesus Christus geboren..."[181] Im zweiten Teil der Erzählung ist die Freiheit vom Text - wie schon bei den Kleinen Biblischen Geschichten - vor allem beim Besuch der Hirten festzustellen. Sie erzählen voll Freude, was ihnen gesagt worden war. Das Verwundern der Zuhörer fehlt selbstverständlich (Lk 2,18). Lk 2,14 ist als wichtiger Satz gesperrt gedruckt.

Lk 2,41-52[182]

Diese Erzählung bringt, wie üblich, die geringsten Abweichungen. Buchberger setzt auch durch Sperrdruck keinen Schwerpunkt. Neben der einfachen Sprache ist nur die Deutung des Verhaltens der Eltern anzumerken. Sie gehen ruhig eine Tagreise weit und kehren dann voll Angst nach Jerusalem zurück. Ein Vergleich mit der Biblischen Geschichte von Schmid-Werfer zeigt, daß gerade diese Erzählung mehr dem Bibeltext entspricht, als daß sie sich an die ausschmückende Erzählung von Schmid-Werfer anlehnt.

Die Buchberger-Bibel und die Ecker-Bibel sind die zwei bedeutendsten Schulbücher für unseren Zeitabschnitt. In der Hand der Kinder liefern sie den Lese- und Lernstoff für den Bibelunterricht. Der Betonung der Anschaulichkeit kommt die Buchberger-Bibel mehr entgegen. Da aber der genaue Text in der Auslegung kaum berücksichtigt wird, sind beide Arten für den Bibelunterricht der Methodenzeit wenig charakteristisch. Auch die Buchberger-Bibel bietet nur einen geringen Anhalt für die erlebnisreiche Darstellung.

---

179) Ebd., 123.

180) Ebd., 125f.

181) Ebd., 125.

182) Ebd., 129.

3.6. Tendenzen der Auslegung in der Zeit der Methodenbewegung (Zusammenfassung)

Die vorgestellten Auslegungsbeispiele und Schulbücher zeigen zur Genüge Anliegen, Konkretisierung und auch die Begrenzung der Methodenbewegung, soweit sie den Bibelunterricht betreffen.
1) Der stoffbetonten Vermittlung, die aus der Vorherrschaft des vorgegebenen Inhalts in der Katechese resultierte, wird die Betonung der Aufnahmemöglichkeiten der Adressaten entgegengesetzt. Um diesen gerecht zu werden, geht man bei der Pädagogik mit ihren verschiedenen Strömungen und bei der Psychologie in die Schule. Verbunden mit dem Ziel des Religionsunterrichts überhaupt, das Kind zu einem Christen der Tat zu erziehen, bestimmen sie Anlage und Aufbau des Unterrichts. Dieses Unterrichtsziel selbst ist wiederum beeinflußt von der Profanpädagogik, vor allem der Lehre Herbarts, die als Unterrichtsziel "Charakterstärke der Sittlichkeit" angibt.
2) Ein in der Praxis wirksamer Niederschlag des religionspädagogischen Anliegens ist die anschauliche, durch die "Kleinarbeit" des Lehrers erweiterte Erzählung. Man fabuliert - auch unter Benützung fremden Materials (z.B. Kautz) - frei um den Kern der Erzählung, mit dem Ziel, anschaulich zu sprechen, Gefühl und Gemüt der Kinder zu bewegen. Alle drei Erzählungen werden in idyllische, märchenhafte, wundersame Szenen verwandelt. Die Personen, besonders Maria und Jesus, leben ein außergewöhnliches Leben, das durchsetzt ist von wunderbaren Gegebenheiten. Die Erzählung lebt weithin von der Faszination des Märchenhaften und Idyllischen. Die Frage nach der Verbindlichkeit des vorgegebenen biblischen Textes bleibt in der lebendigen Darstellung des Lehrers weitgehend unbeachtet. Die geschichtliche Tatsächlichkeit des in der Bibel Erzählten wird als selbstverständlich genommen und die Freiheit des weiteren Ausschmückens kaum eingegrenzt. Es wird auch nicht gefragt, welche Belastung eine solche Erzählweise für den Glauben der Erwachsenen bedeutet.
3) Eng mit der freien Erzählweise verknüpft ist die Einbettung der Erzählungen in den Weihnachtsfestkreis. Dabei liegt die Betonung nicht so sehr auf der Liturgie als auf dem heimatlichen Brauchtum, auf Kunst und Musik. Heimatliche Gebräuche werden noch unterschieds- und kritiklos übernommen, auch wenn sie teilweise bis an die Grenze des Kitsches reichen. Die Verbindung der Erzählungen mit dem Brauchtum erzeugt vor allem gefühlsmäßige Regungen und Bindungen: Rührung, Mitleid, Erstaunen, Wünsche usw.. Auch hier bleibt die Botschaft des Textes weitgehend ungehört.
4) Der Anwendung, Verwirklichung oder Tatgestaltung wird im Bibelunterricht dieser Epoche zunehmende Aufmerksamkeit geschenkt. Eine Durchsicht der vorgeschlagenen Möglichkeiten ergibt, daß sie weithin in bereits bekannten Bahnen verlaufen: Gebete, Lieder, Kir-

chenbesuch, Nachahmung der vorgestellten Tugenden. Sparsam werden vom Arbeitsschulgedanken beeinflußte Tätigkeiten eingefügt (z.B. Basteln einer Krippe). Da schon bei der Erzählung nicht primär nach der Aussageintention der Texte gefragt wurde, ist auch die Anwendung fast beliebig und entfernt sich vom Anliegen des biblischen Textes ebenso wie die Erzählung selbst. Das Ziel der "Tatgestaltung" bleibt aufs Ganze gesehen wie bisher die Eingliederung in vorgegebene Strukturen der sozialen Umwelt (Familie, Schule, Kirche). Das Heimatprinzip und die Betonung des Eingebundenseins in das Volk mag diese Tendenz noch verstärken.
5) Die Vorherrschaft der Pädagogik, Psychologie, die Forderung nach Kindgemäßheit und das Ziel der Ansprechbarkeit aller Kräfte im Menschen lassen die theologische Komponente im Vermittlungsgeschehen in den Hintergrund treten. Das bringt, wie bereits erwähnt, die Mißachtung der Eigengesetzlichkeit des Bibeltextes mit sich und die mangelnde Orientierung an der Bibelwissenschaft. Am Beispiel der Katechesen von Kautz läßt sich zudem nachweisen, wie nur ein auf Gefühl, Gemüt, Tat abgestelltes Reden ohne Berücksichtigung der Theologie, in unverantwortliche Aussagen abgleitet. Einige Beispiele sollen dies nochmals zeigen: Im Anschluß an Lk 1, 26-38 fordert Kautz die Kinder auf, zu Maria zu beten, wenn ihnen etwas fehlt, sie erfüllt - so zeigen die Beispiele - alle Wünsche auf wunderbare Weise. Zu einem Besuch in der Kirche soll folgende Frage anspornen: "Und was machen wir mit dem armen, gefangenen, einsamen Heiland im Tabernakel?"[183] In der ästhetischen Durchschau zu Lk 2,1-7 steht folgende Anweisung für den Lehrer: "Nachdem die Kinder erzählt haben von den jubelnden Engeln, die herbeieilen, anbeten, staunen, singen und Reigen spielen über dem armen Stalle, daß ihre Himmelskronen niederfallen, dem Jesulein zu Füßen, fortfahren: Und als die Engel sich satt gesehen und gefreut hatten, da war das zarte Jesulein müde. Es sollte ein wenig schlafen." [184] Ähnlich ließen sich auch aus den Kommentaren Versuche anführen, wie die weihnachtliche Erzählung, in dem Bestreben, sie für die Kinder aktuell zu gestalten oder verständlich oder wunderbar, so verändert wird, daß das Reden theologisch nicht mehr verantwortet werden kann und später zu folgenschweren Glaubenskrisen führen muß. Auf alle Fälle führt kein Weg von dieser Vermittlungsweise zu dem, was die Texte bezeugen wollen.
6) In der Auslegung i.e.S. haben sich gegenüber der vorhergehenden Epoche nur Details verändert. Die Kommentare stehen weithin in der Nachfolge von Schuster und Knecht. Sie geben die dogmatischen und moralischen Lehren wieder, teilweise bringen sie stark verkürzt

---

183) Kautz, Neubau. 264.

184) Ebd., 171 f.

geographische und geschichtliche Angaben aus dem Kommentar Schusters. Die im Bibelunterricht üblich gewordenen Inhalte der Auslegung werden weitertradiert, was ja auch nicht verwunderlich ist, da vornehmlich das "Wie" der Vermittlung im Horizont der Überlegungen steht. Die Betonung der Methode bringt für die Auslegung selbst keine wesentlichen neuen Einsichten. Es kommen lediglich einige neue Stoffe hinzu, vor allem liturgische und volkskundliche.

Die entscheidenden Neuerungen in der Methodenbewegung für den Bibelunterricht und damit für Lk 1-2 liegen in der breit ausgeführten Erzählung und in dem Bestreben, alles, was in näherer oder entfernter Beziehung dazu steht, den einzelnen Perikopen erklärend hinzuzufügen.

4. SCHULBÜCHER UND KOMMENTARE ZUR ZEIT DER MATERIAL-KERYGMATISCHEN BESINNUNG IN DER KATECHETIK

Der Methodenbewegung mit ihren verschiedenen Strömungen ging es letztlich darum, dem wachsenden Glaubensschwund, der vor allem in den Großstädten zu beobachten war, durch eine an den Erfordernissen des Kindes orientierte Vermittlung des Glaubensgutes zu begegnen. Auch die Bibelkatechese sollte diesem Ziel dienen. Bald sah man jedoch ein, daß die methodische Diskussion ergänzt bzw. abgelöst werden mußte von der Frage nach dem Inhalt der Katechese überhaupt. Es ist die wieder aufgenommene Fragestellung, die wir bereits bei Hirscher kennengelernt haben.
Den Anstoß zur intensiven Beschäftigung mit dem wesentlichen Inhalt der Katechese im 20. Jahrhundert gab das Buch J.A. Jungmanns: "Die Frohbotschaft und unsere Glaubensverkündigung."[1] F.X. Arnold nahm den Impuls Jungmanns auf und entfaltete ihn weiter. In seinen Schriften vertrat er die entschiedene Rückkehr zur Frage nach dem Inhalt: "Nicht nur von der Natur und den Bedürfnissen der Hörer, sondern auch und vor allem von der Eigenart des Lehrgutes, vom Inhalt der Frohbotschaft her muß, so wurde immer deutlicher erkannt, die katechetische und homiletische Frage bewältigt werden."[2] Ihren Höhepunkt und zugleich Abschluß fand die materialkerygmatische Bewegung im "Rahmenplan für die Glaubensunterweisung" (1967)[3]. Er ist offiziell bis heute für den Religionsunterricht - zumindest an den Grund- und Hauptschulen - gültig, wenn er auch in der Praxis kaum mehr als Grundlage konkreten Unterrichtens dienen dürfte. Begleitet wurde die materialkerygmatische Bewegung in der Katechetik von einer in der theologischen Wissenschaft geführten Diskussion um eine eigenständige Verkündigungstheologie[4]. Weiter spielten die

---

1) Josef Andreas Jungmann, Die Frohbotschaft und unsere Glaubensverkündigung, Regensburg 1936.

2) Franz Xaver Arnold, Dienst am Glauben. Das vordringlichste Anliegen heutiger Seelsorge, Freiburg 1948, 60.

3) Rahmenplan für die Glaubensunterweisung mit Plänen für das 1.-10. Schuljahr, hrg. v. den katholischen Bischöfen Deutschlands durch den Deutschen Katechetenverein, München 1967. (Zit.: RP).

4) Vgl. dazu: Wolfgang Langer, Kerygma und Katechese, München 1966, 154f. Eine Darstellung der Verkündigungstheologie gibt E. Kappler, Die Verkündigungstheologie, Freiburg (Schweiz) 1949.

Bibelbewegung sowie die liturgische Bewegung in der Auseinandersetzung um den Inhalt in der Katechese eine Rolle.

4.1 Jesus Christus als zentraler Inhalt religiöser Unterweisung

Während in der Zeit der Herrschaft der Neuscholastik und auch zur Zeit der Methodenbewegung der Stoff der Katechese mehr oder weniger ungefragt aus der (Katechismus)-Tradition übernommen wurde, fragte Jungmann hinter all die vielen inhaltlichen Vorgegebenheiten zurück und suchte einen Mittelpunkt, in dem alles zusammengefaßt war und von dem aus alles seinen rechten Stellenwert erhielt[5]. Diesen Mittelpunkt fand Jungmann in der Person Jesu, in der die ganze Frohbotschaft, die es zu verkünden galt, zusammengefaßt und fest verankert war. "Seine Person und sein Werk der Menschheiterlösung bilden den eigentlichen Kern der christlichen Heilslehre"[6] und selbstverständlich dann auch der Verkündigung[7]. Die Bestätigung fand Jungmann in der Geschichte der christlichen Verkündigung, die zu gleicher Zeit auch die Geschichte der Einseitigkeiten und Verdunkelungen dieser einfachen Botschaft vom Heil des Menschen war, das ihm von Gott in Jesus Christus zuteil geworden ist[8]. Von der Konzentration aber auf dieses Zentralthema erhoffte er sich - wie schon Hirscher - eine Verlebendigung des Glaubens und christlichen Lebens. "Von dieser Mitte her müssen die Kräfte kommen, mit denen das Christentum noch einmal die Welt erobert."[9] Damit war in der Katechese das Bemühen einer Ordnung katechetischer Inhalte um die einheitsstiftende Person Jesu Christi wieder aufgebrochen. Das bedeutete zugleich eine Konzentration der Aufmerksamkeit auf die inhaltliche Komponente des Religionsunterrichts überhaupt, während methodische Probleme der Vermittlung und anthropogene Voraussetzungen beim Adressaten erst in zweiter Linie und vom Inhalt her bedacht wurden. Alle methodischen Erfordernisse können nur dann befriedigt werden, "wenn die Frage zugleich und zuvor von der t h e o l o g i s c h e n Seite her

---

5) Jungmann, Frohbotschaft, 17: "Nicht auf das Wissen um das Viele kommt es hier an, sondern auf das Erfassen des Einen, das hinter dem Vielen liegt."

6) Ebd., 22.

7) Ebd., 25.

8) Vgl. dazu seinen 2.Teil: Geschichtliche Besinnung, (ebd., 29-112).

9) Ebd., 217.

betrachtet und bewältigt wird."[10] Die bedeutendsten Früchte katechetischer Bemühung um eine christozentrische Katechese waren der Katholische Katechismus der Bistümer Deutschlands (KKBD) von 1955[11] und der Rahmenplan von 1967[12], der, wie bereits erwähnt, zugleich den Abschluß dieser Phase markiert. Neben J.A. Jungmann bestimmte vor allem F.X. Arnold die materialkerygmatische Phase in der Katechetik. Er versuchte für die gesamte Pastoraltheologie eine Verankerung in der Christologie und Soteriologie und kam von seinem Prinzip des Gott-Menschlichen aus zu einer Gewichtung der drei am Akt des Glaubens Beteiligten: Gott ist das schöpferische und schenkende Prinzip des Glaubens[13], der Anteil des Menschen besteht in der freien Entscheidung zu diesem Tun Gottes[14], der Kirche aber kommt instrumentale Bedeutung zu[15]. Für die Katechese heißt das konkret, daß sie das entscheidende Wirken von der "Stoßkraft des schöpferischen Kerygmas Christi und der ganzen Fülle seines göttlichen Inhalts"[16] erwartet, während die Methode durchaus sekundär nur werkzeugliche Dienstleistung ist[17]. Die Grundgedanken Jungmanns und Arnolds prägten vor allem die Grundlegung des Rahmenplans mit, die von der "Heilsbotschaft"[18], vom Kerygma aus, Empfänger und katechetisches Tun betrachtet.

Für unsere Untersuchung ist die Besinnung auf die Mitte der Verkündigung - auf die Person und das Werk Jesu Christi - von besonderer Bedeutung. Zunächst wird der Bibelunterricht überhaupt aufgewertet, denn die Frohe Botschaft wird vermittelt im Wort der Schrift. "Dieser Weg einer theologischen Neuorientierung am Evangelium allein wird dann auch zu einer katechetischen und homiletischen Sprechweise führen, die wahrhaft kindertümlich und volkstümlich ist, nämlich zur Sprechweise der Heiligen Schrift."[19]

---

10) Arnold, Dienst am Glauben, 60.

11) Katholischer Katechismus der Bistümer Deutschlands (KKBD), Ausgabe Freiburg 1955.

12) Siehe Anm. 3.

13) Arnold, Das Prinzip des Gottmenschlichen und seine Bedeutung für die Seelsorge, in: ThQ 123 (1942) 155.

14) Ebd., 153.

15) Ebd., 146f. Vgl. auch ders., Dienst am Glauben, 29.

16) Ebd., 62.

17) Ebd..

18) RP, 4-8.

19) Arnold, Dienst am Glauben, 60.

Der biblischen Unterweisung kommt die Führung auch im Lehrplan zu. Von daher gesehen bekommen auch die Texte über die Kindheit Jesu eine erhöhte Bedeutung. Aber auch die Sichtweise der biblischen Texte ändert sich. Betrachtet man nämlich nur die geschichtlichen Fakten als vergangene Ereignisse, so sind sie für heute nicht mehr von Bedeutung. Es ist vielmehr entscheidend, die Heilsbedeutung in die Mitte der Verkündigung zu rücken, z.B. die Heilsbedeutung der Inkarnation. Gefordert ist deshalb eine kerygmatische Katechese über die Menschwerdung Jesu Christi. Die Liturgie des Weihnachtsfestes kann dabei Hilfe sein, denn in ihrer Mitte steht nicht die Geburts- und Kindheitsgeschichte Jesu, "sondern das erschütternde Mysterium von der Menschwerdung des ewigen Logos..."[20]. Die Feier der Christusmysterien in der Liturgie gibt zugleich auch das Maß für die katechetische Verkündigung ab[21]. Dagegen ist die rein historische und apologetische Darstellung des einmal Gewesenen blaß, das Weihnachtsmysterium "verniedlicht zu einem Kindheits- und Familien-Idyll."[22] "Die kerygmatische Stoßkraft"[23] ist verlorengegangen. Damit ist zugleich Kritik an vergangener biblischer Katechese ausgesprochen.

Für den Bibelunterricht bedeutet die Betonung der inhaltlichen Komponente zugleich eine Hinwendung zum Eigenwert der Schrift überhaupt. Ihre Auslegung hat zur Voraussetzung, die Ergebnisse der Bibelwissenschaft zur Kenntnis zu nehmen und im Unterricht zur Geltung zu bringen. Die materialkerygmatische Phase führt deshalb in der Folgezeit zu einer intensiven Auseinandersetzung des Katecheten mit der exegetischen Wissenschaft[24]. In der weiteren Untersuchung soll nun die praktische Umsetzung der christologisch-zentrierten und von der Aufgabe der Verkündigung sich verstehenden Katechese aufgesucht werden. Wie wirkt sich die materialkerygmatische Erneuerung in den Schulbüchern und praktischen Kommentaren aus?

---

20) Arnold, Heilslehre und Heilsgeschichte, in: ders., Wort des Heils, Trier 1961, 94.

21) "Genau dasselbe Gesetz gilt auch für die Verkündigung." Arnold, Katechese aus der Mitte der Heilsgeschichte, in: Kat Bl 81 (1956), 234.

22) Ebd., Beispiele für diese Behauptung gibt es vor allem in der katechetischen Literatur zur Zeit der Methodenbewegung.

23) Ebd..

24) Hubertus Halbfas, Der Religionsunterricht, Düsseldorf 1965, 55-71; Günter Stachel, Der Bibelunterricht, Einsiedeln-Zürich-Köln 1967; Wolfgang Langer, Schriftauslegung im Unterricht, Einsiedeln-Zürich-Köln 1968.

4.2 Religionsbücher und Vorbereitungswerke

Nach der Darlegung des materialkerygmatischen Anliegens soll nun die Auswirkung im konkreten Religionsunterricht untersucht werden. Dabei werden die Schulbücher und die dazugehörigen Kommentarwerke nach den einzelnen Jahrgängen auf ihre Auslegung zu Lk 1-2 befragt. Das Religionsbüchlein von Raab (Bayern) bzw. die Kleine Schulbibel von Ecker mit einem Katechismusteil (Nordwestdeutsche Bistümer) wurden ab 1957 abgelöst von drei Schulbüchern, einem Religionsbüchlein für das erste Schuljahr, dem Glaubensbüchlein (Frohe Botschaft) und dem Glaubensbuch. Für die Oberstufe schlug sich die neue Bewegung im Katechismus, in den Schulbibeln und den dazugehörigen Kommentaren nieder. Die angegebene Reihenfolge bestimmt den Fortgang der Untersuchung.

4.2.1 Religionsbücher für das erste Schuljahr
An Gottes Hand[25] - Jesus ich bin Dein[26]

Die beiden Religionsbüchlein sollen als Beispiel für andere[27] zusammen mit ihren Kommentaren in ihren Ausführungen zu Lk 1-2 befragt werden. Eine erste Durchsicht ergibt, daß die beiden Schulbücher verschiedenen katechetischen Epochen zuneigen. Die dazugehörigen Kommentare verstärken diese Vermutung[28]. Beide Bücher arbeiten hauptsächlich mit dem Bild, das die mangelnde Lesefähigkeit der Schulanfänger überbrücken soll.

4.2.1.1 Der Rahmen zu Lk 1-2

1) Beide Religionsbüchlein stellen ihre Erzählungen zur Kindheit Jesu

---

[25] An Gottes Hand. Katholisches Religionsbüchlein für das erste Schuljahr. Herausgegeben von den bayerischen Bischöfen. Ausgabe Bamberg-Nürnberg 1957.

[26] Jesus ich bin dein. Glaubensbuch für die Kleinen, Düsseldorf 1960.

[27] Weitere Religionsbüchlein sind bei Halbfas, Fundamentalkatechetik, Düsseldorf 1968, 114 Anm. 1 verzeichnet.

[28] Karl Zielbauer, Katechesen für das erste Schuljahr zum katholischen Religionsbüchlein "An Gottes Hand", 3 Teile, Donauwörth 1957. (Zit.: Zielbauer, Katechesen). Josef Quadflieg, Handbuch zum Glaubensbuch für das 1. Schuljahr "Jesus ich bin dein", Donauwörth 1963. (Zit.: Quadflieg, Handbuch).

zunächst in den Rahmen des Kirchenjahres mit den Themen Advent[29] und Heiligenfeste im Advent[30]. Das Ziel bei Zielbauer z.B. ist ein "gläubiger Advent"[31].

2) Daneben aber bringen beide die Verkündigungs- und Weihnachtserzählung innerhalb eines Abrisses der "Heilsgeschichte", wie sie auch schon früher in Katechesen geboten wurde[32]. Die Verkündigung der Geburt Jesu und die Geburt selbst werden nach dem Sündenfall und der Verheißung eines Erlösers zur Darstellung gebracht. Sie sind die Erfüllung des dort Verheißenen und die Wiedergutmachung des von Adam und Eva zerschlagenen glücklichen Lebens im Paradies[33]. Jesus ist der Wiedergutmacher des angerichteten Schadens, eben der Erlöser. Mit diesen vorgeschalteten Katechesen soll der Grund für die Menschwerdung des Sohnes Gottes wohl für die Kinder einsichtig gemacht werden. In der Sicht der Kinder stehen damit zwei Zeitabläufe nebeneinander. Im Blick ist zunächst das Warten auf das Weihnachtsfest, an dem die Geburt Jesu gefeiert wird. "Der Heiland will auch zu uns kommen an Weihnachten."[34] Daneben und zu gleicher Zeit wird aber auch die ungeheuere Spanne Zeit von der ersten Verheißung eines Retters über die Zeit des Wartens bis zur Geburt Jesu den Kindern zugemutet. Abgesehen von den Einwänden der Theologie, eine solche geraffte und simplifizierte "Heilsgeschichte" zu bieten, ist natürlich entwicklungspsychologisch zu fragen, ob 7jährigen Kindern zwei völlig verschiedene Zeitspannen zugemutet werden können und theologisch, ob dies zum Verständnis von Lk 1-2 notwendig ist.

3) Die sprachliche Einkleidung von Zielbauer und Quadflieg zeigt deutlich die Zugehörigkeit zu den zwei Epochen: Zielbauer versucht in kindertümlicher Sprechweise die schwierigen theologischen Sachverhalte zu vermitteln, während Quadflieg mehr einer verkündigenden Sprache zuneigt.

---

29) An Gottes Hand, 18f; Jesus ich bin dein, 32.

30) An Gottes Hand, 20f. Das Religionsbüchlein ist mehr als "Jesus ich bin dein" an den Festen des Kirchenjahres interessiert, Vgl. dazu auch ebd., 32f.

31) Zielbauer, Katechesen I, 54.

32) Bei "Jesus ich bin dein" wird dieser Rahmen direkt durch Bild und Wort hergestellt. Zielbauer bringt den Zusammenhang als Wiederholung einer früheren Katechese.(Vgl. dazu: An Gottes Hand, 13).

33) Zur Kritik vgl. Halbfas, Fundamentalkatechetik, 161f. Zur heilsgeschichtlichen Konzeption der bibl. Geschichten siehe S.221 d. Arbeit.

34) Zielbauer, Katechesen I, 56.

Eine Gegenüberstellung soll das verdeutlichen.

Zielbauer[35]	Quadflieg[36]
Der Himmel ist verschlossen - das Lichtkleid verloren - das Seelenlicht ausgelöscht im Herzen der Menschen ist es finster - das Himmelslicht brannte nicht mehr im Herzen - der Teufel hat uns gefangen - er hat uns mit Ketten festgebunden - der Retter wird uns losmachen aus der Gefangenschaft des Satans - er wird die Ketten lösen - er heilt ihre Seele, die seit der Sünde krank war - usw. Komm Heiland reiß die Himmel auf	Adam und Eva gehen in die Finsternis sie müssen Leid und Schmerz tragen - einer wird das Paradies wieder aufschließen - der Heiland hat durch seinen Tod am Kreuze das Tor zum Himmel wieder aufgemacht der herrliche Himmel steht uns wieder offen - Der Herr der Herrlichkeit erwartet uns - Gott schloß das Paradies zu - die Menschen konnten nicht in den Himmel kommen - usw. Wann kommt das Licht in unsere Finsternis Regne herab aus den Wolken Gott zerbrich die Riegel...

Zielbauers Formulierungen zeigen eine bildhafte Sprache zur Deutung der Unheilssituation im einzelnen Menschen. Quadflieg verwendet ein mehr kerygmatisch geprägtes Vokabular. Beide wollen außerdem durch umschreibende Sätze gebräuchliche Adventslieder einüben. Ohne ausführlich auf eine Kritik der Vorschulkatechese einzugehen, sollen nur die pädagogischen bzw. psychologischen und die theologischen Bedenken genannt werden. Psychologisch ist anzumerken, daß die bildhaften Wendungen beider Kommentatoren bei 7jährigen Kindern zu unkontrollierten Assoziationen und Vorstellungen führen (z.B. Himmel aufschließen... der Teufel hat uns mit Ketten festgebunden). Sie können bei der Ablösung des kindlichen Verständnisses zu schwerwiegenden Glaubenskrisen führen. - Durch die Vorschaltung des Sündenfalles vor die Geburt Jesu wird Jesus einseitig in die Rolle des "Himmelsaufschließers" und Erlösers aus der Teufelsgefangenschaft gesehen. Dieser "heilsgeschichtliche Kurzlehrgang" ist theologisch nicht zu rechtfertigen, weil er die Geschichte Gottes mit den Menschen unzulässig vereinfacht und verkürzt. Er ist auch pädagogisch fragwür-

---

35) Zielbauer, Katechesen I, 54-56.
36) Quadflieg, Handbuch, 108-110.

dig, weil die Kinder Jesus kennenlernen als den, der einen Schaden repariert, den sie in ihrer Umwelt so gar nicht wahrnehmen.

4.2.1.2 Die einzelnen Lektionen

Lk 1,26-38

Zunächst ist eine weitere Vorschaltkatechese bei Zielbauer zu erwähnen. Den Anlaß dazu gibt das Fest Maria unbefleckte Empfängnis. An die Erzählung von der ganz reinen heiligen Mutter[37] schließt sich dann Lk 1,26-38 an.
Die Katechese beginnt mit einem Gespräch des Sohnes Gottes mit Gott-Vater: "Vater, es ist Zeit, laß mich zu den Menschen gehen und sie vom Satan erlösen."[38] Dazu mußte Gott eine Mutter erschaffen, die ganz rein und heilig war, Maria. "Ihr Herz war ohne Flecken und blieb auch ohne Flecken, ohne Sünde, ohne Teufelswurm."[39] Die Katechese "Maria Verkündigung" setzt die anschauliche Unterredung des himmlischen Vaters mit seinem Sohn fort. Ein Engel wird eingeschaltet: "Eile hinunter auf die Erde, in das Städtchen Nazareth, zur Jung-Frau Maria. Bring ihr meinen Gruß. Sag ihr, wie lieb ich sie habe... Frage sie, ob sie die Mutter meines Sohnes, des Heilands, werden will."[40] Das helle Himmelslicht Marias zeigt ihm den Weg. - In diesem Stil wird weitererzählt, auch die Ankunft Gabriels im Himmel mit der Antwort Mariens fehlt nicht. "Der Heilige Geist hat der Mutter Maria das Jesuskind gebracht und hat es ihr unters Herz gelegt."[41] Auch der Aufbau dieser Katechese und vor allem die Sprache zeigen, daß Zielbauer noch der Erzählweise der Methodenbewegung verhaftet ist. Anders Quadflieg[42]; er erzählt in einer bibelnahen Sprache, wobei die einzelnen Verse sehr vereinfacht werden.

---

37) Zielbauer, Katechesen I, 67.

38) Ebd.

39) Ebd., 68. Dazu sind, wohl als Vorlage für eine Tafelzeichnung, viele Herzen mit einem wurmartigen Gebilde gezeichnet. Nur im Herzen Mariens wohnt Gott. Die Katechese ist zugleich die Wiederholung einer Marienkatechese, die eine ähnliche Zielsetzung hat. (Ebd., 18).

40) Ebd., 70f.

41) Ebd., 72; vgl. ähnliche Formulierungen zur Empfängnis Jesu, z.B. S. 135.

42) Quadflieg, Handbuch, 111f.

Lk 1,32b-37 fehlen ganz. Auch die nachfolgende Besprechung bewegt sich in "gehobener" Sprache anhand der Bildbetrachtung im Schülerbuch. Wichtig ist ihm das Aussehen des Engels und die Deutung der Farben. Die Haltung Marias auf dem Bild scheint zu sagen: "Ja, komm, kleines Kind, komm in meine Arme, ich warte schon."[43] Die Anwendung geschieht in beiden Fällen in einem Marien-Gebet (Lied), bei Zielbauer auch im Spiel. Er übt das Ave Maria ein, Quadflieg ein Marienlied, zu dem noch einige zusätzliche Erklärungen gebracht werden[44]. Zielbauer läßt die Kinder noch überlegen, was passiert wäre, wenn Maria "nein" gesagt hätte. Die Antwort fügt sich in seine Redeweise ein: der Himmel wäre nicht aufgesperrt worden usw.[45]

Lk 2,1-20

Die Erzählung von der Geburt Jesu wird bei Zielbauer und Quadflieg in drei Katechesen auseinandergefaltet. Schon die Anordnung im Schülerbuch zeigt wieder die Unterschiede der beiden Bibeln: "An Gottes Hand" bringt die Geburt in breit erzählender Weise, "Jesus ich bin Dein" stellt in den Mittelpunkt in bibelnaher Sprache die Verkündigung des Engels. Beide schließen mit einem Weihnachtslied[46]. Zunächst wird von den Handbüchern die Reise nach Bethlehem anschaulich geschildert, bei Zielbauer mit konkreten Einzelheiten, während Quadflieg vor zu freizügigen Ausschmückungen warnt. Er bringt auch den Text zur Geburt Jesu vereinfacht nach der Schrift. Mit einem Kirchenlied antworten die Kinder auf die Geburt Jesu. Zielbauer betont mehr die Göttlichkeit des Kindes: "Du liebes, göttliches, heiliges Kind sagen sie (Maria und Josef Anm.d.V.), knien sich nieder und beten das Kindlein an; denn sie wissen, es ist der Sohn Gottes."[47] Engel schweben unsichtbar im Stall auf und nieder[48]. Ebenso anschaulich wird die Hirtenszene ausgemalt. Nach der Botschaft des Engels eilen sie zum Stall. "Josef hörte sie kommen. Er trat heraus. Da fingen sie gleich alle an zu erzählen... Ja freilich dürft ihr das Kindlein sehen."[49] Sie wissen, daß dies der Erlöser, der Sohn Gottes

---

43) Quadflieg, Handbuch 111.

44) Ebd., 112: z.B. Heiland und Heil.

45) Zielbauer, Katechesen I, 72.

46) An Gottes Hand, 24f; Jesus ich bin dein, 35. "An Gottes Hand" bringt noch die Heimsuchung Marias als mögliche, nicht notwendige Erzählung. (Vgl. Zielbauer I, 73).

47) Zielbauer, Katechesen I, 80.

48) Ebd..

49) Ebd., 82.

ist, der den Himmel aufgesperrt und uns alle von den Sünden erlöst..."[50]. Quadflieg bringt an dieser Stelle wieder den Bibeltext und erweitert dann die Erzählung über die Hirten. Beide Handbücher ergänzen das "Ehre sei Gott in der Höhe" und schließen mit der Anbetung bzw. mit einer Krippenfeier.

Lk 2,41-52

Bei dieser bibl. Erzählung wird der Unterschied zwischen den beiden Büchern bzw. der dazugehörigen Vorbereitungsliteratur besonders deutlich. Quadflieg erzählt nach der beschreibenden Bildbetrachtung und der Schilderung der Reisevorbereitungen wieder in einer bibelnahen Sprache (ohne Lk 2,50-52). Aus der Erzählung arbeitet er die Weisheit Jesu in seinen Antworten heraus und fügt dann die Antwort Jesu auf die Frage Marias an. Betont wird auch noch einmal sein Gehorsam den Eltern gegenüber. Die Anwendung im Gebet geht auf das Verhalten im Gotteshaus ein[51].

Das Religionsbüchlein "An Gottes Hand" und die Katechesen Zielbauers überschlagen Lk 2,41-52. Sie bringen aber nach früheren Vorbildern die dieser Erzählung vorausgehende (Mey) oder nachfolgende Katechese über das Verhalten des Jesusknaben, wie es die Bemerkung des Untertanseins nahelegt: "Der Jesusknabe zeigt uns, was Gotteskinder tun."[52] Unter diesem Motto stehen zwei Katechesen, die die Eigenschaften Jesu, wie sie das Religionsbüchlein zeigt, weiter ausmalen. Ähnlich wie bei Mey sammelt auch der Katechet bei Zielbauer alle wünschenswerten Eigenschaften eines heranwachsenden Kindes und überträgt sie auf das Verhalten Jesu. Inhaltlich hat sich gegenüber früheren Darstellungen kaum etwas verändert: Jesus arbeitet fleißig, er ist freundlich. "Er hat nicht gerauft wie viele andere, hat ihnen vielmehr zugeredet, lieb und verträglich miteinander zu sein."[53] Vor allem aber zeigte er den Kindern das Folgen, gern, geschwind, genau[54]. Fällt es ihnen schwer, so sollen sie beten: "Jesukindlein, komm zu mir, mach ein folgsames (fleißiges, freundliches) Kind aus mir."[55] Eine eigene Katechese ist dem frommen Jesusknaben vorbehalten. Die ganze Familie ist Vorbild der Frömmigkeit.

---

50) Ebd..

51) Quadflieg, Handbuch, 120-122.

52) An Gottes Hand, 29.

53) Zielbauer, Katechesen II, 18.

54) Ebd..

55) Ebd., 19.

Sie vergißt nicht "daß Gottes Auge sie immer sieht"[56]. Methodisch wird die Frömmigkeit am geheiligten Werktag und geheiligten Ruhetag aufgezeigt: Morgengebet, Arbeit, Tischgebet, Stoßgebete usw., alles übte die hl. Familie vorbildhaft. Dazu kommen die äußeren Gebetshaltungen Jesu: stille stehen, knien, wenn er betet gibt er auf niemand anderen acht... Die ganze Erzählung gibt das Idealbild einer bürgerlichen Familie wieder. Dazu ein Beispiel: Vor dem Ruhetag: "Die Werkstatt wurde aufgeräumt, die guten Kleider aus der Truhe genommen. Sie waren einfach; aber Jesus schämte sich nicht, sie zu tragen."[57] In der anschließenden Zusammenfassung und Anwendung folgt die Aufforderung, es ihm gleich zu tun und um die fromme Haltung zu beten.

4.2.2 Glaubensbüchlein und Glaubensbuch[58]

4.2.2.1 Vorbemerkung

Zur Einführung der beiden Unterrichtsbücher für das 2.-4. Schuljahr erschien eine Broschüre[59], die den Ansatz und die Intention der Verfasser der Religionsbücher offenlegt. Schreibmayr stellt in seinem Beitrag zu dieser Broschüre die Verkündigung, die der Katechet mit Hilfe dieser Bücher leisten soll, hinein in den Gesamtauftrag der Katechese überhaupt. Er tut dies in den bekannten Sätzen, die das materialkerygmatische Anliegen kennzeichnen: "Aufgabe der Katechese ist die Weitergabe und Entfaltung der Frohbotschaft..."[60] Im Vorder-

---

56) Zielbauer, Katechesen II, 21.

57) Ebd..

58) Glaubensbüchlein (Frohe Botschaft); Ausgabe für das EB Bamberg, Bamberg und Nürnberg 1963.
Glaubensbuch für das 3. und 4. Schuljahr, Düsseldorf 1963.
Die beiden Bücher wurden 1962 (Bayern) bzw. 1963 (außerbayerische Diözesen) eingeführt.

59) Hubert Fischer (Hrg.), Einführung in die neuen Glaubensbücher für das 2., 3. und 4. Schuljahr, Freiburg ^{2}(1964). (Zit.: Fischer, Einführung 2.-4. Schj.).

60) Franz Schreibmayr, Die neuen Bücher im Zusammenhang einer organisch entfaltenden Glaubensunterweisung, in: Fischer, Einführung 2.-4. Schj., 16.

grund steht dabei Jesus Christus[61]. Besonders betont wird die Nähe der Katechese zur Liturgie als dem "Zentralraum" der Verkündigung[62], der eigentlichen Heimat der Schrift[63]. Als Anrede Gottes ist diese, wie für die Verkündigung der Kirche überhaupt, so auch für die Katechese die "Wurzel"[64]. Von dieser kerygmatischen Grundkonzeption her sind die beiden Bücher für die Unterstufe konzipiert. Dabei schließt sich das Glaubensbüchlein besonders eng an das Kirchenjahr und an die gottesdienstlichen Feiern an. "In diesen ersten Jahren soll die Tür zwischen dem Kultraum und dem der Katechese möglichst weit offenstehen[65]. Dagegen ist im Glaubensbuch für das 3. und 4. Schuljahr mehr die Einteilung der Bibel das leitende Prinzip, indem es die Kinder mit den wichtigsten Ereignissen der Heilsgeschichte des Alten und Neuen Testaments vertraut macht[66]. Im Lehrtext wird die Erschließung des Schrifttextes geboten, gleichzeitig werden wichtige Glaubensaussagen und Grundforderungen des christlichen Lebens gewonnen[67]. Schon diese wenigen Sätze aus der Einführungsschrift zeigen, wie beide Bücher ganz von verkündigungstheologischen Überlegungen her getragen sind. In diesem Rahmen sind auch die Lehrstücke eingespannt, in deren Mitte unsere drei biblischen Texte stehen.

4.2.2.2 Die Kindheitsgeschichte im Glaubensbüchlein, im Glaubensbuch und in den Kommentaren

Da beide Unterrichtsbücher von der gleichen kerygmatischen Grundintention getragen sind, werden sie bei der folgenden Analyse zusam-

---

61) Ebd., 17. "Christus und sein Kerygma steht im Vordergrund". (Ebd., 22).

62) Ebd., 20. Vgl. auch Theoderich Kampmann, Der biblische Teil des neuen Glaubensbuches, ebd., 52.

63) Schreibmayr, ebd., 20.

64) Kampmann, ebd., 52; vgl. auch: Grundprinzipien für die Katechese, in: Johannes Hofinger (Hrg.), Katechetik heute, Freiburg-Basel-Wien 1961, 21f.

65) Schreibmayr, Die neuen Bücher, in: Fischer, Einführung 2. - 4. Schj., 23.

66) Ebd., 24.

67) Ebd., 25.

mengenommen und die dazugehörigen Handbücher[68] zur weiteren Verdeutlichung herangezogen.

Lk 1,26-38

Der Engel verkündet das Kommen des Herrn (Gb).
Der Engel Gabriel bringt Maria die Frohe Botschaft (GB)[69].

Die beiden Überschriften weisen in ihren Formulierungen auf die Zielsetzung der Katechese hin. Die Ausdrücke: "Das Kommen des Herrn" und "die Frohe Botschaft" sollen den Kindern (und dem Katecheten) die Richtung angeben, in die sich die Auslegung bewegt. Die biblischen Texte selbst sind ohne ausschmückendes Beiwerk. Wie in Knechts "Kurzer Biblischer Geschichte" und im Religionsbüchlein von Raab sind auch hier Kürzungen vorgenommen worden, vor allem bei den Aussagen über die Bedeutung des Kindes[70], bei der Marienfrage[71] sowie bei Lk 1,36 (Elisabet). Erweiterungen des Textes, wie noch im Religionsbüchlein üblich, unterbleiben[72].

---

68) Günther Weber, Handbuch zum Glaubensbüchlein für das 2.Schuljahr. Bayerische Ausgabe, Donauwörth ²1964. (Zit.:Weber, Handbuch); Gertrud Keßler und Therese Ulrich, Katechetischer Kommentar zum Neutestamentlichen Teil des Glaubensbuches I, (Handbuch für die Glaubensunterweisung des 3. und 4. Schuljahres, hrg. von Theoderich Kampmann), Paderborn 1963. (Zit.: Keßler-Ulrich, Katechetischer Kommentar I); Karl-Heinz König, Handbuch zum Glaubensbuch für das 3. und 4. Schuljahr, Bd. II Neues Testament, Donauwörth 1966. (Zit.: König, Handbuch); Joseph Solzbacher (Bearb.), Kommentar und Katechesen zum Glaubensbuch für das 3. und 4. Schuljahr (Kommentar und Katechesen... Drei Teile hrg. v. Josef Dreißen), Freiburg 1965. (Zit.: Solzbacher, Kommentar).

69) Glaubensbüchlein (Gb), 28f; Glaubensbuch (GB), 64f.

70) Im Gb wird Jesus "Sohn des allerhöchsten Gottes" genannt. Im Gb und GB wird seine Bestimmung als "Herrscher ohne Ende" angegeben.

71) Wie in der "Kurzen Biblischen Geschichte" Knechts, bei der Kleinen katholischen Schulbibel von Ecker und im Religionsbüchlein von Raab wird nur der 1.Teil der Frage wiedergegeben.

72) Schreibmayr, Die neuen Bücher, in: Fischer, Einführung 2.-4. Schj., 25: "Der biblische Text soll möglichst dicht beim Wortlaut der Heiligen Schrift bleiben und trotz gelegentlicher Erleichterungen in der Formulierung keine Erweiterungen oder Deutungen enthalten."

Zur Auslegung
In beiden Schulbüchern ist die Ankündigung des Sohnes die Erfüllung der Sehnsucht der Menschen (Juden GB) nach einem Heiland (Gb) bzw. nach dem Messias (GB). Auch die Gottessohnschaft Jesu ist in beiden Büchern herausgestellt. Im weiteren Lehrtext bringt das Glaubensbuch das Dogma von der Unbefleckten Empfängnis. Die Freiheit von der Erbschuld und von eigenen Sünden machen Maria würdig, die Mutter Gottes zu sein[73]. Die zu diesem Lehrstück erschienene Vorbereitungsliteratur bietet weitere Hilfen für die Erklärung des Textes. Die "vertiefende Betrachtung" Webers umkreist die Erzählung mit kleinen erläuternden Sätzen. Wie die Kommentatoren in den vorhergehenden Epochen der Bibelkatechese betont er den vom Himmel kommenden Sohn Gottes. Dieser "lebte schon von Ewigkeit her beim Vater im Himmel... Als Gott und Mensch sollte er die Menschen erlösen und ihnen das Heil bringen."[74] Das Dogma der Unbefleckten Empfängnis Marias stellen vor allem Keßler und Ulrich in ihrem Vorbereitungswerk heraus[75], und versuchen es am Text (Lk 1,28) aufzuweisen.

Zur Anwendung
Die Verkündigung wird "im christlichen Leben der Pfarrgemeinde, der Familie und ihrer Glieder gelebt."[76] Dieses in der Katechese stets gegenwärtige Anliegen kommt auch in den Glaubensbüchern zur Geltung. Konkret wird in beiden Lehrstücken in die gängigen Gebete eingeführt, die schon im Religionsbüchlein zu Lk 1,26-38 und früher zu finden waren. Den Abschluß bildet im Glaubensbuch ein Kirchenlied. Weber läßt der Katechese, die den biblischen Text zum Inhalt hat, zwei weitere folgen, die vor allem Mariengebete und ihre Ein-

---

73) Das "Würdigsein" Marias, das auch in Kirchenliedern vorkommt, geht auf scholastische Erklärungen zurück, in denen es aber weiter heißt, daß die Inkarnation des Wortes jeglichem Verdienst vorausgeht. Vgl. dazu Cornelius a Lapide, Erklärungen zu Lk 1,30.

74) Weber, Handbuch, 131. Von den Vorbereitungsbüchern zum Glaubensbuch betonen vor allem Keßler-Ulrich die Gottessohnschaft. Die beiden übrigen Kommentare gehen mehr oder weniger beschreibend dem Text nach. König bringt auch psychologisierende Momente mit ein.

75) Keßler-Ulrich, Katechetischer Kommentar I, 9.

76) Schreibmayr, Die neuen Bücher, in: Fischer, Einführung 2.-4. Schj., 21.

übung zum Inhalt haben. Lk 1,26-38 wird auch in der materialkerygmatischen Phase vornehmlich als eine Marienerzählung behandelt, wie die Anwendungsstufe zeigt.
Auslegung und Anwendung, so das Ergebnis dieser kurzen Übersicht, unterscheiden sich für Lk 1,26-38 inhaltlich nicht grundsätzlich von der vorhergehenden Epoche der Bibelkatechese.

Lk 2,1-20

Die Geburt des Herrn (Gb). Jesus wird in Bethlehem geboren (GB)[77]

Im Glaubensbüchlein wird die Erzählung von der Geburt Jesu von zwei Bildern aus gedeutet, das erste zeigt die Verkündigung des Engels an die Hirten, das zweite den Besuch der Hirten im Stall[78]. Die Erzählungen in beiden Büchern halten sich wieder eng an den Schrifttext, doch finden sich auch hier Auslassungen und Vereinfachungen, wie sie bereits an früheren Beispielen beobachtet wurden[79]. So fehlt Lk 2,2, ebenso ist in beiden Erzählungen in V 5 "schwanger", in V 6b "Tage vollenden" und "gebären" ausgelassen. Dagegen ist die "Herbergsuche" nicht mehr vorgezogen[80]. Der zweite Teil (Lk 2,8-20) ist vor allem im Glaubensbüchlein gekürzt. Das Wundern über das von den Hirten Erzählte (Lk 2,18) ist ausgelassen, in beiden Büchern fehlt Lk 2,19 (Maria bewahrte diese Worte...). - Das Glaubensbüchlein schließt das Lehrstück wie bei Lk 1,26-38 mit einem Bekenntnissatz ab.

Zur Auslegung

Weber bringt in seinem Kommentar nach dem Glaubenssatz "geboren aus Maria der Jungfrau" lehrhafte Aussagen über Jesus. Dieser ist Gott wie der himmliche Vater, aber auch ein richtiger Mensch, Gottmensch. Die Antwort angesichts dieser frohen Nachricht ist Liebe, Dankbarkeit, aktualisiert im Gebet. Auch im Lehrtext des Glaubensbuches folgt die Ausdeutung des Persongeheimnisses Jesu, es wird

---

77) Glaubensbüchlein, 30f; Glaubensbuch 67f.

78) Zu den Bildern des Glaubensbüchleins vgl. Hans Hilger, Gebrauch und Gehalt des "Glaubensbüchleins" (und der "Frohen Botschaft"), in: Fischer, Einführung 2.-4.Schj., 43f. Zur Kritik: Brigitta Werner, Die Illustration der Religionsbücher, in: Hubertus Halbfas, Fundamentalkatechetik, 185-192.

79) Siehe S.119 f d. Arbeit.

80) Vorgezogen ist die Herbergsuche in der Erzählung bei Weber, Handbuch, 136f.

vor allem im Kommentar von Keßler-Ulrich im traditionellen Sinn deutlich herausgearbeitet[81], wobei öfters seine Menschlichkeit, seine Kleinheit und Verborgenheit betont werden. Ferner kommen die Würdenamen Jesu zur Ausdeutung, so bedeutet Heiland (Heilbringer) für uns Friede mit Gott, Erlösung von Sünde, Not und Tod usw.[82]. In den drei Ehrentiteln (Heiland, Christus, Herr, Anm.d.V.) kommt also das große und undurchdringliche Geheimnis zum Ausdruck, daß Gott selbst in dem Menschenkinde Jesus Mensch wird"[83]. Zu diesem Menschsein gehören die armselige Geburt und armselige Menschen als erste Besucher.

Das Lied der Engel ist bei König nicht mehr ethisch akzentuiert, im Vordergrund steht vielmehr das Angebot Gottes an die Menschen, Friede und Versöhnung zu schenken. Menschen seiner Huld sind alle Menschen, um deretwillen Gottes Sohn Mensch geworden ist[84].

Weber (2.Schj.) bringt anläßlich der Verkündigung an die Hirten den ganzen weiteren heilsbedeutsamen Weg Jesu, seine Verkündigung, seinen Tod, seine Auferstehung und Himmelfahrt und seine Wiederkunft. Er versucht damit die rein historisierende Betrachtungsweise zu überwinden und auf den in der Kirche gegenwärtigen und zukünftig zu erwartenden Herrn hinzuweisen.

Zur Anwendung
Die Anwendung hat einen Schwerpunkt im Beten und Singen und in der Krippenfeier[85]. Dazu kommen das darstellende Spiel und bildnerisches Gestalten. Auch das Weihnachtsbild dient der zu deutenden Botschaft der Texte[86].

Lk 2,41-52

Der zwölfjährige Jesus im Tempel. - Jesus bleibt im Haus seines Vaters zurück[87].

Wie die früheren Ausgaben, so sind auch diese beiden Schulbücher im biblischen Text ziemlich textgetreu. Im Glaubensbüchlein fehlt das Betroffensein der Eltern, in beiden Büchern das Bewahren der Worte durch Maria sowie Lk 2,52 (die Zunahme an Weisheit usw.).

---

81) Keßler-Ulrich, Katechetischer Kommentar, 27.

82) König, Handbuch, 46f.

83) Ebd., 47.

84) Ebd..

85) Weber, Handbuch, 139.

86) Ebd., 140; Keßler-Ulrich, Katechetischer Kommentar I, 29; König, Handbuch, 48f.

87) Gb, 36f; GB 74f.

Zur Auslegung
Im Glaubensbüchlein wird die Freude Jesu betont und sein Aufenthalt im Tempel, dem Haus des Vaters. Das dazugehörige Bild stellt eine Parallele zum Kirchgang der Kinder dar[88]. Das Glaubensbuch beginnt im Lehrtext sofort mit der Offenbarung Jesu als Gottes Sohn. Jesus als Sohn Gottes, Gott gleich, wird auch in den Kommentaren weiter ausgelegt[89]. Keßler-Ulrich verweisen sehr richtig auf die Antwort Jesu als Mitte der Erzählung. Auch die Katechese zum Text des Glaubensbüchleins (Weber) betont Jesu Gottessohnschaft und seine Aufgabe, den Willen Gottes zu erfüllen.

Zur Anwendung
In der Anwendung kehren bereits bekannte Inhalte wieder. Der Text im Glaubensbüchlein legt den Kirchgang der Kinder nahe, wobei die Freude über den Besuch im Gotteshaus im Vordergrund steht[90]. Aber auch der Gehorsam gegenüber den Eltern fehlt nicht. Der Fortschritt gegenüber früheren Anwendungen besteht darin, daß kein blinder Gehorsam mehr verlangt wird, sondern daß der Grund für den Gehorsam der Kinder gegenüber ihren Eltern, andeutungsweise, verständlich gemacht wird[91]. Gehorsam ist auch das Thema für das 3. bzw. 4. Schuljahr[92]. Überhaupt ist Jesus "unser leuchtendes Vorbild, dem wir nachfolgen wollen"[93]. Gebet und Lied schließen auch diese Katechese ab.

Überblickt man die Behandlung der Kindheitsgeschichte in der Unterstufe nach dem vorgelegten Material, so läßt sich zunächst, im Vergleich zur vorhergehenden Epoche, ein Zurücktreten der lehrhaften und ethisch akzentuierten Auslegung konstatieren. Betont wird eine kerygmatisch und liturgisch geprägte Begrifflichkeit, verbunden mit einer betonten Hinwendung zur Schrift und zu verantwortlichem theologischen Reden. In der Anwendung dominiert die in Gebet und Lied sich zeigende frohe und dankbare Antwort auf das Gehörte. Zugleich zeigt sich aber auch die Überforderung der Kinder, die die geprägte Verkündigungssprache einüben und mit ihr umgehen, die ihnen aber nicht eigentlich verständlich gemacht und von ihrem Verstehenshorizont her erschlossen wird.

---

88) Gb, 37.

89) König, Handbuch, 76; Keßler-Ulrich, Katechetischer Kommentar I, 57 (schlußfolgernd); - Anbetung des 12jährigen Jesus!

90) Weber, Handbuch, 158.

91) Ebd., 159.

92) Keßler-Ulrich, Katechetischer Kommentar I, 58; Solzbacher, Kommentar, 57; König, Handbuch, 76f.

93) König, Handbuch, 78.

4.2.3 Schulbibeln und Kommentare für die Oberstufe

Religionsunterricht unter kerygmatischem Anspruch verlangt auch eine gründliche Revision der vorhandenen Schulbibeln. Ihre Umgestaltung bzw. ihre Neufassung gab zugleich den Anstoß, der neuen Zielsetzung gemäß, entsprechende Kommentare zu verfassen. Am Abschluß der Untersuchung über die Auslegung zur Zeit der materialkerygmatischen Phase sollen deshalb neuere Ausgaben von Schulbibeln mit ihren dazugehörigen Kommentaren stehen. Zunächst werden drei neue Schulbibeln bzw. ihre Neubearbeitung nach ihrer Intention befragt. Es folgen der Aufbau und die Analyse der Kindheitsgeschichte. Im dritten Teil werden die Kommentare in ihren wichtigsten Aussagen ergänzend hinzugenommen.

4.2.3.1 Neue Schulbibeln für den Bibelunterricht unter dem Anspruch der Materialkerygmatik [94]

4.2.3.1.1 Die Intention der neueren Schulbibeln

Die drei Schulbibeln (E, RG, GUH) sollen hier stellvertretend für andere nach ihren Gestaltungsprinzipien befragt werden, soweit diese die Kindheitsgeschichte mit beeinflussen.

---

94) 1) Biblische Geschichten (Schulbibeln)
Katholische Schulbibel (Ecker), München 1957. (E);
Reich Gottes, Auswahlbibel für katholische Schüler (Ausgabe Bayern), München 1960. (RG);
Gott unser Heil, Auswahlbibel, Freiburg ^{3}1967. (Bearb. v. K. Krämer). (GUH);
2) Einführungen
Fünfzig Jahre Katholische Schulbibel 1907-1957. Eine Schrift zum 50jährigen Jubiläum der Eckerbibel und zu ihrer Neuausgabe, Düsseldorf 1958. (Zit.: 50 Jahre Katholische Schulbibel); Heinrich Groß, Franz Mußner und Christian Pesch. Leitfaden zur Katholischen Schulbibel (Schriften zur katechetischen Unterweisung Bd. 5), Düsseldorf 1958. (Zit.: Leitfaden zur Katholischen Schulbibel); Hubert Fischer (Hrg.), "Reich Gottes". Einführung in die neue Schulbibel für Lehrer und Katecheten, München 1963. (Zit.: Einführung RG); Bruno Dreher (Hrg.), Einführung in die Auswahlbibel "Gott unser Heil", Freiburg-Basel-Wien 1967. (Zit.: Einführung GUH).

1) Allein drei Ausgaben ist das Anliegen gemeinsam, durch Anlage und Auswahl eine Bibelkatechese zu ermöglichen, die Frohbotschaft ist, Botschaft von unserer Erlösung in Jesus Christus[95]. In ähnlicher Weise äußern sich auch die Einführungen zu den beiden Schulbibeln E und GUH[96]. Der kerygmatische Grundgedanke kommt bei allen Ausgaben zum Tragen. Die Verkündigung der vorgelegten biblischen Texte soll dabei vor allem der liturgischen Erziehung dienen: "Die biblische Frömmigkeit kann ihr Ziel nur in der Liturgie der Gemeinde haben."[97] Die Gemeindefrömmigkeit wird durch die biblische Verkündigung in der Schule gestärkt. Beide stehen in gegenseitigem Austausch.

2) Inhaltlich wollen alle drei Schulbibeln besonders Gottes Heilshandeln deutlich machen, das seine Mitte und seinen Höhepunkt in Jesus Christus hat. Dies geschieht - nach den Einführungen - durch die Stoffauswahl, bibeltreue Textfassung, durch kerygmatische Überschriften (RG) sowie durch einen "kerygmatischen Grundriß" z. B. des Lebens Jesu (E)[98]. Damit setzt man sich deutlich ab gegen eine dogmatisierende oder moralisierende Verzweckung des Bibeltextes; vielmehr will man durch die Konzentration auf die Heilsgeschichte Gottes mit den Menschen, die sich in jedem Text auf spezifische Weise zeigt, Gottes Handeln zum Heil des Menschen zur Geltung bringen[99].

3) Diesem allgemeinen Ziel ordnen sich alle anderen Überlegungen zur Schulbibel unter: die Urtextnähe oder Urtexttreue[100], die Hin-

---

95) Dreher, Neue Schulbibel - neue Bibelkatechese, in: Einführung RG, 61.

96) Groß, Einführung in die Schulbibel, in: Leitfaden zur Katholischen Schulbibel, 5f; Karl Krämer, Die Gestalt der Auswahlbibel Gott Unser Heil, in: Einführung GUH, 10-12.

97) Dreher, Methodik und Didaktik der Bibelkatechese, in: Einführung GUH, 55; Knauber, Die Geschichte der "Katholischen Schulbibel" und ihre Gestaltkräfte, in: 50 Jahre Katholische Schulbibel, 37.

98) Mußner, Zur Revision des Neuen Testaments, in: 50 Jahre Katholische Schulbibel, 76f.

99) Karl Singer, Aufbau und Gestaltung der neuen Schulbibel, in: Einführung RG, 11.

100) Knauber, Die Geschichte der "Katholischen Schulbibel", in: 50 Jahre Katholische Schulbibel, 45; Fischer, Die Bedeutung der neuen Schulbibel für die Bibelkatechese, in: Einführung RG, 8; Krämer, Die Gestalt der Auswahlbibel Gott Unser Heil, in: Einführung GUH, 19.

führung zur Vollbibel[101], die Zwischentexte, Überschriften usw.. Der Eigenwert der Hl. Schrift ist voll erkannt, der Sachanspruch (hier: des biblischen Textes) dominiert vor der Anpassung an die kindlichen Bedürfnisse[102].

4.2.3.1.2 Die Kindheitsgeschichte nach den drei Schulbibeln

Auch die "Kindheitsgeschichte" ist von der Gesamtintention her, die die Bearbeiter im Auge hatten, aufzuschließen. Im Vergleich zeigen sich Unterschiede in der Anordnung[103], in den Überschriften und in den Beitexten.
1) Zu den Überschriften. In den Einführungen zu den einzelnen Ausgaben wird auch auf die Bedeutung der Überschriften verwiesen. Theologische, pädagogische und unterrichtstechnische Rücksichten werden jeweils verschieden gewichtig in die Überlegungen einbezogen[104]. Alle drei Einführungen betonen jedoch die Wegweiserfunktion der Über-

---

101) Knauber, Die Geschichte der "Katholischen Schulbibel", in: 50 Jahre Katholische Schulbibel, 27. (These 7 für die Revision der Eckerbibel); Fischer, Die Bedeutung der neuen Schulbibel für die Bibelkatechese, Einführung RG, 7; Krämer, Die Gestalt der Auswahlbibel Gott Unser Heil, Einführung GUH, 9.

102) Knauber, Die Geschichte der "Katholischen Schulbibel", in: 50 Jahre Katholische Schulbibel, 38.

103) Wie die früheren Biblischen Geschichten, standen auch die hier untersuchten Schulbibeln vor dem Problem, Mt- und Lk-Texte miteinander zu verbinden. E bringt Mt 1,18-24 als 3. Teil zu "Mariens Heimsuchung" und wechselt nach Lk 2,38 wieder zu Mt. Nach Mt 2,23 schließt sich Lk 2,40 an. Es folgt Lk 2,41-52. RG bringt nach Lk 1,56 eine Erwähnung von Mt 1,19-25. An Lk 2,38 schließen sich der Mt-Stammbaum an und Mt 2,1-23. GUH bringt eine Aufeinanderfolge der Mt- und der Lk-Texte (ohne Vermischung der beiden).

104) Vgl. dazu: Knauber, Die Geschichte der "Katholischen Schulbibel", in: 50 Jahre Katholische Schulbibel, 60-64; Singer, Aufbau und Gestaltung der neuen Schulbibel, in: Einführung RG, 11; Krämer, Die Gestalt der Auswahlbibel Gott Unser Heil, in: Einführung GUH, 20.

schriften zur richtigen Auslegung des Textes[105]. Berücksichtigt man diese Auslegungsfunktion, so zeigt sich auch in den Überschriften in allen drei Ausgaben eine eindeutige Hinwendung zur verkündigenden Aussage[106]. Ein Vergleich mit den Überschriften der Buchberger-Bibel kann dies verdeutlichen:

Die Menschwerdung des Sohnes Gottes (E)	
Gegrüßt bist du, voll der Gnade (Die Botschaft an Maria) (RG)	Mariäa Verkündigung
Der Engel Gabriel brachte Maria die Botschaft, und sie empfing vom Heiligen Geist (GUH)	
Die Geburt des Herrn (E)	
Heute ist der Heiland geboren (Geburt Jesu) (RG)	Die Geburt Jesu
Der Heiland wird aus Maria, der Jungfrau, geboren (GUH)	

---

105) Krämer, ebd., 20: "Sie sind gesetzt... um Wegweiser für die Auffindung der Sinnmitte einer Perikope aufzurichten." Singer, Aufbau und Gestaltung der neuen Schulbibel, in: Einführung RG, 11: Sie sollen den kerygmatischen Gehalt herausstellen und den Leitfaden für die Katechese angeben. Knauber, Die Geschichte der "Katholischen Schulbibel", in: 50 Jahre Katholische Schulbibel, 62: "Sie (die neue Schulbibel Anm.d.V.) ist darauf bedacht, auf der einen Seite mehr Deutung, und zwar kerygmatische Deutung zu geben, anderseits jedoch die konkrete Aussage nicht zu vernebeln." Vgl. noch Dreher, Die biblische Unterweisung, 155 und 265.

106) Die Ecker-Bibel deutet noch durch zusätzliche Überschriften zu einzelnen Abschnitten und durch Kursivdruck wichtige Sätze im Text selbst.

Der zwölfjährige Jesus im Hause
seines Vaters
          (E)
Wußtet ihr nicht, daß ich in dem
sein muß, was meines Vaters ist.   Der zwölfjäh-
(Der zwölfjährige Jesus)   rige Jesus im
          (RG)   Tempel
Der zwölfjährige Jesus lehrt im
Hause seines Vaters
          (GUH)

Während die Buchberger-Bibel in den Überschriften den historischen Ablauf nachzeichnet, bemühen sich die Bibeln der kerygmatischen Phase, die Deutung der nachstehenden Verse wenigstens anzustoßen. Bei Lk 1,26-38 ist für die Ecker-Bibel "die Menschwerdung des Sohnes Gottes" entscheidend, während die beiden übrigen Schulbibeln an der marianischen Akzentuierung festhalten. GUH erinnert in der Formulierung an das Gebet "Der Engel des Herrn". Die Geburt Jesu wird zur Geburt des Herrn (E) bzw. zur Geburt des Heilandes (RG, GUH). Auch für Lk 2,41-52 ist die Hoheit Jesu, seine Nähe zu Gott, seinem Vater, in allen drei Ausgaben betont. Vergleicht man die vergangenen Auslegungen gerade zu diesen Versen, erkennt man besonders deutlich die Hinwendung zur christologischen Aussage, von der diese Perikope durchdrungen ist; der moralischen Verzweckung ist kein Raum mehr gegeben.
2) Die Beitexte[107]. Sie sind nach Knauber eine mögliche Antwort "des auf das Wort Gottes hörenden Menschen"[108], ähnlich der Antwort der Kirche auf die Bibellesung in der Liturgie. Die gleiche Bedeutung haben die Psalmen in GUH[109]. Die Ergänzungs- oder Beitexte stehen darüberhinaus bei Krämer (GUH) wie die Überschriften im Dienste der Auslegung, indem sie erste Hinweise hin zur Sinnmitte geben[110]. Betrachtet man die Beitexte der einzelnen Schulbibeln, so ergibt sich folgendes Bild:
Die Reich-Gottes-Bibel geht sehr sparsam mit Zusatztexten um. Unmittelbar bringt sie nur zu Lk 1,26-38 einen Text, der die Namen "Jesus" und "Messias", letzteren von der Heilserwartung Israels her, erklärt. Unmittelbar vor der Kindheitsgeschichte soll Hebr 1,1-3 gleichsam den Leitgedanken angeben, unter dem die folgenden

---

107) Die Beitexte haben eine lange Tradition. Sie ersetzten ursprünglich die Auslegung eines Lehrerhandbuches. Vgl. dazu S. 112 d. Arbeit.

108) Knauber, die Geschichte der "Katholischen Schulbibel", in: 50 Jahre Katholische Schulbibel, 65.

109) Krämer, Die Gestalt der Auswahlbibel Gott Unser Heil, in: Einführung GUH, 22.

110) Ebd., 21.

Erzählungen stehen. Jesus, von dessen Kindheit hier erzählt wird, ist der Erbe des Weltalls, das Abbild des Wesens Gottes. Mehr Zusatztexte weist die Ecker-Bibel auf. Im Anschluß an Lk 1,26-38 wird die Nathanweissagung zitiert und nach einem Psalm (37,7-9) das ganze Leben Jesu jetzt schon als unter dem Willen Gottes stehend interpretiert. Die Antwort zu Lk 2,1-20 ist ein Prophetentext, der die Bedeutung des Kindes mit atl. Worten nach der Verkündigung des Engels nochmals bekräftigt. Auch GUH hat diesen Text zu Lk 2,1-20. GUH bringt als weiteren Zusatztext zu Lk 2,41-52 einen Psalm, der die Sehnsucht nach dem Verweilen im Tempel Gottes ausdrückt "als Auffang dessen, was einzelne Texte in uns an Fragen, Stimmungen, Eindrücken, Erkenntnissen und Bekenntnissen erzeugen..."[111]. Zusammen mit den Überschriften sind die Zusatztexte Hinweise, Hilfen zur Auslegung, die freilich von einem Kommentar noch weitergeführt werden müssen.

3) Der Text. Allgemein - das wurde bereits betont - ist bei allen Schulbibeln die Urtexttreue, das genaue Wiedergeben des Textes festzustellen, ein Anliegen der materialkerygmatisch bestimmten Auslegung. Gründe für die Treue zum ursprünglichen Wortlaut sind nicht so sehr die Auslegung entlang des Textes[112] als die "Ehrfurcht vor dem Worte Gottes in der Heiligen Schrift."[113] Ein Vergleich der drei Schulbibeln mit dem Text der Hl. Schrift bestätigt die Berücksichtigung des materialkerygmatischen Anliegens. Folgende Textabweichungen konnten festgestellt werden:

Lk 1,26-38: E und RG gehen in Lk 1,29 mit der Vulgata und fügen "hören" ein. Die Reich-Gottes-Bibel bringt zudem in V 28 den Zusatz: "Du bist gesegnet unter den Weibern." Die Ecker-Bibel und Gott-Unser-Heil lassen in V 36 die zweite Vershälfte aus: "und dies ist der sechste Monat für sie, die als unfruchtbar gilt."

Lk 2,1-20: GUH und RG lassen V 20b aus "so wie es ihnen gesagt worden war". Bei der Ecker-Bibel fehlt der ganze V 6... "daß sich die Tage vollendeten, da sie gebären sollte"[114].

Lk 2,41-52: Die Erzählung vom zwölfjährigen Jesus bringen alle drei Ausgaben wörtlich. Zu V 48 hat Ecker noch das übliche "sich wundern",

---

111) Ebd., 22.

112) Hubertus Halbfas, Der Religionsunterricht, Düsseldorf, 1965, 68-71.

113) Fischer, Die Bedeutung der neuen Schulbibel für die Bibelkatechese, in: Einführung RG, 8; Knauber, Die Geschichte der "Katholischen Schulbibel", in: 50 Jahre Katholische Schulbibel, 33: "Ehrfurcht vor dem literarischen Gotteswort."

114) Siehe S. 120 d. Arbeit.

während die beiden anderen Schulbibeln nach dem griechischen Text
ausdrucksstarke Verben verwenden (außer sich sein: RG; sehr betroffen: GUH).
Im großen und ganzen kann man für alle drei Texte eine Urtexttreue
konstatieren, mit deren Hilfe Schriftauslegung gelingen kann. Vor allem
ist auch die Ausdeutung mit Hilfe der Überschriften und weiterer Schriftstellen ein Fortschritt gegenüber den bibelfremden dogmatischen und
moralischen Lehrsätzen. Die in der Epoche der Materialkerygmatik erschienenen Kommentare sind bestrebt, den in den Bibeln gesetzten Akzent noch deutlicher herauszustellen.

4.2.3.2 Kommentare zu den Schulbibeln

Das Anliegen der kerygmatischen Bibelkatechese wird für den praktisch
tätigen Bibellehrer vor allem in den Kommentaren zu den Schulbüchern
greifbar. Für die drei Schulbibeln stehen dem Katecheten die Kommentare von Leitheiser und Pesch, Hilger, Fischer und Baur zur Verfügung[115]. Von diesen werden hier beispielhaft die Kommentare von
Leitheiser - Pesch sowie von Hilger nach ihrer Auslegung zu Lk 1-2
befragt.

4.2.3.2.1 Grundzüge der Kommentare

Die beiden Kommentare, auf die hier näher eingegangen werden soll,
sind - wie die Schulbibeln - geprägt von der Sprache und dem Gedankengut der kerygmatischen Phase, die die biblischen Texte als Verkündigung des Heilswillens Gottes schätzt. Leitheiser-Pesch faßt die Grundideen seines Handbuches in vier Leitsätzen zusammen, die auch der Gestaltung der Ecker-Bibel zugrunde liegen: 1. Bibeltreue Textgestaltung, 2. Heilsgeschichtliche Orientierung, 3. Betonung der inneren

---

115) Ludwig Leitheiser und Christian Pesch, Handbuch zur Katholischen
Schulbibel. Neues Testament, Düsseldorf 1960. (Zit.: Leitheiser-Pesch, Handbuch II); Hans Hilger (Hrg.), Gottes Wort und unsere
Antwort. Handbuch für den Bibelunterricht, Bd. II Neues Testament,
Freiburg-Basel-Wien 1966. (Zit.: Hilger, Handbuch II). Andreas
Baur, Christusverkündigung nach der Reich-Gottes-Bibel, Donauwörth 1966; Hubert Fischer (Hrg.), Biblische Unterweisung. Handbuch zur Auswahlbibel "Reich Gottes Bd. III, erarbeitet von E. Beck,
München 1970. Die beiden Werke von Baur und Fischer wurden für
diese Analyse nicht berücksichtigt.

Einheit von AT und NT, 4. Katechese als Kerygma[116]. In den Ausführungen zu den einzelnen Punkten kehren die Anliegen der kerygmatischen Bibelkatechese wieder mit all den Erwartungen, die die Verkündigung des "Wortes Gottes" mit sich bringt: Die jungen Menschen sollen erfahren, "daß von der gläubigen Annahme der Botschaft Jesu das Heil, von ihrer Ablehnung Unheil und Verwerfung abhängen."[117] Mehr noch als Leitheiser-Pesch wird bei Hilger der Text der Bibel als "Heilswort" charakterisiert: "Dieses Lehrgut hat also eine heilige Würde. Das Wort Gottes ist Heilswort und leitet uns zu unserem ewigen Ziele."[118] Der Würde des Wortes Gottes entspricht die Haltung der Hörer: "Um das Gotteswort zu ehren, kann sich die Klasse erheben."[119] Beide Handbücher betonen die Nähe der Katechese zur Liturgie[120]. Hilger entnimmt der Schrift und der Liturgie die beiden Pole: Wort und Antwort als methodische Gliederung des Bibelunterrichts[121]. Auch der Lehrer gewinnt in diesem Bezugsrahmen eine besondere Qualität: "Er darf Mund Gottes sein, durch den Gottes Wort hindurchtönt; er darf Herold des kommenden Herrn, Werkzeug der Gnade sein."[122]

4.2.3.2.2 Lk 1-2 in den Kommentaren von Leitheiser-Pesch und Hilger

Eine erste Durchsicht zeigt, daß sich die Grundsätze der beiden Kommentare auch in der konkreten Durchführung wiederfinden lassen. Darauf weisen zunächst die kerygmatisch gefärbte Sprache der "Erklärung" bzw. "Betrachtung", aber auch das antwortgebende Gebet oder Lied hin, sowie das ehrfürchtige Sprechen liturgischer Texte. Das sollen nun die Einzeluntersuchungen weiter bestätigen.

Lk 1,26-38

Die Auslegung der Verkündigungserzählung geschieht bei den zwei Hand-

---

116) Leitheiser-Pesch, Handbuch II, 11.

117) Ebd., 14.

118) Hilger, Handbuch I, 2. "Die Aufgabe des biblischen Unterrichts wäre verfehlt, wenn die Schüler, die guten Willens sind, nicht in jeder Bibelstunde einen Anruf Gottes empfangen, der ihren Glauben vermehrt." (Ebd., 1).

119) Ebd., 4.

120) Leitheiser-Pesch, Handbuch II, 11; Hilger, Handbuch I, 6.

121) Hilger, Handbuch I, 1. Allerdings finden sich in der Untergliederung die alten Formalstufen wieder. (Ebd., 3-9).

122) Ebd., 2.

büchern in enger Anlehnung an den Text. Sie wollen den Text aufschlüsseln, gegenüber den Vorbereitungswerken der vorhergehenden Epoche ein deutlicher Fortschritt. Hilger gliedert dabei nach seinem Schema: Wort - Antwort auch Lk 1,26-38: dem Wort des Engels folgt die Antwort Marias[123]. Den einzelnen Erklärungen, vor allem atl. Hinweisen, Namenserklärungen, jüdischen Sitten usw. folgt der Hinweis auf Jesu Persongeheimnis: Er ist Gottmensch, Maria ist Muttergottes. Abschließend folgt eine Gegenüberstellung von Eva und Maria, wie sie von Bibelkatecheten der Vergangenheit öfters durchgeführt worden ist. Leitheiser-Pesch versucht aus der Gegenüberstellung der beiden Verkündigungserzählungen (Lk 1,5-23 und 1,26-38) die "überbietende" Heilsbotschaft der zweiten herauszuarbeiten: die Ankündigung der Empfängnis Jesu, die Bedeutung Jesu, die Antwort Marias usw.. Auffallend ist bei Leitheiser-Pesch, daß die Antwort des Engels auf die Marienfrage unterschlagen wird. Ein Grund könnte in der dem Text übergestülpten Gliederung und in der Gegenüberstellung Zacharias - Maria liegen. Die Unbefleckte Empfängnis Marias wird bei dem Engelsgruß zu Beginn gleich hervorgehoben, dagegen ist die Gottessohnschaft Jesu nicht betont. - Beide Kommentare lassen die Kinder auf die Botschaft der Erzählung antworten, vor allem im Gebet, wobei die Mariengebete bevorzugt werden[124]. Für den Bibelkatecheten bringen die Kommentare eine Erläuterung zur Marienfrage und zum Jungfräulichkeitsgelübde, wie sie katholische Exegeten jener Zeit erklären. Diese Information wird jedoch in der Auslegung nicht weiter verwertet.

Lk 2,1-20

Mehr als die Verkündigung ist die Geburt Jesu in Bethlehem eingebettet in historische und geographische Angaben. Beide Kommentare stimmen bei Lk 2,1-20 weniger überein als in der vorhergehenden Erzählung.
Die Auslegung nach Leitheiser-Pesch.
Leitheiser-Pesch bringt zu Beginn eine Reiseschilderung. Es folgen weitere Erläuterungen zum Zensus, zur Zeitrechnung, ähnlich früheren Kommentaren. Die eigentliche Auslegung steht unter dem kerygmatischen Bibelspruch: "Seht, ich verkünde euch eine große Freude."[125] Von diesem Satz her wird die ganze Geburtserzählung "beleuchtet". Die gewöhnliche Geburt eines Kindes in einer Höhle in Armut wird dann so ausgelegt: "Maria und Josef als die ersten Beter an der Krip-

---

123) Bei der Untersuchung werden die Texterklärungen und die Betrachtung zusammengenommen.

124) Die übrigen Anwendungsformen entsprechen sich in beiden Handbüchern in etwa.

125) Leitheiser-Pesch, Handbuch II, 51.

pe: a) Maria gedenkt wohl der Stunde der Verkündigung, b) Freude über die Erfüllung der Verheißungen (Magnificat), c) trotz Armut und Not sind sie glücklich, das Messiaskind schauen und anbeten zu dürfen."[126] Auch die Verkündigung an die "ärmlich gekleideten Hirten"[127] wird unter diesem Satz mehr betrachtend umschrieben als Freudenbotschaft, Lied des Friedens, als daß im einzelnen eine Erklärung erfolgte. In den Aufgaben kehren Auslegungen alter Kommentare wieder: "Wie mögen Maria und Josef Gott an der Krippe des Heilands im Namen des israelischen Volkes gedankt haben." "Wie durften die guten Engel mitwirken um mit ihren Diensten sich am Werk der Erlösung zu beteiligen?"[128]

Die Auslegung nach Hilger

Wie bei Leitheiser-Pesch folgen zunächst sachliche Klärungen zu Bethlehem, dem Hirtenstand usw.. Bei den Texterklärungen werden der Zensus und die Herbergsuche besonders ausführlich geschildert. "Wenn die alte Überlieferung, die bis nahe an die apostolische Zeit reicht, recht hat, fanden sie nahe am (damaligen) Ortsrand des Städtchens eine geräumige Höhle mit verschiedenen Gängen, die wahrscheinlich schon von anderen benutzt wurde. Beim Anblick der Frau rückten die Leute zusammen und boten den beiden Raum, in dem Maria für sich sein konnte."[129] Die Verkündigung an die Hirten wird als Proklamation des Messias vor den Armen des Landes ausgelegt. Auch hier finden sich wieder historisierende Andeutungen: "Wir dürfen uns vorstellen, daß sie sich (die Hirten Anm.d.Verf.) zitternd zu Boden warfen und die Hände vor die geblendeten Augen preßten."[130] Die Botschaft des Engels wird von den Hirten sofort verstanden[131]. Der Ausrufung des Messias folgt die Huldigung durch eine noch nie dagewesene Anzahl von Engeln. Der Lobpreis gilt Gott und Heil wird allen Menschen geschenkt, "die Gottes Huld gläubig und demütig annehmen"[132]. Das Finden des Kindes erweist sich als richtig, weil es sich "durch die Sorgfalt, mit der es in Windeln gewickelt ist"[133], als dasjenige ausweist,

---

126) Ebd. .

127) Ebd. .

128) Ebd., 52.

129) Hilger, Handbuch II, 44. Es folgt eine Erklärung zu Ochs und Esel, wie sie sich ähnlich schon bei G. Mey findet.

130) Ebd., 45.

131) Ebd., 46.

132) Ebd., 47.

133) Ebd. .

das sie suchen. Auch das Wundern Marias und Josefs wird in herkömmlicher Weise erklärt, es ist ein Wundern darüber, daß die Wahrheit über das göttliche Kind bereits bei den Hirten bekannt ist[134]. Hilger versucht dann in seinen Betrachtungen die Menschlichkeit Jesu hervorzuheben unter dem Leitwort von Phil 2,7, in dem die Herrlichkeit des Gottessohnes und die Erbärmlichkeit seines irdischen Daseins gegenübergestellt werden[135]. Die "Antwort" beider Kommentare erfolgt in liturgischen Texten (Präfation) oder in den üblichen Gebeten zu Lk 2,1-20, in vorbereitenden Arbeiten in der Adventszeit und in der Aufforderung, das Weihnachtsfest recht zu feiern[136].

Lk 2,41-52

Auch Lk 2,41-52 ist von beiden Kommentaren als historisches Ereignis dargestellt. Beide bringen geschichtliche, geographische Hinweise und erklären die jüdischen Festtagsgebräuche[137]. Leitheiser-Pesch stellt seine "Vertiefung" unter die Antwort Jesu (Lk 2,48) "Wußtet ihr nicht, daß ich in dem sein muß, was meines Vaters ist?" Die näheren Ausführungen dazu erinnern an die dogmatische Auslegung früherer Kommentare: 1. Josef ist der Pflegevater, 2. Gott ist - nach verschiedenen Stellen der Vorgeschichte - der eigentliche Vater Jesu[138], 3. Jesus muß im Tempel als dem Haus seines Vaters sein. Mit dem Wort (Lk 2,48) offenbart er seine Gottessohnschaft und zugleich seine Bereitschaft, sich ganz dem Vater zu fügen. Ausführlicher und an die Kommentare der Methodenzeit erinnernd schildert Hilger die Umstände der Wallfahrt nach Jerusalem, die Tempelliturgie sowie Jesu Zurückbleiben im Tempel[139]. Die Auslegung der Perikope erfolgt bei

---

134) Ebd..

135) Ebd., 47f.

136) Hilger, Handbuch II, 49; Leitheiser-Pesch, Handbuch II, 52f.

137) Leitheiser-Pesch, Handbuch II, 67; Hilger, Handbuch II, 68f.

138) Leitheiser-Pesch, Handbuch II, 68.

139) Hilger, Handbuch II, 68. "...die Eltern werden ihn kaum allein zu Hause gelassen, sondern ihn schon vorher auf die Wallfahrt zur Heiligen Stadt mitgenommen haben." Ebd., 69: "In Angst und Sorge kehrten sie am nächsten Tag zurück." Ebd., 70: "Daß sie sein Wort nicht verstanden, mag daran liegen, daß sie die heftige Gemütsbewegung eines Kindes erwartet hatten, das seine Eltern schrecklich entbehrt hat und ihnen endlich in die Arme stürzen kann." Vgl. auch Leitheiser-Pesch, Handbuch II, 69: "Wie stelle ich mir das Leben Jesu in Nazareth vor?"

Hilger durch zwei Schriftworte: Das erste ist Lk 2,35: der Schmerz der Mutter, die ihren Sohn verliert und das Ganze nicht verstehen kann. Das zweite Schriftwort ist wieder dem Philipperbrief entnommen. "Was meines Vaters ist" wird mit Hilfe dieses Wortes (Phil 2,8) weiter ausgedeutet als Ausdruck für den Willen Gottes, der das Lebensgesetz Jesu ist. Durch seinen vollkommenen Gehorsam hat er den Ungehorsam Adams überwunden[140]. Beide Kommentare, die zunächst Jesu Wort ausdeuten, fallen in der "Antwort" teilweise in alte "moralische" Bahnen zurück, wenn sie im Gebet (Leitheiser-Pesch und Hilger), in den Aufgaben[141] (Leitheiser-Pesch), im Schreiben[142] und in der Verwirklichung im christlichen Leben (Hilger) Gehorsam, Verhalten in der Kirche und beim Religionsunterricht zur Sprache bringen.

Dieser Überblick über Schulbibeln und ihre Kommentare zu unserem Thema zeigt eine gewisse Zwiespältigkeit in der Auslegung. Vom Anspruch her sind die besprochenen Werke der Verkündigung der Heilsbotschaft verpflichtet, die sie für Lk 1-2 u.a. dadurch zur Geltung bringen, daß sie den Heilsbringer Jesus Christus in hoheitlichen Würdetiteln betont herausstellen. Von der Theologie des Wortes Gottes her entwickeln sie einen sorgfältigen Umgang mit dem Wort der Schrift, das den Hörer treffen soll, ihm zum Heil oder zum Gericht[143]. Außerdem versuchen sie mit Hilfe von Leitworten aus der Schrift den biblischen Text sachgerecht auszulegen. In den Kommentaren finden sich aber auch Spuren vergangener Auslegungsweisen wieder. Dogmatische Sätze, moralische Lehren, anschauliche Erzählelemente, wie wir sie zur Zeit der neuscholastisch bestimmten Bibelkatechese und der Methodenbewegung festgestellt haben, sind mit kerygmatisch geprägten Abschnitten vermischt[144].

4.3 Auslegungstendenzen in der Zeit der materialkerygmatischen Besinnung

1) Mit der Zentrierung des Inhalts des Religionsunterrichts um die

---

140) Hilger, Handbuch II, 71.

141) Wie muß ich mich in der Kirche verhalten...? Was kannst du aus dem Verhalten Jesu im Tempel für das Anhören und die Mitarbeit in Religionsunterricht und Predigt lernen? (Leitheiser-Pesch, Handbuch II, 69).

142) Wenn der Gehorsam schwerfällt (Hilger, Handbuch II, 73).

143) Leitheiser-Pesch, Handbuch II, 14.

144) Beispiele: Das Dogma von der Unbefleckten Empfängnis. Jesus ist Gottmensch. Gehorsam gegenüber den Eltern. Aufmerksamkeit im Religionsunterricht.

Person Jesu Christi war in der materialkerygmatischen Erneuerung der Katechese die Mittelpunktstellung der Hl. Schrift verbunden. Für die Kindheitsgeschichte bedeutete dies zunächst, daß der Text von Lk 1-2 in den Schulbibeln, Religionsbüchlein und in den Kommentaren sorgfältig bearbeitet wurde [145]. Die Überfrachtung mit allerlei Beiwerk, angefangen von der Erforschung des Seelenlebens der Personen bis zur Übernahme apokrypher Erzählelemente, wurde zurückgedrängt und machte dem ursprünglichen Wort der Schrift Platz. Damit war eine wichtige Vorarbeit geleistet für die der kerygmatischen Bibelkatechese folgende Betonung der Schriftauslegung im Unterricht, die sich ausdrücklich den Ergebnissen der Bibelwissenschaft zuwendet [146]. Auch die Schulbücher für die Unterstufe wissen sich dem ursprünglichen Text verpflichtet, die neueren Schulbibeln weisen nur noch vereinzelt Kürzungen aus vergangenen Textbearbeitungen auf.

2) Die Auslegung der Kindheitsgeschichte ist weiter bestimmt von der Verkündigung der Geburt Christi in der "Fülle der Zeit" [147]. Das Herausfiltern wichtiger dogmatischer und moraltheologischer Lehrsätze ist kein Auslegungsziel mehr. Auch die kindertümliche, anschauliche Erklärung der vergangenen Epoche ist zurückgetreten zugunsten der Verkündigung des erhöhten Herrn, wie ihn die Gemeinde in der Liturgie bekennt. So wird die Rede über Jesus in viele hoheitliche Wendungen gekleidet, wie es sich z.B. von Lk 2,11 her nahelegt. Die liturgienahe und bibelnahe Sprechweise kann am Kommentar von G. Weber zum Glaubensbüchlein gut studiert werden: Jesus ist der Heiland, Erlöser, der Herr der Herrlichkeit, mächtiger und herrlicher Sohn Gottes, König der Welt, der rettet und heil macht usw. [148]. Es dominiert das Hoheitsbild Jesu Christi. Die Kinder sollen ein großes, herrliches und deshalb anziehendes Christusbild gewinnen [149]. In ähnlicher Weise bemühen sich auch die Kommentare zu den Schulbibeln. Mit der

---

145) Eine Ausnahme bilden das Religionsbüchlein "An Gottes Hand" und der Kommentar von Zielbauer. Siehe S. 210-213.

146) Siehe Anm. 153.
Kommentare, die sich verstärkt der Bibelexegese zuwenden: Hubert Fischer (Hrg.), Biblische Unterweisung. Handbuch zur Auswahlbibel "Reich Gottes". Bd. III, erarbeitet von Eleonore Beck, München 1970. Albert Höfer, Biblische Katechese. Kleines Handbuch zur fünften Schulstufe, Salzburg 1966.

147) Glaubensbuch, 64.

148) Weber, Handbuch, 138. 155.

149) Hans Hilger, Gebrauch und Gehalt des "Glaubensbüchleins" (und der "Frohen Botschaft"), in: Fischer, Einführung in die neuen Glaubensbücher, 49.

Verkündigung der Frohen Botschaft eng verknüpft ist die Betonung liturgischer Texte, Lieder, Gebete und Formen als dankbare Antwort auf das Gehörte. Die Katechese steht in besonderer Nähe zum Wortgottesdienst der Messe. Traditionelle Gebete und Lieder aus den vergangenen Epochen werden durch weitere Beispiele ersetzt oder ergänzt. Vor allem in der Unterstufe wirkt sich der Rückgang der vielen "Verzweckungen" biblischer Texte positiv aus.

3) Die Durchsicht der Schulbücher und Kommentare zeigt aber auch manche traditionelle Auslegungen älterer Werke, ohne daß sie sich von der Sinnmitte des Textes her nahelegten. So ergibt sich ein Ineinander von vergangenen, vor allem dogmatisch und ethisch bestimmten Lehren mit der kerygmatisch betonten Auslegung. Bei genauerem Zusehen erweist sich das Neue dieser Phase oft mehr als ein Umsprechen alter Auslegungsinhalte in eine neue, eben von der Verkündigung her geprägten Sprache, oft in feierlichen, erhabenen Formulierungen. Diese wird, z.B. auf der Unterstufe vor allem durch Wiederholung bekannt gemacht, ohne daß damit zugleich auch eine sachliche Erhellung erfolgt. Von hier aus ist es dann nicht mehr weit, die ganze Sprache als klischeehaft, nichtssagend, wirklichkeitsfremd zu erklären[150].

4) Die biblischen Texte werden auch in dieser Phase noch selbstverständlich als historische Berichte weitertradiert, auch wenn die Kommentare nach den Vorworten "mit Ergebnissen heutiger exegetischer Forschung"[151] vertraut machen wollen. Tatsächlich aber werden die Ergebnisse der Bibelwissenschaft, z.B. traditionsgeschichtliche und formgeschichtliche, noch nicht zur Kenntnis genommen bzw. didaktisch umgesetzt. So bleibt z.B. unbeachtet, daß Lk 1-2 einer anderen literarischen Gattung zuzuweisen ist als der des historischen Berichts, daß die Titel, mit denen Jesus ausgezeichnet wird, das Ergebnis langen Nachdenkens der nachösterlichen Gemeinde über Jesus, ihren Herrn, sind. Mit diesen Mängeln ist zugleich der Anstoß zur Weiterentwicklung der Auslegung im Bibelunterricht gegeben, die zentral auch die Kindheitsgeschichten betrifft. "Katechese aus Exegese" (Langer) heißt eine Grundforderung an den Bibelkatecheten.

5) Aber nicht nur von der Fachwissenschaft meldet sich Kritik am bisherigen Bibelunterricht, auch die Sichtweise der Adressaten, vornehmlich als Hörende, die Frohe Botschaft Empfangende und sie dankbar Annehmende, wird kritisch befragt. Man fragt genauer nach dem Menschen (dem Schüler), der da angesprochen werden soll, vor allem auch

---

150) Halbfas, Fundamentalkatechetik, 164-174. Fritz Weidmann, Religionsunterricht als Sprachgeschehen (Religionspädagogik - Theorie und Praxis, hrg. v. Günter Stachel u.a.), Zürich-Einsiedeln-Köln 1973, 18-40.

151) Keßler-Ulrich, Einleitung zum Katechetischen Kommentar I, VIII.

nach seinen sozialen Bezügen. Nach der Einführung zu den Glaubensbüchern sollen "Glaube und christliches Leben (der Kinder Anm. d. V.) ... aus derselben Quelle genährt werden, aus der auch ihre Eltern schöpfen."[152] Aber die Mehrzahl der Eltern der zu unterrichtenden Kinder schöpft nicht mehr aus den angenommenen Quellen z. B. des Gottesdienstes. Damit ist auch eine große Anzahl der "Verwirklichungen" in den Büchern und Kommentaren hinfällig. Alle anderen Bezüge des Kindes - außer den (angenommenen) kirchlichen und ethischen - bleiben außer Betracht. Auch die andersartigen Erfahrungen der Kinder zum Thema Weihnachten z. B., das verweltlichte und kommerzialisierte Fest, die fehlende Glaubensbereitschaft der Eltern oder Familienmitglieder oder der Freundesgruppe, oder das sentimental gefeierte Fest, wird nicht thematisiert. So kommt es in den folgenden Jahren gerade zu diesem Thema in den Entwürfen zum Religionsunterricht zu neuen Ansätzen[153].

---

152) Schreibmayr, Die neuen Bücher und eine organisch entfaltende Glaubensunterweisung, in: Fischer, Einführung in die neuen Glaubensbücher, 23f.

153) Beispiele: Klaus Lang, Die Weihnachtstexte in der Bibelkatechese (Aktuelle Schriften zur Religionspädagogik), Freiburg-Basel-Wien 1967. Walter Dignath, Die lukanische Vorgeschichte (Handbücherei für den Religionsunterricht hrg. v. Becker, Stock u. a., Heft 8), Gütersloh 1971. Günther Weber, Der Anfang einer neuen Menschheit. (Auers Arbeitshefte für den Religionsunterricht im 7. bis 10. Schuljahr, Heft 1). Donauwörth ^{5}1974. Sigrid Berg (Hrg.), Weihnachten. Materialien und Entwürfe, (Religionspädagogische Praxis, hrg. von H. K. Berg, W. Langer u. a., Nr. 14). Stuttgart und München 1973. (Weitere Literatur).

5. DURCHGÄNGIGE AUSLEGUNGSFAKTOREN ZU LK 1-2 IN DER GESCHICHTE DES BIBELUNTERRICHTS

Am Ende des geschichtlichen Rückblicks sollen die Faktoren herausgestellt werden, die die Auslegung von Lk 1-2 geprägt haben. Zwar sind die meisten von ihnen, vom heutigen Verständnis des Bibelunterrichts her betrachtet, theoretisch überwunden[1]. Aber sie bestimmen das Glaubensbewußtsein vieler Christen weit mehr als die Ergebnisse heutiger Bibelwissenschaft[2]. Auch viele Glaubensschwierigkeiten, gerade im Zusammenhang mit Weihnachten, lassen sich aus der Vergangenheit erklären, man denke nur an die Auswirkungen der frei fabulierenden Erzählweise der Methodenbewegung auf die Einstellung der Christen zur Verkündigungs- und Weihnachtserzählung. So macht die folgende Übersicht zusammen mit dem abschließenden Teil der Arbeit die teilweise heute noch wirksamen Einflüsse vergangener Katechese nochmals deutlich.

5.1 Die Herkunft der Bibelkatechese aus der Katechismuskatechese prägte die Auslegung zu Lk 1-2

Die Bibelkatechese ist aus der Katechismuskatechese herausgewachsen. Als Veranschaulichung, sittliche Belehrung und zum Erweis der Lehren trat sie ergänzend zur eigentlichen Katechese hinzu[3]. Sehr früh wurde zudem unsere Textgruppe als Erweiterung des dritten Glaubensartikels in einer Zusammenfassung in den Katechismus aufgenommen[4]. Die Dienstfunktion der biblischen Erzählungen, von Knecht nachdrücklich verteidigt[5], wirkte sich bis zum Ende unseres untersuchten Zeitraums aus. Unter dieser Rücksicht fanden sich, gleichsam als Destillat aus Lk 1-2, christologische, soteriologische und mariologische Katechis-

---

1) Eine Folge der Aufnahme der Ergebnisse der Bibelwissenschaft im Bibelunterricht ist die Neuherausgabe bibelkatechetischer Kommentare und Handbücher. "Die älteren Werke sind allesamt unbrauchbar." Langer, Schriftauslegung im Unterricht, 30.

2) Auch die Predigtvorlagen ignorierten nach einer Untersuchung von Kamphaus bis in die jüngste Zeit die neuere Exegese. Franz Kamphaus, Von der Exegese zur Predigt, Mainz ²1968, v.a. 249-306.

3) Siehe S.22f d. Arbeit.

4) Siehe Anm. 2 zur Einleitung.

5) Siehe S.138f d. Arbeit.

mussätze, wie im einzelnen aufgezeigt worden ist. Das bedeutete konkret, daß z.B. die entfaltete Christologie, die Trinitätslehre und die Mariologie späterer Jahrhunderte in den Bibeltext hineininterpretiert wurde[6].
Dadurch werden zwar "wichtige" Glaubenssätze (Präexistenz, Menschwerdung der zweiten göttlichen Person, zwei Naturen in der Person Jesu, Maria ist Mutter Gottes usw.) mit Hilfe von Erzählungen erklärt und leichter memoriert, aber um den Preis dessen, was der Text eigentlich sagen will. Von den Katecheten wurde die Abhängigkeit der Auslegung vom dogmatischen Lehrgebäude kaum erkannt. Im 19. Jahrhundert verwahrte sich Hirscher gegen zuviel Spekulation in der Verkündigung und betonte das Hören auf das Evangelium[7]. Auch die materialkerygmatische Erneuerungsbewegung hatte sich zum Ziel gesetzt, die Frohbotschaft zu verkünden, nicht Dogmen zu lehren[8]. Aber in der konkreten Durchführung blieb die dogmatisch geprägte Auslegung, wenn auch stark modifiziert, bestimmend. Eigentliches Ziel der so geprägten Bibelkatechese war die Vermittlung wichtiger christlicher Lehren aus dem dogmatischen Denkgebäude, der Adressat sollte mit Hilfe biblischer Erzählungen leichter darin heimisch werden und die Begründungen für diese Sätze in der Bibel kennenlernen.

5.2 Die Erzählungen Lk 1-2 regten zu tugendhaftem Verhalten an

Die erste Biblische Geschichte zur Zeit der Aufklärung brachte auch für Lk 1-2 die Auslegung in Form einer moralischen Nutzanwendung[9]. Diese wurde von späteren Katecheten als Teil der Texterschließung beibehalten. Vor allem die Personen (Maria, Josef, die Hirten, Jesus) übten nach den Kommentaren eine Vielzahl von Tugenden oder

---

6) Auch im kerygmatisch bestimmten Bibelunterricht finden sich dogmatische Sätze, vor allem christologische, die aus Lk 1-2 herausgelesen wurden.

7) Hirscher, Über das Verhältnis des Evangeliums zu der theologischen Scholastik, 108ff. "Dem Evangelium, nicht aber der Scholastik ist die Unüberwindlichkeit von oben zugesichert." Ebd., 292.

8) Jungmann, Die Frohbotschaft und unsere Glaubensverkündigung. "Ihr (der Verkündigung Anm.d.V.) eigentlicher Gegenstand ist und bleibt die Frohbotschaft, das was man im Urchristentum auch das Kerygma genannt hat. Das Dogma sollen wir kennen, verkünden müssen wir das Kerygma." Ebd., 60.

9) Siehe S. 31-33 d. Arbeit.

schreckten durch ihre Laster ab (Herodes). Unter der großen Vielfalt nachahmenswerter oder abstoßender Verhaltensweisen bildete sich ein fester Stamm heraus, der beständig weitertradiert wurde, wie noch zu zeigen sein wird[10]. Die Auslegung mit einem betont ethischen Akzent war zur Zeit der Aufklärung, der neuscholastisch geprägten Katechese und der Methodenbewegung zu finden. Der Betonung des sittlichen Verhaltens lag das Bestreben der Katecheten zugrunde, daß das, was vermittelt wurde, sich auch im alltäglichen Leben auswirken mußte. Besonders deutlich kam dies bei der Auswertung von Lk 2, 41-52 zum Tragen. Die gehäuften sittlichen Appelle führten dabei oft zur Annahme, Lk 1-2 sei ihretwillen aufgezeichnet worden. Die Ankündigung einer frohen Botschaft wich einem Tugendkatalog. Dieser Mißbrauch der Texte führte schon bald zur Kritik an dieser Methode. So schrieb Hirscher in seiner Katechetik: "Nur jene so viel verbreitete Weise, wo man ein Geschichtchen nach dem andern erzählt, und auf jedes moralische Reflexionen und Anwendungen aufhäuft, so viele man deren zusammenbringen kann, nur diese lediglich zu moralischem Geschwätz, und herzlosen Nutzanwendungen verführende Weise der Geschichts-Behandlung taugt in allweg ... nichts."[11] Für ihn ist der Glaube das Fundament, das vor allem vom Katecheten zu legen und zu kräftigen ist, während das sittliche Tun die Realisierung eben dieses Glaubens in Liebe ist[12]. Auf unsere Texte angewandt heißt dies, daß zuerst und vor allem in Lk 1-2 die Menschenfreundlichkeit Gottes, die in Jesus erschienen ist, zur Darstellung zu bringen ist. Zur Zeit der materialkerygmatischen Erneuerung wich die betont sittliche Auswertung mehr und mehr der Antwort der Schüler auf das Gehörte in Gebet, Lied, im Malen, Schreiben und Werken[13]. Die ethischen Folgerungen, meist in der sog. Anwendungsstufe angesiedelt, als Ergebnis der Beschäftigung mit dem biblischen Text, wurden als

---

10) Siehe S. 292 ff d. Arbeit.

11) Hirscher, Katechetik, 292.

12) Siehe S. 106 d. Arbeit.

13) Die Problematik dieser Form der Anwendung lag in der Bestimmung des Religionsunterrichts als Verkündigung sowie in der vernachlässigten Reflexion auf die soziologischen Gegebenheiten der Umwelt des Kindes. Dazu kam noch die Kritik an der sprachlichen Fassung der Auslegung. (Z.B. Halbfas, Fundamentalkatechetik, 164-184).

textfremdes Anhängsel kritisiert von Langer[14], Halbfas[15], Stachel[16]. Sie sehen im hermeneutischen Vollzug der Schriftauslegung das Anliegen der Anwendung aufgehoben. Auch nach dem Verständnis heutigen Religionsunterrichts[17] wird verantwortliches Verhalten angestrebt, das z.B. in der Auseinandersetzung mit der Person Jesu Christi in Gang kommen kann[18]. Dabei kommt die Anwendungsproblematik vor allem in der Spannung heutiger Welterfahrung und der Vermittlung der Tradition zur Geltung[19].

5.3 Lk 1-2 wurde durchgehend als historischer Bericht über die Kindheit Jesu vermittelt

Ein weiteres durchgängiges Prinzip in der Vermittlung ist die selbstverständliche historiographische Behandlung der Texte.
1) Eine unmittelbare Folge dieser Voraussetzung ist die Harmonisierung von Mattäus- und Lukastexten, wie sie bis in die jüngste Zeit üblich war. Dadurch gelangte man zu einer fortlaufenden geschichtlichen Erzählung über die Kindheit als Teil einer Biographie Jesu. Die atl.

---

14) Langer, Kerygma und Katechese (Schriften zur Katechetik VII, hrg. von P. Neuenzeit), München 1966, 52-57. "Die in Literatur und Unterrichtspraxis begegnenden Verknüpfungen dieser Stufe mit der vorherigen reichen von genialen Intuitionen bis zu lächerlichen, an den Haaren herbeigezogenen Plattheiten, die den Text der Heiligen Schrift geradezu verhöhnen." (Ebd., 53).

15) Halbfas, Religionsunterricht, 236-238.

16) Stachel, Der Bibelunterricht, 52-56. "Hier befinden wir uns in der Nachbarschaft von Bravheitsdressur, Moralismus und Legalismus." (Ebd., 55f).

17) Vgl. z.B. Der Religionsunterricht in der Schule (Synodenbeschluß), veröffentlicht in: Synode, Heft 1, 1975, 87-104; hier: 96.

18) Ebd., 97.

19) Die neueren Unterrichtsentwürfe versuchen diese Vermittlung für die Texte aus Lk 1-2 und Mt 1-2 zu leisten. Einige Beispiele: Günther Weber, Der Anfang einer neuen Menschheit; Sigrid Berg (Hrg.), Weihnachten, (siehe Anm. 154 zu Kapitel 4); Vorbereitungswerke zu neueren Religionsbüchern (Unterwegs zu Dir, Exodus usw.); Zielfelderplan für den katholischen Religionsunterricht der Schuljahre 5-10, Themenfeldskizzen der Schuljahre 9 und 10, München 1974; dort weitere Literatur und Materialien.

Bezüge in Lk 1-2 wurden zur "geschichtsempirischen" (Dignath) Erfüllung der Verheißungen Gottes. Eine Harmonisierung wurde auch innerhalb der einzelnen Erzählungen durchgeführt. Was den Fortgang der Geschichte störte, wurde entweder ausgelassen oder von den Kommentaren im Sinne einer in sich schlüssigen Erzählung gedeutet[20].
2) Eine Bekräftigung der Historizität stellen sowohl die ausmalende Erzählung[21] als auch die psychologisierende Vertiefung[22] dar. Beide Weisen der Textbearbeitung verstärken, indem sie in Details gehen und den Hörer auf das tatsächlich Geschehene fixieren, die Ansicht, in Lk 1-2 handle es sich um historische Berichte. Eine historische Fixierung geschah auch in der apologetischen Bibelkatechese bei Schuster und den Bearbeitern seines Handbuches. Eine Vielzahl von Realien und zusätzliche alte und ehrwürdige Überlieferungen sollten die Tatsächlichkeit des Berichteten gegen seine Bestreitung untermauern[23]. In der materialkerygmatisch bestimmten Bibelkatechese wurde zwar die Betonung des Historischen zurückgenommen und durch eine vom Kerygma bestimmten Redeweise ersetzt. Das Anliegen des Bibelunterrichts "soll nicht sein, mit historischer Treue zu rekonstruieren, wie das Leben Jesu ablief...sondern Christus zu künden."[24] Aber in der konkreten Durchführung wurde Lk 1-2 nach wie vor der Gattung "historischer Bericht" zugerechnet, wie die Vorbereitungsliteratur zeigte[25].

---

20) Solche Verse sind z.B. Lk 2,18.50; Lk 2,19.51b wird oft so erklärt, daß Maria das, was der Engel, Elisabet, die Hirten sagten, verglich mit atl. Weissagungen und in allem die volle Bestätigung für die Auszeichnung ihres Sohnes sah.

21) Beispiele bei Chr.v.Schmid und bei den Katecheten zur Zeit der Methodenbewegung.

22) V.a. Bergmann.

23) Siehe S. 123 d. Arbeit.

24) Leitheiser-Pesch, Handbuch II, 14.

25) Beispiele: Leitheiser-Pesch, Handbuch II, 62:
Der Religionslehrer soll "die harte Wirklichkeit des biblischen Berichtes unter Würdigung der geographischen Gegebenheiten" zur Darstellung bringen. (Zur Flucht nach Ägypten); Hilger, Handbuch II, 44: "Beim Anblick der Frau rückten die Leute zusammen und boten den beiden Raum, indem Maria für sich sein konnte." (Zur Geburt Jesu). Ähnlich auch die Vorbereitungsliteratur für die Unterstufe.

3) Die Erzählungen, "so wie es war", sind in ihrer Anschaulichkeit und in ihren wundersamen Zügen so recht Geschichten für Kinder, wie Chr. v. Schmid[26] betonte und wie es die Tradition in der Katechese zeigte. "Die Geschichte des göttlichen Kindes wirkt auf uns durch das natürliche Mitgefühl, das wir einem Kinde entgegenbringen, durch die rührenden Lagen, in denen wir es sehen... Bei den Kleinen kommt dazu, daß sie im Jesuskind ihresgleichen sehen."[27] Die Auffassung, die Kindheitsgeschichte sei eine Kindergeschichte, zeigte sich auch in den Stoffanordnungsplänen. Auch dort, wo nur wenige Perikopen aus dem Neuen Testament aufgenommen waren (Mey), kamen Lk 1-2 und Mt 1-2 ausführlich zur Darstellung. Noch im Rahmenplan liegt der Schwerpunkt der Behandlung in der Unterstufe, während im 8./9. Schuljahr die Kindheitsgeschichte nicht mehr im Themenplan erscheint.
4) Mit der Aufnahme der Ergebnisse der Bibelwissenschaft ist die Bestimmung der Texte als historischer Bericht endgültig aufgegeben. Die Vielschichtigkeit der Texte, die durch traditionsgeschichtliche, form- und redaktionsgeschichtliche Forschungen auch für Lk 1-2 erkannt worden ist, macht die problemlose Sicherheit gegenüber der schlichten einfachen Erzählung, vor allem bei jüngeren Kindern, unmöglich. Daraus hat die Katechese Konsequenzen gezogen. Die neueren Lehrpläne verlegen den Schwerpunkt der kritischen Auseinandersetzung in die Sekundarstufe I[28] und II, in denen eine differenzierte Betrachtungsweise, z.T. auch mit bibelwissenschaftlichen Methoden, möglich ist. Aber auch die Aufnahme der Texte in der Unterstufe geht nur über ein verantwortliches Reden des Religionslehrers, der versuchen muß, vordergründiges historisches Verstehen bei den Schülern zu vermeiden[29].

---

26) Chr. v. Schmid, Biblische Geschichte 1845, Vorrede XIV: "... sie finden... noch mehr aber an dem Kinde Jesus in der Krippe (das ihnen die höchst erfreulichen Weihnachtsgeschenke beschert) große Freude...".

27) W. Pichler, Katechesen, 1.

28) Vgl. Zielfelderplan, Beilage zur "Grundlegung", München 1973. Die Kindheitsgeschichten werden in den 9. Schülerjahrgang verlegt.

29) Neuere Schulbücher und Handreichungen für den Lehrer versuchen, ein dem Text adäquates Verstehen auch für die Kinder der Grundschule zu ermöglichen.
Beispiele: Günther Weber, Wie wir Menschen leben 2. Ein Religionsbuch für die Grundschule, Freiburg-Basel-Wien 1972, 58f; Exodus, Unterrichtswerk für den katholischen Religionsunterricht in der Grundschule, hrg. vom Deutschen Katechetenverein, Bd. 3, München-Düsseldorf 1974, 112f; dass., Bd. 4, 106; dazu die entsprechenden Kommentare. - Walter Dignath bezweifelt eine der

5.4 Die Auslegung der Kindheitsgeschichte war bestimmt von der jeweiligen theologischen Leitidee

Die Durchsicht der Auslegungsgeschichte in der Katechese erbrachte, daß weniger die Bibelwissenschaft als die jeweilige theologische Leitlinie des Verfassers die Auslegung bestimmte.
1) Eine solche Leitidee fand sich z.B. in der christologischen Konzentration J.B. Hirschers, die ihn bei der Abfassung seiner "Geschichte Jesu Christi" bestimmte. Nach seiner Vorrede wollte er "das Ziel und Werk Christi zu einer großen U e b e r s i c h t u n d G e s a m m t a n s c h a u u n g" [30] zusammenstellen. Von diesem Ansatz her war auch das 1. Kapitel seines "Jesusbuches" geprägt. Jede Einzelerzählung fügte sich nahtlos in den Gesamtzusammenhang der Geschichte Jesu ein, alles war wunderbar vorhergeplant und eine einzige Offenbarung der Liebe Gottes zu den Menschen [31]. Auf diese Offenbarung war die Welt "vollkommen vorbereitet" [32]. Die von Hirscher für die Verkündigung geforderte heilsgeschichtliche Linie als Alternative zur moralisch verzweckten Einzelgeschichte wurde in der Katechese immer wieder gefordert, vor allem auch in der materialkerygmatischen Erneuerung [33]. Dabei zeigte sich allerdings, daß in der konkreten Durchführung das heilsgeschichtliche Anliegen, das vor allem den Heilsplan

---

Vorgeschichte des Lukas angemessene Behandlung im Unterricht der Grundschule. (Walter Dignath, Die lukanische Vorgeschichte, Gütersloh 1971, 102f; ders., Weihnachtstexte im Unterricht, Gütersloh 1965, 178ff).

30) Hirscher, Geschichte Jesu Christi (1839), Vorrede IV. Diese Gesamtanschauung hat ihr Zentrum im Werk "unserer Entsündigung, Heiligmachung und Seligmachung". (Ebd., 1842, Vorrede III).

31) Siehe S.97f d.Arbeit; Hirscher, Geschichte Jesu Christi (1842), 19; vgl. auch Hirscher, Verständigung, 8: "G o t t , d i e S c h ö p f u n g , d e r S c h ö p f u n g s z w e c k , u n d d i e B e s t i m m u n g d e s M e n s c h e n , d e r S ü n d e n f a l l , d i e W i e d e r h e r s t e l l u n g , d i e p e r e n n e A u s f ü h r u n g d e s W i e d e r h e r s t e l l u n g s w e r k e s , u n d d i e V o l l e n d u n g sind in natürlicher Abfolge die Momente, die das Ganze bilden."

32) Ebd., 2.

33) Siehe S.204 d. Arbeit.

Gottes mit den Menschen zum Inhalt hatte, reduziert wurde auf eine lineare Kurzdarstellung im Sinne einer chronologisch verstandenen Aufzählung von Heilstatsachen. Schöpfung, Sündenfall, Verheißung eines Erlösers und das Kommen des Erlösers sind die wichtigsten Stationen, die schon im Anfangsunterricht gelehrt wurden. Heilsgeschichte wurde gleichgesetzt mit einer linear gedachten Abfolge, wie es die Sammlung der atl. Bücher nahelegte[34]. Unsere Texte wurden auf dem Hintergrund dieser heilsgeschichtlichen Kurzfassung nur von der Erlösungsbedürftigkeit und der Sündenverhaftetheit der Menschen her gesehen. Jesus "repariert" den von den ersten Menschen angerichteten Schaden wieder[35], "entsündigt" die Menschen. In dieses enge Denkschema ist die ganze Vorgeschichte eingezwängt. Dadurch kamen positive Aussagen über die Bedeutung der Menschwerdung Gottes für den Menschen nicht in den Blick[36]. Für die Aktualisierung folgte aus der an der Sünde des Menschen gemessenen Sichtweise von Lk 1-2, daß vor allem Sünden zu meiden waren sowie Wohlverhalten an den Tag gelegt werden sollte. Abgesehen von der theologischen Engführung waren dabei die gezogenen Konsequenzen pädagogisch oft höchst fragwürdig[37].

2) Weitere Beispiele für die Auslegung der Texte durch eine vorgegebene theologische Leitlinie waren die Hereinnahme der Väterlehre und die betont biblisch-kerymatische Ausrichtung der Katechese. Vertreter der ersteren waren Schuster und Knecht. Durch die oftmalige Rückbeziehung auf die Väterauslegung kamen eine Reihe zusätzlicher Lehren in die Erklärung von Lk1-2, die als gültige Auslegung - ähnlich wie die katechismusbestimmte - an die Schüler weitergegeben wurde. Zu diesen Lehren zählten z.B. das Jungfräulichkeitsgelübde Marias, das Problem der Zunahme Jesu an Weisheit und die Tugenden

---

34) Vgl. z.B. Leitheiser-Pesch, Handbuch II, 12; ebenso die Katechesen zu "Jesus ich bin dein" und "An Gottes Hand".

35) Vgl. die Einführungskatechese von Mey, siehe S. 152 f der Arbeit. Gottesleben-Schiltknecht-Wagenmann, Unterstufe, schreibt zu diesem Thema: "So muß schon der Schüler dieser Stufe darauf aufmerksam gemacht werden, daß durch die Sünde der Stammeltern der Himmel verschlossen wurde, daß der Heiland durch seinen Kreuzestod die Welt erlöste, daß wir durch ein gottgefälliges Leben unsere Bestimmung erreichen." (Ebd., 20).

36) Die Offenbarung der Menschenfreundlichkeit Gottes, die von Katecheten als die Botschaft von Lk 2,1-20 interpretiert wurde, ist vergessen.

37) Vgl. dazu den abschließenden Teil der Arbeit, v.a. S. 290 ff.

Marias (Glaube, Demut, Gehorsam). Dahinter stand die Auffassung, daß sich die Gültigkeit und Bedeutsamkeit von Lehren durch ihr "Überliefertsein" ausweist. In der katechetischen Umsetzung zeigte sich dabei oft eine Reduzierung der Väteraussagen auf kindliche Tugenden: die Demut wurde zur Bescheidenheit, die Zunahme Jesu an Weisheit zur Aufforderung, im Religionsunterricht gut aufzumerken. Auch der kerygmatisch geprägten Bibelkatechese ging es nicht primär um die Auslegung des zugrunde liegenden Textes, sondern um seine Qualifizierung als heilswirkendes Wort. Die Verkündigung "ist heilsspendendes Wirken Gottes in der Hülle des menschlichen Wortes"[38]. Im Verhalten zu dieser Botschaft entscheidet der Hörende über sein Heil[39]. Von diesem Vorverständnis her bekam Lk 1-2 die Aufgabe, das Kommen des Herrn anzusagen und die Schüler zur Freude, Dankbarkeit als angemessene Antwort auf diese Frohbotschaft aufzurufen. Die Verkündigung in der Eucharistiefeier gab dabei das Vorbild für die schulische Katechese ab.

3) Allen Beispielen ist gemeinsam, daß von einer bestimmten theologischen Konzeption her die Texte angegangen und ausgelegt werden. Demgegenüber will die Forderung nach einer eigenständigen Bibelkatechese den Text selbst zum Sprechen bringen. Zwar ist erkannt, daß die biblischen Texte wesentlich kerygmatische Texte sind. Aber sie können nicht ohne intensive Auslegung (mit Hilfe der Fachwissenschaft) in ihrem eigenen Anspruch erkannt und gehört werden. Unter pädagogischer Rücksicht führt die von einer bestimmten theologischen Intention geprägte Auslegung immer wieder zur Frage, wieweit die Schüler, von ihrer Altersstufe, von ihren Erfahrungen und ihren Erwartungen her diese erfassen können bzw. inwiefern sie ihnen Hilfe zur Weltbewältigung bietet[40].

5.5 Die Auslegung der Kindheitsgeschichte war bestimmt von der jeweiligen religionspädagogischen Zielvorstellung

Da Religionsunterricht immer auch pädagogisch verantwortet sein will, wurden mit den theologischen Inhalten auch pädagogische Ziel-

---

38) Weber, Handbuch, 9.

39) Ebd..

40) Auf diesen Gesichtspunkt weist vor allem der curriculare Ansatz in der neueren Didaktik hin, der auch vom Religionsunterricht aufgenommen wurde.

vorstellungen vermittelt[41]. Nicht nur die Auswahl der Texte, auch inhaltliche Schwerpunkte des biblischen Unterrichts waren von diesen Zielvorstellungen mitbestimmt, wie der Verlauf der Untersuchung gezeigt hat. Besonders deutlich traten dabei in Erscheinung 1) die Einordnung in die vorfindlichen sozialen Gegebenheiten und 2) der Einfluß der methodischen Vermittlung.

1) Lk 1-2 wurde in der Katechese dazu benützt, die Schüler in die religiösen, schulischen, familiären und staatlichen Institutionen einzuweisen[42]. Diese Zielvorstellung war durchgängig festzustellen. Armut und Reichtum, Gehorsam gegenüber der Obrigkeit[43], fleißiger Schulbesuch, regelmäßiger Kirchgang, Unterordnung im Elternhaus sind nur einige Themen, die diese Beobachtung verdeutlichen. Die Kinder sollten in die bestehenden Ordnungen eingegliedert werden. "Die sicherste Regel ist diese, daß man thue, was vorgeschrieben ist."[44] Von diesem allgemeinen Grundsatz her fand man in Lk 1-2 zahlreiche Hinweise, die die Ein- und Unterordnung in den verschiedenen Lebensbereichen nahelegten bzw. als gottwohlgefällig erwiesen. Schon in der Versauslegung, vor allem aber in der "Anwendung" kam diese Zielvorstellung zur Geltung. Der Einordnung des Kindes entsprach das harmonische Bild der Familie und des Staates[45], in denen es keine Konflikte und Spannungen, kein kritisches Befragen geltender Normen gab. Das Ideal war das (ungefragte) Übernehmen des Bestehenden. Maria und Josef waren darin beispielhaft, weil sie sich dem Befehl des

---

41) "Die Erzählungen und Lehren der Bibel müssen wir deshalb für religions- und moralpädagogische, für lebenskundliche Auswertung in das Erleben des Kindes, in sein kindliches Denken, Wollen und Tun übertragen." Franz Weigl, Schule, Volk und Bibel, Donauwörth 1937, 50.

42) Zur Einweisung in die soziale Umwelt gehört auch die Verdeutlichung traditioneller Feste (hier des Weihnachtsfestkreises) und die altersgemäße Mitfeier.

43) "Die Religion ist auch die unerläßliche Stütze der Gesellschaft und des Staates...". Batzel, Die Bedeutung der Biblischen Geschichte und ihre Stellung im Religionsunterrichte, in: Kat Bl 37 (1911), 113-120. Vgl. auch Galura.

44) Galura, Biblische Geschichte der Welterlösung, 208. Siehe Anm. 184 zum ersten Kapitel.

45) Im Grunde wird die absolutistische Auffassung vom Staat ungeachtet der gewandelten Zeitverhältnisse weitertradiert. Die Familie ist das erste und wichtigste Übungsfeld für den angehenden Staatsbürger.

Kaisers fügten, die Vorschrift ihrer Religion beachteten, Jesus war ein Vorbild, weil er seinen Eltern in allem gehorchte und in Schule und Kirche sich angemessen verhielt.

2) Der zweite große pädagogische Einflußbereich auf die Auslegung war das Bestreben des Katecheten, den Bibeltext so zu vermitteln, daß die Adressaten ihm mit Verständnis und innerer Anteilnahme folgen konnten. Unter dieser Rücksicht wurde Lk 1-2 durch Vereinfachung oder Erweiterung zu einem für Kinder verständlichen Text umgemünzt. Er wurde zu einer Kindergeschichte (Schmid) einer Beispielgeschichte (Galura) oder einer Erlebniserzählung (Methodenbewegung). Pädagogisch Anstößiges[46] wurde unterschlagen, dagegen pädagogisch Bedeutsames[47] hervorgehoben. Durch das Mittel der Psychologisierung wurden Gedanken, Gefühle, mögliche Überlegungen in die Textgestalt eingebracht. Apokryphes Material und Visionen steigerten das Außergewöhnliche und Wunderbare. Dabei kam es vor allem auf das Miterleben des Kindes an. Die Einwirkung auf Gemüt und Willen als vordringliches Ziel ließ dabei andere Zielsetzungen in den Hintergrund treten.

3) Die materialkerygmatische Erneuerung[48], vor allem aber die Forderung nach "Schriftauslegung im Unterricht" (Langer) bildete eine starke Gegenströmung gegen die Pädagogisierung der Bibel. Im curricular strukturierten Religionsunterricht aber könnte die Pädagogisierung unter anderen Vorzeichen erneut zu einer Engführung beim Verstehen unserer Texte führen, bzw. diesen von festgelegten Fragestellungen aus in seiner Aussageintention verfehlen[49].

---

46) Vgl. die Textauslassungen, z.B. S. 120.

47) Dazu zählen Verse, die in Gebeten Eingang gefunden haben, sowie moralisch wichtige Verse wie Lk 2,51.

48) Gegenüber einer vornehmlich von der Pädagogik her bestimmten Bibelinterpretation vertraten auch im 19. Jahrhundert Katecheten die theologisch bestimmte Auslegung.

49) Vgl. zu dieser Gefahr auch die Beobachtung bei einem problem- oder themenorientierten Unterricht. "Zu aktuellen Problemen der Gegenwart werden nach der Methode der Stichwortassoziation biblische Texte gestellt. Dabei wird in vielen Fällen deutlich, daß die Texte nur 'angeklebt' sind als sekundäre Legitimation für schon Gewußtes. Das Schicksal der Texte ist dann nicht selten der Verlust ihres ursprünglichen Kerygmas oder der Mißbrauch zu bloßer Illustration." Klaus Wegenast, Die Bedeutung biblischer Texte für den Religionsunterricht, in: Kat Bl 99 (1974), 753.

5.6 Die Kindheitsgeschichte im Spannungsfeld zwischen Theologie und Pädagogik

Wie der gesamte Bibelunterricht steht auch Lk 1-2 unter der Spannung von sachgerechter Auslegung einerseits und den Voraussetzungen bei den Adressaten andererseits. Dieses Spannungsverhältnis darf nicht zugunsten der einen oder der anderen Seite aufgehoben werden, da dies die Vermittlung verfehlen würde. In der Geschichte der Katechese neigte man bald mehr dem einen Pol, bald mehr dem anderen zu. Vergröbert dargestellt zeigten die Katecheten, die den heilsgeschichtlichen Ansatzpunkt vertraten (Hirscher, Gruber, Mey), die die dogmatische Auslegung betonten (Knecht und Nachfolger) und die vor allem das Kerygma hervorgehoben wissen wollen, einen mehr dem Anspruch der Sache verpflichteten Bibelunterricht. Auch die "Katechese aus Exegese" weiß sich vor allem dem biblischen Text verpflichtet. Bei der Betonung der theologischen Komponente fand man unter dieser Rücksicht in Lk 1-2 grundlegende christologische Dogmen (Knecht) sowie das Heilshandeln Gottes in Jesus (Hirscher, materialkerygmatische Besinnung). Die mehr von pädagogischen Zielvorstellungen beeinflußte Auslegung war in der Zeit der Aufklärung (Felbiger), der Methodenbewegung festzustellen und zeigt sich auch im problemorientierten Religionsunterricht. Beim letztgenannten Unterricht steht im Vordergrund die kritische Auseinandersetzung mit dem Umfeld "Weihnachten", in dem die Texte heute angesiedelt sind[50]. Zur Zeit der Aufklärung halfen die Texte dem Schüler zur Einpassung in die bestehenden Verhältnisse (soziale und gesellschaftliche Gegebenheiten). Die Bibelkatechese der Methodenbewegung betonte das religiöse Tun der Schüler meist im Zusammenhang mit dem Weihnachtsfest. Vor allem aber wurde ihrem Verlangen nach spannenden, wundersamen, Herz und Gemüt ergreifenden Erzählungen entsprochen.

Die Vermittlung von Lk 1-2 bewegt sich auch in Zukunft zwischen der fachgerechten Auslegung und der Zuordnung zum Erfahrungsbereich der Schüler. In der Verschränkung beider liegt die Aufgabe[51].

---

50) Z.B. Sigrid Berg (Hrg.), Weihnachten. Stichworte: Schülereinstellungen, Konsumzwang, Frieden, Weihnachten als Anlaß zum politischen Handeln.

51) Vgl. dazu Günter Lange und Wolfgang Langer, Zur Praxisrelevanz des bibeldidaktischen Vierecks, in: Kat Bl 100 (1975), 344-352.

6. SCHWERPUNKTE IN DER AUSLEGUNG VON LK 1-2 IN DER KATECHETISCHEN LITERATUR

6.0 Einführung

Die historische Untersuchung hat gezeigt, daß seit der ersten Biblischen Geschichte mit ihren Sittenlehren eine Vielfalt neuen Materials dazukam, um Lk 1-2 für die Schüler der jeweiligen Zeit zu deuten[1].

---

1) Neben der Sittenlehre wurden zur Auslegung verwendet: heilsgeschichtliche Aussagen, dogmatische Lehren, Väterlehre, die Einbeziehung des Kirchenjahres und der Liturgie, apokryphe Erzählungen, Legenden und Visionen, die Topographie und Geographie des Hl. Landes, Sakramente (v.a. Eucharistie), Gebete und Lieder usw. -
Für die Zusammenstellung wurden die folgenden Werke berücksichtigt. Die Kommentare wurden durch solche Biblische Geschichten ergänzt, die dem Bibeltext Erklärungen folgen lassen. Die Religionsbüchlein blieben außer acht. - Die vollständigen Angaben finden sich im Literaturverzeichnis.
1. Baur, Christusverkündigung, 1966 (Baur).
2. Burger, Religionsunterricht in der Grundschule, 1933 (Burger).
3. Ecker, Handbuch Bd. 2, 1907 (Ecker, Handbuch).
4. Ders., Handbüchlein, 1909 (Ecker, Handbüchlein).
5. Felbiger, Kern der Biblischen Geschichte, 1794 (Felbiger).
6. Faßbinder, Methodisches Handbuch, 1926 (Faßbinder).
7. Galura, Biblische Geschichte, 1806 (Galura).
8. Grimm, Praktisches Handbuch Teil II, 1949 (Grimm).
9. Gruber, Elementar-Unterricht, [2]1833 (Gruber I).
10. Gruber, Religionsunterricht - erste Klasse 1834 (Gruber II).
11. Gottesleben-Schiltknecht-Wagenmann, Handbuch Unterstufe, [10]1918 (Gottesleben-Schiltknecht-Wagenmann I).
12. Ders., Handbuch Mittelstufe, [8]1921 (Gottesleben-Schiltknecht-Wagenmann II).
13. Ders., Handbuch Oberstufe, [11]1919 (Gottesleben-Schiltknecht-Wagenmann III).
14. Gross-Mussner-Pesch, Leitfaden zur Katholischen Schulbibel, 1958 (Gross-Mussner-Pesch).
15. Hilger, Gottes Wort und unsere Antwort, 1966 (Hilger).
16. Hirscher, Geschichte Jesu Christi, [2]1842 (Hirscher).
17. Huber-Raab, Arbeitsprinzip in der Grundschule, 1923 (Huber-Raab).
18. Kastner, Handbuch, 1937 (Kastner).
19. Kautz, Neubau des katholischen Religionsunterrichtes Bd. 1, [6]1928 (Kautz).

Einige Gruppen dieses Materials hielten sich in den verschiedenen
Epochen durch. Dazu zählen die Lehren über Christus und Maria

---

20. Keßler-Ulrich, Katechetischer Kommentar (NT), 1963
    (Keßler-Ulrich).
21. Knecht, Praktischer Kommentar, ^{25}1925 oder ^{21}1907 (Knecht),
    21. Aufl., wenn nicht anders angegeben.
22. König, Handbuch, ^{5}1971 (König).
23. Leitheiser-Pesch, Handbuch Bd. 2 (NT), 1960 (Leitheiser-Pesch).
24. Mey, Vollständige Katechesen, ^{3}1877 (Mey).
25. Overberg, Geschichte des alten und neuen Testaments, 1799
    (Overberg).
26. Pichler, Katechesen für die Unterstufe Bd. 2, 1919 (Pichler).
27. Quadflieg, Handbuch, 1963 (Quadflieg).
28. Raab, Hilfsbuch, 1927 (Raab, Hilfsbuch).
29. Ders., Meine Kommunionklasse, 1927 (Raab, Kommunion-
    klasse).
30. Rensing-Lohmüller, Lebensvoller Religionsunterricht für das
    1. und 2. Schuljahr, ^{7}1952 (Rensing-Lohmüller I).
31. Ders., Lebensvoller Biblischer Unterricht für das 3. und
    4. Schuljahr, ^{6}1952 (Rensing-Lohmüller II).
32. Ders., Lebensvoller Biblischer Unterricht für das 5. - 8.
    Schuljahr, 2. Teil (NT), Teilband 1, ^{11}1954 (Rensing-Loh-
    müller III).
33. Schmid, Biblische Geschichte, NT erstes Bändchen, 1846
    (Schmid).
34. Schubert, Hilfsbuch, ^{1}1916 (Schubert).
35. Schüßler, Arbeitsschulmethode und kath. Religionsunterricht,
    1922 (Schüßler).
36. Solzbacher, Kommentar und Katechesen, NT, erster Halb-
    band, 1965 (Solzbacher).
37. Schuster, Handbuch Bd. 2, ^{1}1864 (Schuster).
38. Weber, F., Das Christusgeheimnis, 1944 (Weber, F.).
39. Weber, G., Handbuch, 1964 (Weber, G.).
40. Wiesheu, Der Bibelunterricht Bd. 2, ^{5}1956 (Wiesheu).
41. Zielbauer, Katechesen für das erste Schuljahr, Teil 1 und 2,
    ^{3}1959 (Zielbauer I und II).

sowie die "Nutzanwendungen". Auf diese drei Themenbereiche soll im folgenden noch näher eingegangen werden. Ziel dieser Zusammenstellung ist es, an einem begrenzten Bereich kirchlicher Verkündigung herauszustellen, was als wichtig, wesentlich, nachahmenswert vermittelt wurde, was als "Realtradition" (Langer) an die folgende Generation weitergegeben wurde. Zugleich soll dabei deutlich werden, daß die Weise der Vermittlung bestimmter Glaubensinhalte für die Erziehung und den Glauben Konsequenzen hat, die religionspädagogisch zu bedenken sind[2]. Der Schwerpunkt wird also auf die Analyse der vermittelten Inhalte gelegt, nicht in erster Linie auf das Verhältnis der Auslegung zum zugrundeliegenden biblischen Text.

6.1 Christologische Aussagen zu Lk 1-2

Verständlicherweise nehmen die Aussagen über Jesus den größten Teil in der Auslegung der Biblischen Kommentare zu Lk 1-2 ein. Neben der Deutung der Menschwerdung und seiner moralischen Vorbildhaftigkeit steht das Geheimnis seiner Person im Mittelpunkt. Darüber wird in der Katechese vor allem in den Erklärungen zu den Katechismussätzen des 2. und 3. Glaubensartikels ausführlich gehandelt. So ist zu vermuten, daß von hier Einflüsse für die Deutung der Person Jesu in der Kindheitsgeschichte des Lukas zu finden sind. Diese Vermutung wird durch die Erweiterungen im Katechismus zum 3. Glaubensartikel verstärkt. Man wollte "wenigstens die wichtigsten Geheimnisse der Offenbarungsgeschichte an dieser Stelle in ihrem historischen Verlaufe zur Darstellung bringen"[3]. Der katechetische Weg ging also ursprünglich vom Glaubensartikel zur geschichtlichen Darstellung der Ereignisse, die im Artikel selbst kurz zusammengefaßt sind. Umgekehrt ist dann auch der Einfluß des Glaubensartikels bei den biblischen Perikopen zu spüren. Selbstverständlich ist die im Katechismus aus der traditionellen Schultheologie übernommene Trennung von Christologie und Soteriologie auch bei der Auslegung biblischer Texte beibehalten[4]. Folglich finden sich in den Erklärungen

---

2) Vgl. dazu Adolf Exeler, Fehlformen religiöser Erziehung, in: Handbuch der Religionspädagogik Bd.1, hrg.v.E. Feifel, R. Leuenberger u.a., Gütersloh-Zürich-Einsiedeln-Köln 1973, 135-144.

3) Hofinger, Katechismus, 144; vgl. auch S.11 d. Arbeit.

4) Beispiel: Mittlerer Katechismus der christkatholischen Religion, Bamberg 1853, 23-28. Der Katechismus bringt zunächst die Namenerklärungen zu Jesus und Christus, Fragen zu seinem Wesen, dann die Frage nach dem Grund seiner Menschwerdung. (Ebd., 27).

zu Lk 1-2 die Aussagen über Jesu Wesen getrennt von den Aussagen über sein Werk[5], obwohl dies die biblischen Texte keineswegs nahelegen. Sie bezeugen vielmehr, daß Jesus der endgültige Heilbringer ist, der Messias aus Davids Stamm (Lk 1,32f)[6], sein Wesen und seine Aufgabe sind ungeschieden und bedingen einander.

6.1.1 Die Person Jesu Christi

6.1.1.1 Jesus - Christus (Messias)

Wer dieser Jesus ist, von dem Lk 1-2 erzählt, wird zunächst durch die Erklärung des Namens zu verdeutlichen versucht. Dies geschieht vor allem in den Kommentaren der Unterstufe.
1) Jesus ist ein bedeutungsvoller Name. Er heißt in unserer Sprache Heiland, Erretter, Erlöser[7]. Viele Kommentare beschränken sich auf eine solche Worterklärung[8], die sich ähnlich auch im Katechismus

---

5) Eine Ausnahme ist J. B. Hirscher; Siehe S. 105.

6) Vgl. dazu Rudolf Schnackenburg, Christologie des Neuen Testaments, in: My Sal III,1, hrg. v. Feiner und Löhrer, Einsiedeln-Zürich-Köln 1970, 301f. - Gerhard Voss, Die Christologie der der lukanischen Schriften in Grundzügen, Paris 1965, 75: Der Geist Gottes und seine Kraft "lassen also einen Menschen entstehen, der so sehr in den besonderen Dienst Gottes gestellt ist - jeder mit dem Geist Gottes Gesalbte steht ja aufgrund seiner Salbung im Dienst des Heilshandelns Gottes an seinem Volk -, daß gerade dies, daß er in diesen besonderen Dienst Gottes gestellt ist, seine Existenz begründet". Erst in der späteren Geschichte der Christologie wird das Nachdenken über sein Wesen von den Aussagen über sein Werk getrennt. Bedingt durch die christologischen Irrlehren der ersten Jahrhunderte wurde im Gegenzug vor allem die Gotteswürde Jesu betont. Vgl. dazu Jungmann, Die Frohbotschaft und unsere Glaubensverkündigung, 67.

7) Schmid, 9: Jesus wird am häufigsten mit Heiland oder Erlöser übersetzt, wohl im Anschluß an die Namenserklärung von Mt 1,21.

8) Gruber I, 55: Jesus heißt Heiland. Hirscher, 6: Er soll J e s u s d.i. Heiland heißen; ähnlich Schuster, Knecht, Ecker Handbüchlein, Hilger (Jesus bedeutet: Jahwe ist Hilfe, Rettung), Pichler, Burger, Quadflieg, Weber, König.

findet[9]. Weniger häufig findet sich eine Erklärung für Christus bzw. Messias[10].
2) Die einfache Worterklärung wird erweitert durch Umschreibungen zu Erlöser und Heiland, vornehmlich wieder in den Kommentaren der Unterstufe. Betrachtet man die Erklärungen genauer, finden sich meist weitere Wörter aus den Wortfamilien Heil, Erlösung, Rettung. Jesus heißt Retter, Heiland (...weil er uns rettet; ...weil er uns heil macht)[11]. Er nimmt das Unheil weg[12]. In ihm kommt Gottes Heil zu uns[13]. Ähnliche Umschreibungen finden sich auch schon bei Schmid und Hirscher[14]. Die ausführliche Erklärung zu "Messias" greift auf den atl. Brauch zurück, nach dem Könige, Priester und Propheten gesalbt wurden[15]. "Jesus ist der (gesalbte) König, der im Reiche Gottes ewig herrschen wird"[16]; er ist zugleich der Vorherverkündete, sehnlichst Erwartete[17].

---

9) Frage Nr. 2 zum 2. Glaubensartikel: "Was heißt Jesus? - Jesus heißt so viel als: Heiland oder Erlöser". (Mittlerer Katechismus, S. 24).

10) Dabei kommen zwei Erklärungen vor. Entweder wird Christus einfach als zweiter oder anderer Name für Jesus erklärt (Pichler, 15; Grimm, 124) oder es folgt eine Worterklärung: Christus ist der Gesalbte (z. B. Weber, G., 135; Keßler-Ulrich, 27), der Geweihte (König, 46). Im Deharbeschen Katechismus lautet die Frage 3 zum 2. Glaubensartikel: "Was heißt Christus? - Christus heißt so viel als: der Gesalbte". (Mittlerer Katechismus, 24).

11) Weber, G., 135.

12) Quadflieg, 112: "Weil der Heiland uns erlöst, weil er das Unheil von den Menschen wieder wegnimmt, nennen wir ihn 'Heiland', oder kurz: das 'Heil'. Maria hat uns das Heil gebracht."

13) König, 46.

14) Schmid, 9; Hirscher, 16.

15) Im Deharbeschen Katechismus heißt die entsprechende Frage 4 zum 2. Glaubensartikel: "Warum wird Jesus der Gesalbte genannt? - Weil im alten Bunde die Propheten, Hohenpriester und Könige mit Öl gesalbt wurden; Jesus aber unser höchster Prophet, Priester und König ist". (Mittlerer Katechismus, 24).

16) Weber, G., 135.

17) Keßler-Ulrich, 7; Ecker, Handbuch, 12; Rensing-Lohmüller II, 87.

3) Die Bedeutung des Namens wird ohne Erklärung durch Ausrufesätze bekannt gemacht. Die Kinder sollen vor der Größe des Namens staunen und die Wichtigkeit des Geschehenen erahnen: "Das ist der Heiland! - Das ist Christus, der Herr! - So klein! - So gering! - So arm!"[18] Durch diese akklamatorische Redeweise, verbunden mit der Erzählung, mit Liedern, Malen und Spiel, wird Jesus Christus als die für uns alle wichtigste Person vorgestellt.

4) Schließlich wird die Bedeutung Jesu, die in seinem Namen liegt, durch Vergleiche zu verdeutlichen versucht. Auf die Beispiele bei Mey, Grimm, Weber und Zielbauer wird noch eingegangen werden[19]. Allen Erklärungsversuchen ist gemeinsam, daß sie, ähnlich wie der Katechismus, mehr oder weniger eine Ausdeutung des Namens Jesus bzw. Christus geben, die die Bedeutung des Kindes hervorheben sollen. Dabei wird allerdings nicht beachtet, daß für die Adressaten zunächst Begriffe wie Heil, Erlösung, Rettung nicht viel verständlicher sind als die Namen Jesus und Messias.

6.1.1.2 Jesus ist der Sohn Gottes und selbst Gott

Mit wenigen Ausnahmen bringen die Handbücher die Lehre von der Gottessohnschaft Jesu, diese durchgehend im Verständnis des Konzils von Nicäa (DS 125). Es wird öfters auf die Lehre zum 2. und 3. Glaubensartikel verwiesen[20]. Jesus wird mit Gott gleichgesetzt[21].

1) Um die Gottessohnschaft Jesu zu betonen und festzuhalten, wird sie durch Attribute verstärkt. Jesus ist der einzige, eingeborene Sohn, wahrer Gott wie der Vater, wahrer Gott von Ewigkeit[22]. Jesus als Sohn Gottes ist die zweite Person in der Trinität[23].

---

18) Weber, G., 138.

19) Siehe S. 263 f.

20) Deharbe, Frage 5 zum 2. Glaubensartikel: "Warum heißt Jesus Christus der 'eingeborne Sohn Gottes'? - Weil Jesus Christus von Natur aus und Ewigkeit her der einzige wahre und eigentliche Sohn Gottes ist". (Mittlerer Katechismus, 24). Fr.13 "...daß Christus wahrhaft Gott und Eines Wesens mit dem Vater ist...". (Ebd., 26).

21) Z.B. Pichler, 32: "Das Christkind ist ja der liebe Gott selbst...". Mey, 186: Ihr Kind ist Gott.

22) Overberg, 11: einziger, eingeborener Sohn, wahrer Gott wie der Vater; Mey, 230: eingeborener Sohn Gottes; ebenso Pichler, 51; Grimm 125; Burger, 14; vgl. Anm. 21.

23) Gruber I, 55 Merket euch einstweilen das: Drey Personen sind in Gott.... Hilger, 26...als die zweite Person des dreieinigen Gottes Mensch wurde.... Burger, 14...die zweite Person in der heiligsten Dreifaltigkeit....

2) Für die Gottessohnschaft gibt es viele Beweise: Der himmlische Vater hat ihn dreimal als seinen Sohn erklärt, Jesus hat es selbst gelehrt und mit Wunderwerken bestätigt[24]. Aber schon bei der Geburt offenbart sich seine Göttlichkeit: Die Engel singen, Maria und Josef falten die Hände und beten das Kind an[25], ebenso die Hirten[26]. Andere Beweise wurden dem Text selbst entnommen, vor allem Lk 1,32: Er wird Sohn des Höchsten genannt werden und Lk 1,35... Sohn Gottes genannt werden[27]. Zur Bekräftigung wird Mt 1,21 herangezogen[28]. Die Gottheit Jesu wird offenbar im Tempel zu Jerusalem (Lk 2,41-52). Sein Selbstbewußtsein war soweit fortgeschritten, daß ihm klar war, daß er der Sohn des Vaters war[29]. Auch die ausführliche dogmatische Erklärung fehlt nicht[30].

3) Aus der Tatsache, daß Jesus der Sohn Gottes ist, werden in den Kommentaren Folgerungen gezogen, die seine Göttlichkeit besonders betonen: "Jesus ist Gott. Ihm gehört die ganze Welt"[31]. Wenn aber Jesus Gott ist, ist ihm alles möglich: "Wenn das Jesuskind gewollt hätte, so wäre statt des Stalles ein wunderschönes großes Haus dagestanden und statt der Krippe eine Wiege aus Gold und statt Stroh und Heu seidene Polster."[32] Als Gott ist das Kind in der Krippe nicht

---

24) Overberg, Religionshandbuch, 345; vgl. Mittlerer Katechismus, Fr.11 zum 2.Glaubensartikel, 25.

25) Rensing-Lohmüller I, 113.

26) Pichler, 30: "Da haben sich die Hirten bei der Krippe niedergekniet und haben das Jesuskind angebetet..."; Grimm, 127.

27) Knecht ^{21}1907, 392; Ecker, Handbuch, 13; Gottesleben-Schiltknecht-Wagenmann II, 230; Rensing-Lohmüller II, 78; Keßler-Ulrich, 27; Hilger, 27.

28) Knecht ^{21}1907, 392: der Engel sagt, daß Jesus "sein Volk von den Sünden erlösen wird"; von den Sünden kann aber nur Gott erlösen, also muß Jesus Gott sein.

29) Hirscher, 18; Faßbinder, 52: Jesus offenbarte klar seine Gottessohnschaft. Vorher taten dies bereits der Engel, Elisabeth, die Hirten, Simeon, Anna, die Weisen; Wiesheu, 26; Grimm, 141; G.Weber, 156; Schuster (Biblische Geschichte) 168: "wußte schon in diesem Alter genau, daß Er der Sohn Gottes sei".

30) Weber F., 49.

31) Ecker, Handbüchlein, 54.

32) Pichler, 31.

wirklich arm: "Also das Jesukind hat sich nicht darum gefreut, weil es die Sachen gebraucht hat..."[33]. Jesus war auch schon in der Krippe kein gewöhnliches Kind. Es hat die Hirten mit seiner göttlichen Hand gesegnet[34]. Es weiß mehr als wir alle, es ist der allwissende Gott[35]. Weil Jesus Gott ist, können und sollen die Kinder den Zwölfjährigen anbeten[36]. Schon diese wenigen Beispiele zeigen, wie Jesus, in die Göttlichkeit gehoben, wunderbare Eigenschaften entfaltet. Die Gottheit Jesu läßt, wenigstens nach den vorstehenden Äußerungen, die wahre Menschheit Jesu in den Hintergrund treten. Das wird die nachfolgende Aussage vom Gottmenschen Jesus weiter bestätigen.

6.1.1.3 Jesus - der Gottmensch

Jesus ist in die menschliche Geschichte eingegangen, zugleich ist er Sohn Gottes geblieben. Mit dem (nichtbiblischen) Terminus "Gottmensch" wird das Geheimnis der Person Jesu in den Kommentaren näher bezeichnet[37]. Wir finden die übliche dogmatische Erklärung: Der menschliche Leib Jesu wird durch eine menschliche Seele belebt. Die menschliche Natur wird mit der göttlichen Natur verbunden. Jesus ist so vollkommener Gott und vollkommener Mensch[38]. Nach den Kommentaren finden sich in Lk 1-2 Hinweise auf diese innige Verbindung von Gott und Mensch in der Person Jesu: Jesus war ganz Mensch.

---

33) Ebd. .

34) Grimm, 128; ähnlich Pichler, 30.

35) Grimm, 141.

36) Keßler-Ulrich, 57.

37) Die Lehre über den Gottmenschen Jesus Christus findet sich im Deharbeschen Katechismus in den Fragen zum dritten Glaubensartikel, Frage 3-5. (Mittlerer Katechismus, 27). Der Inhalt der Fragen - wahrer Gott und wahrer Mensch, göttliche und menschliche Natur, eine göttliche Person - ist auch Inhalt der biblischen Kommentare.

38) Schuster, 15; ähnlich: Overberg, Religionsbuch, 81; Knecht ^{21}1907, 392; Ecker, Handbuch, 21: "Christus ist wahrer Gott und wahrer Mensch - Gottmensch, mit zwei Naturen in einer Person." Hilger, 48: "Gottheit und Menschheit waren in ihm, 'unvermischt und ungetrennt' (Konzil zu Chalcedon 451)"; Weber F., 51; Grimm, 119; Solzbacher, 10.

Seine Mutter ist eine arme Jungfrau, als hilfloses Kind kam er in ärmlicher Umgebung zur Welt[39]. Als Sohn Gottes spricht er Worte übermenschlicher Weisheit "und läßt einige Strahlen der in ihm wohnenden göttlichen Weisheit hervorbrechen"[40], er ist allmächtig, allweise, allwissend[41]. Dem Gottmenschen Jesus versuchen die Vorbereitungsbücher durch den Aufweis beider Naturen in den Äußerungen Jesu gerecht zu werden. Das geschieht unter anderem durch die Methode der Gegenüberstellung göttlicher und menschlicher Verhaltensweisen. Als Schriftzitat ist Phil 2,5ff verwendet[42]. Daneben wird in bewundernden Worten die Bedeutung der Menschwerdung des Sohnes Gottes beschrieben: "Daß der Sohn Gottes ein Mensch geworden ist, das ist etwas so Überraschendes, etwas so Geheimnisvolles, etwas so Erstaunliches, daß wir voll Verwunderung in die Knie sinken müssen"[43]. Vergleicht man die beiden Aussagen, Jesus ist Sohn Gottes und Jesus ist Gottmensch, zeigt sich auch bei der letzteren eine Betonung der Göttlichkeit Jesu. Diese festzuhalten, gelingt mit Hilfe von Bibelstellen und dogmatischen Erklärungen. Dagegen tritt das Menschsein Jesu zurück. Die Geburt und ihre näheren Umstände sind zwar Belege für den Menschen Jesu, aber sie werden von der Engelsbotschaft, dem Verhalten der Hirten, Marias und Josefs, der Weisheit Jesu so überlagert, daß die Wirklichkeit des menschlichen Lebens Jesu daneben verblaßt. Jesus wird ein auf der Erde erschienener Gott, der sich in eine menschliche Gestalt gehüllt hat. Das zeigt sich auch bei der Behandlung von Lk 2,41-52, vor allem wenn es um die Erklärung der Zunahme Jesu an Weisheit geht.

6.1.1.4 Jesu Zunahme an Weisheit

Wenn Jesus Sohn Gottes und wahrer Gott von Ewigkeit her ist, wenn diese Lehre bei der Behandlung der Perikopen in Lk 1-2 klar herausgestellt wird, bereitet die Stelle Lk 2,51, die von einer Zunahme Jesu

---

39) Faßbinder, 34; Rensing-Lohmüller II, 83; Knecht, 423: "Als M e n s c h war Jesus das 'Kind' Marias, als Mensch nahm er zu an Alter und entwickelte sich mit der Zeit zum Knaben, zum Jüngling, zum Manne".

40) Knecht, ^{21}1907, 423f.

41) Rensing-Lohmüller II, 99; Burger, 29; Mey, 236; "Als Kind in der Krippe ist er schon weiser gewesen, als alle Weisen, und heiliger als alle Heiligen".

42) Hilger, 48.

43) Weber F., 49; siehe auch Anm. 58.

an Weisheit spricht, Schwierigkeiten. Auf diese Schwierigkeiten gehen viele Kommentare ein und versuchen sie in Einklang mit der übrigen Lehre zu bringen. Die am meisten verbreitete Erklärung geht davon aus, daß es bei Jesus eine eigentliche Zunahme der Erkenntnis nicht geben kann, da er eine göttliche Natur besitzt. Nur die Kenntnis der äußeren Gegenstände der Natur, insofern sie durch die Sinne aufgenommen wird, kann zunehmen. In Wirklichkeit ist die "Zunahme" der Weisheit nur eine sich mehr und mehr offenbarende Weisheit[44]. In ähnlichen Erklärungen erschöpfen sich die meisten anderen Kommentare[45]. Die Göttlichkeit Jesu wird gerettet, indem von einem dogmatisch festgelegten Bild Jesu aus eine Aussage der Schrift über die Zunahme deklariert wird. Diese nur scheinbare Zunahme an Weisheit[46] wird noch deutlicher, wenn man die Versuche betrachtet, die das Problem veranschaulichen wollen. Die Zunahme der Weisheit Jesu läßt sich vergleichen mit einer Rose, die sich allmählich öffnet[47]

---

44) Schuster, 58f; ähnliches gilt von der Gnade. Die Zunahme an Weisheit und Gnade ist nur eine uneigentliche. Die Erklärung findet sich bei den Vätern z. B. bei Gregor von Nazianz: Jesus gab mit dem Alter seine Weisheit und Gnade oder Heiligkeit den Menschen kund (Deharbe, Gründliche und leichtfaßliche Erklärung des Katholischen Katechismus Bd. II, Paderborn 1857, S. 295, Anm. 10).

45) Z. B. Overberg, 17; Galura, 219; Schmid, 44; Mey, 236; Schuster, (Biblische Geschichte) 168; Knecht, 423; Ecker, Handbüchlein, 62; ders., Handbuch, 32f; Gottesleben-Schiltknecht-Wagenmann II, 258; ders., III, 420f; Rensing-Lohmüller III, 68; Hilger, 70.

46) Im allgemeinen wird nicht darüber reflektiert, was unter Weisheit zu verstehen ist. Aus dem Kontext ist zu schließen, daß die Kommentare darunter Kenntnisse verstehen, die sich der Mensch erwirbt. Nur Schmid und Mey gehen näher darauf ein. Schmid unterscheidet Wissenschaften und Künste, die gut, notwendig, angenehm sind einerseits und Erkenntnis Gottes und seines heiligen Willens, die zu besitzen das Allernotwendigste ist, andererseits. Nach dieser sollen wir streben. Die Unterscheidung wird bei Jesus nicht gemacht (Schmid, 39); Mey versteht unter Weisheit durch Fleiß und Eifer erworbenes Wissen (Mey, 235).

47) Mey, 236.

oder mit der Sonne, die am Morgen dieselbe Kraft besitzt wie am Mittag[48]. Auch die Eltern Jesu wissen, daß ihr Sohn voll Weisheit ist, sie wundern sich nur, daß er diese seine Weisheit schon mit zwölf Jahren offenbart[49]. Obwohl er bereits alles wußte, hörte er den Lehren anderer zu, um der Jugend in der Aufmerksamkeit ein Vorbild zu sein[50]. Eigentlich hat er keine Schule und kein Lernen gebraucht. "Er hat nicht gefragt, weil er etwas wissen wollte, sondern er hat so gefragt, wie ich euch frage, damit ihr etwas lernt."[51] Das Hoheitsbild Jesu wird vervollständigt durch sein tugendhaftes Verhalten. Als Gottmensch konnte er nicht anders, als daß er "unser Vorbild in allen Tugenden" ist[52]. Er übertrifft alles Gute noch einmal, indem er alles auf vollkommenste Weise tut[53].

6.1.1.5 Das Christusbild in Lk 1-2

1) Die Zusammenstellung immer wiederkehrender Aussagen über Jesus erbrachte ein einheitliches Bild seiner Person: Jesus Christus, von Ewigkeit her Gottessohn, zweite göttliche Person in der Trinität, nahm die menschliche Natur an, ist wahrer Gott und wahrer Mensch und seinem Wesen nach passend als Gottmensch zu titulieren. Diese Aussagen über Jesus Christus berühren sich mit den Katechismussätzen, die ihrerseits christologische Dogmen, vor allem des Nicänums (DS 125) und des Chalcedonense (DS 301.302) wiedergeben[54]. Die an der Bestimmung des Wesens der Person Jesu interessierten Sätze entstanden in den christologischen Kämpfen der ersten Jahrhunderte und sollten die Gottessohnschaft (DS 125) und die göttliche und menschliche Natur in einer Person oder Hypostase (DS 302) festhalten. Mit den wesensbestimmenden Definitionen verbunden war die Vorstellung des "Herabsteigens" des Gottessohnes aus der Ewigkeit in unsere Zeitlichkeit, was in katechetischer Umsetzung sehr anschaulich dargestellt werden konnte[55]. Andere Hoheitstitel, wie Herr, Heiland,

---

48) Schuster, 59.

49) Mey, 229.

50) Schuster, (Biblische Geschichte von 1881), 133.

51) Pichler, 63; vgl. Deharbe, Erklärung zum Katechismus, 280 "...weil er vorhatte, uns als Muster und Vorbild des allmählichen Tugendfortschrittes zu dienen".

52) Grimm, 142.

53) Knecht, ^{25}1925, 448.

54) Siehe Anm. 20 und 37.

55) Beispiele siehe S. 177, 178 d. Arbeit.

Messias, Herrscher, König, Herr der Herrlichkeit umgaben die zentrale Aussage der Gottessohnschaft Jesu und stützten sie. Es wurde bereits darauf hingewiesen, daß die entfaltete Christologie mit der Betonung der gleichwesentlichen Gottheit Jesu Christi nicht aus Lk 1-2 herausgelesen werden kann. Die biblische Katechese hat das Christusbild des jeweiligen Evangelisten bzw. Textabschnittes herauszuarbeiten, was in der Konsequenz zu einer Vielfalt christologischer Aussagen führt[56]. Von hier aus ergibt sich eine Korrektur an den vorstehenden Auslegungsinhalten aufgrund der bibeltheologischen Ergebnisse[57]. Hier soll nur noch auf religionspädagogische Konsequenzen verwiesen werden, die sich aus der beschriebenen christologischen Sichtweise ergeben.

2) Eine Folge der Betonung der Göttlichkeit Jesu ist die Vernachlässigung seiner Menschheit in der Frömmigkeitsgeschichte und auch in der Katechese[58]. So kann Berg schreiben: Im Grunde haben wir in unserer eigenen religiösen Sozialisation nie gelernt, "daß Gott Mensch geworden ist, sondern immer nur, daß er Gott geblieben ist"[59]. In der katechetischen Umsetzung konnte es infolgedessen zu Vorstellungen wie in den oben angeführten Beispielen kommen. Jesus ist mehr oder weniger ein in der menschlichen Hülle erschienener Gott. Eng damit verbunden ist die Vernachlässigung seiner menschlichen Lebensgeschichte. Von Anfang an war Jesus der allwissende, über alle menschliche Entwicklung erhabene Gott. Für die katechetische Praxis galt weithin, was D. Wiederkehr vermutet: daß ein zu statischer Begriff von göttlicher Natur "zu einer Entleerung und Aushöhlung wahrer menschlicher Natur führt"[60]. Die Betonung der Gottheit Jesu führte weiter zu Spekulationen über sein Verhalten als Kind. Man konnte sich Jesus nur als ganz edlen, vollkommenen, alle Tugenden übenden jungen Menschen

---

56) Dabalus, Wer ist dieser? Jesus Christus im Religionsunterricht heute, 113.

57) Siehe S. 233 d. Arbeit.

58) In der Frömmigkeitsgeschichte wird "einmal der Blick auf den himmlischen Christus als den w e s e n s g l e i c h e n Gottessohn, der in seiner Gottheit eins ist mit dem Vater" gelenkt. (Jungmann, Die Frohbotschaft und unsere Glaubensverkündigung, 70). Zum anderen versenkt man sich in den irdischen Lebensweg Jesu in heiligem Staunen. (Ebd., 76). Diese Beobachtungen gelten auch für die Katechese.

59) Horst Klaus Berg, Theologische Problemskizze, in: S. Berg, Weihnachten, 20.

60) Dietrich Wiederkehr, Entwurf einer systematischen Christologie, in: My Sal III, 1, 494.

vorstellen, wie die noch zu besprechenden Tugendkataloge zeigen[61]. Alle Momente zusammengenommen lassen vor den Kindern die Vorstellung einer himmlischen Erscheinung eines Gottes in Menschengestalt erstehen, der in seiner Festgelegtheit, Vollkommenheit zwar Wunderbares im weiteren Verlaufe seines Lebens erwarten läßt, über den aber alles Wesentliche bereits gesagt ist.

6.1.2 Das Werk Jesu Christi

Neben den Aussagen zur Person Jesu gehen die meisten Kommentare auch auf Grund und Sinn der Menschwerdung des Sohnes Gottes ein. Darin wird zugleich die soteriologische Bedeutung seines Lebens und Werkes angesprochen.

6.1.2.1 Der Sohn Gottes ist aus Liebe zu uns Mensch geworden

Der letzte Grund für die Erlösung und damit auch der Inkarnation als den Beginn der Erlösung liegt nach Augustinus und Thomas von Aquin in der Liebe Gottes zum sündigen Menschen. Die Inkarnation ist die endgültige Offenbarung seiner Liebe[62]. Diese zunächst rein formale Begründung aus der theologischen Tradition wird auch in den Kommentaren wiederholt.
1) Eine erste Gruppe umschreibt diese Aussage mit Tit 3,4: Erschienen ist die Gnade und Menschenfreundlichkeit Gottes unseres Retters[63]. Overberg und Hirscher stellen dabei das ganze Neue Testament unter diese biblische Stelle und sehen Gottes Güte anfanghaft in der Geburt Jesu aufscheinen[64]. Auch Chr.v.Schmid und Hilger deuten die Geburt Jesu als Erweis der Menschenfreundlichkeit Got-

---

61) Siehe S. 290 ff d. Arbeit.

62) Juan Alfaro, Die Heilsfunktionen Christi als Offenbarer, Herr und Priester, in: My Sal III, 1, S. 682. 684.

63) Overberg, 3.11; Hirscher, 19; Schmid, 22; Hilger, 48.

64) Overberg, Überschrift zum NT: Geschichte des neuen Testaments, welches lehrt wie die Gnade und Menschenfreundlichkeit Gottes unseres Heilandes auf Erden erschienen ist.... Für Hirscher ist die ganze "V o r g e s c h i c h t e d e s L e b e n s J e s u", wie die fernere Geschichte, Offenbarung der G n a d e u n d M e n s c h e n f r e u n d - l i c h k e i t d e s V a t e r s und des Sohnes.

tes[65]. Sie zeigt sich darin, daß der Sohn unter den Menschen wohnt in der Gestalt eines hilflosen Kindes, die Seinigen ihn aber nicht aufnehmen[66]. Das "Aus Liebe zu uns" wird in diesen Beispielen mit Hilfe eines Schriftwortes mehr in heilsgeschichtlicher Sicht erläutert. Das lehrhafte Moment bleibt im Hintergrund.

2) Neben der in biblischer Sprache ausgedrückten Bedeutung der Menschwerdung stehen die mehr formalen Aussagen, die den Satz variieren: Jesus ist aus (unergründlicher) Liebe zu uns Mensch geworden[67]. Dieser Satz wird durch die weitere abstrakte Aussage ergänzt: um uns zu erlösen[68]. Solche und ähnliche Formulierungen erinnern wieder an Katechismussätze zum dritten Glaubensartikel, die in anderen Kommentaren direkt aufgenommen werden.

3) In der Katechese folgt öfters als Reaktion auf die in Jesus sichtbar gewordene Liebe Gottes die Aufforderung zum Staunen: "Seht, wie lieb uns Gott hat"[69], oder zum Danken: "Ihr sollt dem Christkind danken"[70]. "O wir können Ihm nicht genug danken - Ihn nicht genug anbeten und lieben"[71].

6.1.2.2 Jesus Christus hat der Welt das Heil gebracht

Die Handbücher der materialkerygmatischen Phase versuchen vor allem durch eine verkündigende Sprache die Bedeutung der Menschwerdung zu erklären. Für unsere Perikopen kommen dafür in Frage vor allem Begriffe wie Heil, Leben, Macht, Herrlichkeit, Heiland - oder Unheil, Tod, Sünde usw.. Diese heilsgeschichtlich geprägten Ausdrücke sind das Instrumentarium, mit dessen Hilfe die Perikopen ausgelegt werden. Solche Auslegungen finden sich bei Leitheiser-Pesch, Weber, Quadflieg und Hilger. Als Beispiel soll der Kommentar zum Glaubensbüchlein von G. Weber angeführt werden. Damit das Kommen des Herrn[72] verstanden werden kann und die Sehnsucht nach ihm[73],

---

65) Schmid, 22; Hilger, 48.
66) Hirscher, 19; andere Kommentare nehmen Phil 2,7 zur Erläuterung der Menschenfreundlichkeit.
67) Knecht, ^{25}1925, 427; Schuster, (BG o.J.), 163; Ecker, Handbuch, 21; Hilger, 48; Mey, (Erklärung für den Katecheten), 322: "Der tiefste Grund der Erlösung ist das Erbarmen des Vaters".
68) Z.B. Ecker, Handbuch, 21.
69) Gruber I, 71.68...Seht doch, wie der liebe Gott so gar barmherzig und gütig in einem fort gegen die Menschen war.
70) Mey, 205.
71) Schmid, 22.
72) Weber, G., 130.
73) Ebd., Hinführung, 130.

werden in einer Vorkatechese die Begriffe Heil, Leben und Unheil, Tod erklärt. Die Sünde, der Haß, der Neid, das alles ist Unheil. Die Sünde brachte den Tod mit sich. Der von Gott Gesandte wird Heil und Leben mit sich bringen, er wird ein Heiland aller Welt sein usw.[74]. In diesen und ähnlichen Formulierungen, die sich immer wiederholen, wird den Kindern die Bedeutung der Menschwerdung nahezubringen versucht. Die Kinder wiederholen diese Worte, auch durch das Erlernen von Liedern, und lernen so mit ihnen umgehen[75]. Sie werden damit zugleich vorbereitet auf das aktive Mittun im gemeindlichen Gottesdienst, wo die für sie jetzt bekannten Worte wiederkehren, z.B. in Advents- und Weihnachtsliedern. Sowohl durch den intensiven, wiederholten Umgang mit einer kerygmatisch geprägten Sprache als auch durch das aktive Miterleben und Mitfeiern des Kirchenjahres erhofft man sich die Assimilation der in diesen Worten ausgesprochenen Wirklichkeit. Es ist natürlich zu fragen, ob eine solche Sprechweise, auch wenn sie umschrieben und eingeübt wird, zum Verstehen dessen führt, was mit diesen Worten ausgedrückt werden soll. Daß der "Heiland aller Welt" die Sünde besiegen wird, bleibt eine formale Aussage, die zwar gewußt wird, die aber nicht wirklich verstanden ist. Ähnliches könnte man auch von anderen Erzählungsversuchen dieser Art sagen[76].

6.1.2.3 Jesus kam in die Welt, damit wir Gotteskinder werden

Ein anderer Versuch, die Bedeutung der Menschwerdung Gottes für den Menschen zu verdeutlichen, ist die Aussage: Jesus hat uns erlöst. Die Erlösung, so eine Anzahl von Vorbereitungsbüchern, besteht darin, daß die Menschen Gotteskinder werden[77]. Hinter dieser

---

74) Ebd., 126.

75) Das zeigt sich bei den Hinführungen zu den Perikopen: zu Lk 1,26-38, S.130: Heiland, Heil, Erlöser, wahres Licht; zu Lk 2,1-20, S.136: Erlöser, Heil, sowie bei den Katechesen, die den eigentlichen Bibelkatechesen folgen.

76) Das gilt z.B. auch vom Versuch Hilgers, die Daseinsweise Gottes mit der menschlichen zu vergleichen, indem er Gegensätzliches gegenüberstellt. Diese Gegenüberstellung bleibt formal, unanschaulich und auch unverbindlich. (Hilger, 48).

77) Overberg, 11; Schmid: ... um uns zum Himmel zu erheben; Knecht, ^{25}1925, 430: um die Natur aufs höchste zu erheben; Weber,F., 25.45; Solzbacher, 10: "Kinder des Vaters im Himmel"; Keßler-Ulrich, 28f.

theologischen Formel steht alte Vätertheologie, vor allem die des
Irenäus. Nach ihm wird durch die Aneignung der menschlichen Natur
durch den Sohn Gottes die ganze Menschheit vergöttlicht[78]. Daneben
gibt es andere Umschreibungen für den erlösten Menschen: Jesus
bringt Freude, Friede, Seligkeit[79], er macht uns glückselig und
gut[80], macht die Menschen wieder froh und schenkt ewiges glückliches
Leben im Himmel[81], oder einfach: er wird die Menschen wieder froh
machen[82]. Der unerlöste Mensch ist ewig verloren[83], ist unglücklich[84]
und befindet sich im Elend[85].
Die katechetischen Lehren zur Heilsbedeutung der Geburt Jesu zeigen,
daß sie bis weit ins 20. Jahrhundert hinein geprägt sind von der Theologie der Kirchenväter und der Dogmatik des Mittelalters meist in der
abstrakten Sprache der Katechismussätze. In einer heilsgeschichtlich
orientierten Auslegung wird dabei die Nähe Gottes zum Menschen betont, in einer mehr begrifflichen Sprache werden seine Liebe (Joh 3,16)
und seine Niedrigkeit (Phil 2,7) hervorgehoben. Ein gemeinsames Kennzeichen aller Aussagen ist - katechetisch betrachtet - die starke Formelhaftigkeit, die dogmatisch, aber auch biblisch geprägte Sprache,
die behauptet, feststellt und beschreibt, ohne Verständlichkeit zu erzielen. Dieser Mangel wird selbstverständlich zuerst von der Vorbereitungsliteratur zur Unterstufe empfunden. Sie versucht methodisch
diesen Mangel durch anschauliche Bilder und kleine Geschichten zu
beheben.

6.1.2.4 Jesus kam in die Welt, um für uns zu leiden und
uns zu erlösen

Diese Antwort, die die Bibelkommentare vor allem aus der Zeit der
Neuscholastik geben, findet sich ähnlich auch im Deharbeschen Kate-

---

78) Alfaro, Die Heilsfunktionen Christi, in: My Sal III,1, 682.

79) Schmid, 23; ähnlich Pichler, 28f.

80) Gruber I, 55.

81) Gottesleben-Schiltknecht-Wagenmann I, 130.

82) Zielbauer 1, 83.

83) Gottesleben-Schiltknecht-Wagenmann I, 130.

84) Mey, 207.

85) Knecht, ^{25}1925, 427.

chismus[86]. Die einzelnen Sätze variieren, aber sie geben im Grunde dieselbe Auskunft. Das Leiden, das seinen Höhepunkt im Kreuzestod hat, beginnt mit der armseligen Geburt Jesu in einem Stall. Diese Armseligkeit wird zum Teil anschaulich geschildert: "Darum waren ihm der halbverfallene, unordentliche Stall, die alte Krippe, die Verlassenheit gerade recht."[87] Aus unendlicher Macht und Seligkeit nahm der Sohn Gottes die größte Schwäche und das Leiden auf sich, so sehr hat Gott die Welt geliebt[88]. Neben Joh. 3, 16 wird auch wieder Phil 2, 7 als Niedrigkeitsaussage herangezogen[89]. Hinter dieser Deutung der Menschwerdung Jesu steht die Sühneopfertheorie, nach der der Tod Christi Genugtuung für die Sünden der Menschheit ist. Die Erniedrigung Jesu, die mit der Geburt begann, vollendet sich in seinem Tod am Kreuz, der uns die Erlösung brachte[90]. In den Kommentaren zur Unterstufe versucht man den abstrakten Begriff "Erlösung" zu veranschaulichen nach der Forderung Hirschers: "Verschone man die Kleinen mit todten Begriffen und gebe man ihnen lebendige und belebende Anschauungen."[91] Mey versucht die Erklärung mit Hilfe einer Geschichte. Zunächst erzählt er anschaulich, wie ein Kind in den Brunnen gefallen ist. Es kann sich nicht selbst befreien. Die Hilfe muß von außen kommen. In der nämlichen Situation befinden sich die unerlösten Menschen. Jesus Christus ist vom Himmel herabgekommen, um sie zu erlösen[92]. Grimm gebraucht als Vergleich zur Hilflosigkeit der Menschen und ihrer Verstricktheit in die Sünde das Los der Gefangenen. Die Menschen sind wie Gefangene mit Ketten gebunden. Da mußte

---

86) Mittlerer Katechismus, Fr. 8 zum dritten Glaubensartikel: "Warum ist der Sohn Gottes Mensch geworden? - Der Sohn Gottes ist Mensch geworden, um für uns leiden und sterben zu können; denn als Gott konnte er weder leiden noch sterben". (Ebd., 27).

87) Rensing-Lohmüller II, 83.

88) Faßbinder, 35.

89) Hilger, 47; Der Vergleich zwischen der Herrlichkeit und der Erniedrigung des Gottessohnes wird von Faßbinder und Hilger zur Veranschaulichung durchgeführt.

90) Dettloff, W., Art. Erlösung, in: HThG I, hrg. v. H. Fries, München 1962. Dagegen wird in der Theologie neben der hamartiozentrischen Auffassung auch die christozentrische These vertreten, nach der Christus auch Mensch geworden wäre unabhängig von der Sünde Adams. (Ebd., 317f).

91) Hirscher, Besorgnisse, zitiert bei Mey, Katechesen, XVII.

92) Mey, 183.

jemand kommen und sie erlösen[93]. Günther Weber veranschaulicht das Fesseln vor den Kindern, indem er einem Kind die Hände bindet. Der "Erlöser" löst den Knoten und befreit so die Menschen[94]. In allen drei Fällen wird das anschauliche Bild als Vergleich benützt für die unerlöste Menschheit (Mey), für ihr Gefangensein in der Sünde (Grimm), für das Gefesseltsein an Sünde und Tod (Weber). Jesus Christus ist der Befreier von der Fessel der Sünde und des Todes[95]. Der Vergleich hat zum Ziel, das theologische Sprechen vom "Erlöser" und von "erlösen" verstehbar zu machen mit Hilfe von Unheilssituationen, die Kinder bis zu einem gewissen Grad nacherleben können. Der Vergleich fordert vom Kind, daß es das "in den Brunnen gefallene Kind", den "gefesselten Menschen" in Beziehung setzt mit der sündigen, dem Tod und der Herrschaft des Teufels unterworfenen Menschheit. Die Versuche zeigen, daß man nicht mehr ohne methodisches Bemühen um Veranschaulichung und ohne Konkretisierung theologische Vokabeln im Unterricht einfach verwenden will, wie das in den lehrhaften Sätzen des Katechismus geschieht[96]. Die Notwendigkeit einer Veranschaulichung ist allerdings nur für die Begriffe "Erlösung" und "erlösen" gestellt, ebenso wäre die "sündenverhaftete Menschheit" eine Anfrage an die Verständnismöglichkeit des Kindes.

6.1.2.5 Die Menschwerdung des Gottessohnes ist die Erfüllung der Verheißungen Gottes und der Beginn seines Erlösungswerkes

Die Geburt Jesu Christi wird von einigen Kommentaren eingeordnet in den Gesamtplan Gottes mit der Menschheit. Der Zeit der Vorbereitung folgt die Sendung des Sohnes. Die Bedeutung seiner Geburt ist nur zu verstehen, wenn man sie eingespannt sieht in die allgemeine

---

93) Grimm, 119.

94) Weber G., 126; Zielbauer 1, 55: "Er wird sie los machen aus der Gefangenschaft des Satans. Er wird die Ketten lösen. Darum wird er der Er-löser genannt".

95) Bei G. Weber wird der Vergleich nicht durchgehalten. Erfährt der Schüler S.126, daß der Erlöser Sünde und Tod besiegen wird, so wird S.127 gelehrt, daß wir erst am Jüngsten Tag erlöst sein werden vom Unheil und Tod.

96) Über die theologischen Leerformeln v.a. Halbfas, Fundamentalkatechetik, 164-184 und die von ihm angeregte weitere Literatur.

Sehnsucht nach ihm[97] und sie als Teil der Geschichte Jesu überhaupt[98] bzw. der Geschichte Gottes mit den Menschen betrachtet. Der Hauptvertreter dieser heilsgeschichtlichen Sichtweise ist J.B. Hirscher, der in der Erkenntnis des Erlösungs- und Heiligungswerkes in seinem ganzen Zusammenhang die Voraussetzung für einen "gründlich freudigen Glauben"[99] sieht. Ähnlich ordnet auch Overberg in seiner Vorrede die Menschwerdung ein in den allgemeinen Heilsplan Gottes[100]. Die heilsgeschichtliche Sichtweise bestimmt auch die Auslegung der einzelnen Perikopen in Lk 1-2[101]. Nach einer längeren Periode mehr dogmatisch bestimmter Auslegung tritt Franz Weber wieder für eine heilsgeschichtliche Betrachtungsweise ein. Nach ihm sind die einzelnen Ereignisse "die Verwirklichung des geheimnisvollen Gnadenentschlusses Gottes"[102]. Die Geburt Christi ist ihm das "Evangelium der Evangelien"[103]. Sie ist die Erfüllung der im Paradies ergangenen Verheißung und der Verkündigung der Propheten[104]; Gott selbst ist herabgestiegen zu den Menschen[105]. Heilsgeschichtliche Andeutungen

---

97) Hirscher, 2.

98) Ebd., 19.

99) Hirscher, 1839, Vorrede IV.

100) Overberg, Vorrede VI: "Hierzu sandte er endlich Seinen eingeborenen Sohn, welcher für uns Mensch ward...".

101) Auch Galura betont in seiner Vorrede die "große Idee vom Himmelreiche", auf die er alles zurückführt. (Vgl. auch ebd., S. 192). In der Durchführung bleibt er jedoch in Einzelermahnungen stecken (siehe S. 56ff). Auch spätere Kommentare bringen in ihren Einleitungen heilsgeschichtliche Gedankengänge, die jedoch in der Behandlung einzelner Perikopen wieder vernachlässigt werden.

102) F.Weber, 11. Sein Anliegen ist es, nicht nur die Tatsachen zu bieten, sondern sie zugleich als Mysterien unserer Erlösung zu verkünden (18).

103) Ebd., 46. Seine Geburt ist von größter Wichtigkeit für alle Menschen (47f). Weber tadelt, daß bei der Behandlung in der Biblischen Geschichte vom Geheimnis der Menschwerdung kaum die Rede ist (45).

104) Ebd., 45.50.

105) Ebd., 48. Weber bemängelt in seiner "grundsätzlichen Einleitung" die abstrakten Formeln des Katechismus und die fehlende Beachtung des Heilsgeheimnisses. In seiner Durchführung der Katechese von der Geburt Jesu verfällt er aber selbst in diesen Fehler (vor allem S. 49.51).

sind auch zu finden bei Knecht[106], Kastner[107], Hilger[108], vor allem im Anschluß an die Geburtserzählung. Aber diese Andeutungen beruhen nicht auf einer heilsgeschichtlichen Gesamtkonzeption, wie sie z.B. Hirscher in seiner "Geschichte Jesu Christi" zur Darstellung gebracht hat[109].

Um die Notwendigkeit der Menschwerdung Jesu und ihre Bedeutung darzustellen, wählt eine Reihe von Kommentaren vor allem der Unterstufe den Weg über eine "geraffte Darstellung des Sündenfalls" (G. Weber) und seiner Folgen[110]. Bei Zielbauer z.B. werden unmittelbar vor dem Advent in drei Katechesen Sündenfall, Vertreibung und Leben außerhalb des Paradieses behandelt[111]. Das Ergebnis: "der Himmel (war) verschlossen, das Licht... war verloren... das Seelenlicht war ausgelöscht... Da glaubte der Teufel... daß er sie alle einmal in die Hölle holen kann."[112] Die Katechesen über diese Unheilssituation der Menschen bereiten die Erzählung vom kommenden Erlöser vor. Der Vorspann hat im allgemeinen folgende Elemente: Die Sünde Adams und Evas - die Verheißung des Erlösers - das Warten der Menschen auf diesen Erlöser. Es ist eine stark verkürzte "Heilsgeschichte" für die unteren Jahrgänge. Vom Inhalt her bringt sie die biblische Erzählung für die dogmatische Aussage über die Erbsünde und ihre Folgen (DS 1511-1513). Jesus Christus wird die Menschen von dieser Sünde befreien (DS 1513). Die Lehre der Kirche wird in einer stark verkürzenden und simplifizierenden Darstellung in den Kommentaren nach den oben angegebenen Elementen den Unterstufenkindern nahegebracht. Vorausgesetzt wird

---

106) Knecht, ^{25}1925, 427f.

107) Kastner, 214.

1o8) Hilger, 25 (Hinführung zu Lk 1,26-38).

109) Eine heilsgeschichtliche Konzeption wird wieder vertreten vom Rahmenplan als Folge der materialkerygmatischen Erneuerungsbewegung. Siehe S. 203 d. Arbeit.

110) Pichler, 3; Schubert, 157-159; Quadflieg, 107-110; G. Weber, 125-127; Zielbauer I, 54. In der ersten Auflage von Schuberts Vorbereitungsbuch erzählt Josef anschaulich den Hirten vom Erlöser und liest ihnen vor. In Frage und Antwort erfährt man das Wichtigste über die Vorbereitung auf den Erlöser. In der zweiten Auflage wurde diese Erzählung nicht mehr aufgenommen (wohl auf Veranlassung der Kirchenbehörde, siehe Vorwort).

111) Zielbauer I, 45-52.

112) Ebd., 54f.

dabei, daß bereits bei Siebenjährigen ein anfängliches geschichtliches Denken vorhanden ist, daß sie bildliche Sprachelemente verstehen (Dunkel in der Seele, Tor des Himmels ist verschlossen usw.) und daß ihnen die Schwere der Sünde Adams einsichtig gemacht werden kann. Hinter all diesen Voraussetzungen ist jedoch ein Fragezeichen zu setzen[113]. Die Kinder sind zwar durch die einfache, zum Teil anschauliche Erzählweise angesprochen, aber das mangelnde Verständnis für das angesprochene Problem, ihre Erfahrung und ihr Interesse sind dabei außer acht gelassen.

6.1.2.6 Soteriologische Überlegungen zu Lk 1-2 (Zusammenfassung)

Die Auslegungen von Lk 1-2 in den Bibelkommentaren berücksichtigen neben der Betonung der göttlichen und menschlichen Natur Jesu auch die Aussagen über die Bedeutung seiner Menschwerdung. Dabei liegt der Schwerpunkt auf der Wiedergutmachung des vom Menschen verursachten Schadens: Jesus erlöst von Sünde und Tod. Die Schuld des Menschen und ihrer verheerenden Folgen wird betont und auf ihrem Hintergrund die Bedeutung der Menschwerdung des Gottessohnes hervorgehoben. Für die Anwendung ergibt sich, daß vor allem auf das Meiden der Sünden geachtet werden muß[114]. Die heilsgeschichtlich betonte Auslegung (Hirscher) gerät in der notwendigen katechetischen Vereinfachung zu einer Aneinanderreihung einiger weniger biblischer Texte (v.a. Sündenfall mit Verheißung des Erlösers), die ebenfalls die Notwendigkeit einer Rettung aus der Sünde untermauern sollen.

Auch die zunächst positiven Umschreibungen, die die Liebe Gottes, das Heil und die Gotteskindschaft in den Vordergrund stellen, sind auf dem dunklen Hintergrund des sündigen Menschen zu sehen. Abgesehen von der Frage nach der Textbezogenheit dieser soteriologischen Überlegungen, ist auch hier wieder nach den Verstehensvoraussetzungen bei den Adressaten zu fragen. Religionspädagogisch gesehen führt der Ansatz bei der Sündenverhaftetheit des Menschen

---

113) Weshalb gerade die Vorbereitungsbücher der Unterstufe diesen für die Kinder schwer verständlichen Sachverhalt bringen, kann vielleicht mit dem Hinweis auf Grubers Vorbild für die Katechesen der Unterstufe beantwortet werden. Diese Katechesen sind eine Konkretisierung der Augustinischen Forderung nach der Darstellung der Heilsgeschichte. Siehe S. 78 d. Arbeit.

114) Siehe S. 290 d. Arbeit.

zu der Auffassung, daß nur das Versagen des Menschen Ansatzpunkt für die frohmachende Nachricht von der Geburt Jesu Christi ist[115].

6.2 Die mariologischen Aussagen zu Lk 1-2

Eine Durchsicht der Kommentare und Biblischen Geschichten zeigt, daß die drei ausgewählten Texte vielfältigen Anlaß geben, nähere Aussagen über Maria zu machen. Rund drei Viertel davon finden sich im Anschluß an Lk 1,26-38[116]. Diese Erzählung wird in der Auslegung häufig von der Mariologie bestimmt oder sie tritt zumindest gleichgewichtig neben die christologische Auswertung[117]. Daß gerade Lk 1,26-38 Anknüpfungspunkt für ein näheres Eingehen auf Maria ist, liegt zunächst in der Erzählung selbst begründet. Maria wird als einer von Gott erwählten Jungfrau die Geburt eines Sohnes, der Messias heißen soll, verheißen und sie willigt in diese Ankündigung ein: Siehe ich bin eine Magd des Herrn. In Lk 1-2 ist - gemessen am übrigen Evangelium - am ausführlichsten von Maria die Rede. So lassen die katechetischen Kommentare mehr oder weniger zwangsläufig die kirchlichen Lehren über Maria und die Hinweise auf die Marienfrömmigkeit anschließen. Dazu kommt als weiteres Moment der Verwendung des Textes in der Liturgie, fast ausnahmslos als Evangelienperikope an Marienfesten[118]. Vom katechetischen Standpunkt aus bietet sich die Einübung volkstümlicher Gebete an (Rosenkranz, Ave Maria, Engel d. Herrn), die seit Gruber zum festen Bestand der Kommentare gehören[119]. Die Aussagen über Maria lassen sich in folgende

---

115) Neuere Versuche der Religionspädagogik meiden den Umweg über die Erbsünde, wenn sie von der Bedeutung der Geburt Jesu sprechen. Vgl. z.B. die Besprechung einer Unterrichtseinheit zur Religionsfibel "Unterwegs zu Dir", bei Dabalus, Wer ist dieser, 192-196.

116) Zu Lk 2,1-20 finden sich ca. 10 %, zu Lk 2,41-52 ca. 20 % der auf Maria bezogenen Aussagen.

117) Eine Gruppe von Kommentaren fügt zu den christologischen Ausführungen die mariologischen hinzu, eine weitere (kleine) Gruppe bringt die Lehren vermischt. Einige Kommentare führen vor dem Lukastext Maria (ihre Jugend, ihre Tugenden usw.) ein bzw. lassen eine eigene Marienkatechese folgen.

118) Kamphaus, Von der Exegese zur Predigt, 249.

119) In den ca. 40 Kommentaren wird 21 mal auf den "Engel des Herrn" verwiesen, 18 mal auf das "Ave Maria", 12 mal auf den Rosenkranz, 11 mal auf Maria Verkündigung und 9 mal auf Liedgut, Andachten, Litaneien. Vor allem in den Kommentaren zur Unterstufe werden diese Gebetsformen in eigenen Katechesen behandelt.

Themengruppen[120] zusammenfassen:

1. Die Gottesmutterschaft Marias
2. Die Eva-Maria Typologie
3. Die Jungfräulichkeit Marias
4. Ihre unbefleckte Empfängnis und ihre Tugendhaftigkeit
5. Ihre wundersame Kindheit und Jugend (apokryphe Erzählung).

6.2.1 Die Gottesmutterschaft Marias

In der Mariologie wird die Mutterschaft Marias als die Zentralaussage angesehen, an der alle anderen Aussagen über Maria Anteil haben[121]. Dabei steht im Vordergrund zunächst die christologische Bedeutung dieser Mutterschaft. Auch die Dogmatisierung des Titels "Gottesgebärerin" auf dem Konzil zu Ephesus (431) ist begründet im Geheimnis der Person Christi und in seinem Erlösungswerk (DS 251). Im Zuge der Dogmatisierung der Gottesmutterschaft Marias entwickelte sich in den folgenden Jahrhunderten eine ausgesprochene Marienverehrung, die nicht mehr so sehr Christus und das Erlösungswerk Christi in den Mittelpunkt stellte, sondern die Person Marias und ihre Verehrungswürdigkeit aufgrund ihrer Auszeichnung[122]. In den Kommentaren wird die Gottesmutterschaft Marias verhältnismäßig kurz abgehandelt. Es lassen sich zwei Gruppen der Auslegung feststellen, eine mehr dogmatisch belehrende und eine auf die Verehrung abzielende Gruppe.

1) Ungefähr ein Viertel der Kommentare gehen auf die Mutterschaft bzw. Gottesmutterschaft Marias ein bei der Behandlung von Lk 1,26-38 bzw. 2,1-20. Gruber läßt die erste Klasse[123] im Anschluß an Jesu Geburt den Katechismustext zum Thema Mutter Jesu lernen: Jesus hat Maria zur Mutter "der menschlichen Natur nach, welche die zweyte göttliche Person, Gott Sohn, an sich genommen hat in dem Augenblicke

---

120) Aufgezählt werden nur solche Themen, die öfters wiederkehren. Vereinzelt werden noch folgende Angaben gemacht: Maria hat zum Heil mitgewirkt (5 Komm) - sie stammt vom Geschlechte Davids ab (19 Komm).

121) Alois Müller, Marias Stellung und Mitwirkung im Christusereignis, in: My Sal III, 2, 410.445; Otto Semmelroth, Art. Maria in: HThG II, 116; ders., Art. Maria in: LThK VII, ²1962, 30f.

122) J.A.Jungmann, Die Frohbotschaft und unsere Glaubensverkündigung, 99.

123) Die erste Klasse folgt der Vorbereitungsklasse der 5-7jährigen.

der Entstehung desselben."[124] Hier wird eine exakte Auskunft im Sinne des Dogmas gegeben, die von den Kindern zu lernen ist, sie wird jedoch nicht weiter katechetisch verwertet. Das Kennenlernen des Dogmas von der Gottesmutterschaft steht auch bei der Ableitung vom Titel Sohn Gottes im Vordergrund: Ist Jesus Sohn Gottes, dann ist Maria die Mutter Gottes. Auch diese Schlußfolgerung wird in den Kommentaren nicht weiter ausgewertet[125]. Deutlicher - in den Worten des Katechismus - folgert Hilger aus der Bezeichnung Gottmensch, daß Maria Mutter Gottes ist[126]. Gemeinsam ist diesen Erklärungen, daß sie den Titel Mutter Gottes für Maria im Zusammenhang von Lk 1-2 erklären, um ihn den Kindern als feststehenden Begriff verfügbar zu machen.

2) Der Titel Mutter Gottes regt zur Verehrung Marias an, allerdings weit weniger als andere Aussagen über Maria[127]. Er führt zum Staunen: "Das war die größte und gewaltigste, aber auch die geheimnisvollste Botschaft, die jeweils einem Menschen verkündigt wurde."[128] Was ist Maria für eine hohe Frau. Sie ist höher und heiliger als alle anderen heiligen Männer und Frauen. Deshalb verehren wir sie auch mehr als alle Heiligen[129]. Mit diesen allgemeinen Angaben ist die Bedeutung des Titels Mutter Gottes für die Katechese bereits erschöpft. Die weiteren Aussagen über Maria sind für die Auslegung und die Anwendung ergiebiger. Dazu kommen - wie bereits angedeutet - Erklärungen und Gebetsanweisungen der geläufigen Mariengebete.

6.2.2 Maria als Gegenbild Evas.

1) Das Verhalten Marias in der Verkündigungserzählung, ihr Hören auf die Botschaft des Engels, ihre Zustimmung zu dieser Botschaft wird zum Anlaß genommen, das gegenteilige Verhalten Evas in der

---

124) Gruber II, 70.

125) Schuster, ^{3}1878; ^{8}1926, 86; ähnlich Burger, 25.

126) Hilger, 27; Pichler verwendet für Maria ebenfalls Mutter Gottes oder Gottesgebärerin (15). Bei ihm wird der Name lediglich genannt. G. Weber umkreist den Namen mit einer Reihe anderer Namen für Maria: Mutter Jesus, Mutter des Heilandes, Mutter des Erlösers, Mutter des Sohnes Gottes, Mutter Gottes (111).

127) Siehe S. 288.

128) Keßler-Ulrich, 8.

129) Burger, 30f; ähnlich Ecker, Handbüchlein, 22.

Versuchungserzählung entgegenzustellen und aus der Gegensätzlichkeit beider Verhaltensweisen die jeweiligen Folgen für das Menschengeschlecht herauszustellen. Die Gegenüberstellung findet sich bei Overberg, Gruber und Mey, in den katechetischen Kommentaren zur Zeit der Neuscholastik bei Knecht, Ecker, Faßbinder und Gottesleben sowie in der Zeit der Methodenbewegung bei Rensing-Lohmüller und in den von der materialkerygmatischen Epoche beeinflußten Kommentaren Leitheiser-Pesch und Hilger. Der Vergleich kommt überwiegend für Oberstufen in Betracht, bei Gruber und Mey wird er für die Unterstufe verwendet.

2) Maria ist das Gegenbild Evas. Glaube, Demut und Gehorsam werden dem Unglauben, der Hoffart, (dem Stolz, der Auflehnung) und dem Ungehorsam gegenübergestellt[130]. Dazu kommen weitere Gegensätze: Maria ist die geistliche Stammutter aller Gläubigen[131], die Mutter des Segens[132], die uns Glück[133] und Rettung gebracht hat, die "bessere" Eva[134]. Eva, unsere leibliche Stammutter[135], brachte Verderben über die Menschheit[136], Sünde und Tod[137], Schmerz und Trauer[138]. Das Wortspiel Ave-Eva soll die Gegensätzlichkeit beider Frauen veranschaulichen[139].

3) Die Verwendung dieser Anti-Typik findet sich häufig bei den Kirchenvätern[140]. Schon Justin kennt die Parallele Eva - Maria. Irenäus hat sie weiter ausgebaut. Ihnen folgten zahlreiche griechische

---

130) So z. B. bei Overberg, 7; Gottesleben-Schiltknecht-Wagenmann III, 376; Hilger, 27.

131) Knecht, ^{21}1907, 394; Gottesleben-Schiltknecht-Wagenmann III, 376: "geistige Stammutter".

132) Knecht, ^{21}1907, 394.

133) Mey, 200.

134) Knecht, 394; Mey, 200.

135) Knecht, 394.

136) Overberg, 7.

137) Gottesleben-Schiltknecht-Wagenmann III, 376; Knecht, 394.

138) Ecker, Handbuch, 11.

139) Mey, 200; Gottesleben-Schiltknecht-Wagenmann III, 376.

140) Vgl. dazu W. Delius, Geschichte der Marienverehrung, München 1963, Stichwort Eva; A. Müller, Marias Stellung und Mitwirkung im Christusereignis in: My Sal III, 2, S. 397-401; H. Campenhausen, Die Jungfrauengeburt in der Theologie der alten Kirche, Heidelberg 1962, 29-35.

und lateinische Kirchenväter[141]. Bei Irenäus finden sich die Vergleichspaare Gehorsam-Ungehorsam, Glaube-Unglaube, sowie als Folge des Verhaltens Tod einerseits und Ursache des Heils andererseits[142]. Gegenübergestellt werden also jeweils die gegensätzlichen Verhaltensweisen der beiden Frauen in der Versuchungs- bzw. Verkündigungsgeschichte. Von Bedeutung ist ihre Rolle, die sie in der Heilsgeschichte spielen: Eva als Mutter der Sünde und des Todes, Maria als Mutter des Heiles und des Lebens. Dabei ist zu beachten, daß ursprünglich damit keine Auszeichnung und Verherrlichung Marias beabsichtigt war, die gegensätzliche Parallelisierung diente vielmehr einer christologischen Aussage. Das zeigt z.B. die Verwendung des Bildes bei Irenäus: Sowie die Geschichte Christi die Ereignisse der Urgeschichte noch einmal aufnimmt und zum Heil wendet, wird Maria, indem sie das verhängnisvolle Tun Evas überwindet, zur Ursache des Heils. Die Korrespondenz Adam - Christus wird ausgeweitet auf die Korrespondenz Eva - Maria[143]. Dieser typologische Vergleich wird in der Folgezeit von zahlreichen Kirchenvätern wiederholt und ausgeweitet. Erst ab dem 14. Jahrhundert wird er auch für erbauliche Zwecke verwendet und dazu immer weitläufiger ausgestaltet[144]. Im Catechismus Romanus wird bei der Behandlung des dritten Glaubensartikels bei der Gegenüberstellung Christus - Adam auch die Parallele Maria - Eva beigefügt[145]. Im Brevier findet sie sich in der Ausgestaltung durch Augustinus am 8. September[146]; Anklänge an die Gegenüberstellung gibt es auch im marianischen Liedgut. So ist es nicht verwunderlich, daß in den katechetischen Kommentaren die Antitypik Eva - Maria wiederkehrt, angeregt wohl durch die Kirchenväter bzw. den Catechismus Romanus.

---

141) Griechische Kirchenväter, z.B. Ephrem d. Syrer; Epiphanias; Joh. Chrysostomus - Lateinische Kirchenväter, z.B. Augustinus, Petrus Chrysologus, Fulgentius.

142) Irenäus, adv. haer. III, 22, 4; vgl. dazu Delius, Geschichte der Marienverehrung, 62.

143) Ebd., 62f; Campenhausen, Die Jungfrauengeburt, 29f. Die Eva-Maria Parallele hat ihren Ort in der sogenannten Rekapitulationstheorie.

144) Campenhausen, Geschichte der Marienverehrung, 38. - Die Eva-Maria Parallele wird im Mittelalter aufgenommen z.B. von Bernhard v. Clairveaux, Albertus Magnus; in der Neuzeit von Newman vgl. auch Vat II, lumen gentium Nr. 56.63.

145) Catechismus ex decreto concilii Tridentini, Regensburg 1872, 38.

146) II. Nokturn, Lectio V.

4) Wie wurde die Antitypik Eva - Maria in der Katechese verwendet? Eine Durchsicht der Kommentare ergibt folgendes Bild: Bei Overberg ist Lk 1,26-38 mit Hilfe der Gegenüberstellung Eva-Maria ausgelegt[147]. Dabei werden gegenübergestellt Unglaube, Hofart (!), Ungehorsam und Glaube, Demut, Gehorsam. Beide Frauen werden in ihrer universalen Bedeutung gesehen. Durch Eva kam Verderben in die Welt, durch Maria die Rettung. Zu der heilsgeschichtlichen Bedeutsamkeit kommt eine mehr moralisch begründete Erklärung. Eva wurde wegen ihrer Sünden "Mutter der Sünde", Maria wegen ihrer Tugenden Mutter des Versöhners der Sünder. Die Voraussetzung für ihre Bestimmung, ihre Tugenden, ergänzt Overberg, indem er die Liebe und Allmacht Gottes hinzufügt, die sie zur Mutter des Versöhners werden ließ. Bei Overberg sind somit die heilsgeschichtliche Bedeutung des Bildes und die moralische Auswertung vermischt. Die nächsten beiden Kommentare verwenden die Gegenüberstellung Eva - Maria in der Unterstufe: Gruber für die Vorbereitungsklasse[148], Mey für die drei unteren Schuljahre[149]. Beide begründen die Verwendung der Gegenüberstellung in einer "Lehrerinnerung" bzw. in "Bemerkungen" zur Katechese. Aus ihnen wird die religionspädagogische Absicht der beiden Katecheten ersichtlich. Gruber will die Wiederherstellung des Menschengeschlechtes durch den neuen Adam zur vorläufigen Kenntnis bringen, indem er den Gehorsam Marias dem Ungehorsam Evas entgegenstellt[150]. Es ist also eine erste Einführung in die Bedeutung der Antwort Marias in Lk 1,38. Zugleich wertet er den Gehorsam Marias für das Verhalten der Kinder gegenüber Gott aus[151]. Mey schließt an die Parallele Adam - neuer Adam als weitere Parallele Eva - Maria an. Diese Gegenüberstellung ist "leicht verständlich" und soll der besseren Erfassung der Offenbarungsgeschichte dienen[152]. Bei ihm ist die Verwendung des Bildes zum einen in der Anschaulichkeit begründet, zum anderen in der heilsgeschichtlichen Aussage, die in dem Bild zum Ausdruck kommt. Gruber und Mey bringen den Vergleich im Anschluß an Lk 1,38[153]

---

147) Overberg, 7.

148) Gruber I, 27.

149) Mey, Vorrede VII.

150) Gruber I, 58; Gruber bezieht sich dabei ausdrücklich auf die "Beyspiele der hl. Väter und in's Besondere des hl. Augustin".

151) Ebd., 55: "Wir sind Alle Diener und Mägde Gottes. Was müssen wir darum thun, wenn Gott befiehlt?"

152) Mey, 321: Zur Gegenüberstellung von Adam - zweiter Adam. Für die Gegenüberstellung Eva - Maria gilt dasselbe (329).

153) Mey nicht direkt zu Lk 1,38, sondern bei der Erklärung des Gebetes "Der Engel des Herrn" (200).

und stellen nur den Gehorsam und den Ungehorsam gegenüber. Mey bringt dazu das Wortspiel Ave - Eva: "Das Ave sagt, daß Maria die bessere, die umgekehrte Eva ist."[154] Eine moralische Auswertung unterbleibt bei ihm. Auch in Hilgers Kommentar von 1966 schließt sich an Lk 1,38 die Betrachtung Marias als des Gegenbildes Evas an, sowie auch Jesus das Gegenbild Adams genannt wird. Es stehen sich die bekannten Sünden und Tugenden gegenüber. Das Thema wird durch Überlegungen weitergeführt, die das Interesse an der Gestalt Marias deutlich werden lassen. Zunächst wird die Folgerung nach der möglichen Weigerung Marias überdacht, dann folgt eine Begründung für die Marienverehrung. Die Eva - Maria Parallele ist eingebettet in das mariologische Thema[155]. Die Antitypik Eva - Maria ist bei beiden Katecheten eine weiterführende Erklärung zu Lk 1,38 und dient nicht der Auslegung der ganzen Verkündigungsgeschichte wie bei Overberg. Bei Gruber kommt dazu die direkte Verwendung des Vergleichs für das religiöse Verhalten der Kinder. Bei Knecht ist die Antithese Eva - Maria eingefügt in die lehrhafte Auslegung der Verkündigungserzählung. Nach allerlei Ausführungen über Maria, über ihr Verhalten, über Mariengebete und Marienfeste sowie über ihre Tugenden folgt im Kleindruck der Vergleich zwischen Eva und Maria. Im Anschluß an die Tugenden Marias ist er eine anschauliche Gegenüberstellung von sündhaftem und tugendhaftem Verhalten. Zwar wird die universale Rolle der beiden Frauen am Ende erwähnt, aber der Kontext zeigt doch mehr das Interesse am Wohlverhalten Marias und an der Hervorhebung ihrer Tugenden[156]. Die Verwendung der Eva - Maria Typologie erfolgt in den weiteren Kommentaren ebenfalls nur beiläufig. Bei Ecker[157] findet sie in einer Anmerkung zu Lk 1,28 Verwendung. Wieder stehen sich Ungehorsam und Gehorsam gegenüber und die Folgen beider Verhaltensweisen: Schmerz und Trauer einerseits und höchster Jubel andererseits. Die Anmerkung zu dieser Stelle erklärt allerdings den Vers nicht, denn dort ist weder von einer Verhaltensweise Marias die Rede noch von einer Verheißung "höchsten Jubels"[158].

---

154) Ebd., 200.

155) Hilger, 27f.

156) Knecht, 417.

157) Ecker, Handbuch, 11.

158) In der Neubearbeitung des Handbuches durch N.u.H. Faßbinder findet sich ebenfalls die Gegenüberstellung (20). Unter den Aufgaben ist auch ein Vergleich Eva- Maria genannt (23). Im Handbuch Leitheiser-Pesch ist zur gleichen Stelle nur eine kurze Gegenüberstellung der beiden bedeutsamen Szenen im Paradies bzw. in Nazaret angeführt, ohne die Parallele weiter auszugestalten (37).

Vollends als Mittel zur Hervorhebung der Tugenden Marias wird der Vergleich gebraucht bei Gottesleben-Schiltknecht-Wagenmann und bei Lohmüller[159]. Maria war würdig Mutter Gottes zu werden; das zeigt sich am Gruß des Engels und an den Tugenden Marias. Um diese wirksam hervorzuheben, wird der Vergleich durchgeführt und mit dem Wortspiel Eva - Ave abgeschlossen[160].

5) Eva als Gegenbild Marias wird zur Erklärung von Lk 1,26-38 benützt, einmal um die heilsgeschichtliche Bedeutsamkeit dieser Erzählung zu erklären. "Großes, sehr Großes ist geschehen, als der Engel Gabriel zu Maria gekommen ist. Unser Heil, unsere Erlösung hat da angefangen"[161]. Diese letztlich christologische Deutung der Verkündigungserzählung wurde seit den frühen Kirchenvätern auch mit Hilfe der Eva - Maria Typologie ausgedrückt. In den katechetischen Kommentaren vermischt sich diese Auslegung mit der Absicht, das Verhalten Mariens zum Gegenstand der Betrachtung zu machen. Demut, Glaube, Gehorsam werden zu bewundernswerten Tugenden, die Maria würdig machen, Mutter Gottes zu werden und sie zu verehren und zu preisen. Methodisch wird das gegensätzliche Verhalten der beiden Frauen dazu benützt, die Tugenden Marias anschaulich darzustellen. Indirekt ist damit auf die Vorbildhaftigkeit Marias abgezielt, die zur Nachahmung anregen soll. Allerdings ist nur bei Gruber diese Nachahmung direkt ausgesprochen.

6.2.3 Die Jungfräulichkeit Marias

Eine große Gruppe von Kommentaren geht bei der Auslegung von Lk 1,26-38 auf die Jungfräulichkeit Marias ein[162]. Dabei werden dogmatische Formulierungen von der bleibenden Jungfräulichkeit wiedergegeben[163], ein Jungfräulichkeitsgelübde wird angenommen, die Reinheit Marias wird in diesem Zusammenhang gepriesen, schließlich wird die Verbindung von Jungfräulichkeitsgelübde und Verlobung Marias zu erklären versucht.

---

159) Gottesleben-Schiltknecht-Wagenmann III, 376; Rensing-Lohmüller III, 32.

160) Das Wortspiel findet sich bei Gottesleben-Schiltknecht-Wagenmann III, 376. Rensing-Lohmüller nimmt den Vergleich aus dem Brevier vom 8. September (hl. Augustinus); siehe Anm. 146.

161) Mey, 201.

162) Von den ca. 40 berücksichtigten Werken tun dies 18.

163) DS 422.. et incarnatus de sancta gloriosa Dei Genetrice et semper Virgine Maria...

1) Wie die Eva-Maria Typologie stand auch das Bekenntnis zur Jungfräulichkeit Marias bei den Kirchenvätern ursprünglich und lange Zeit im Zusammenhang christologischer Aussagen. In dem Bemühen, Christus als wahren Gott und wahren Menschen zu bekennen und dieses Bekenntnis zu begründen, bediente man sich auch mariologischer Sätze[164]. "Man kann geradezu sagen, die frühe Kirche formuliere das christologische Dogma mit Vorliebe mariologisch."[165] Jesus ist wahrhaft aus Maria, der Jungfrau, geboren und so wahrhaft Mensch und er ist empfangen vom Hl. Geist und so wahrhaft Gott[166]. So war das Bekenntnis zur Jungfräulichkeit Marias zuerst ein christologisches Bekenntnis. Es diente zur Sicherung der Gottheit Jesu. Die Jungfräulichkeit Marias wurde später weiter ausdifferenziert als Jungfräulichkeit vor und nach der Geburt, bis gegen Ende des 5. Jahrhunderts auch die Jungfräulichkeit in der Geburt zur allgemeinen Lehre der Kirche wurde. Maria empfing jungfräulich, gebar jungfräulich und verblieb jungfräulich[167]. Bei der Ausgestaltung der Lehre von der "immerwährenden" Jungfrauenschaft Marias wirkten auch die apokryphen Evangelien[168] und asketischen Bewegungen[169] in der Kirche

---

164) Zur Jungfräulichkeit Marias bei den Kirchenvätern vgl. K. Suso Frank, "Geboren aus der Jungfrau Maria", -Das Zeugnis der alten Kirche, in: Frank, Kilian, Knoch u. a., Zum Thema Jungfrauengeburt, Stuttgart 1970, 91-120; H. Frh. v. Campenhausen, Die Jungfrauengeburt in der Theologie der alten Kirche, Heidelberg 1962.

165) Semmelroth, Maria in: HThG II, 120.
Dazu zählen auch die Dogmen der Konzile von Ephesus (431) und Chalzedon (451), die Voraussetzung sind für die einsetzende Marienfrömmigkeit (Frank, Geboren aus der Jungfrau Maria, 117).

166) Z. B. Ign. v. Antiochien; nach Frank, Geboren aus der Jungfrau Maria, 93.

167) Augustinus, De catechizandis rudibus, 22.40. Die klassische Formulierung: ante partum, in partu et post partum, findet sich bei DS 1880.

168) Hier ist vor allem zu nennen das Protoevangelium des Jakobus aus dem 2. Jahrhundert. Es schildert bis ins Detail Marias Jungfräulichkeit in der Geburt. Vgl. dazu Ausgabe E. Hennecke, Neutestamentliche Apokryphen, hrg. v. W. Schneemelcher, Bd. I, Tübingen ³1959, 280-29o.

169) Diese asketische Bewegung in der Kirche verherrlicht das Jungfräulichkeitsideal. Von dieser Bewegung wird die wunderbare Empfängnis Jesu umgedeutet zu einer Mahnung, auf die Ehe zu verzichten; vgl. Frank, Geboren aus der Jungfrau Maria, 108-115. Zunächst ist jedoch Christus das Vorbild, der das Ideal des ehelosen Lebens vorgelebt hat.

mit. Hieronymus, Ambrosius und Augustinus waren Vertreter eines jungfräulichen Lebensideals. So war Maria nach Hieronymus von so unbefleckter Reinheit, daß sie verdiente, die Mutter des Herrn zu sein[170]. Bei Augustinus sicherte die jungfräuliche Empfängnis zugleich die Sündelosigkeit Jesu, da die Adamssünde durch das Fehlen des irdischen Vaters nicht übertragen wurde[171]. Augustinus war es auch, der für Maria ein Virginitätsgelübde annahm[172]. Damit ist in etwa die Lehre von der Jungfräulichkeit Marias umschrieben, wie sie in den Kommentaren in Erscheinung tritt. In ihnen hat - wie sich zeigen läßt - die Verehrungswürdigkeit Marias als Jungfrau Vorrang vor der dogmatischen Aussage.

2) Die Jungfräulichkeit Marias wird in den Kommentaren entweder im Anschluß an die Verkündigungserzählung abgehandelt, in einigen Fällen auch im Anschluß an die Geburtserzählung, wenn diese mit einer Kurzfassung von Mt 1,18-25 eingeleitet wird. Einige Kommentare weisen lediglich auf die Jungfräulichkeit Marias hin. Maria wurde Mutter des Versöhners, ohne ihre Jungfrauschaft zu verlieren[173], sie blieb dem Himmel geheiligt durch ihr ganzes Leben[174]. In der klassischen Form finden wir die Jungfräulichkeit Marias bei Ecker: Maria war Jungfrau vor, in, nach der Geburt[175]. Eine zweite Gruppe von Kommentaren geht auf die Jungfräulichkeit Marias näher ein. In der Katechese Fr. Webers über Christi Geburt[176] ist der Jungfrauengeburt[177] ein bedeutsamer Ort zugewiesen. Sie ist das Zeichen, welche das Heilsgeschehen begleitet[178]. Dieses Heilsgeschehen ist

---

170) Frank, Geboren aus der Jungfrau Maria, 112.

171) Ebd., 115; Campenhausen, Die Jungfrauengeburt in der Theologie der alten Kirche, 64-66.

172) J. Gewiess, Die Marienfrage Lk 1,34, in: R. Laurentin, Struktur und Theologie der luk. Kindheitsgeschichte, 185.

173) Overberg, 7.

174) Hirscher, 8.

175) Ecker, Handbuch, 20.

176) Fr. Weber, Das Christusgeheimnis in der Katechese, 45-55.

177) Die beiden Ausdrücke "jungfräuliche Empfängnis" und "Jungfrauengeburt" werden häufig synonym gebraucht.

178) Fr. Weber, 22. Für Weber erschließt sich das Heilsgeheimnis, in dem man das Faktum (das Ereignis) und das Mysterium (Geheimnis) zu erfassen sucht. Das Geheimnis ist von begleitenden Zeichen umschlossen (11 u. 22).

die Menschwerdung Gottes. Die Tatsache, daß Maria Jungfrau vor und nach der Geburt ist, "soll allen Menschen zeigen, daß das Kind Menschenkind und zugleich Gottessohn ist"[179]. Weber deutet die Jungfräulichkeit Marias christologisch, wie dies bei den Kirchenvätern ursprünglich der Fall war und wie sie auch die neuere Exegese auslegt. Auch Mussner erklärt "die **wunderbaren** Vorgänge, die mit der Empfängnis und Geburt...Jesu selbst verbunden sind". Für ihn zeigen sie, "daß der Messias nicht das 'Produkt' der natürlichen Entwicklung der Menschheitsgeschichte ist, sondern eine Gabe der freien Gnade Gottes, als die 'Fülle der Zeit' gekommen war."[180] Die Jungfräulichkeit Marias wird in den Dienst genommen, um die heilsgeschichtliche Bedeutsamkeit der Verkündigungs- bzw. Geburtserzählung hervorzuheben. Bei Chr. v. Schmid wird die Jungfräulichkeit Marias asketisch ausgelegt. Maria ist die "reinste" Jungfrau, die die Tugenden der Unschuld, der Demut, des willigen Gehorsams übte[181]. Nachdem Josef sie zu sich genommen hatte, lebten sie "unschuldsvoll wie die Engel des Himmels"[182]. Schließlich geht ein Kommentar auch auf die Einwände zur Jungfräulichkeit Marias ein. I. Schuster bringt ab der 6. Auflage im Vorspann zu Lk 1,26-38 ein kurzes Referat über die Bestreitung der Jungfrauengeburt durch Usener, Harnack, Lobstein und Gunkel. Die verschiedenen Erklärungsversuche werden kurz aufgezählt und mit Bardenhewer alle abgewehrt[183]. Die 8. Auflage des Handbuches führt den Lehrer ausführlicher in die Auseinandersetzung zu Lk 1-2 überhaupt ein und wiederholt dann die Erklärungsversuche protestantischer Exegeten der 6. Auflage. Auch die Antwort Bardenhewers bleibt, daß nämlich die Ablehnung des Übernatürlichen zu den vorstehenden Vermutungen Anlaß gibt[184]. Mit dieser Einführung wird der Lehrer (und der interessierte Benützer des Handbuches) mit der Auseinandersetzung zu diesem Thema in der biblischen Wissenschaft bekannt gemacht, wenn auch die Antwort ganz im apologeti-

---

179) Ebd., 51f unter Berufung auf Jes 7,10-14. Die Jungfräulichkeit Marias als Zeichen für Jesu Göttlichkeit und Menschlichkeit erinnert an Ignatius v. Antiochien. Siehe Anm. 166.

180) Gross-Mussner-Pesch, 86.

181) Chr. v. Schmid, 9.

182) Ebd., 17. Schmid umschreibt mit diesen Worten wohl die geschlechtliche Unberührtheit.

183) Schuster, ^{6}1906, 48. Siehe S. 125 f d. Arbeit.

184) Schuster, ^{8}1926, (bearb. v. J. Schäfer), 82-84. Dem Leser wird dazu Literatur angegeben u. a. Bardenhewer, Maria Verkündigung. Ein Kommentar zu Lk 1,26-38 in: BSt X, 5, Freiburg 1905.

schen Stil erfolgt. Die späteren Handbücher kehren zur schlichten
Behauptung der Jungfräulichkeit Marias zurück.

3) Eine weitere Gruppe von Kommentaren fügt der Betonung der
Jungfräulichkeit Marias ein Jungfräulichkeitsgelübde bei[185]. Anlaß
zu diesem Vorsatz oder zu diesem Gelübde gab vor allem die Marienfrage. Die neueren Werke verzichten auf eine solche Annahme. Von
einigen Kommentaren wird das Gelübde lediglich erwähnt, manchmal
wird dabei auf die Väterlehre verwiesen. Maria hat dieses Gelübde
gemacht "auf Antrieb des Heiligen Geistes"[186], als erste unter allen
irdischen Frauen. Es ist ein Zeichen der Hochschätzung der Jungfräulichkeit: "...sie schätzte die jungfräuliche Reinigkeit so hoch,
daß sie lieber darauf verzichtet hätte, die Mutter Gottes zu werden,
als ihre jungfräuliche Reinigkeit zu verlieren."[187] Bei dem Vorsatz
immerwährender Jungfräulichkeit muß allerdings die Verlobung mit
Josef erklärt werden. Auch dazu bringen die Kommentare verschiedene Versuche. Entweder geben sie an, daß die näheren Umstände in
der Schrift nicht angegeben sind[188], oder sie führen Gründe an, wie
sie bereits bei Ignatius zu lesen sind: Marias Jungfräulichkeit soll
dem Fürsten der Finsternis verborgen bleiben[189]. Der Vorsatz der
Jungfräulichkeit wird auch auf der Unterstufe gelehrt. Hier wird er
durch kleine Erzählungen zu erklären versucht. Bei Huber-Raab
will Maria Jungfrau bleiben. Ihre Eltern grämen sich deshalb. Ihnen
fällt auch ein Ausweg ein. Der Vetter Josef, der schon alt ist,
braucht eine Frau, die für ihn sorgt, wenn er krank ist. So kommt
es zur Verlobung der beiden[190]. Burger erklärt die Verlobung Marias folgendermaßen: "Maria wäre am liebsten immer allein geblieben. Aber sie hatte ein Häuschen, darum mußte sie einen Mann
nehmen, damit das Haus einen Herrn hatte."[191] In zwei neueren

---

185) Zwischen Gelübde und Vorsatz wird in diesem Zusammenhang
nicht unterschieden.

186) Rensing-Lohmüller III, 30.

187) Knecht, [21]1907, 394.

188) Schuster, [7]1910, 80.

189) Schuster, [1]1864, [3]1878, [8]1926. Ign.Ep.ad.Eph.c.19. Dazu
kommen noch zwei weitere Gründe: Maria und Jesus brauchten
Josef als Beistand. Auch sollte die Ehre Marias vor der Welt
sichergestellt sein. Ähnlich noch Mussner, 87.

190) Huber-Raab, Das Arbeitsprinzip im Religionsunterricht der
Grundschule, 115f.

191) Burger, 12 ; ähnlich Rensing-Lohmüller I, 111: ...ihre Eltern
waren schon gestorben. Das Häuschen stand leer...Du mußt
jetzt einen Mann nehmen....

Kommentaren (Leitheiser-Pesch und Hilger) wird der Religionslehrer auf die Schwierigkeiten aufmerksam gemacht, die sich der Gelübdetheorie in den Weg stellen. Zugleich wird er mit einer Deutung katholischer Exegeten bekannt gemacht, die ohne die Gelübdetheorie auskommt und in der Stunde der Empfängnis Jesu Christi die Geburtsstunde der christlichen Jungfräulichkeit sieht[192].

6.2.4 Die Unbefleckte Empfängnis Marias

Eine weitere große Gruppe von Kommentaren geht in der Auslegung auf die Unbefleckte Empfängnis Marias ein, vor allem nach der Dogmatisierung des Glaubenssatzes geschieht dies häufiger. Die Lehre findet sich in den Vorbereitungsbüchern, die unter neuscholastischem Einfluß stehen und - das ist auffällig - in den Büchern für die Unterstufe[193]. Dies mag darin begründet sein, daß sich der Lehrgang der Unterstufe eng an das Kirchenjahr anschließt, so daß sich vom Fest her eine Behandlung nahelegt[194].
1) Das Dogma von 1854 sagt, daß Maria im ersten Augenblick ihrer Empfängnis von jedem Schaden der Erbsünde bewahrt wurde. Diese Bewahrung ist ein Gnadenprivileg Gottes, im Hinblick auf die Verdienste Jesu Christi (DS 2803)[195]. Damit verbunden ist die Gnadenfülle Marias, die für sie höchsten Anteil an der Gotteskindschaft bedeutete[196]. Da Maria allzeit in der Gnade Gottes stand, wird von ihr ferner die Sündelosigkeit ausgesagt[197]. Alle diese Auszeichnungen Marias sind Ausdruck, Frucht ihrer engen, einzigartigen Beziehungen zu Christus, die in ihrer Gottesmutterschaft zum Ausdruck kommt.

---

192) Leitheiser-Pesch, 40, im Anschluß an Guardini; Hilger, 24.

193) Es sind dies: Mey, Stieglitz, Raab, Burger, Rensing-Lohmüller I u. II, Huber-Raab, Zielbauer, Keßler-Ulrich, Solzbacher. Burger und Zielbauer haben dafür eine eigene Katechese vorgesehen.

194) Ausdrücklich wird dies bei Zielbauer vermerkt.

195) Vgl. dazu Müller, Marias Stellung und Mitwirkung im Christusereignis, in: My Sal III, 2, 426-439. 430: "Maria wurde ohne Erbsünde empfangen, weil sie durch die mütterliche Teilhabe an der Menschheit Christi die schlechthin Gnadenvolle ist."

196) Ebd., 435.

197) Zur geschichtlichen Entwicklung der Lehre von der Sündelosigkeit Marias vgl. Müller, Marias Stellung und Mitwirkung im Christusereignis, in: My Sal III, 2, 427-429.

Auch diese Aussagen über Maria finden letztlich in der Christologie ihren Grund. "In der Gestalt Mariens wird die Wirkung der Erlösung Christi besonders sichtbar."[198]

2) Die Kommentare zur Biblischen Geschichte bringen die Lehre von der Unbefleckten Empfängnis teilweise im Anschluß an Lk 1,28. "Voll der Gnaden" heißt, daß Maria freigeblieben[199] ist bzw. bewahrt wurde von der Erbsünde. Öfters wird nur auf dieses Dogma verwiesen. Als weitere Erklärung folgt die Freiheit von jeder persönlichen Sünde[200]. Durch ihr Leben hat Maria ihre Gnadenfülle noch vermehrt, indem sie mit den ihr verliehenen Gnaden treu mitwirkte[201]. Vor allem die Kommentare zur Unterstufe versuchen die abstrakte Lehre zu veranschaulichen und mit Hilfe von Bildern zu erklären. Da wird vor allem die Seele (oder das Herz) der hl. Maria betrachtet[202]: "Sie war noch viel herrlicher als die Seele Adams und Evas vor der Erbsünde."[203]. "Sie hat eine wunderschöne Seele gehabt."[204] "Ihre Seele war fromm und keusch und voll Liebe zu Gott."[205] Die Seele glänzte wunderbar[206]. Die Erbsünde dagegen macht die Seele häßlich[207] und befleckt sie[208]. Im Herzen der Menschen brannte das Himmelslicht nicht mehr, in Marias Herz war der Teufelswurm nicht zu finden[209]. "Maria ist ganz voll gewesen von Gnade."[210] Vereinzelt wer-

---

198) Semmelroth, Art. Maria in: HThG II, 121.

199) Ein ungenauer Ausdruck Meys (195), denn das Dogma lehrt eine zuvorkommende Bewahrung (praeservata), nicht Befreiung. Als weitere Schriftstelle wird Gen 3,15 genannt.

200) Z.B. Schuster, 14; Faßbinder, 21; Gottesleben-Schiltknecht-Wagenmann III, 376, u.a. .

201) Schuster, ^{3}1878; Faßbinder, 21.

202) Auf die Problematik einer solchen Veranschaulichung wird hier nicht eingegangen. Sie müßte vor allem darauf hinweisen, daß die Bilder auf dieser Altersstufe zu falschen Konkretisierungen führen müssen und die Bedeutung des Dogmas gerade nicht erklären.

203) Rensing-Lohmüller II, 77.

204) Stieglitz, 4.

205) Raab, 11.

206) Burger, 11.

207) Ebd., 30.

208) Ebd., 11.

209) Zielbauer I, 67f.

210) Stieglitz, 4.

den die Vorzüge der Erbsündenfreiheit Marias genannt: "Darum ist sie die Mutter vom Jesukind geworden; darum hat sie es jetzt im Himmel so schön, wie sonst niemand außer Gott selbst..."[211]. "Maria war würdig, Mutter des Heilandes zu werden."[212] Auch zum sittlichen Appell wird die Lehre von der Unbefleckten Empfängnis benützt. An Marias herrlichem Vorbild sollen die Kinder zur Übung und Bewahrung der herrlichen Tugend der Reinheit angeleitet werden[213].

Diese kurze Übersicht zeigt, daß die Lehre von der Unbefleckten Empfängnis weitgehend isoliert als persönliche Auszeichnung Marias angesehen wurde. Maria wird als "reine Jungfrau" in ihrem sündelosen Leben gerühmt[214]. Sie diente nicht der unkeuschen Sünde, sie war Herr über diese bösen Lüste[215]. Von Raab und Burger wird die Unbefleckte Empfängnis für die Tugend der Keuschheit ausgewertet[216]. Daß diese Auszeichnung von Christus her und auf ihn hin verstanden werden muß, kommt demgegenüber kaum zur Sprache[217]. Eng verknüpft mit der Betonung der Unbefleckten Empfängnis Marias ist ihr tugendhaftes Leben. Neben Frömmigkeit, Glaube, Demut, Gehorsam wird vor allem ihre Reinheit (Keuschheit) betont. Die Sündelosigkeit Marias und ihre Heiligkeit würden in der Kirchengeschichte erst im 4. und 5. Jahrhundert allgemein gelehrt[218]. Dabei verbanden sich vor allem in asketischen Kreisen Marias Heiligkeit und ihre bleibende Jungfräulichkeit, weshalb die Tugenden der Reinheit und Keuschheit

---

211) Ebd., 6.

212) Gottesleben-Schiltknecht-Wagenmann III, 376.

213) Raab (Kommunionklasse) 195. Dazu sollen u.a. folgende Überlegungen dienen: O, wie schön ist ein keusches Geschlecht... Bewahre die Krone der Reinheit.

214) Z.B. auch bei Keßler-Ulrich, 9.

215) Burger, 16.

216) Burger, 15-17. 15: und weil Maria an Leib und Seele so keusch war, erwählte er sie zur Mutter seines Sohnes. Die Kinder sollen vor allem die Sünde der Keuschheit meiden. Was das konkret bedeutet, wird nicht gesagt, auch bei Raab (Kommunionklasse) nicht.

217) Nur gelegentlich wird darauf verwiesen, daß die Auszeichnung um ihres Sohnes willen geschah. Z.B. bei Raab, Meine Kommunionklasse, 141; Zielbauer I, 67. Aber die Erwähnung geschieht in einem moralisierenden Kontext, so daß der Hinweis von dort her bestimmt bleibt.

218) Müller, Marias Stellung und Mitwirkung im Christusereignis, in: My Sal III, 2, 403f.

besonders hervorgehoben wurden[219]. Im einzelnen wird weiter unten auf die verschiedenen Tugenden Marias eingegangen, da sie neben der Verherrlichung Marias einen sehr starken Aufforderungscharakter besitzen und deshalb auch der Anwendung in der Katechese zuzuzählen sind.

6.2.5 Kindheit und Jugend Marias

Die Unbefleckte Empfängnis Marias, ihre stete Jungfräulichkeit und ihre Tugendhaftigkeit werden in den Kommentaren vor allem an Lk 1,26-38 aufgewiesen. Zur Ergänzung zieht man auch die sparsamen Andeutungen in Lk 2,1-20 und 2,41-52 heran. Trotzdem bieten die Texte für eine ausgesprochene Marienlehre, die für eine katechetische Auswertung fruchtbar ist, wenig Material. Einige Kommentare greifen deshalb zurück auf das Protevangelium des Jakobus bzw. auf Visionen[220]. Dort finden sich weitere Nachrichten über Maria. Besonders das Protevangelium des Jakobus wird öfters ausgewertet[221]. Apokryphes und visionäres Material verwenden bevorzugt die Handbücher aus der Zeit der Neuscholastik und der Methodenbewegung[222].

1) Aus dem Protevangelium stammen die Namen der Eltern Marias, Joachim und Anna[223]. Sie zeichnen sich durch Frömmigkeit und Wohl-

---

219) Bestimmt von dieser Verbindung ist die Auslegung Raabs. Siehe S. 302 f d. Arbeit.

220) Verwendet werden: Das Protevangelium Jakobus (hier zitiert nach: Hennecke, Neutestamentliche Apokryphen, hrg. v. Schneemelcher, Bd. I, Tübingen ^{3}1959, 280-290); P. Schmöger, Das arme Leben und bittere Leiden unseres Herrn Jesu Christi nach den Gesichten Anna Katharina Emericks, Regensburg; Maria v. Agreda, Die geistliche Stadt Gottes, 3 Bde., Regensburg.

221) Das Protevangelium des Jakobus aus dem 2. Jhd. hat früh die Mariologie beeinflußt. H. Frh. v. Campenhausen, Die Jungfrauengeburt in der Theologie der alten Kirche, 41f; Frank, Geboren aus der Jungfrau Maria, 107f.

222) Es sind dies: in der Zeit der Neuscholastik: Schuster, 12f; ^{8}1926, 91; Knecht ^{21}1907, 390; in der Zeit der Methodenbewegung: Rensing-Lohmüller, II, 77; ders., III, 29; ders., I, 110f; Wiesheu, 8; Faßbinder, 21.32; Gottesleben-Schiltknecht-Wagenmann, III, 372f; Kautz I, 353f; Huber-Raab, 115; Schubert, 160-163; Weigl, 59.

223) Die beiden Namen führt auch noch Keßler-Ulrich an (9).

tätigkeit aus und erflehen nach langer Unfruchtbarkeit von Gott ein Kind. Joachim stammt aus Davids Geschlecht, Anna aus Aarons Geschlecht. Marias Geburtsort ist Jerusalem[224]. Mit drei Jahren wird Maria in den Tempel gebracht, dort erzogen und in die Arbeiten für das Heiligtum eingewiesen. Sie wird "in allem ausgebildet, was Frauentugend und Frauenehre erforderte"[225]. Sie diente eifrig Gott und betete zu ihm Tag und Nacht[226]. Als Erbtochter mußte sie sich mit einem Mann aus dem gleichen Stamm (Stamm Davids) verloben. Dieser Mann wird auf wunderbare Weise durch einen blühenden Stab bestimmt[227].

2) Die Verwendung des apokryphen bzw. visionären Materials hat vornehmlich zwei Gründe. Die Kommentare aus der neuscholastischen Epoche benützen die Apokryphen, um mit der Überlieferung[228] bekannt zu machen. Die Nachrichten über die Jugend Marias bereiten organisch die Verkündigung vor oder sie bringen im Anschluß an die Erzählung zusätzliche Nachrichten. Inhaltlich steigern sie das Wunderbare. Die Auserwählung Marias wird bis in ihre Geburt zurückverfolgt und ihr heiliges Leben beginnt als Tempeljungfrau. Die lehrhaften Aussagen über Maria werden so gut vorbereitet bzw. veranschaulicht. In den Vorbereitungsbüchern zur Zeit der Methodenbewegung rückt das anschauliche, ausmalende Element in den Vordergrund. Ihnen genügt auch das Protevangelium allein nicht mehr, sie benützen zusätzlich Visionen[229] und schmücken beide reich aus. So liest sich Lk 1-2, angereichert mit diesem Material, wie eine phantastische, wunderreiche, spannende Geschichte: Joachim und Anna bewohnen ein kleines Häuschen in Nazareth, Maria ist eine fromme Tochter mit goldgelben Haaren und blauen Augen[230]. "Sie war kein

---

224) Gottesleben-Schiltknecht-Wagenmann III, 373. Dort auch die andere Möglichkeit, daß Maria in Nazaret geboren sein soll. Nach Schuster ^{8}1926, 91, waren Joachim und Anna in Sephoris beheimatet. Sie lebten später in Jerusalem.

225) Faßbinder, 21.

226) Rensing-Lohmüller II, 77.

227) Schubert, 163; Protevangelium des Jakobus, 283f. Nach diesem Text kommt eine Taube aus Josefs Stab hervor.

228) Knecht ^{21}1907, 390 und Gottesleben-Schiltknecht-Wagenmann III, 372: nach der Überlieferung; Schuster 1864, 12: altchristliche Überlieferung; ders., ^{8}1926, 91: die apokryphen Nachrichten bieten "keine historische Gewähr".

229) Siehe S. 176 f d. Arbeit.

230) Huber-Raab, 115.

Kind wie andere Kinder. Sie hatte einen wunderbaren Verstand, war viel klüger als die großen Leute...Manchmal, wenn Maria beim Beten in einem himmlischen Licht erstrahlte, rief Anna den Hohepriester und zeigte ihm das heilige Kind."[231] Neben der anschaulichen, breiten und wunderbaren Erzählung, die das Gemüt der Kinder anspricht, werden auch die Heiligkeit und ihr vorbildliches Verhalten weitergesteigert: Es gab kein folgsameres Kind als Maria... Die Armen hatte sie sehr lieb... Sie kannte kein unrechtes Wort, hatte niemals Streit... Während die anderen spielten, betete Maria in ihrem Kämmerlein und las in den heiligen Schriften[232].

6.2.6 Die Verehrung Marias

Hand in Hand mit der Darstellung der Auszeichnungen Marias geht die Verehrung in Gebet und Lied. Aus der Liturgie und vor allem aus der Volksfrömmigkeit bieten sich eine Fülle von Gebetsformen und Marienfesten an. Am häufigsten genannt werden der "Engel des Herrn", das "Gegrüßet seist du Maria", der Rosenkranz sowie das Fest Maria Verkündigung. Dann folgen der Hinweis[233] auf die Lauretanische Litanei und auf weitere Gebete und Lieder. Sie werden meist im Anschluß an Lk 1,26-38 gebracht. Die Erzählung von der Verkündigung erhält von daher oft eine besondere Nähe zur Liturgie bzw. zur Volksfrömmigkeit.

1) Die einzelnen Gebetsformen werden vor allem als Abschluß der Erzählung benützt, als "Anwendung" des in der Erzählung Gehörten. Häufig ist damit ein Appell an die Kinder verbunden: "Grüße Maria... Denke beim 'Engel des Herrn' an Marias Demut..."[234]. "Folge der Aufforderung der Kirche und bete andächtig den 'Engel des Herrn',

---

231) Kautz I, 249f. Kautz verwendete für seine Darstellung die Visionen der Katharina Emmerick (siehe Anm. 220). Er bemerkt zwar, daß die Schüler darauf aufmerksam gemacht werden müssen, daß es sich bei den Erzählungen um Gesichte handelt (252.257), aber sie sind so mit dem Bibeltext verwoben, daß der Hinweis keine nachhaltigen Wirkungen hat. Auch Wiesheu will Legenden und Visionen für Lk 1-2 verwenden (7), ebenso Rensing-Lohmüller I, 110f; II, 86.

232) Schubert, 161f: "Maria war die Schönste, die Liebste, die Beste, die Herrlichste an Gnaden." (Ebd., 162).

233) Den "Engel des Herrn" bringen 26 Kommentare, "Gegrüßt seist du Maria" 13, den Rosenkranz 11, das Fest Maria Verkündigung 9 Kommentare.

234) Knecht, 395.

wenn die Betglocke läutet"[235]. Die Kinder werden in die Praxis der gläubigen Gemeinde eingewiesen. Die Erzählung von der Verkündigung wird dann unter Umständen zu einem Text, der die fromme Gepflogenheit erklärt.

2) Häufig werden in der Unterstufe das "Ave Maria" und der "Engel des Herrn", manchmal auch das Rosenkranzgebet, im Anschluß an die Verkündigung eingeübt[236], damit die Kinder den englischen Gruß mit Verständnis beten können, damit dem unseligen Mechanismus gewehrt wird[237]. Die Einübung geschieht meist in einer eigenen Katechese. Das Ziel ist das verständige Mitbeten mit den Erwachsenen. Die Gebete werden darüber hinaus auch zur Wiederholung des Erzählten eingesetzt[238].

3) Die Gebete sollen auch den Kern der Erzählung(en) auslegen. So erinnert Mey im Anschluß an den "Engel des Herrn": "Großes, sehr Großes ist geschehen, als der Engel Gabriel zu Maria gekommen ist. Unser Heil, unsere Erlösung hat da angefangen."[239] Beim "Engel des Herrn" sollen wir an die Güte des Sohnes Gottes denken, welcher aus Liebe zu uns Mensch geworden ist[240]. Die Gebete und Lieder der Volksfrömmigkeit und der Liturgie weisen hin auf den Kerngedanken der Menschwerdung des Sohnes Gottes.

4) Vor allem aber werden Gebete, Lieder, Litaneien und Andachten dazu benützt, Maria zu loben und zu preisen. Hinter dem Marienlob steht der christologische Gedanke weit zurück. "Wir wollen morgens, mittags und abends beim Läuten der Glocken den Engel des Herrn beten und Gott danken, daß er uns eine so heilige Gottesmutter gegeben hat..."[241]. Es ist Gott selbst gewesen, der sie auf eine besondere Weise durch den Gruß des Engels geehrt hat[242]. Das "Ave Maria",

---

235) Gottesleben-Schiltknecht-Wagenmann III, 377; ähnlich viele andere Kommentare.

236) Z.B. Mey, 326-328; Rensing-Lohmüller I, 109f; Pichler, 6; G. Weber, 153.

237) Mey, 326f; vgl. die Erarbeitung bei G. Weber, 132-135.

238) Gruber II, 75; Mey, 197f. 328; Ecker, Handbüchlein, 52; Gottesleben-Schiltknecht-Wagenmann III, 377: "Das Gebet erinnert in seinen drei Gesetzlein 1. an die Botschaft des Engels, 2. an die Einwilligung Marias und 3. an die Menschwerdung des Sohnes Gottes."

239) Mey, 201.

240) Knecht, 395; vgl. auch Hilger, 49; Kastner, 214; G. Weber, 133.

241) Burger, 14.32.

242) Gottesleben-Schiltknecht-Wagenmann III, 376.

der "Engel des Herrn", das Fest Maria Verkündigung u.a.m. sind
Mariengebete bzw. -feste, um sie zu loben und zu bitten. Wie schon
früher beobachtet, zeigen sie die Tendenz, vor allem Lk 1,26-38 betont marianisch auszulegen. Auch die gelegentlichen Hinweise auf die
Erlösung heben den marianischen Charakter der Gebete nicht auf.
Eine besondere Form der Betrachtung bietet Kautz. Unter der Überschrift "ästhetische Durchschau" beschreibt er, was beim "Gebetläuten" geschieht: "...die Engelein sagen der Muttergottes Gute-Nacht...
der Schiffer steht am Ruder und betet - die Tore des Fegfeuers öffnen sich bei jedem Aveläuten und geben eine arme Seele dem Himmel
zurück."[243] Betont man das Gebet zu Maria, muß man auch von ihrer
Mittlerrolle sprechen. Die Leute beten zu ihr, weil die Erhörung gewiß ist. "Was Maria wünscht, tut der liebe Gott; was wir wünschen,
wird er nicht tun mögen, weil wir ihm oft nicht folgen. Wir sagen alles
erst der hl. Maria; sie sagt es dem lieben Gott; er gibt es uns dann,
weil er alles tut, was Maria haben will..."[244].

6.2.7 Zusammenfassung

1) Die marianischen Aussagen im Zusammenhang mit der Auslegung der
untersuchten Perikopen geben Auskunft, was in der Katechese über
Maria gelehrt worden ist. Sie zeigen zugleich, wie weit man sich von
der ursprünglichen Intention des Textes entfernt, so daß nur noch ein
sehr loser Zusammenhang zwischen dem Bibeltext und der Auslegung
besteht. In Lk 1-2 steht Maria an zweiter Stelle. Von ihr wird um Jesu willen gesprochen und sie selbst stellt sich in seinen Dienst[245].
Im Vordergrund stehen christologische Aussagen, seine Menschwerdung aus Maria, der Jungfrau, das Bekenntnis zu Jesus als dem Christus, dem Sohn Gottes. Um seinetwillen wird auch von Maria geredet.
Die Dienstfunktion marianischer Aussagen wird auch in einigen Kommentaren noch gewahrt, dort wo die Bedeutung der Haltung Marias für das
Heil in Christus herausgestellt wird: bei Overberg in der Gegenüberstellung Eva - Maria;[246] bei Mey in der Aussage vom Beginn unseres

---

243) Schubert, 167. In der 2. Auflage ist diese Passage etwas verändert und nicht mehr so mißverständlich ausgedrückt. Kautz, 253:
Gott hat sie so lieb, daß er ihr keine Bitte abschlägt. Rensing-Lohmüller, Unterstufe, 109: "Kein Engel, kein Heiliger hat darum so
viel Macht im Himmel wie die Jungfrau Maria. Sie hilft immer,
wenn wir zu ihr beten...".

244) Kautz I, 253.

245) Vgl. Schürmann, Lukaskommentar I, 40.

246) Overberg, 7.

Heils[247]; bei Knecht[248] und einigen anderen.

2) Diese wenigen Ansätze werden jedoch in den Hintergrund gedrängt von den dogmatisch bestimmten mariologischen Auslegungen, die auch quantitativ oft die Christologie übertreffen. Der Text bzw. einzelne Verse werden dazu benützt, um die Marienlehre entfalten zu können. Die hauptsächlichen Stellen sind Lk 1, 28. 34. 38. 42; 2, 19. 51. Im Anschluß an Lk 1, 28 wird zumeist die Lehre von der Unbefleckten Empfängnis dargelegt. Lk 1, 34 bietet den Anknüpfungspunkt für die Jungfräulichkeit Marias. Lk 1, 38 führt zu Betrachtungen über die Tugendhaftigkeit Marias. Die übrigen Stellen unterstützen die jeweiligen Aussagen[249]. In der Ausführlichkeit, mit der über Maria geredet wird, wird vor allem die Verkündigungserzählung zu einer Marienerzählung. Im Vordergrund stehen dogmatische Sätze über sie, dabei wird Lk 1, 26-38 herausgelöst aus dem Erzählzusammenhang und marianisch ausgelegt.

3) Hand in Hand damit geht eine auf Marienverehrung abgestimmte Auslegung. Vor allem in der Anwendung werden Mariengebete, -lieder bevorzugt[250]. Vorher werden die Tugenden Marias gepriesen. Neben der Verehrung spielt die Aufforderung zur Nachfolge eine Rolle, die vor allem in den Appellen, es Maria gleich zu tun, konkret wird. Damit ist bereits die katechetische Verwendung der auf Maria bezogenen Auslegung angesprochen.

4) Die Katechese benützt die marianisch bestimmte Auslegung, um die Lehre der Kirche vorzutragen. Die lukanischen Texte dienen dabei teilweise der Veranschaulichung, teilweise als beweisende Stellen. Eine weitere Verwendung der Texte dient der Erklärung des Kirchenjahres und der Volksfrömmigkeit. In diese soll eingeführt bzw. eingeübt werden. Maria wird geehrt und es wird um ihre Hilfe gebeten.

5) Die Aussagen über Maria sind schließlich bedeutsam für die Vermittlung ethischer Verhaltensweisen, besonders des Gehorsams und der Demut. Die Geschichten über Maria aus Apokryphen oder Visionen sollen die für Kinder spärlichen Angaben über Maria ergänzen, mit anschaulichem Material anfüllen, um ihre Verehrungswürdigkeit zu betonen.

6.3. Die Aktualisierung der Perikopen

Die Kommentare zur Biblischen Geschichte bzw. zu den Religions-

---

247) Mey, 201.

248) Knecht, 392f.

249) Lk 2, 19. 51 wird manchmal dazu benutzt, um die Herkunft der Nachrichten über Kindheit und Jugend Jesu für Lukas zu erklären.

250) Siehe S. 285 ff d. Arbeit.

büchlein sind durchwegs bemüht, die biblischen Erzählungen in Beziehung zum Leben der Schüler zu bringen. Das geschieht herkömmlich in der sogenannten Anwendung, die verschiedene Bezeichnungen tragen kann. Sie ist in der "Münchener Methode" eine eigenständige Stufe und soll "zu dauernder Lebenshaltung und praktischem geistigen Besitz überführen"[251]. Für die Unterstufe wird eine "leicht merkbare Anwendung empfohlen"[252]. Sie soll auf der Oberstufe das Heilsgut und den Heilswillen festigen. Dazu dient unter anderem auch der Vorsatz[253]. Als ein religionspädagogisches Anliegen ist aber die "Anwendung" von Anfang an Bestandteil des Unterrichts in der Biblischen Geschichte[254]. Sie soll die erkannte Wahrheit, die herausgearbeitete Lehre für das Leben der Schüler fruchtbar machen[255]. Die Bibelkatechese heute übt an der herkömmlichen Stufe der Anwendung vielfältige Kritik[256], vor allem seit der Phase der existentialen Bibelinterpretation im Unterricht. Das heißt jedoch nicht, daß das Anliegen der Anwendungsstufe beiseite geschoben wird, den Text für die Hörer so zum Sprechen zu bringen, daß sie in ihrem alltäglichen Leben seinen Anspruch erfahren. Im Gegenteil, dieses Anliegen ist ein konstitutives Element der Bibelkatechese; die Anwendung ist in der Auslegung schon immer mitgegeben. Für den untersuchten Zeitraum jedoch ist die Anwendung als eigener methodischer Schritt im Unterrichtsablauf durchgängig Bestandteil der Katechese. Auf der Stufe der Anwendung wird eine Aktualisierung der herausgearbeiteten Lehre erstrebt, meist in der Form ethischer Appelle oder mit Hilfe von Gebeten, Liedern, liturgischen Hinweisen usw. .

---

251) L. Lentner, Art. Religionsunterricht, in: ders., Katechetisches Wörterbuch, 652.

252) Ebd., 653.

253) Ebd., 654.652.

254) Vgl. dazu z.B. die "Sittenlehre" bei Felbiger.

255) Knecht ^{21}1907, 30.

256) Z.B. W. Langer, Kerygma und Katechese, München 1966, 53: "Die in Literatur und Unterrichtspraxis begegnenden Verknüpfungen dieser Stufe mit der vorherigen reichen von genialen Intuitionen bis zu lächerlichen, an den Haaren herbeigezogenen Plattheiten, die den Text der Heiligen Schrift geradezu verhöhnen." G. Stachel, Der Bibelunterricht, Grundlagen und Beispiele, Einsiedeln-Zürich-Köln 1967, 25f. 55f: "Hier befinden wir uns in der Nachbarschaft von Bravheitsdressur, Moralismus und Legalismus."

Zur Anwendung im weiteren Sinn zählen auch die vorbildlichen Verhaltensweisen der biblischen Personen. Sie stellen in ihrem tugendhaften Leben einen starken Aufforderungscharakter für die Kinder dar. Ihr vorbildliches Leben wird bei den jetzt zu besprechenden Tugenden mitberücksichtigt. Aus dem breiten Spektrum der Anwendungen wird nur die Gruppe der moralischen Impulse herausgenommen. Lieder, Gebete, Werkaufgaben usw. bleiben unbeachtet.

6.3.1 Die Bewahrung vor der Sünde, die Übung der Tugenden

1) Als eine mögliche Anwendung verteilt sich gleichmäßig über die drei Perikopen der allgemein gehaltene Vorsatz: Ich will keine Sünde begehen[257], mein Herz soll rein und frei von Sünden sein[258]. Im Zusammenhang mit diesen Vorsätzen finden sich oft auch Ausschließlichkeitsaussagen: gar nichts Böses tun,[259] immer kindlich fromm und rein bleiben[260], nie etwas Böses tun[261]. Neben der Frucht solchen Verhaltens, nämlich ähnlich zu werden Maria oder Jesus, Josef oder den Hirten, sind die Kinder auch der Liebe Gottes gewiß: "Kinder, schaut auch, daß eure Seele immer rein ist. Dann hat euch Gott auch sehr lieb..."[262]. Die Sünde ist sehr schlimm, denn dem Menschen in Sünde droht die Hölle: "Darum haben die Menschen immer eine Sorge, sie könnten eine schlimme Sünde tun und dann sterben. Das wäre ein böser Tod, und dann käme das Allerschlimmste, die Hölle..."[263]. Dem Streben nach Sündelosigkeit korrespondiert der zweite allgemeine Vorsatz, der sich häufig im Anschluß an die Besprechung der Perikopen findet: die Übung aller Tugenden: "Du bist

---

257) Rensing-Lohmüller I, 110.

258) Ders., II, 79: Der allgemeine Vorsatz für die Unterstufe und Mittelstufe lautet: Ich will ein Marienkind werden. Es folgt die Aufzählung der bekannten Tugenden, die mit diesem allgemein gehaltenen Vorsatz abschließt.

259) Ecker, Handbüchlein, 54.

260) Ecker, Handbuch, 21; Pichler, 6; Gottesleben-Schiltknecht-Wagenmann III, 58.

261) Grimm, 142: "Jesus tut nie etwas Böses, nicht die kleinste Sünde, und du?"

262) Pichler, 6; vgl. auch Grimm, 118; Pichler, 26: "Und bittet das Jesuskind, es soll euch helfen, daß ihr brav und fromm werdet. Dann dürft ihr einmal immer bei ihm sein im Himmel oben."

263) Rensing-Lohmüller I, 120.

ein Christenkind, übe die Tugenden."[264] Andere allgemeine Aufforderungen sind z.B.: wachsam sein im Guten[265], gute Werke verrichten[266], vor allem Opfer bringen. Man kann kleine Opfer bringen für das Jesuskind[267] aber "je zahlreicher und je größer unsere Opfer sind (Beispiele!), um so sorgfältiger bereiten wir die Herzenskrippe."[268]

2) Jesus ist das Vorbild der Jugend: Es spornt sie zu dem oben angegebenen Verhalten an. In der Jugendgeschichte (Lk 2,41-52) zeigt sich Jesus als "unser Vorbild in allen Tugenden."[269] "Der liebe Jesus hat sich in seiner Jugend so betragen, daß er allen jungen Leuten immer vor Augen schweben sollte..."[270]. Er ist vom Himmel herabgekommen, um allen Kindern zu zeigen, wie sie gegen Vater und Mutter sich betragen sollen[271]. Die Aufforderung zur Nachfolge bzw. Nachahmung findet sich am Beginn der Abfassung der ersten Biblischen Geschichte vor allem bei Lk 2,41-52 und hält sich bis heute durch[272]. Sie bestimmt das Verständnis dieser Perikope im Sinne einer für das Verhalten der Kinder bedeutsamen Erzählung. Sie ist der Ort, an dem die Kinder und Jugendlichen allgemein zur Nachfolge Jesu aufgefordert werden, bzw. an dem ihnen die Nachfolge konkret aufgezeigt werden kann. Schon durch diese wenigen Beispiele wird die Vermutung Exelers bestätigt, daß in der volkstümlichen Unterweisung der Vergangenheit ein Hauptziel die Bewahrung vor der Sünde war[273].

---

264) Gottesleben-Schiltknecht-Wagenmann III, 423.

265) Grimm, 128.

266) Gottesleben-Schiltknecht-Wagenmann III, 422; vgl. auch Knecht 1907, 425.

267) Raab, 200 (Hilfsbuch).

268) Rensing-Lohmüller III, 48.

269) Grimm, 142; ebd., 119: Jesus war ein ganz liebenswürdiger Mensch: so edel und rein und gut und heilig wie keiner sonst.

270) Galura, 217.

271) Mey, 225; vgl. auch Galura, 217; Schmid, 39; Gruber I, 89f; Hirscher, 16; Knecht 1907, 424; Faßbinder, 52; Gottesleben-Schiltknecht-Wagenmann I, 142f; ders. II, 258; ders. III, 418; Schüßler, 84; Kautz I, 358; Grimm, 141f; Zielbauer II, 16; König, 78.

272) Z.B. noch bei König, 78: Jesus ist unser leuchtendes Vorbild, dem wir nachfolgen wollen.

273) Exeler, Fehlformen religiöser Erziehung, in: Handbuch der Religionspädagogik I, 139.

Dazu kam als weiteres Ziel die Reinhaltung der Seele, die mit möglichst viel Tugenden zu schmücken ist. "Die Sünde wird zum Problem schlechthin... Immer geht es um Reparatur entstandener Schäden und um Bewahrung vor neuen Schäden..."[274]. In diesen Zusammenhang paßt die Beobachtung Jungmanns, der das gängige Glaubensbewußtsein auf wenige Inhalte reduziert sieht, das meist nicht mehr umfaßt als: "Es gibt einen Gott und es gibt Himmel und Hölle; um in den Himmel zu kommen, muß man beten und die Gebote halten."[275] Dabei ist nach dem Zusammenhang mit dem zugrundeliegenden biblischen Text noch gar nicht gefragt. Die weiteren Einzeltugenden werden die beiden Grundthemen, das Meiden der Sünde und die Übung der Tugenden, noch weiter unterstreichen.

6.3.2 Die Tugend der Frömmigkeit

Ein großer Anwendungsbereich hat die Frömmigkeit des Kindes zum Inhalt. Durch das Kirchenjahr, die liturgischen Feiern und die häuslichen Formen religiösen Brauchtums ist die Verbindung von biblischem Text und kindlicher Frömmigkeit hergestellt. Die Kinder werden aufgefordert, in Gebet und Lied, im Besuch der Krippe, der Gottesdienste, in häuslichen Feiern, das zu begehen und zu feiern, was sie in den Erzählungen gehört haben[276]. Die Frömmigkeit des Kindes wird vor allem bestimmt durch die Liebe zu Jesus, das Gebet[277] und den Kirchgang.
1) Öfters werden die Kinder ermahnt, den Heiland oder das Jesuskind lieb zu haben. Neben dem Ausspruch: "Jesus ich habe dich lieb"[278], wird auch angegeben, wie sich die Liebe zeigt: immer an ihn denken[279], gar nichts Böses tun[280], ihm Freude machen[281]. Die Folge dieser Liebe: dann hat Gott dich lieb[282]. Das Gebet vor der Krippe und dem Tabernakel in der Kirche ist eine weitere mögliche Form der

---

274) Ebd..
275) Jungmann, Die Frohbotschaft und unsere Glaubensverkündigung, 6.
276) Die Verbindung der Erzählungen mit dem Weihnachtsfest stellte Gruber in seinen Katechesen her. Sie ist seitdem fester Bestandteil der Katechese; vgl. z.B. Raab, 199.
277) Zum Gebet siehe S. 295 d. Arbeit.
278) Rensing-Lohmüller I, 114; 110: "Ich will den Heiland lieb haben wie die hl. Maria."
279) Ebd., 132.
280) Ecker, Handbüchlein, 54.
281) Pichler, 26.
282) Ecker, Handbüchlein, 54.

Frömmigkeit[283]. Die Kinder werden aufgefordert, die täglichen Gebete zu verrichten: das Morgengebet zu beten, Stoßgebete, Tischgebete, das Abendgebet, die hl. Messe, verbunden mit täglicher Kommunion zu besuchen sowie das Verhalten im Gotteshaus zu beachten[284]. Die Kinder sollen so andächtig beten wie Maria[285], Sie sollen aber auch jeden Tag zu ihr beten[286]. Neben dem Gebet in persönlicher Not sollen die Kinder aber auch an andere denken, sie sollen beten, daß alle Menschenkinder Gotteskinder werden[287]. Überhaupt sollen sie im Gebet danken für die Menschwerdung Gottes[288]. Im Zusammenhang mit dem Gebet steht die Aufforderung, die Kirche zu besuchen, besonders die Gottesdienste an Weihnachten. Der Appell gilt aber auch allgemein: Wir wollen fleißig die Kirche besuchen bzw. gern in die Kirche gehen[289]. Dabei wird das Sonntagsgebot öfters eingeschärft und auf die Kirchengebote verwiesen[290]. Der Meßbesuch soll als Lebensaufgabe der Kommunionkinder angesehen werden[291]. Das Betragen im Gotteshaus und der Gebrauch des Gebetbuches werden angesprochen[292]. Einmal wird neben der Pflicht auch die Freude am Gottesdienst zum Thema erhoben[293]. Die Verbindung des Gottesdienstbesuches mit dem Kindheitsevangelium liegt einmal begründet im Besuch der Hirten an der Krippe, in ihrem vorbildlichen

---

283) Siehe S. 184, 193 f d. Arbeit.

284) Rensing-Lohmüller III, 72; vgl. ders. II, 99f.

285) Rensing-Lohmüller II, 79; ders. I, 110;

286) Ders. II, 79.

287) Solzbacher, 33.

288) Ebd. .

289) Felbiger, 127; Hilger, 73; Kautz I, 351.

290) Gruber I, 66 (Hinweis auf die Sitte der Eltern); Gottesleben-Schiltknecht-Wagenmann I, 147f; II, 261; III, 421; Rensing-Lohmüller I, 44; II, 99: "Uns ist bekannt, daß eine hl. Messe uns mehr Gnaden gibt, als wenn wir den ganzen Tag hindurch beten würden. Darum ist die Sünde auch so furchtbar und so schwer, wenn wir uns durch eigene Schuld nicht die Gnaden verdienen, die Christus für uns bereithält."

291) Raab (Hilfsbuch), 202.

292) Ebd., 202; Knecht ^{21}1907, 425; Gottesleben-Schiltknecht-Wagenmann I, 147f; Leitheiser-Pesch, 69.

293) G. Weber, 158f.

Verhalten, dann im Besuch des zwölfjährigen Jesus im Tempel. Eine Reihe von Kommentaren vergleicht den Besuch an der Krippe mit dem Besuch in der Kirche, in der Jesus im Tabernakel gegenwärtig ist. So können die Kinder Jesus besuchen, entweder wenn sie zu Weihnachten vor der Krippe stehen[294], zum anderen wenn sie Jesus im Tabernakel besuchen, denn der Tabernakel, das kleine goldene Haus, ist die Krippe[295]. Damit ist das Stichwort für eine öfters angesprochene Tabernakelfrömmigkeit gegeben. Im Tabernakel ist derselbe Gott zugegen, den einst die Hirten im Stall bei Betlehem geschaut und angebetet haben[296]. Ist schon vom dogmatischen her eine solche Aussage mehr als problematisch, so führt sie katechetisch gesehen zu schiefen und falschen Vorstellungen im Kind, das Jesus eingesperrt glaubt im "kleinen goldenen Haus". Diese Vorstellungen werden noch genährt durch Aussagen über das Verweilen Jesu in der Hostie und seine Geburt auf dem Altar. Für Knecht sind die Brotsgestalten die Windeln[297], in der Hostie ist Jesus verborgen[298]. Die Wandlung wird innerhalb dieses Vorstellungshorizontes so erklärt: Hier wird er jeden Morgen unsichtbar auf dem Altar geboren[299], oder noch genauer: "der Sohn Gottes steigt vom Himmel herab, wird Mensch und verbirgt sich sofort wieder in der Gestalt des Brotes."[300] In der Kommunion "empfängst du das Jesukindlein; man legt es dir auf die Zunge..."[301]. Wie in Betlehem ist es auch im Tabernakel arm und klein: "Da wohnt nun Jesus im **Tabernakel**, diesem oft so schmucklosen Häuschen, in einem **Gefäß** aus kaltem Metall...ganz still und lautlos...während des

---

294) Ecker, Handbüchlein, 55: "Doch wir müssen vor dem Krippchen in der Kirche so fromm beten, als wenn wir vor dem Krippchen in Bethlehem knieten." Ecker, Handbuch, 22: "Bete fromm und innig an dem einzig schönen Weihnachtsfeste vor dem Krippchen." Kautz I, 286.

295) Knecht ^{21}1907, 407; Gottesleben-Schiltknecht-Wagenmann III, 399; Rensing-Lohmüller I, 118; Pichler, 31; Raab (Kommunionklasse), 152; Grimm, 128; Schubert, 198.

296) Ecker, Handbuch, 22; Grimm, 128; Burger, 32.

297) Knecht ^{21}1907, 407; vgl. Schubert, 176: "Wie es damals in Windeln eingehüllt war, ist er jetzt eingehüllt (in den Brotsgestalten) in der hl. Hostie...".

298) Rensing-Lohmüller I, 118.

299) Ebd., 38.

300) Burger, 35; vgl. Schubert, 176.

301) Schubert, 176.

Tages aber ist er fast ganz verlassen..."[302]. Noch genauer und die Vorstellungskraft des Kindes dinglich festlegend und irreführend bittet Kautz die Kinder, das Jesuskind in der Kirche zu besuchen: "Und was machen wir mit dem armen, gefangenen, einsamen Heiland im Tabernakel?"[303] "Er wartet alle Stunden, ob nicht ein Kind kommt und muß oft bitter weinen, weil er so allein ist in den Kirchen..."[304]. Der Vergleich: Jesus im Tabernakel - Jesus in der Krippe, hat zuerst ein pädagogisches Ziel, nämlich eine Gegebenheit der sozialen Umwelt (Kirche, Tabernakel) in Verbindung zu bringen mit der Geburtserzählung Jesu. In diesem Bemühen hat man allerdings vergessen, theologisch nach der Berechtigung eines solchen Vergleichs zu fragen. Vor allem wird der Unterschied zwischen der historischen Person Jesu und der sakramentalen Wirklichkeit vernachlässigt. Das Sakrament selbst ist statisch verstanden, es verlangt nach Anbetung und Ehrfurcht als adäquate Haltung des Menschen. Ganz unverständlich ist das zusätzliche Motiv des Mitleids, das zum vermehrten Kirchenbesuch animieren soll.

2) Die Frömmigkeit des Kindes wird gestärkt durch die Frömmigkeit Jesu. Diese zeigt sich vornehmlich in seinem Verhalten auf dem Weg zum Tempel nach Jerusalem und im Tempel selbst. Aber auch sein Leben in Nazaret, der Tagesablauf und die Woche sind bestimmt von seiner Frömmigkeit. Schon seine Reise zum Tempel nach Jerusalem war vorbildliches Verhalten, nachahmenswert für alle Kinder und Erwachsene: "Er ging so sittsam und eingezogen dahin, daß es auch den Erwachsenen zum Beyspiel dienen konnte."[305] Er ging den weiten und beschwerlichen Weg, lärmte nicht, zankte nicht, dachte nur an seinen himmlischen Vater[306]. Er ist wohl müde geworden, aber doch hat er voll Freude den weiten Weg gemacht[307]. Auch im Tempel selbst zeigt sich seine große Frömmigkeit. Jesus stand still im Tempel, schaute sich nicht um, betete andächtig und lange[308]. "Voll Verwunderung

---

302) Burger, 34.

303) Kautz I, 264.

304) Ebd., 288f.

305) Overberg, Religionshandbuch I, 87.

306) Ders., Anweisung zum zweckmäßigen Schulunterricht, 435f.

307) Gottesleben-Schiltknecht-Wagenmann I, 145. König, 75. Obwohl Jesus nicht verpflichtet war, an der Wallfahrt nach Jerusalem teilzunehmen, ging er mit Maria zum Tempel. Ihr Tempelbesuch war Zeichen echter Frömmigkeit und Gottesliebe.

308) Rensing-Lohmüller I, 44; Burger, 72; Faßbinder, 53.

haben die anderen Leute auf den frommen Knaben hingeschaut."[309]
Die Engel haben dem Jesukind mit Freude zugeschaut[310]. Er ist
fast immer im Tempel gewesen. Er hat alles mit den anderen Leuten
mitgemacht, aber viel, viel schöner[311]. Da er Gottes Sohn ist und
ihm sein künftiges Lebensschicksal klar vor Augen steht, hat er sich
jetzt schon dem himmlischen Vater aufgeopfert und ihm alles geschenkt[312]. Er hat sich nicht nach anderen Kindern umgesehen, nicht
beachtet, welche Kleider sie anhatten, noch wer kam oder ging[313].
Jesu Frömmigkeit zeigt sich weiter in seinem verborgenen Leben in
Nazaret. Darauf wird weiter unten noch eingegangen[314].
3) Beispielhaft ist schließlich Marias Frömmigkeit. Maria hat viel
gebetet[315], gerne gebetet... hat Gott von ganzem Herzen geliebt[316],
tat alles mit großer Freude aus Liebe zu Gott[317]. Ihre Frömmigkeit
zeigte sich vor allem in ihrem Gebet. "Daß sie oft und inbrünstig
zu Gott gefleht hat, er möge den verheißenen Erlöser senden, kann
nicht bezweifelt werden"[318]. Wenn Maria betete, hörte Gott besonders
gern zu[319]. Von einer ganzen Reihe von Kommentatoren wird angenommen bzw. vorausgesetzt, daß Maria gerade im Gebet versunken
war, als der Engel bei ihr eintrat[320]. Sie betete um den Erlöser[321].

---

309) Mey, 228.

310) Pichler, 57.

311) Ebd., 62; Burger, 72: es dauerte ihm nie zu lang, immer war er rechtzeitig da.

312) Pichler, 57.62; Mey, 228.

313) Overberg, Anweisung zum zweckmäßigen Schulunterricht, 436.

314) Siehe S. 305 f d. Arbeit.

315) Pichler, 4.

316) Mey, 186.

317) Schubert, 160f; Ecker, Handbuch, 34: von ihr lernen wir die Liebe zu Gott.

318) Knecht ^{21}1907, 390; ähnlich Rensing-Lohmüller III, 29.

319) Zielbauer I, 70.

320) Knecht ^{21}1907, 390; Gottesleben-Schiltknecht-Wagenmann I, 122; ders. II, 227; ders. III, 373f; Ecker, Handbüchlein, 51, Handbuch 11f; Weigl, Unterricht in der Biblischen Geschichte, 59; Huber-Raab, 117.

321) So viele Kommentare.

Sie kannte die Heilige Schrift und die Verheißungen des Alten Bundes. Sie wußte und glaubte, daß Gott den Erlöser in die Welt senden werde[322]. Auch bei der Geburt Jesu finden wir sie, wie sie niederkniet und das Kind als den Sohn des Allerhöchsten voll innigen Glaubens anbetet[323]. Marias Frömmigkeit zeigt sich weiter in der Wallfahrt nach Jerusalem. Obwohl sie als Frau nicht verpflichtet war, ging sie freiwillig mit[324]. Sie betete gern im Tempel[325] und hörte andächtig zu. Auch ihr übriges tägliches Leben als Frau und Mutter war bestimmt vom Gebet[326].

4) Die Frömmigkeit des Kindes, zu der Lk 1-2 aneifert, zeigt sich in seiner gesitteten Haltung auf dem Weg zur Kirche, in der Kirche selbst und beim Gebet, in der Freude am häufigen Besuch des Gotteshauses und am regelmäßigen Gebet sowie in der Anbetung vor dem Tabernakel. Die vorbildliche Haltung Marias, Jesu und der übrigen Personen bilden eine zusätzliche Motivation. Bei manchen Kommentaren wird Frömmigkeit mit Armut gekoppelt. Die Verbindung: arm aber fromm, findet sich wiederholt[327]. Ein Beispiel dafür ist Maria. Ihre Armut zeigt sich darin, daß sie in einem kleinen Haus wohnt...nur ganz gewöhnliche Kleider und nur sehr wenig Geld gehabt hat[328]. "Aber Gott schaut nicht auf das Geld; alles Geld gehört ja doch ihm; er leiht es den Menschen nur auf einige Jahre."[329] An Maria zeigt sich beispielhaft, daß Gott meist arme Menschen beruft[330]. Die von der Religionspädagogik propagierte Frömmigkeit erweist sich von der bereits skizzierten Christologie und Mariologie abhängig. Ihnen korrespondieren Ehrfurcht und Anbetung. Verbunden damit ist eine individualistische Heilssorge. In die vorgegebene Frömmigkeitsordnung[331] wird

---

322) Keßler-Ulrich, 7.

323) Knecht [21]1907, 402; "Während Maria in Andacht versunken war, gebar sie ihr Kind". Raab (Kommunionklasse), 151f.

324) Knecht, 422; Ecker, Handbüchlein, 60; Handbuch, 52; Faßbinder, 50; Grimm, 139.

325) Ecker, Handbüchlein, 60.

326) Siehe S. 306 d. Arbeit.

327) Gottesleben-Schiltknecht-Wagenmann I, 132; II, 127; Burger, 11: arm, reich an der Seele; Raab (Kommunionklasse), 11: arm an Geld und Gut...ihre Seele war fromm; Gruber I, 54; Kautz I, 253.

328) Pichler, 4.

329) Burger, 11.

330) Galura, 195.

331) Die einzelnen Übungen der Frömmigkeit zeigen die Herkunft aus der monastischen Frömmigkeit. Vgl. dazu Alfons Auer, Art. Frömmitkeit in: LThK IV, [2]1960, 400-405, bes. 404.

das Verhalten der Kinder eingepaßt, eigene Ausdrucksformen der Kinder können nicht realisiert werden. Die Frömmigkeitsübungen sind von einem gewissen Belohnungsdenken begleitet in Analogie zur elterlichen Belohnung: Wenn man viel betet, dann hat Gott uns lieb. Wenn wir still stehen, dann schaut Gott mit Wohlgefallen auf uns.
Die Einordnung in die Erwachsenenfrömmigkeit wird ergänzt durch die Einordnung in die Erwachsenenwelt überhaupt, vor allem in Schule und Haus. Diesem Ziel dienen die jetzt noch zu besprechenden Tugenden.

6.3.3 Die Tugend des Gehorsams

Neben der Übung der Frömmigkeit stehen der Gehorsam und die Demut[332] an der Spitze der Nennungen, wenn es um die Anwendung der biblischen Texte auf das Leben der Kinder geht. Im Gebrauch des Wortes Gehorsam wird dabei nicht unterschieden zwischen dem Glaubensgehorsam z.B. Marias, dem Gehorsam Jesu gegenüber seinem Vater und der Gehorsamsforderung an die Kinder. Alle Formen werden unter dem Sammelbegriff "Gehorsam" verhandelt. Ausgewertet wird dafür vor allem Lk 2,41-52, besonders V 51... und war ihnen gehorsam[333]. Die Tradition der Auswertung beginnt bei den ersten Biblischen Geschichten und hält sich bis in unsere Zeit durch[334].
1) Im allgemeinen werden die Kinder zum Gehorsam gegen die Eltern angehalten. Ihnen ist in allen Stücken (Felbiger) und immer (Knecht) zu gehorchen. Dieser Gehorsam wird nur schwierig, wenn die Eltern die Ausführung der religiösen Pflichten verwehren[335].

---

332) Gehorsam und Demut werden bei der Eva-Maria Typologie zusammen mit dem Glauben genannt. Auf die Demut wird hier nicht weiter eingegangen. In den Kommentaren ist sie meist im gleichen Sinn wie die Bescheidenheit verwendet. Beispiel: Grimm,118: Sei demütig (bescheiden); Ecker, Handbuch,13: "Sei gering in deinen Augen. Auch wenn du Glück hast in der Welt, sei stets demütig und bescheiden." Vgl. auch Raab (Kommunionklasse),21f.

333) So die Einheitsübersetzung der Hl.Schrift, sonst wird meist "untertänig" oder "untertan" übersetzt.

334) Felbiger, Jesus belehrt die Kinder...ihren Eltern in allen Stücken zu gehorchen...; Keßler-Ulrich,58: "Wenn sogar Jesus seinen Eltern gehorsam war, müßten doch wir unseren Eltern erst recht gehorchen."

335) Leitheiser-Pesch, 69.

Wie soll der Gehorsam beschaffen sein? Dazu geben die Kommentare folgende Anweisung: Man soll gern[336], pünktlich[337], schnell[338] gehorchen. Jesus ist für die Kinder auch in diesem Punkt unerreichbares Vorbild. Sein Gehorsam war ein vollkommener. In allem gehorchte er seinen Eltern[339], auch dem hl. Josef[340], den Eltern hat er sich unterworfen, wie ein Knecht sich seinem Herrn unterwirft[341]. Jesus folgte willig, fertig[342], freudig, pünktlich[343], aufs Wort, ohne Widerrede[344]. Auch Maria übte den Gehorsam: "Sie machte keine Einwendungen gegen den Befehl des Fürsten, und hier ist sie ein Beyspiel des Gehorsams gegen landesfürstliche Verordnungen. Landesfürsten stellen Gott vor..."[345]. Ebenso betonen Knecht, Pichler, Raab und Wiesheu den Gehorsam Marias gegenüber der Obrigkeit[346]. Raab weiß zu berichten, daß Maria immer gefolgt hat, gleich und gerne "Und sie war schon eine große Frau und war die Mutter Gottes."[347]

2) Der Gehorsam ist die Tugend, die für die Kinder die wichtigste

---

336) Knecht, ^{21}1907, 425; Pichler, 51; Faßbinder, 54.

337) Knecht, ebd.; Kautz I, 358; Faßbinder, 54.

338) Knecht, ebd.; Pichler, ebd..

339) Overberg, Religionshandbuch I, 87; Hirscher, 18; Knecht ^{21}1907, 424; Grimm, 140.

340) Pichler, 50.

341) Mey, 234.

342) Overberg, Religionshandbuch I, 87.

343) Faßbinder, 53.

344) Grimm, 140; vgl. auch Gottesleben-Schiltknecht-Wagenmann I, 146; ders. II, 261; Rensing-Lohmüller II, 98; Schüßler, 83; Zielbauer II, 18.

345) Galura, 202.

346) Knecht ^{21}1907, 403: "Gehorsam der Obrigkeit, wanderte Maria mit dem hl. Joseph nach Bethlehem." Pichler, 24: "Der Kaiser hat es gesagt, und Gott will, daß man dem Kaiser folgt." Raab (Kommunionklasse), 20: Maria war gehorsam gegen den Befehl des Kaisers; Wiesheu, 13: "Während alle murrten und schimpften, traten Joseph und Maria still und gehorsam ihre Reise an."

347) Raab (Kommunionklasse), 22: "Bei der lieben Mutter Gottes gibt es kein Weinen und kein Schmeicheln."

ist[348]. Er ist deshalb so hervorzuheben, weil er die Grundlage aller Tugenden ist[349], die schönste, die eigentlichste Pflicht der Kinder[350]. Unter Donner und Blitz hat Gott diesen Gehorsam befohlen[351]. Wie gewichtig die Übung dieser Tugend ist, zeigt sich wieder daran, daß selbst Jesus seinen Eltern gehorsam war[352], obwohl er Sohn Gottes war[353], Herr und Schöpfer der Eltern[354]. "Gott, Dem (!) die Engel unterworfen sind, war Maria und Joseph unterthan. O Demuth ohne Beispiel."[355] Eigentlich hätte es umgekehrt sein müssen: "Jesus hätte anschaffen sollen und Maria und Josef hätten folgen sollen."[356] Ist aber Jesus das Vorbild in der Übung des Gehorsams, so sollen die Kinder aus Liebe zu Jesus gehorsam sein[357]. Am Gehorsam entscheidet sich schließlich das Christsein des Kindes überhaupt: "Wenn du denen nicht folgen willst, welche Gottes Stelle an dir vertreten, so verdienst du nicht den Namen eines Christen."[358]

3) Neben dem Gehorsam irdischen Autoritäten gegenüber wird auch der Gehorsam Gott gegenüber angesprochen. Marias Frömmigkeit schließt den Gehorsam gegen Gott ein. Sie hat immer getan, was Gott will[359], war gehorsam gegen die Gebote Gottes[360], gehorchte

---

348) Kastner, 235: Die Kinder sollen lernen, wie wichtig die Tugend des Gehorsams ist. Sie allein wird aus dem Schatze des tugendreichen Lebens des Herrn hervorgehoben.

349) Overberg, Religionshandbuch I, 84; Faßbinder, 53.

350) Schmid, 45.

351) Mey, 237.

352) Mey, 358.

353) G. Weber, 159.

354) Keßler-Ulrich, 58: "Er hielt das vierte Gebot und war seinen Eltern - obwohl er ihr Herr und Schöpfer ist - gehorsam...Wenn sogar Jesus seinen Eltern gehorsam war, müßten doch wir unseren Eltern erst recht gehorchen!"

355) Schuster, BG v.1881, 169; ähnlich Knecht [21]1907, 424; Faßbinder, 53; Ecker, Handbuch, 33; Quadflieg, 122; König, 76f; Hilger, 70: "Vor der im Tempel aufleuchtenden Herrlichkeit seiner Gottessohnschaft erscheint auch sein Gehorsam nicht selbstverständlich." Faßbinder, 53: Maria lebte in beständiger Anbetung ihres göttlichen Kindes.

356) Pichler, 51.

357) Knecht [21]1907, 407; Ecker, Handbuch, 34.

358) Knecht, ebd., 426.

359) Pichler, 4.

360) Raab (Kommunionklasse), 20.

Gott und wurde dadurch die Mutter Gottes[361]. Der Gehorsam Marias ist vorbildhaft für den Gehorsam der Kinder gegen Gott. "Auch mein - dein - unser - Aller (!) Herr ist Gott; wir sind alle Diener und Mägde Gottes. Was müssen wir darum thun, wenn Gott befiehlt?..."[362] Bei Jesus zeigt sich der Gehorsam Jesu gegenüber dem Vater im Himmel für einige Kommentare im Zurückbleiben im Tempel[363]. Erst in den neueren Werken wird aber der Gehorsam Jesu als das sein Wesen bestimmende Verhalten ausgelegt[364], das seine radikale Herkünftigkeit von Gott und sein radikales Übereignetsein an Gott offenbart[365].

4) Der Gehorsam Gott gegenüber ist in den Kommentaren weit weniger vertreten als die Verhaltensweisen irdischen Autoritäten gegenüber. Unschwer lassen sich die leitenden Erziehungsinteressen aus den anempfohlenen Verhaltensweisen herauslesen: Die Kinder sollen sich ohne Schwierigkeit in die vorgegebenen Ordnungen einfügen lernen. Zwar widersetzten sich Kinder, vor allem ältere, schon immer der unbedingten Unterwerfung, aber sie widersetzten sich damit zugleich dem Willen Gottes: "Bei andern Kindern, wenn sie älter werden, kommt es manchmal vor, daß sie Vater und Mutter nicht mehr folgen wollen. Sie werden trotzig und streitig. Das sind keine Kinder wie Jesus eines gewesen ist."[366] Der gehorsame Gottessohn ist höchster Garant für die Erfüllung jeglicher Gehorsamsforderung. Die willige Einfügung in soziale Ordnungen der Familie und der Schule ist auch eine unerläßliche Vorübung für die Einfügung in die größeren sozialen Systeme der Kirche und des Staates. "Ein unfolgsamer S o h n ist unfehlbar auch ein böser B ü r g e r und C h r i s t."[367] Gefordert wird fast durchgängig[368] der Gehorsam als Befehlshörig-

---

361) G. Weber, 132 (im Anschluß an Lk 1,38).

362) Schmid, 9; Rensing-Lohmüller II, 79; Gruber I, 55.

363) Ecker, Handbuch, 33; Rensing-Lohmüller II, 100; G. Weber, 157; Solzbacher, 54.

364) Z.B. Baur, 71; Hilger, 71.

365) Walter Kasper, Jesus der Christus, Mainz ^{2}1975, 130.

366) Mey, 234.

367) Hirscher, Das Leben der allerseligsten Jungfrau Maria, 337.

368) Eine Ausnahme ist z.B. der Kommentar von G. Weber, der versucht, Gehorsam einsichtig zu machen (159).

keit[369], ohne eigene Verantwortung. Wohin ein solches Gehorsamsverständnis führen kann, zeigt eine Notiz in Rudolf Höß' autobiographischen Aufzeichnungen, die sich gut in die oben zitierten Sätze einfügt: "Von meinen Eltern war ich so erzogen, daß ich allen Erwachsenen und besonders Älteren mit Achtung und Ehrerbietung zu begegnen hätte, ganz gleich, aus welchen Kreisen sie kämen... Ganz besonders wurde ich immer darauf hingewiesen, daß ich Wünsche oder Anordnungen der Eltern, der Lehrer, Pfarrer usw., ja aller Erwachsenen bis zum Dienstpersonal unverzüglich durchzuführen, bzw. zu befolgen hätte und mich durch nichts davon abhalten lassen dürfe. Was diese sagten, sei immer richtig. Diese Erziehungsgrundsätze sind mir in Fleisch und Blut übergegangen."[370]

6.3.4 Die Tugend der Keuschheit

Wie Jesus das große Vorbild in der Übung des Gehorsams ist, so Maria in der Übung der Keuschheit[371]. Neben Frömmigkeit, Glaube, Demut und Gehorsam wird die Keuschheit besonders hervorgehoben. Sie wird auch jungfräuliche Reinigkeit oder Unschuld genannt. Aus den kurzen Erläuterungen der Kommentatoren folgt, daß sie die Keuschheit mit geschlechtlicher Unberührtheit bzw. Jungfräulichkeit verbinden. Diese Verbindung hat bereits eine lange Tradition in der Frömmigkeitsgeschichte[372]. Auffallend ist die ausführliche Behandlung in zwei Handbüchern der Unterstufe. Bei Raab wird im Zusammenhang mit Lk 1,26-38 auf vier Seiten die Tugend der Keuschheit abgehandelt, 33mal findet sich das Adjektiv keusch. Allerdings wird nicht erklärt, was die Kinder darunter zu verstehen haben, der Text bleibt in allgemeinen Aussagen und beständigen Wiederholungen stecken. Danach ist die Keuschheit die schönste der Tugenden der Gottesmutter. Sie ist der Grund, weshalb sie Mutter Gottes geworden ist[373].

---

369) Dietmar Mieth, Art. Gehorsam, in: Praktisches Wörterbuch der Pastoralanthropologie, hrg. v. Gastager, Gastgeber u.a., Wien-Freiburg-Basel und Göttingen 1975, 364f.

370) Rudolf Höß, Autobiographische Aufzeichnungen, München 1963, 25. (Zit. nach Dorothee Sölle, Phantasie und Gehorsam, Stuttgart ²1968, 11).

371) Siehe Anm. 332.

372) Vgl. dazu K. Suso Frank, Geboren aus der Jungfrau Maria, in: Zum Thema Jungfrauengeburt, 108f. Vom 4. Jahrhundert an wird die ethisch-asketische Deutung der Jungfräulichkeit Marias besonders betont u.a. von Ambrosius, Hieronymus und Augustinus.

373) Raab (Kommunionklasse), 24. Bei Burger wird die Initiative Gottes an erster Stelle genannt (ebd., 15).

Dieser Tugend wird der gesamte biblische Text untergeordnet. Lk 1,29 wird dann folgendermaßen ausgelegt: "Zum Engel hat sie kaum geschaut, sie hat gar nicht hören wollen, was er gesagt hat..."[374]. Das zweite Handbuch, das die Keuschheit ausführlich behandelt[375], ordnet sie ein in das große Thema der Unbefleckten Empfängnis. Maria ist mit dieser Tugend das große Vorbild des Kommunionkindes. Den Kampf um diese Tugend sieht Burger bei den Kindern zwar erst später beginnen, aber er macht sie bereits jetzt damit bekannt[376]. Es braucht nicht angemerkt zu werden, daß hier Maria als das asketische, engelreine (Raab) Vorbild ganz aus dem Verkündigungstext gelöst ist und zum Gegenstand der Bewunderung, Verehrung und Nachahmung wird[377].

6.3.5 Jesus als mustergültiger Schüler und vorbildlicher Arbeiter

Zwei weitere Tugenden vervollständigen das Bild des gottwohlgefälligen Kindes. Sie sind Gegenstand der Auslegung von Lk 2,41-52.
1) Das Sitzen Jesu unter den Lehrern, sie befragend und ihnen Antwort gebend, ist für die katechetischen Kommentare Anlaß, Jesus als vorbildlichen Schüler vorzustellen. Schon Felbiger legt Lk 2,41-52 in diese Richtung aus. Schulpflicht und Schülerverhalten sind Thema u.a. bei Overberg, Galura[378], Ecker, Raab und Burger. Die Einführung der Schulpflicht und der noch unregelmäßige Schulbesuch mögen zunächst Anstoß gewesen sein, das Thema in der Schriftauslegung anzusprechen. Es kommt nochmals bei den Religionsbüchlein zum Vorschein, ist hingegen in den neueren Kommentaren kein Thema mehr. Jesus ging zur Schule, nicht weil ihn seine Eltern dazu

---

374) Raab (Kommunionklasse), 26. Auch die ewige Seligkeit hängt von der Keuschheit ab. Der Leib wird verklärt, wie der Marias: "Das kommt darauf an, ob ihr keusch gewesen seid." (Ebd.,28).

375) Burger, 14-17.

376) Ebd., 17. Auch Burger verspricht nach einem keuschen Leben ewigen Lohn: "Ewig triumphiert das keusche Geschlecht mit der Siegeskrone und trägt den Preis davon für die Kämpfe unbefleckter Reinigkeit." (Ebd., 17).

377) Nicht berücksichtigt wurde hier die religionspädagogisch fragwürdige Behandlung des Themas "Keuschheit".

378) Galura schweift bei diesem Thema ab und behandelt das Verhältnis von großen Talenten und schlechten Sitten bei manchen Kindern. (Ebd., 215.219).

antrieben, sondern weil er wußte, daß es gottwohlgefällig war[379]. Auch im Unterricht selbst verhielt er sich vorbildlich. Er war pünktlich da, war still, anständig gegen die Lehrer[380]. Er hörte zu und fragte, d. h., er hörte aufmerksam zu, er fragte verständig[381]; er antwortete laut und verständig[382]. So ist er ein Vorbild für die Jugend durch seine Lernbegierde[383].

2) Jesus war nicht nur ein mustergültiger Schüler, sondern auch ein vorbildlicher Arbeiter. Er war überhaupt der größte Arbeiter[384]. Durch ihn wird die Arbeit geadelt[385]. Sie bringt Segen für das irdische und das ewige Leben[386]. Jesus hat unter anderem deshalb so lange still in Nazareth gelebt, um uns die Pflicht der Arbeit und die Arbeit zur Ehre Gottes zu lehren und vorzuleben[387]. Seine Arbeit wird einmal geschildert als die eines fleißigen Kindes, das der Mutter bei der häuslichen Arbeit behilflich ist. Jesus ging den Eltern bei allen kleinen Arbeiten an die Hand[388]. Er holt z. B. Holz, soviel, daß er die Holzscheite kaum tragen kann, man sieht an dem Gesicht,

---

379) Overberg, Anweisung zum zweckmäßigen Schulunterricht, 439. So soll auch die Kinder der Wille Gottes antreiben, die Schule zu besuchen.

380) Burger, 73. - Das Gotteskind in der Schule. Kirche und Schule sind zwei Orte, "an denen ihr euch viel aufhalten müßt, aus denen ihr viel Gnade und Segen forttragen sollt." (Ebd., 72).

381) Overberg, Anweisung zum zweckmäßigen Schulunterricht, 440: "Durch Fragen wird man klug."

382) Ebd., 439f; Overberg, Religionshandbuch I, 87. Es folgt wieder die Aufforderung, es ihm gleich zu tun. "Wir müssen recht aufmerksam seyn, über die Lehre nachdenken, laut genug und verständlich antworten, und fragen, wenn wir etwas nicht verstehen." (Ebd.).

383) "Welch ein Musterbild des guten, frommen Kindes, das recht **fleißig** lernt, besonders **lernbegierig** in bezug auf alles, was die heilige Religion betrifft." Ecker, Handbuch 33.

384) Knecht $^{23.24}$1913, 449.

385) Kastner, 235; Knecht ^{21}1907, 424f. Arbeitsamkeit ist eine Tugend.

386) Burger, 70f.

387) Kautz I, 358.

388) Overberg, Religionshandbuch I, 87; Knecht ^{21}1907, 424.

wie er sich plagt[389]; er holt Wasser, jeden Morgen, ohne daß man es sagen mußte[390]. Alles hat er ganz schön und ordentlich gemacht[391]. Auch in der Werkstatt des Vaters arbeitete er eifrig mit und erlernte von ihm das Zimmermannshandwerk[392]. Seine vorbildliche Arbeitshaltung schildert Mey so: "Oft ist dabei dem lieben Heiland der Schweiß über das Gesicht herabgeronnen. Auch hat er manchmal Wunden an den Händen bekommen; seine Hände sind gar fein und zart gewesen. Immer aber ist er ganz willig geblieben und hat alles so gemacht, wie Joseph angeordnet hat..."[393]. Die Kirchengeschichte sagt, er habe Joseph geholfen, Pflüge zu verfertigen[394]. So diente er wie ein Geselle bei der beschwerlichen Zimmermannsarbeit[395] und arbeitete dabei innig und freudig und wurde so zu einem Vorbild für Lehrlinge und Gesellen[396].

6.3.6 Die Heilige Familie

Gleichsam in ein einziges Bild eingefangen sind die vorbildlichen Verhaltensweisen von Jesus, Maria und Josef im Bild der Hl. Familie. In ihm läßt sich alles bisher Aufgeführte zusammenschauen. Die drei heiligen Menschen, J e s u s , der Gottessohn, M a r i a , die Unbefleckte, J o s e f , der Pflegevater, bildeten zusammen die Heilige Familie[397]. Ihr gesamtes Verhalten macht sie zum Vorbild jeglicher christlicher Familie[398].
1) Grundlage für Eintracht und Liebe[399] waren ihre Arbeitsamkeit, ihre Frömmigkeit, ihr Verhalten zueinander und zu allen Menschen.

---

389) Pichler, 50.

390) Zielbauer II, 17.

391) Pichler, 50.

392) Overberg, Religionshandbuch I, 87.

393) Mey, 234.

394) Galura, 217.

395) Knecht ^{21}1907, 424.

396) Schmid, 45.

397) Zielbauer II, 19; Faßbinder, 53.

398) Gottesleben-Schiltknecht-Wagenmann III, 422; Rensing-Lohmüller III, 69.

399) Schmidt, 45.

"Joseph sorgte als schlichter Zimmermann mit Fleiß und Umsicht für den täglichen Unterhalt... Maria führte emsig und liebevoll die Haushaltung... Jesus diente den Eltern in Demut und kindlicher Verehrung..."[400]. In dieser Beschreibung ist die Arbeit der Hl. Familie zusammengefaßt, die einige Kommentare dann noch ausführlicher beschreiben[401].

2) Neben der Arbeit war eine weitere Hauptbeschäftigung der Hl. Familie das Gebet: "Gemeinsames Beten und Lesen in der Hl. Schrift, fromme Gespräche, Besuch der Synagoge, treues Beobachten des Gesetzes..."[402]. Wann und wie sie gebetet haben, schildert ausführlich Zielbauer für den ersten Schülerjahrgang. Der ganze Tag und die Woche waren geprägt von religiösen Übungen[403]. Dabei übertraf Jesus in seinem Eifer die anderen Familienmitglieder.

3) Einige Kommentare äußern sich auch zur Frage, ob denn Jesus neben Arbeit und Gebet auch gespielt habe. Mey und Gottesleben finden, daß es gegen die Würde des Gottessohnes ist, ihn z.B. auf Straßen oder Spielplätzen zu suchen[404]. Andere Handbücher mildern die Vorstellung ab, Jesus habe nicht gespielt: Dem Jesuskind ist zwar nicht ums Spielen gewesen, "aber ich meine schon, daß er manchmal anderen Kindern zuliebe mitgespielt hat."[405] Einige Handbücher betonen sein vorbildliches Verhalten beim Spielen, so daß es die anderen Mütter gern sahen, wenn ihre Kinder mit Jesus spielten[406]. Aber auch seine gewöhnliche Entwicklung als Kind wird angesprochen: "Jesus wurde ein fröhlicher Knabe. Genau wie ihr mit anderen Kindern spielt, so hat Jesus wohl auch mit den anderen Knaben der Stadt gespielt"[407].

---

400) Faßbinder, 53; Mey, 225.

401) Ebd.; vgl. auch Zielbauer II, 20f; Mey, 225; Er hat das Haus gekehrt, Wasser geholt, Holz in die Küche getragen, Josef Beil und Hammer gebracht, Späne zusammengelesen, die Säge ziehen helfen usw..

402) Faßbinder, 53.

403) Zielbauer II, 20f.

404) Mey, 349; Gottesleben-Schiltknecht-Wagenmann I, 143; beide Stellen beziehen sich auf die Suche der Eltern in Jerusalem; dazu noch Mey, 225f: "Der Knabe Jesus ist gerne zu Hause geblieben. Am Herumspringen hat er keine Freude gehabt...".

405) Pichler, 58.

406) Zielbauer II, 17f.

407) G. Weber, 154.

4) Die Erfüllung der religiösen Pflichten und der Gehorsam der Kinder gegenüber den Eltern waren die beiden Grundbedingungen glücklichen Lebens[408]. Dazu kam das Verhalten untereinander und zu den Mitmenschen überhaupt. Es gab keinen Zwist, kein hartes, unfreundliches Wort[409], vielmehr suchte man den Wünschen des anderen zuvorzukommen[410]. Sie erwarben sich dadurch die Liebe und Achtung der Mitmenschen[410]. So sollten alle Familien beschaffen sein[411]. Die Hilfe dazu sollten sie durch die Verehrung der Hl. Familie erflehen[412]. Die Verehrung der Hl. Familie empfiehlt Pichler den Schülern des 2. Jahrgangs (!), damit sie einst eine ruhige Sterbestunde hätten. Dabei legt er den Todeskampf aus als Kampf des Menschen mit dem Teufel. Um aber so ruhig sterben zu können wie Maria, sollen die Kinder die Hilfe der Hl. Familie erbitten. Vielleicht sehen sie sie dann sogar in der Sterbestunde[413].

6.3.7 Zusammenfassung

Die Aktualisierung der Perikopen wurde am Beispiel der Tugenden aufgezeigt, die häufig im Zusammenhang mit der Auslegung von Lk 1-2 genannt wurden.
1) Die Zielvorstellungen, die sich in den einzelnen Anwendungen widerspiegeln, können in Tugendkatalogen zusammengefaßt werden: Die Kinder sollen beten, folgen, gut sein, rein sein, artig, freundlich, bescheiden, gefällig[414]. Die empfohlenen Verhaltensweisen er-

---

408) Rensing-Lohmüller III, 70.
409) Faßbinder, 53; Knecht ^{21}1907, 425.
410) Ebd.; Gottesleben-Schiltknecht-Wagenmann II, 262; ders. III, 421; Kastner, 234.
411) Schmid, 45; vgl. noch Hilger, 72.
412) Kastner, 236. Hinweis auf das Fest der Heiligen Familie und den "Verein der Heiligen Familie"; Faßbinder, 53f.
413) Pichler, 16f.
414) Zusammenfassungen z. B. bei Knecht ^{21}1907, 425: Freundlichkeit, Sanftmut, Gefälligkeit; Leitheiser-Pesch, 69: selbstlos dienen, bescheiden, hilfsbereit und allzeit gehorsam sein; Gottesleben-Schiltknecht-Wagenmann III, 422: artig, bescheiden, freundlich, gefällig sein; Grimm, 128: beten, folgen, gut sein, rein sein.

möglichen ein konfliktfreies Leben innerhalb vorgegebener Ordnungen. Sie sind repräsentiert durch Eltern und Vorgesetzte und sind gottgewollt. Deshalb zieht die Befolgung der oben angeführten Tugenden auch die Belohnung Gottes nach sich: ...dann hat Gott dich lieb[415]. Zugleich erwirbt sich das Kind durch die Übung aller Tugenden eine Heilsmehrung: "Wenn dann das Kind älter wird, gern betet, recht folgsam und freundlich ist, fromm beichtet und kommuniziert (!), so wird seine Seele noch schöner; der heilige Geist gießt noch mehr Gnade hinein."[416] Überhaupt ist die Leistungsmoral in den Anwendungen sehr verbreitet und man kann gut verstehen, wenn es zur Klischeevorstellung kommt, wie sie J.A.Jungmann beschreibt: "Katholisches Christentum... ist mehr oder weniger erkannte Pflicht, die auf dem Gewissen liegt, an der man festhalten muß, wenn man seine Seele retten will."[417] Auch die Frohbotschaft von der Ankunft des menschenfreundlichen Gottes ist in dem Bestreben nach Aktualisierung oft in eine lastende Botschaft umgewandelt. Die Kinder sind dem Druck ausgesetzt, Opfer bringen zu müssen oder sie leben in der Furcht, bei schlechtem Verhalten in die Hölle zu kommen[418]. Kommentare aus der Zeit der Materialkerygmatik sind in den moralischen Appellen zurückhaltender[419]. Wünschbares Verhalten wird mit zusätzlicher Autorität ausgestattet, indem es, als von Jesus selbst geübt, vorgestellt wird[420]. Vorbildhaftigkeit, Übertragbarkeit und Autorität sind drei Prinzipien der Anwendung.

---

415) Die größte Belohnung ist der Himmel, wie umgekehrt die größte Strafe die Hölle ist, die schon bei kleinen Vergehen angedroht wird.

416) Mey, 235; Pichler, 33: "...Gnade bringt das Jesukind aber nur den braven Kindern, den Kindern, die ihm Freude machen...".

417) Die Frohbotschaft und unsere Glaubensverkündigung, 4.

418) Schubert, 166: "Nun haben wir manchmal viel Böses angestellt und der liebe Gott spricht bei sich:'Den muß ich strafen, weil er gar nicht folgt, weil er immer lügt. Und in den Himmel gehört er auch nicht..'. Da würde es uns aber schlecht gehen, wenn uns Gott krank werden ließe, und wenn wir sterben...!"

419) Siehe S. 232 - Hirscher, siehe S. 237 d. Arbeit.

420) Das so entstandene Jesusbild beschreibt Oskar Neisinger: "Sein Seidenkleid im strahlendsten Weiß, seine stets ondulierten Haare, seine perfekte Bravheit wurden als Vorbildschablone vorgehalten, hinter der die Fransen der eigenen Bosheit recht ärgerlich vorlugten. Sympathisch war einem dieser Musterknabe nur selten, und gelegentlich verspürte man eine gewisse Befriedigung, wenn man ihn als Prager Jesulein in der Enge einer Glasglocke isoliert fand...". (Gegen die Schnellmaler: Publik, Juli 1970, abgedruckt in: V.Hertle und W.Kettler, Material- und Lesebuch zu "glauben - leben - handeln", München 1971, 96).

2) Inhaltlich fügen sich die einzelnen Tugenden, wie bereits erwähnt, in die vorgegebenen Ordnungen der Familie, der Kirche, der Schule und des Staates. Ihre Anforderungen an das Kind gelten bis in die neuesten Kommentare als unumstößlich und weiter nicht hinterfragbar. Das Interesse der Ausleger bewegt sich zwischen Einordnung, Unterordnung und Sich-fügen. Das gilt vor allem auch für die Kinder aus der ärmeren Bevölkerungsschicht[421]. Treue Erfüllung dessen, was der Stand verlangt, das findet Anerkennung. Dieses bürgerliche, statische Bild vom Kind als dem Untergebenen der Erwachsenenwelt wird kaum geändert und greift mit seinen Auswirkungen bis in unsere Zeit hinein. Das spielende Kind z.B. kommt gegenüber dem frommen, lerneifrigen, fleißigen und gehorsamen Kind kaum vor, wie überhaupt Spontaneität, Initiative, das Wagnis des Guten und Ähnliches nicht gefragt sind[422].

3) Wenn auch die textgemäße Auslegung als Fragestellung bei der Zusammenstellung der ethisch bestimmten Anwendung nicht im Vordergrund stand, so muß sich doch die Diskrepanz zwischen den empfohlenen Verhaltensmustern und der eigentlichen Textaussage wie von selbst aufdrängen. Auf der einen Seite stehen z.B. christologische Aussagen im Mittelpunkt mit dem Ziel, den erhöhten Herrn als aus Gottes Geist entstanden (Lk 1,35) zu bezeugen und sein besonderes Verhältnis zu Gott hervorzuheben (Lk 2,49). Auf der anderen Seite lesen wir die Aufforderung, alle möglichen Tugenden zu üben und nur ja keine Sünde zu begehen. In diesem Gegensatz zeigt sich die ganze Spannweite zwischen dem biblischen Text und der katechetischen Intention vieler Kommentare.

---

421) Siehe dazu die Ausführungen über die Armut, z.B. S. 31f, 58 d. Arbeit.

422) Vgl. Exeler, Fehlformen religiöser Erziehung, in: Handbuch der Religionspädagogik I, 140-142.

SCHLUSS

1) Die Analyse der drei ausgewählten Textabschnitte aus Lk 1-2 deckte vielfältiges Material auf, das der Katechese als Mittel zur Auslegung diente. Dazu konnten relativ beständige Auslegungsfaktoren in den verschiedenen Epochen festgestellt werden[1]. Die systematische Zusammenstellung einiger wichtiger Lehren und Anwendungsformen bestätigte den Abstand zum auszulegenden Text weiter. Die christologischen, mariologischen und ethischen Materialien wiesen eine große Nähe zur entfalteten kirchlichen Lehre auf, wie sie sich im Katechismus findet. Dazu kam der Einfluß bürgerlicher Ordnungsvorstellungen mit dem Ziel, die Schüler in die vorgegebenen sozialen Bezüge einzuweisen. Insgesamt führten diese Beobachtungen in der Bibelkatechese zu einer kritischen Auseinandersetzung auf dem Hintergrund fachwissenschaftlicher (theologischer) Ergebnisse und pädagogischer Zielvorstellungen. Diese Auseinandersetzung ist seit Jahren im Gang und weist gerade auch zu unserem Thema eine Reihe von Ergebnissen auf[2]. Die Prägung der jetzigen Erwachsenengeneration durch die traditionelle Bibelkatechese und besonders durch die eruierten Inhalte sollte jedoch nicht übersehen werden, wenn es nicht zu schwerwiegenden Mißverständnissen bei neuen Interpretationsversuchen kommen soll.

2) Bei der Durchsicht der Biblischen Geschichten und des Vorbereitungsmaterials zeigten sich für die jeweiligen Textabschnitte bestimmte Auslegungsschwerpunkte.

Lk 1, 26-38 wurde bevorzugt marianisch ausgelegt. Marias Vorzüge, ihre Würde als Gottesmutter und ihr vorbildliches Leben, ausführlich dargelegt und in der Anwendung nochmals aufgenommen, überlagerten weithin das Hauptanliegen der Erzählung. Maria, zur Verehrung und Nachfolge herausgestellt, wurde Mittlerin zwischen dem bittenden Menschen und ihrem in den göttlichen Bereich entrückten Sohn[3].

---

1) Siehe S. 235-246 d. Arbeit.
2) Vgl. dazu Anm. 19 zu Kap. 5.
3) Christus als Erscheinung Gottes in der Welt erzeugte in den Gläubigen das Gefühl der Furcht. "Dann erscheint Maria als Mittlerin bei Christus, dem Mittler bei Gott". (J.A. Jungmann, Die Frohbotschaft und unsere Glaubensverkündigung, 99).

Im Mittelpunkt der Auslegung von Lk 2,1-20 stand hauptsächlich die Betonung der Gottessohnschaft Jesu und sein Hinabsteigen in die Menschenwelt. Die Deszendenzchristologie, die durchwegs die Aussagen bestimmte, führte zur Bewunderung des Kindes Jesus, seiner Verehrung und Anbetung. Die Anbetung führte dann weiter zur Anbetung Jesu im Tabernakel. Umgekehrt beeinflußte die Hereinnahme des Weihnachtsfestkreises mit seinen liturgischen Feiern und den vielfältigen volkstümlichen Gebräuchen die Auslegung, so daß der Text von hier aus mit vielem Beiwerk überwuchert wurde.

Lk 2,41-52 schließlich wurde vor allem ethisch ausgewertet. Jesu Untertänigkeit und Vorbildhaftigkeit sind die hauptsächlichen Inhalte der Auslegung. Mit zusätzlichen Materialien angereichert dominierten die dem Kind (und der christlichen Familie) angemessenen Tugenden[4]. Erst in zweiter Linie wurde Lk 2,49 als Mitte der Erzählung (Hirscher, Mey, neuere Werke) beachtet. Insgesamt mußte eine erhebliche Ferne zum zugrundeliegenden Bibeltext festgestellt werden, die erst allmählich in der materialkerygmatischen Phase des Bibelunterrichts teilweise überbrückt wurde, als man die bisher bestimmenden Auslegungsfaktoren zu hinterfragen begann.

3) Die Vermittlungsproblematik der traditionellen Lehren wurde seit Felbiger zu lösen versucht: durch Beispiele, Vergleiche, Wiederholung, fortlaufende Erzählung usw.. Die Lösungen waren nur selten überzeugend. Vor allem die Transponierung theologischer Begriffe wie Glaube, Gehorsam, Demut usw. in kindliche Erfahrungsbereiche geschah oft um den Preis des ursprünglich Intendierten. So wurde z.B. der Glaubensgehorsam Marias (Lk 1,38) oder der Sohnesgehorsam Jesu (Lk 2,49) als Beispiel benützt, den Kindern unbedingten Gehorsam gegenüber Eltern und Vorgesetzten anzuempfehlen. Die Demut, die eigentlich das Verhältnis des Menschen zu Gott intendiert, wurde reduziert auf die Tugend der Bescheidenheit. Ähnliche Beobachtungen ließen sich auch bei anderen theologischen Begriffen und Sachverhalten anführen[5].

4) Unerläßliche Voraussetzung für eine verantwortliche Behandlung der Kindheitsgeschichte im Unterricht ist die sachgemäße Auslegung des Textes, wie dies in heutigen Unterrichtsentwürfen selbstverständlich geschieht. Die Berücksichtigung vor allem exegetischer Ergebnisse führt zur Aufgabe der in den untersuchten Werken festgestellten Einheitschristologie, die ihr Maß an den christologischen Dogmen des 4./5. Jahrhunderts nahm und als sogenannte Deszendenzchristologie die Katechese bestimmte. Mit der Berücksichtigung der lukani-

---

4) Siehe S. 298 ff.

5) Vgl. dazu die in der Arbeit angeführten Beispiele zur Erlösung, Gegenwart Jesu im Tabernakel, Erbsünde.

schen Christologie, wie sie sich in Lk 1-2 zeigt, ist zugleich ein
neuer didaktischer Ort für die christologischen Titel gegeben. Der
selbstverständliche Umgang sechs- und siebenjähriger Kinder mit
den Hoheitstiteln weicht einem reflektierten Umgang innerhalb einer
längeren Beschäftigung mit der Person Jesu von Nazaret, wie er
sachgemäß wohl nur in der Sekundarstufe I und II geleistet werden
kann. Dabei werden die Schüler mit hineingenommen in den Prozeß
vielfältiger Aussagemöglichkeiten, um die Bedeutung der Person Jesu auszudrücken und die spezifische Eigenart jedes einzelnen Titels
zu erfassen. Im Gegensatz zu den untersuchten Materialien setzt
man dabei häufig beim historischen Jesus an. "In diesem heute öfter
anzutreffenden Einstieg der Projekte beim historischen Jesus verfährt man so, daß man grundsätzlich mit der Geschichte des Mannes
von Nazareth anfängt, sein Lebensprogramm und Schicksal verfolgt
und die Wirkung seiner Geschichte im Bekenntnis, in den Schriften
und im Zeugnis seiner Freunde bis in unsere Tage befragt."[6] Für
Lk 1-2 bedeutet dieser Ansatz, daß erst nach dem Kennenlernen Jesu, seiner Botschaft und seines Geschicks sinnvoll von seinem Anfang gesprochen werden kann, weil die Aussage der Texte selbst
erst vom Ende her verständlich wird. Ein weiteres Anliegen der
Auslegung der Texte in der Katechese war die Relevanz der Texte
für die geschichtlich-konkrete Situation der Adressaten, das sich
im Problem der Anwendung zeigte. Im überwiegenden Maße dienten die Texte der Einfügung in die bestehenden sozialen Verhältnisse.
Unter der Fragestellung der Relevanz dieser Texte im Kontext heutiger Erfahrungen, konkret z.B. des Weihnachtsfestes, werden vor
allem seine die bestehenden Verhältnisse verändernde Kraft und ihre
kritische Hinterfragung aufgrund des biblischen Befundes betont[7].

---

6) Dabalus, Wer ist dieser?, 239.

7) Vgl. dazu z.B. S. Berg (Hrg.), Weihnachten. Siehe Anm. 19
   und 50 zu Kap. 5.

ABKÜRZUNGEN

BZ — Biblische Zeitschrift. Freiburg 1903-1929; Paderborn 1931-1939; 1957ff.

BSt — Biblische Studien, begr. von O. Bardenhewer (bis 1916 von ihm hrg.), fortgef. von J. Goettsberger und J. Sickenberger, Freiburg 1896ff.

DS — H. Denzinger - A. Schönmetzer. Enchiridion Symbolorum, Definitionum et Declarationum de rebus fidei et morum. Freiburg ^{34}1965.

E — Katholische Schulbibel (Neuausgabe der Eckerbibel). Düsseldorf 1957.

GB — Glaubensbuch für das 3. und 4. Schuljahr. Düsseldorf 1963.

Gb — Glaubensbüchlein (Frohe Botschaft). Bamberg und Würzburg 1962.

GUH — Gott Unser Heil. Auswahlbibel. Freiburg ^{3}1967.

GuL — Geist und Leben. Zeitschrift für Askese und Mystik (bis 1947 ZAM). Würzburg 1947ff.

HThG — Handbuch theologischer Grundbegriffe, hrg. von Heinrich Fries, 2 Bde. München 1962f.

Kat Bl — Katechetische Blätter. Zeitschrift für Religionspädagogik und Jugendarbeit. München 1875ff.

KKBD — Katholischer Katechismus der Bistümer Deutschlands. Freiburg 1955.

LThK — Lexikon für Theologie und Kirche, hrg. von Josef Höfer und Karl Rahner. Freiburg ^{2}1957 - 1965.

Lex Päd — Lexikon für Pädagogik, hrg. vom Institut für wissenschaftliche Pädagogik in Münster. Münster 1930.

MM	Münchener Methode.
My Sal	Mysterium Salutis. Grundriß einer heilsgeschichtlichen Dogmatik, hrg. v. Johannes Feiner und Magnus Löhrer. Einsiedeln-Zürich-Köln 1965ff.
RG	Reich Gottes. Auswahlbibel für katholische Schüler (Ausgabe für Bayern). München 1960.
ThQ	Theologische Quartalschrift. Tübingen 1819ff, Stuttgart 1946ff, München 1969ff.
ZfTh	Zeitschrift für Theologie, hrg. von Hug-Werk-Hirscher-Staudenmaier-Vogel. Freiburg 1839ff.

LITERATURVERZEICHNIS

1. QUELLEN

Vorbemerkung: Schulbibeln und Religionsbüchlein sind chronologisch, die Kommentare alphabetisch geordnet.

1.1. Schulbibeln (Biblische Geschichten)

Felbiger, Johann Ignaz von. Kern der biblischen Geschichte des alten und neuen Testaments mit beygesetzten kurzen Sittenlehren zum Gebrauche der Schuljugend. Bamberg 1794 (Erstausgabe 1777).

Overberg, Bernhard. Geschichte des alten und neuen Testaments zur Belehrung und Erbauung besonders für Lehrer, größere Schüler und Hausväter. Münster 1799.

Schmid, Christoph von. Biblische Geschichte für Kinder zum allgemeinen Gebrauch in den Volksschulen. München 1801.

--- Biblische Geschichte für Kinder zum allgemeinen Gebrauch in den Volksschulen Bayerns, aus dem größeren Werke ohne Nutzanwendung ausgezogen von dem Verfasser. München 1813.

--- Biblische Geschichte für Aeltern und Kinder. Zweiter Teil: Das Neue Testament. Erstes Bändchen: Von der Geburt Jesu bis zum Tode Johannes des Täufers. Augsburg 1846. (Gesammelte Schriften des Verfassers der Ostereier, Originalausgabe von letzter Hand, 22. Bändchen).

Galura, Bernhard. Biblische Geschichte der Welterlösung durch Jesum den Sohn Gottes. Für Kinder und Lehrer, zum systematischen Unterrichte in der Religion. Augsburg 1806.

Hirscher, Johann Baptist. Die Geschichte Jesu Christi des Sohnes Gottes und Weltheilandes. Tübingen 1839, ^{2}1842.

Schuster, Ignaz. Biblische Geschichte des Alten und Neuen Testaments im Auszuge für katholische Volksschulen. Freiburg 1848.

--- Kurze Biblische Geschichte. Freiburg 1866.

Mey, Gustav. Dr. I. Schusters Biblische Geschichte für katholische Volksschulen. Freiburg 1875.

Knecht, Friedrich Justus. Kurze Biblische Geschichte für die unteren Schuljahre der kath. Volksschule. Nach der Biblischen Geschichte von Schuster-Mey bearbeitet. Freiburg 1882.

--- Biblische Geschichte für Schule und Haus. Im Anschluß an Schuster-Mey bearbeitet und zum Besten des Bonifatiusvereins herausgegeben. Freiburg 1907.

Ecker, Jakob. Katholische Schulbibel für die Diözese Trier. Trier 1907; 1917 (neu hrg.).

--- Kleine Katholische Schulbibel. Trier 1908; 1919 (neu hrg.).

Buchberger, Michael. Schulbibel für die katholischen Schulen Bayerns. München 1922.

Bergmann, Paul. Katholische Schulbibel. München 1927.

Ecker, Jakob. Katholische Schulbibel (Neuausgabe). Düsseldorf 1957. (E).

Reich Gottes. Auswahlbibel für katholische Schüler (Ausgabe für Bayern). München 1960 (RG).

Krämer, Karl. Gott Unser Heil. Auswahlbibel. Freiburg ^{3}1967. (GUH).

1.2. Religionsbüchlein

    Lindenecker, Karl. Religionsbüchlein für unsere Kleinen auf dem Lande. München o.J. (1913).

    Pichler, Wilhelm. Katholisches Religionsbüchlein. Mit Bildern von Philipp Schumacher. Hrg. vom Kat. Institut der Erzdiözese Wien. Wien 1913; ^{17}1940; ^{30}1960.

    Stieglitz, Heinrich. Religionsbüchlein für die Kleinen. Kempten und München 1915.

    Raab, Karl. Katholisches Religionsbüchlein für die Grundschule. Hrg. von den bayerischen Bischöfen, München 1927.

    An Gottes Hand. Katholisches Religionsbüchlein für das erste Schuljahr. Hrg. von den bayerischen Bischöfen. Ausgabe für die ED Bamberg. Bamberg und Nürnberg 1959.

    Glaubensbüchlein (Frohe Botschaft). Ausgabe für das Erzbistum Bamberg. Bamberg und Nürnberg 1962.

    Jesus ich bin dein. Glaubensbuch für die Kleinen. Düsseldorf 1962.

    Glaubensbuch für das 3. und 4. Schuljahr. Düsseldorf 1963.

1.3. Kommentare, Handbücher und Stundenentwürfe

    Bartelt, Wilhelm. Handbuch zur Schulbibel. Freiburg 1956.

    Beck, Karl August. Handbuch zur Erklärung der Biblischen Geschichte. 2 Bde. Köln 1896.

    Baur, Andreas. Christusverkündigung nach der Reich-Gottes-Bibel. Donauwörth 1966.

    Burger, Tiberius. Der katholische Religionsunterricht in der Grundschule. Katechetische Skizzen zum bayerischen Religionsbüchlein. Bd. 2: Das Neue Testament. München 1933.

Clemenz, Bruno. Der katholische Religionsunterricht in der Arbeitsschule (Karstädt, O. und Wolff, G. . Handbücher für den Arbeitsunterricht). Langensalza 1921.

Ecker, Jakob. Handbuch zur katholischen Schulbibel. Bd. 2: Neues Testament. Trier 1907.

    Handbüchlein zur Kleinen Katholischen Schulbibel. Trier 1909.

Faßbinder, Heinrich und Pick, Marin. Methodisches Handbuch zur Katholischen Schulbibel von Ecker. Bd. 2: Neues Testament. Düsseldorf ^{7}1951.

Faßbinder, Norbert und Heinrich. Methodisches Handbuch zur Mittleren Ausgabe der Katholischen Schulbibel von Ecker. Bd. 2: Neues Testament. Trier 1926.

Grimm, Leonhard. Praktisches Handbuch zum Katholischen Gottlehrbüchlein für die unteren Klassen der Volksschulen der Erzdiözese Freiburg. Teil 2: Neues Testament. Freiburg 1949.

Gross, Heinrich - Mussner Franz und Pesch, Christian. Leitfaden zur Katholischen Schulbibel (Schriften zur katechetischen Unterweisung, Bd. 5). Düsseldorf 1958.

Gruber, Augustin. Elementar-Unterricht der Kleinen. (Katechetische Vorlesungen über des heiligen Augustinus Buch: Von der Unterweisung der Unwissenden in der Religion, 2. Bd. Erster Theil). Salzburg ^{2}1833.

--- Religionsunterricht für die Schüler der ersten Klasse (Katechetische Vorlesungen ..., 3. Bd. Zweyter Theil). Salzburg 1834.

Gottesleben N. - Schiltknecht J. B. - Wagenmann L. . Die Biblische Geschichte auf der Unterstufe der katholischen Volksschule. Ein Handbuch. Paderborn ^{10}1918.

--- Die Biblische Geschichte auf der Mittelstufe der katholischen Volksschule. Ein Handbuch. Paderborn ^{8}1921.

Gottesleben N. - Schiltknecht J.B. - Wagenmann L. . Die Biblische Geschichte auf der Oberstufe der katholischen Volksschule nebst Ergänzungsstoffen für Lehrerbildungsanstalten. Ein Handbuch. Paderborn ^{11}1919.

Hilger, Hans (Hrg). Gottes Wort und unsere Antwort. Handbuch für den Bibelunterricht. 2 Bde. Freiburg 1966.

Hirschfelder, R.. Handbuch zur Erklärung der Biblischen Geschichte des Alten und Neuen Testaments in den Volksschulen. Mainz ^{4}1881.

Hoffmann, C.. Hilfsbuch zum Unterricht in der Biblischen Geschichte. Habelschwerdt ^{3}1900.

Huber, Johanna und Raab, Karl. Das Arbeitsprinzip im Religionsunterricht der Grundschule (Religion und Leben. 4. Teil; hrg. von Götzel Gustav) Kempten 1923.

Kastner, Karl. Handbuch zur Schulbibel. Freiburg 1937.

Kautz, Heinrich. Neubau des katholischen Religionsunterrichts, 3 Bde.. Kevelaer 1922.

Keßler, Gertrud und Ulrich, Therese. Katechetischer Kommentar zum Neutestamentlichen Teil des Glaubensbuches I (Handbuch für die Glaubensunterweisung des 3. und 4. Schuljahrs, hrg. v. Theoderich Kampmann). Paderborn 1963.

König, Karl-Heinz. Handbuch zum Glaubensbuch für das 3. und 4. Schuljahr. Bd. 2: Neues Testament. Donauwörth 1966.

Knecht, Friedrich Justus. Praktischer Kommentar zur Biblischen Geschichte. Freiburg 1881; ^{25}1925.

Leitheiser, Ludwig und Pesch, Christian. Handbuch zur katholischen Schulbibel, 2 Bde.. Düsseldorf 1960.

Mey, Gustav. Vollständige Katechesen für die untere Klasse der katholischen Volksschule, zugleich ein Beitrag zur Katechetik. Tübingen 1871; ^{16}1932 (bearb. von Th. Hoch).

Pichler, Wilhelm. Katechesen für die Unterstufe der Volksschule, Bd. 2. Wien 1919.

Quadflieg, Josef. Handbuch zum Glaubensbuch für das 1. Schuljahr "Jesus ich bin dein". Donauwörth 1963.

Raab, Karl. Hilfsbuch zum katholischen Religionsbüchlein für die Grundschule. Donauwörth 1927.

--- Meine Kommunionklasse. Donauwörth 1927.

Rensing, Gregor und Lohmüller, Johannes. Lebensvoller Religionsunterricht für das erste und zweite Schuljahr (Lebensvoller Religionsunterricht, Bd. 1, begründet von Rensing). Düsseldorf ^{7}1952.

--- Lebensvoller Biblischer Unterricht für das dritte und vierte Schuljahr (Lebensvoller Religionsunterricht Bd. 2). Düsseldorf ^{6}1952.

--- Lebensvoller Biblischer Unterricht für das fünfte bis achte Schuljahr, 2. Teil: Neues Testament, Teilband 1: Kindheit und Lehrjahre Jesu (Lebensvoller Religionsunterricht Bd. 3). Düsseldorf ^{11}1954.

Schubert, Valerian. Hilfsbuch zum ersten Religionsunterricht für die unteren Klassen katholischer Volksschulen. Würzburg-Paderborn 1916; ^{2}1920.

Schüßler, Heinrich. Arbeitsschulmethode und katholischer Religionsunterricht (Führer in die Arbeitsschule Bd. 7). Frankfurt/M. 1922.

Schuster, Ignaz. Handbuch zur Biblischen Geschichte des Alten und Neuen Testaments. Für den Unterricht in Kirche und Schule, sowie zur Selbstbelehrung, 2 Bde.. Freiburg 1862/1864.

Solzbacher, Joseph. Kommentar und Katechesen zum Glaubensbuch für das 3. und 4. Schuljahr, Teil II: Neutestamentlicher Teil, Erster Halbband (Kommentar und Katechesen zum Glaubensbuch für das 3. und 4. Schuljahr. Drei Teile, hrg. v. Josef Dreißen). Freiburg 1965.

Weber, Franz. Das Christusgeheimnis in der Katechese. Zehn Katechesen über die Mysterien unserer Erlösung mit einer grundsätzlichen Einleitung. Kolmar o.J. (1944).

Weber, Günther. Handbuch zum Glaubensbüchlein für das 2. Schuljahr (Bayerische Ausgabe). Donauwörth 1964.

Weigl, Franz Xaver. Der Unterricht in der Biblischen Geschichte nach den Grundsätzen der Arbeitsschule in der Mittel- und Oberstufe der Volksschulen (Religion und Leben, 3. Teil, hrg. von Götzel Gustav). Kempten 1922.

Wiesheu, Josef. Der Bibelunterricht. Handbuch für obere Volksschulklassen und höhere Lehranstalten, Bd. 2: Das Neue Testament. München ^{5}1956; ^{6}1962 (Neubearbeitung).

Zielbauer, Karl. Katechesen für das erste Schuljahr zum katholischen Religionsbüchlein "An Gottes Hand", 3 Teile. Teil 1: September-Weihnachten. Teil 2: Weihnachten-Ostern. Donauwörth ^{3}1959.

2. LITERATUR (Auswahl)

Adamski, Roman. Christoph v. Schmid als Religionspädagoge (Teildruck). Ohlau in Schlesien 1932.

Alfaro, Juan. Die Heilsfunktionen Christi als Offenbarer, Herr und Priester. In: My Sal III, 1. Einsiedeln-Zürich-Köln 1970, 649-710.

Arnold, Franz Xaver. Das Prinzip des Gottmenschlichen und seine Bedeutung für die Seelsorge. In: ThQ 123 (1942) 145-176.

--- Erneuerung der Glaubensverkündigung. In: ThQ 123 (1942) 71-109; 201-236.

--- Dienst am Glauben. Das vordringlichste Anliegen heutiger Seelsorge. (Untersuchungen zur Theologie der Seelsorge, hrg. v. F.X. Arnold, Bd. 1). Freiburg 1948.

Arnold, Franz Xaver. Katechese aus der Mitte der Heilsgeschichte. In: Kat Bl 81 (1956) 227-235.

--- Von der anthropozentrischen zur heilsgeschichtlichen Katechese. In: ders., Seelsorge aus der Mitte der Heilsgeschichte. Freiburg 1956, 195-216.

--- Heilslehre und Heilsgeschichte. In: 50 Jahre katholische Schulbibel 1907-1957. Eine Schrift zum 50jährigen Jubiläum der Eckerbibel und zu ihrer Neuausgabe. Düsseldorf 1958, 5-15.

Auer, Alfons. Art. Frömmigkeit. In: LThK IV, ^{2}1960, 400-405.

Bardenhewer, Otto, Mariä Verkündigung. Ein Kommentar zu Lk 1,26-38. In: BSt. X, 5. Freiburg 1905.

Barth, Alfred. Art. Mey Gustav. In: LThK VII, ^{2}1962, 387.

Bellinger, Gerhard. Bibelwissenschaft und "Schulbibel". In: Kat Bl 95 (1970) 193-205.

Berg, Horst Klaus. Theologische Problemskizze. In: Berg Sigried (Hrg.). Weihnachten. Materialien und Entwürfe (Religionspädagogische Praxis Nr. 14, hrg. v. Berg H. und Langer W. u.a.). Stuttgart-München 1973.

Berg, Sigrid (Hrg.). Weihnachten. Materialien und Entwürfe (Religionspädagogische Praxis Nr. 14). Stuttgart-München 1973.

Bergmann, Paul. Gedanken über die Behandlung biblischer Geschichten. In: Kat Bl 32 (1906) 34-38.

--- Die psychologische Behandlung der Biblischen Geschichte. In:Göttler Josef (Hrg.). Der Münchener katechetische Kurs 1907. Kempten 1908, 196-217.

--- Biblische Geschichte und Charakterbildung. In: Der zweite pädagogisch-katechetische Kurs in Wien 1908, hrg. von der Österreichischen Leogesellschaft. Wien 1908, 193-208.

Bergmann, Paul. Die Biblische Geschichte. In: Holzhausen E. Bericht über die Verhandlungen des Kongresses für Katechetik. Wien 1912, Heft 2. Wien 1913, 17-37.

--- Die Stellung der Biblischen Geschichte auf der Unterstufe. In: Kat Bl 39 (1913) 293-301.

--- Biblisches Leben aus dem Neuen Testament, mit Seelenvorgängen, Heilswahrheiten und Willensübungen für den Religionsunterricht, 2 Bde.. Freiburg 1920.

Bernhart, Joseph. Christoph v. Schmid, ein Lebensbild. In: Hans Pörnbacher (Hrg.). Christoph v. Schmid und seine Zeit. Weißenhorn 1968.

Biemer, Günter und Kern, Ingomar. Unterwegs zu Dir. Freiburg o.J. .

Birkenbeil, Edward-Jack. Curriculum-Revision im Fragebereich der Religionspädagogik (Studien zur praktischen Theologie 2, hrg. von E. Feifel, E. Paul, G. Hackel). Zürich-Einsiedeln-Köln 1972.

Bläcker, Franz. Johann Baptist Hirscher und seine Katechismen in zeit- und geistesgeschichtlichem Zusammenhang (Untersuchungen zur Theologie der Seelsorge, hrg. von Fr. X. Arnold, Bd. VI). Freiburg 1953.

Burger, Wilhelm. Die katechetische Bewegung 1912-1928. In: Zweiter katechetischer Kongreß, hrg. von Karl Schrems. Donauwörth 1928, 32-46.

Campenhausen, Hans Frhr. von. Die Jungfrauengeburt in der Theologie der alten Kirche. Heidelberg 1962.

Catechismus Romanus ex decreto Concilii Tridentini. Ausgabe Regensburg 1872.

Dabalus, Irene. Wer ist dieser? Jesus Christus im Religionsunterricht heute (Münsterschwarzacher Studien Bd. 29). Münsterschwarzach 1975.

Deharbe, Joseph. Gründliche und leichtfaßliche Erklärung des Katholischen Katechismus Bd. 2. Paderborn 1857.

--- Katholischer Katechismus für die Elementarschulen, zunächst für die mittlere und höhere Klasse. Freiburg 1866.

--- Kleiner Katholischer Katechismus für die untere Klasse der Elementarschule. Freiburg 1866.

Delius, W.. Geschichte der Marienverehrung. München 1963.

Dettloff, Werner. Art. Erlösung. In: HThG I, hrg. von Heinrich Fries. München 1962, 303-319.

Dietrich, Theo und Klink, Job-Günter. Zur Geschichte der Volksschule I. Bad Heilbrunn 1964.

Dignath, Walter. Weihnachtstexte im Unterricht. Gütersloh 1965.

--- Die lukanische Vorgeschichte (Handbücherei für den Religionsunterricht, hrg. von Becker und Stock u.a., Heft 8). Gütersloh 1971.

Dreesen, Emil. Das Verhältnis Christoph v. Schmids zu Johann Michael Sailer in pädagogischer Hinsicht. Diss., Bonn 1926.

Dreher, Bruno. Zur Gestalt einer künftigen Schulbibel. ThQ 137 (1957) 443-472.

--- Neue Schulbibel - Neue Bibelkatechese. In: Hubert Fischer (Hrg.). "Reich Gottes". Einführung in die neue Schulbibel. München 1963.

--- Die biblische Unterweisung im katholischen und evangelischen Religionsunterricht. (Untersuchungen zur Theologie der Seelsorge, hrg. v. Fr.X. Arnold, Bd. XVIII). Freiburg 1963.

--- (Hrg.). Einführung in die Auswahlbibel "Gott Unser Heil". Freiburg-Basel-Wien 1967.

Dreher, Bruno. Methodik und Didaktik der Bibelkatechese. In: ders. (Hrg.). Einführung in die Auswahlbibel "Gott Unser Heil". Freiburg-Basel-Wien 1967.

Driesch, Johannes von den und Esterhues, Josef. Geschichte der Erziehung und Bildung, Bd. 1. Paderborn ⁵1960.

Ebeling, Gerhard. Die Geschichtlichkeit der Kirche und ihrer Verkündigung als theologisches Problem. (Sammlung geminverständlicher Vorträge 207/208). Tübingen 1954.

Eggersdorfer, Franz Xaver. Die Kurve katechetischer Bewegung in Deutschland in einem halben Jahrhundert. In: Katechetische Methoden heute, bearb. von Josef Goldbrunner. München 1962, 24-47.

Exeler, Adolf. Fehlformen religiöser Erziehung. In: Handbuch der Religionspädagogik, hrg. v. E. Feifel, R. Leuenberger u. a., Bd. 1. Gütersloh, Einsiedeln-Zürich-Köln 1973, 135-144.

Exodus. Unterrichtswerk für den katholischen Religionsunterricht in der Grundschule (für die Schuljahre 3 und 4), hrg. vom Deutschen Katechetenverein. München-Düsseldorf 1974.

Felbiger, Johann Ignaz. Eigenschaften, Wissenschaften und Bezeigen rechtschaffener Schulleute, um nach dem in Schlesien für die Römisch-katholischen bekannt gemachten Königl. General-Landschulreglement in den Trivialschulen der Städte und auf dem Lande der Jugend nützlichen Unterricht zu geben. Bamberg und Würzburg 1780 (Erstausgabe 1768).

--- Katholischer Katechismus zum Gebrauch der Schlesischen und anderer Schulen Deutschlands nach der Fähigkeit der Jugend in drey Klassen eingetheilt. Bamberg und Würzburg 1774.

--- Vorlesungen über die Kunst zu katechisiren. Wien 1774.

Felbiger, Johann Ignaz. Die zergliederten und erläuterten Sonn-
     und festtäglichen Evangelien, Lektionen und
     Episteln. Zum Gebrauche der Katecheten in den
     k. k. Staaten . ... Wien 1777.

---   Methodenbuch (Bibliothek der katholischen Päda-
     gogik, hrg. von Fr. X. Kurz, Bd. V), bearb. von
     Johann Panholzer. Freiburg 1892.

---   General-Landschul-Reglement. - Eigenschaften,
     Wissenschaften und Bezeigen rechtschaffener
     Schulleute. - Methodenbuch. Ausgabe, besorgt
     von Julius Scheveling. Paderborn 1958.

Filthaut, Theodor. Das Reich Gottes in der katechetischen Unter-
     weisung. Eine historische und systematische
     Untersuchung. (Untersuchungen zur Theologie
     der Seelsorge, hrg. v. Fr. X. Arnold, Bd. XII).
     Freiburg 1958.

Fischer, Gerard. Art. Deutschland. Geschichte der Katechese
     in der Neuzeit. In: Leopold Lenter. Kate-
     chetisches Wörterbuch. Freiburg-Basel-Wien
     1961, 116-129.

Fischer, Hubert (Hrg.). "Reich Gottes". Einführung in die neue
     Schulbibel für Lehrer und Katecheten. Mün-
     chen 1963.

---   Einführung in die neuen Glaubensbücher für das
     2., 3. und 4. Schuljahr. Freiburg ^{2}1964.

---   (Hrg.). Biblische Unterweisung. Handbuch zur
     Auswahlbibel "Reich Gottes", Bd. III, erarb.
     v. Eleonore Beck. München 1970.

Frank, K. Suso und Kilian, Rudolf und Knoch, Otto u. a.. Zum
     Thema Jungfrauengeburt. Stuttgart 1970.

---   "Geboren aus der Jungfrau Maria" - Das Zeug-
     nis der alten Kirche. In: ders.. Zum Thema
     Jungfrauengeburt. Stuttgart 1970, 91-120.

Frielingsdorf, Karl. Auf dem Weg zu einem neuen Gottesverständ-
     nis. Die Gotteslehre des J. B. Hirscher als Ant-
     wort auf das säkularisierte Denken der Auf-
     klärungszeit. Frankfurt 1970.

Fünfzig Jahre Katholische Schulbibel 1907-1957. Eine Schrift zum
  50-jährigen Jubiläum der Ecker-Bibel und zu
  ihrer Neuausgabe. Düsseldorf 1958.

Gadamer, Hans-Georg. Wahrheit und Methode. Tübingen ^{2}1965.

Galura, Bernhard. Neueste Theologie des Christenthumes,
  5 Bde.. Augsburg 1800.

--- Die ganze christkatholische Religion in Gesprächen eines Vaters mit seinem Sohne, Bd. IV. Augsburg ^{2}1803.

--- Vollständiger Katechismus der erfreulichen Lehre Jesu Christi von unserem Berufe zur Heiligkeit und ewiger Glückseligkeit im Reiche Gottes. In kurzen Sätzen für katholische Kinder, Aeltern und Lehrer. Augsburg 1806.

--- Die Religion in biblischen Bildern und Gleichnissen. Augsburg 1807.

Gastager, Heimo und Gastgeber, Karl und Griesl, Gottfried u.a..
  Praktisches Wörterbuch der Pastoralanthropologie. Sorge um den Menschen. Wien-Freiburg-Basel und Göttingen 1975.

Geiselmann, Josef Rupert. Lebendiger Glaube aus geheiligter
  Überlieferung. Der Grundgedanke der Theologie Johann Adam Möhlers und der kath. Tübinger Schule. Mainz 1942.

Gewiess, Josef. Die Marienfrage Lk 1,34. Nachtrag in: Laurentin René. Struktur und Theologie der lukanischen Kindheitsgeschichte. Stuttgart 1967, 184-217. (Erstveröffentlichung in: BZ (NF) 5 (1961) 221-254).

Göttler, Josef (Hrg.). Der Münchener katechetische Kurs 1905.
  Kempten 1906.

--- Die neue Methode endlich fertig. In: Kat Bl 32 (1906) 38-42.

Göttler, Josef (Hrg.). Der Münchener katechetische Kurs 1907. Kempten 1907.

---   Verteilung des Lehrgutes nach den religiösen Entwicklungsstufen. In: ders.. Münchener katechetischer Kurs 1911. Kempten 1911.

---   Religion- und Moralpädagogik. Münster ^{2}1931.

Götzel, Gustav. Religion und Leben 4 Bde. Kempten 1920ff.

Gleißner, Alfred. Art. Schuster Ignaz. In: LThK IX, ^{2}1964 520f.

Gruber Augustin. Des heiligen Augustin Theorie der Katechetik für Katholiken. Übersetzt und erläutert für unsere Zeit und ihre Bedürfnisse im Geiste desselben (Katechetische Vorlesungen über des hl. Augustinus Buch: Von der Unterweisung der Unwissenden in der Religion Bd.1). Salzburg 1830; ^{3}1853.

Halbfas, Hubertus. Der Religionsunterricht. Didaktische und psychologische Konturen. Düsseldorf 1965; ^{2}1966.

---   Fundamentalkatechetik. Sprache und Erfahrung im Religionsunterricht. Düsseldorf 1968; ^{2}1969.

Haubst, Rudolf. Über das Seelenleben des Kindes Jesus. In: GuL 33 (1960) 405-415.

Hemlein, Josef. Bernhard Galuras Beitrag zur Erneuerung der Kerygmatik (Freiburger theologische Studien 65). Freiburg 1952.

Hennecke, E. - Schneemelcher, W.. Neutestamentliche Apokryphen Bd. I. Tübingen ^{3}1959.

Hilger, Hans. Gebrauch und Gehalt des "Glaubensbüchleins" (und der "Frohen Botschaft"). In: Hubert Fischer (Hrg.). Einführung in die neuen Glaubensbücher für das 2., 3. und 4. Schuljahr. Freiburg ^{2}1964.

Hirscher, Johann Baptist. Über das Verhältnis des Evangeliums zu der theologischen Scholastik. Tübingen 1823.

--- Katechetik oder: der Beruf des Seelsorgers, die ihm anvertraute Jugend im Christenthum zu unterrichten und zu erziehen, nach seinem ganzen Umfange dargestellt (zugleich ein Beitrag zur Theorie eines christkatholischen Katechismus). Tübingen 1831; ^{4}1840.

--- Die christliche Moral als Lehre von der Verwirklichung des göttlichen Reiches in der Menschheit, 3 Bde. Tübingen ^{1}1835; ^{5}1851 (neue durchgearbeitete Auflage).

--- Katechismus der christkatholischen Religion. Carlsruhe und Freiburg 1842.

--- Zur Verständigung über den von mir bearbeiteten und demnächst erscheinenden Katechismus der christkatholischen Religion. Tübingen 1842.

--- Selbstanzeige: Hirschers Geschichte, wohlfeile Ausgabe. In: ZfTh 8 (1842) 243-245.

--- Der kleinere Katechismus der christkatholischen Religion. Freiburg 1845.

--- Beiträge zur Homiletik und Katechetik. Tübingen 1852.

--- Das Leben der seligsten Jungfrau und Gottesmutter Maria. Freiburg 1854.

--- Hauptstücke des christkatholischen Glaubens für Schule und Haus. Tübingen 1857.

--- Besorgnisse hinsichtlich der Zweckmäßigkeit unseres Religionsunterrichtes. Freiburg 1863.

Höfer, Albert. Biblische Katechese. Modell einer Neuordnung des Religionsunterrichtes bei Zehn- bis Vierzehnjährigen. Salzburg 1966.

Höfer, Albert. Biblische Katechese. Kleines Handbuch zur fünften Schulstufe. Salzburg 1966.

Hofinger, Johannes. Geschichte des Katechismus in Österreich von Canisius bis zur Gegenwart. Innsbruck 1937.

--- Art. Katechismus. In: LThK VI, ^{2}1961, 45-50.

Jedin, Hubert (Hrg.). Handbuch der Kirchengeschichte Bd. VI,1. Freiburg-Basel-Wien 1971.

Jungmann, Josef Andreas. Die Frohbotschaft und unsere Glaubensverkündigung. Regensburg 1936.

Kamphaus, Franz. Von der Exegese zur Predigt. Über die Problematik einer schriftgemäßen Verkündigung der Oster-, Wunder- und Kindheitsgeschichten. Mainz ^{2}1968.

Kampmann, Theoderich. Der biblische Teil des neuen Glaubensbuches. In: Hubert Fischer (Hrg.). Einführung in die neuen Glaubensbücher für das 2., 3. und 4. Schuljahr. Freiburg ^{2}1964.

Kasper, Walter. Die Methoden der Dogmatik. München 1967.

--- Jesus der Christus. Mainz ^{2}1975.

Katechetisches Programm. In: Johannes Hofinger (Hrg.). Katechetik heute. Grundsätze und Anregungen zur Erneuerung der Katechese in Mission und Heimat. Freiburg-Basel-Wien 1961, 17-29.

Kautz, Heinrich. Neubau des katholischen Religionsunterrichtes, 3 Bde.. Kevelaer ^{1}1922; ^{6}1928.

Keller, Erwin. Johann Baptist von Hirscher. Graz 1969.

Kleutgen, Joseph. Die Theologie der Vorzeit vertheidigt, 3 Bde. Münster 1853ff.

Knauber, Adolf. Die Geschichte der "Katholischen Schulbibel" und ihre Gestaltkräfte. In: 50 Jahre katholische Schulbibel 1907-1957. Düsseldorf 1958, 16-67.

Knecht, Friedrich Justus. Art. Biblische Geschichte. In: Wetzer und Weltes Kirchenlexikon V. Freiburg ²1888, 491-500.

Krämer, Karl Fr.. Die Gestalt der Auswahlbibel Gott Unser Heil. In: Bruno Dreher (Hrg.). Einführung in die Auswahlbibel Gott Unser Heil. Freiburg-Basel-Wien 1967, 9-22.

Kreutzwald, Heinrich. Zur Geschichte des Biblischen Unterrichts und zur Formgeschichte des biblischen Schulbuches. (Untersuchungen zur Theologie der Seelsorge, hrg. v. Fr. X. Arnold Bd. XI). Freiburg 1957.

Krömer, Ulrich. Johann Ignaz von Felbiger. Freiburg 1966.

Kruchen, Gottfried. Die Bibel Bernhard Overbergs. Ein Beitrag zur Geschichte der Religionspädagogik im Bistum Münster. Münster 1956.

Kundi, Julius. Behandlung der Biblischen Geschichte. In: Josef Göttler (Hrg.). Der Münchener katechetische Kurs 1905. Kempten 1906, 199-209.

Lang, Klaus. Die Weihnachtstexte in der Bibelkatechese. Die Auslegung von Mt 2, Lk 1, 26-38 und Lk 2, 1-20. (Aktuelle Schriften zur Religionspädagogik 14). Freiburg-Basel-Wien 1967.

Lange, Günter und Langer, Wolfgang. Zur Praxisrelevanz des bibeldidaktischen Vierecks. In: Kat Bl 100 (1975) 344-352.

Langer, Wolfgang. Kerygma und Katechese. Theologische und didaktische Neubegründung des Bibelunterrichtes. (Schriften zur Katechetik, hrg. von Paul Neuenzeit Bd. VII). München 1966.

--- Schriftauslegung im Unterricht (Unterweisen und Verkünden 1, hrg. von Günter Stachel und Klemens Tilmann). Einsiedeln-Zürich-Köln 1968.

Lapide, Cornelius a. Commentaria in Quatuor Evangelia III. Antwerpen 1670.

Laurentin, René. Struktur und Theologie der lukanischen Kindheitsgeschichte. Stuttgart 1967.

Lehrordnung für die bayerischen Volksschulen. In: Amtsblatt des Bayerischen Staatsministeriums für Unterricht und Kultus, München. Nr. 16 vom 29.12.1926, 141-146.

Lehrplan für den katholischen Religionsunterricht an der Volksschule - herausgegeben im Auftrag der Fuldaer Bischofskonferenz. Paderborn 1925.

Lentner, Leopold. Katechetik und Religionsunterricht in Österreich, Bd. 1. Innsbruck-Wien-München 1955.

--- Leben und Lebenswerk des Erzbischofs Augustin Gruber. In: Österreichisches Klerusblatt Nr. 16/17 (1959) 177-179.

--- (Hrg.). Katechetisches Wörterbuch. Freiburg-Basel-Wien 1961.

--- Art. Religionsunterricht. In: ders. (Hrg.). Katechetisches Wörterbuch. Freiburg-Basel-Wien 1961.

Linden, Josef. Der mittlere Deharbesche Katechismus. Regensburg 1900.

Loduchowski, Heinz. Biblische Verkündigung nach Johann Baptist Hirscher. Regensburg 1970.

Mayer, Heinrich. Religionspädagogische Reformbewegung (Handbücherei der Erziehungswissenschaft, hrg. von F. Schneider, Bd. 4). Paderborn 1922.

Meinecke, Ursula. Religionsunterricht im Spiegel seiner Lehrbücher. Hannover 1969.

Mieth, Dietmar. Art. Gehorsam. In: Praktisches Wörterbuch der Pastoral-Anthropologie, hrg. von Heimo Gastager u.a., Wien-Freiburg-Basel und Göttingen 1975, 364f.

Mönnichs, Theodor. Deutscher Einheitskatechismus. München 1925.

Mussner, Franz. Zur Revision des Neuen Testamentes. In: 50 Jahre Katholische Schulbibel 1907-1957. Düsseldorf 1958, 75-81.

Müller, Alois. Marias Stellung und Mitwirkung im Christusereignis. In: My Sal III, 2. Einsiedeln-Zürich-Köln 1969, 393-510.

Neisinger, Oskar. Gegen die Schnellmaler. Publik, Juli 1970. Abgedruckt in: Hertle V. und Kettler W. (Hrg.), Material- und Lesebuch zu "glauben-leben-handeln". München 1971, 96f.

Neue Schulbibel. Für das 3. - 6. Schuljahr. Hamburg-Lahr 1973.

Nicolay, Wilhelm Otto. Der Reformator des katholischen Schulwesens in Schlesien und Österreich Johann Ignaz von Felbiger als Begründer der Methodik des katholischen Religionsunterrichtes in der Volksschule. Diss. Bonn 1908.

Nipkow, Karl-Enrst. Religionspädagogik und Religionsunterricht in der Gegenwart. In: Kat Bl 94 (1969) 23-43.

Niggemeyer, Margarete. Glaubenskatechese. Düsseldorf 1973.

Offele, Hans-Wolfgang. Geschichte und Grundanliegen der sogenannten Münchener katechetischen Methode. Die methodische Erneuerung im katechetischen Unterricht. München 1954.

Overberg, Bernhard. Anweisung zum zweckmäßigen Schulunterricht, für die Schullehrer im Fürstenthum Münster. Münster ^{6}1825.

--- Christkatholisches Religionsbuch, 2 Bde. Münster ^{4}1833.

Padberg, Rudolf. Art. Knecht. In: LThK VI, ^{2}1961, 355f.

Pörnbacher, Hans (Hrg.). Christoph v. Schmid und seine Zeit. Weißenhorn 1968.

Pichler, Wilhelm. Ein einheitliches Religionsbüchlein für die Unterstufe der Volksschule. In: Referate des Kongresses für Katechetik, Wien 1912, Heft 1, hrg. von der katechetischen Sektion der österr. Leo-Gesellschaft. Wien und Leipzig 1912.

Raab, Karl. Der Religionsunterricht in den Unterklassen der Volksschule. In: Johanna Huber und Karl Raab. Das Arbeitsprinzip im Religionsunterricht der Grundschule. Kempten 1923.

Rabas, Josef. Katechetisches Erbe der Aufklärungzeit, kritisch dargestellt an dem Lehrbuch der christkatholischen Religion von Johann Friedrich Batz, erschienen in Bamberg 1799. Freiburg 1963.

Rahmenplan für die Glaubensunterweisung mit Plänen für das 1. - 10. Schuljahr. Hrg. von den katholischen Bischöfen Deutschlands durch den Deutschen Katechetenverein. München 1967.

Ranft, Franz. Fürsterzbischof Augustin Gruber von Salzburg 1763-1835 - ein Beitrag zur Geschichte der kath. Religionspädagogik. Innsbruck-Leipzig 1938.

(Reinermann). Bernhard Overberg in seinem Leben und Wirken, dargestellt von einem seiner Angehörigen. Münster 1829.

Der Religionsunterricht in der Schule. Beschluß der 6. Vollversammlung der gemeinsamen Synode der Bistümer in der BRD. Veröffentlicht in: Synode 1 (1975) 87-104.

Rentschka, Paul. Die Psychologie im biblischen Geschichtsunterricht und Sauls Bekehrung. In: Kat Bl 32 (1906) 1-8.

Sailer, Johann Michael. Vorlesungen aus der Pastoraltheologie. 3 Bde. München ^{3}1812.

Schaefer, Aloys. Die Gottesmutter in der Hl. Schrift. Münster ^{2}1900.

Schnackenburg, Rudolf. Christologie des Neuen Testamentes. In: My Sal III, 1, hrg. v. J. Feiner und M. Löhrer. Einsiedeln-Zürich-Köln 1970.

Schelkle, Karl-Hermann. Gott war in Christus (Theologie des Neuen Testaments II). Düsseldorf 1973.

Schiel, Hubert Fr.. Johann Baptist von Hirscher. Eine Lichtgestalt aus dem Deutschen Katholizismus des XIX. Jahrhunderts. Freiburg 1926.

Schmid, Christoph von. Der Katechismus der christkatholischen Religion für das Bisthum Augsburg. Augsburg 1844.

--- Der Katechismus der christkatholischen Religion für das Bisthum Augsburg ausführlich erklärt von dem Verfasser. Augsburg 1844.

--- Erinnerungen aus meinem Leben. 4 Bändchen. Bd. 3 und 4 hrg. von Albert Werfer. Augsburg 1853ff.

Schmidt, Michael Ignaz. Der Katechist nach seinen Eigenschaften und Pflichten oder die rechte Weise die ersten Gründe der Religion zu lehren. Mit einer Vorrede von J. I. Felbiger. Bamberg und Würzburg 1772.

Schmitt Johann. Der Kampf um den Katechismus in der Aufklärungsperiode Deutschlands. München 1935.

Schreibmayr, Franz. Die neuen Bücher im Zusammenhang einer organisch entfaltenden Glaubensunterweisung. In: Hubert Fischer (Hrg.). Einführung in die neuen Glaubensbücher für das 2., 3. und 4. Schuljahr. Freiburg ²1964.

Schürmann, Heinz. Das Lukasevangelium Erster Teil (Herders Theologischer Kommentar zum Neuen Testament, hrg. von A. Wikenhauser und A. Vögtle und R. Schnackenburg Bd. 3). Freiburg-Basel-Wien 1969.

Schweitzer, Albert. Geschichte der Leben-Jesu-Forschung. Tübingen 1913 (Siebenstern-Taschenbuch Nr. 77-80. München-Hamburg 1966).

Semmelroth, Otto. Art. Maria. In: HThG II, hrg. von Heinrich Fries, München 1963, 111-122.

Singer, Karl. "Aufbau und Gestaltung der neuen Schulbibel". In: Hubert Fischer. "Reich Gottes". Einführung in die neue Schulbibel. München 1963, 10-13.

Sölle, Dorothee. Phantasie und Gehorsam. Stuttgart ^{2}1968.

Sorger, Karlheinz. Die synoptischen Gleichnisse in der katholischen katechetischen Literatur des deutschen Sprachraums zwischen 1870 und 1969. Diss. Münster 1970.

Spieler, Josef. Art. Bergmann Paul. In: Lex Päd I, hrg. vom Deutschen Institut für wiss. Pädagogik. Freiburg 1930, 258f.

Spranger, Eduard. Zur Geschichte der deutschen Volksschule. Heidelberg 1949.

Stachel, Günter. Der Bibelunterricht. Grundlagen und Beispiele. Einsiedeln-Zürich-Köln 1967.

Valjavec, Fritz. Geschichte der abendländischen Aufklärung. Wien-München 1961.

Voss, Gerhard. Die Christologie der lukanischen Schriften in Grundzügen (Studia Neotestamentica II). Paris-Brügge 1965.

Weber, Franz. Geschichte des Katechismus in der Diözese Rottenburg. Freiburg 1939.

Weber, Günther. Der Anfang einer neuen Menschheit (Auers Arbeitshefte für den Religionsunterricht im 7.-10. Schuljahr, Heft 1). Donauwörth ^{5}1974.

--- Wie wir Menschen leben. Religionsbücher für das 2., 3. und 4. Schuljahr. Freiburg 1972ff.

Wegenast, Klaus. Die Bedeutung biblischer Texte für den Religionsunterricht. In: Kat Bl 99 (1974) 751-762.

Weigl, Franz Xaver. Schule, Volk und Bibel. Donauwörth 1937.

Wiederkehr, Dietrich. Entwurf einer systematischen Christologie. In: My Sal III, 1, hrg. von J. Feiner und M. Löhrer. Einsiedeln-Zürich-Köln 1970, 477-648.

Willam, Franz Michel. Art. Mey Gustav. In: Katechetisches Wörterbuch, hrg. von Leopold Lentner. Freiburg-Basel-Wien 1961, 502f.

Weber, Anton. Das Wesen der Münchener Methode und ihre Beziehungen zu Herbart. In: Kat Bl 32 (1906) 19-26.

Weidmann, Fritz. Religionsunterricht als Sprachgeschehen. (Religionspädagogik - Theorie und Praxis 23, hrg. von G. Stachel und E. Feifel und E. Paul). Zürich-Einsiedeln-Köln 1973.

Weigl, Franz Xaver. Die Darbietung der biblischen Erzählung auf der Unterstufe. In: Kat Bl 37 (1911) 126-128.

Zielfelderplan für den katholischen Religionsunterricht der Schuljahre 5-10 (Sekundarstufe I). Grundlegung, erarbeitet von einer Kommission des DKV. München 1973.

--- Themenfeldskizzen der Schuljahre 9 und 10. Hrg. vom DKV. München 1974.

EUROPÄISCHE HOCHSCHULSCHRIFTEN

Reihe XXIII Theologie

Nr. 1	Klaus Spichtig, Freiburg: Mittelschüler und kirchliche Bindung. Eine pastoralsoziologische Studie. 248 S. 1970.
Nr. 2	Werner Schatz, Genf: Genesis 14. Eine Untersuchung. 384 S. 1972.
Nr. 3	Claus Bussmann, Bochum: Themen der paulinischen Missionspredigt auf dem Hintergrund der spätjüdisch-hellenistischen Missionsliteratur. 216 S. 1971.
Nr. 4	Dieter Eichhorn, Marburg: Gott als Fels, Burg und Zuflucht. 143 S. 1972.
Nr. 5	Gunda Schneider-Flume, Tübingen: Die politische Theologie Emanuel Hirschs 1918–1933. 174 S. 1971.
Nr. 6	Werner Sommer, Basel: Der menschliche Gott Johann Peter Hebels. Die Theologie Johann Peter Hebels. 172 S. 1972.
Nr. 7	Juan Peter Miranda, Tübingen: Der Vater, der mich gesandt hat. Religionsgeschichtliche Untersuchungen zu den johanneischen Sendungsformeln. Zugleich ein Beitrag zur johanneischen Christologie und Ekklesiologie. 456 S. 1972.
Nr. 8	Ernst Josef Nagel, Bochum: Zu den sozialtheologischen Grundlagen der Entwicklungs- und Friedenspolitik. 173 S. 1972.
Nr. 9	Wolfgang Sommer, Berlin: Schleiermacher und Novalis. Die Christologie des jungen Schleiermacher und ihre Beziehung zum Christusbild des Novalis. 150 S. 1973.
Nr. 10	Hans Hubert, München: Der Streit um die Kindertaufe. Eine Darstellung der von Karl Barth 1943 ausgelösten Diskussion um die Kindertaufe und ihre Bedeutung für die heutige Tauffrage. 215 S. 1972.
Nr. 11	Johannes Kadowaki, Rom: Cognitio Secundum, Connaturalitatem luxta S. Thomam.
Nr. 12	Ebermut Rudolph, Marburg: Schulderlebnis und Entschuldung im Bereich säkularer Tiertötung. Religionsgeschichtliche Untersuchung. 158 S. 1972.
Nr. 13	Friedrich Pfurtscheller, Innsbruck: Die Privilegierung des Zisterzienserordens im Rahmen der allgemeinen Schutz- und Exemtionsgeschichte vom Anfang bis zur Bulle "Parvus Fons" (1265). Ein Überblick unter besonderer Berücksichtigung von Schreibers "Kurie und Kloster im 12. Jahrhundert". 205 S. 1972.
Nr. 14	Gerhart Herold, München: Zorn und Gerechtigkeit Gottes bei Paulus. Eine Untersuchung zu Röml, 16–18. 400 S. 1973.
Nr. 15	Sergio Silva, Regensburg: Glaube und Politik: Herausforderung Lateinamerikas. Von der christlich inspirierten Partei zur Theologie der Befreiung. 310 S. 1973.
Nr. 16	Ruthild Geiger, Würzburg: Die lukanischen Endzeitreden – Studien zur Eschatologie des Lukas-Evangeliums. 281 S. 1973.
Nr. 17	Alfred Dubach, Freiburg: Glauben in säkularer Gesellschaft / Zum Thema Glaube und Säkularisierung in der neueren Theologie, besonders bei Friedrich Gogarten. 204 S. 1973.
Nr. 18	Herbert Mölle, Bochum: Das 'Erscheinen' Gottes im Pentateuch. Ein literaturwissenschaftlicher Beitrag zur alttestamentlichen Exegese. 294 S. 1973.
Nr. 19	Kenneth Hein, Tübingen: Eucharist and Excommunication. A Study in early Christian Doctrine and Discipline. 508 p. 1973.
Nr. 20	Rainer Lachmann, Marburg: Der Religionsunterricht Christian Gotthilf Salzmanns. Ein Beitrag zur Religionspädagogik der Aufklärung. 248 S. 1974.
Nr. 21	Bruno Wilke, Frankfurt a.M.: Der Philipperbrief im Religionsunterricht der öffentlichen Schulen. 426 S. 1973.
Nr. 22	Bronislaw Mierzwinski, Freiburg: La famille, cellule active de l'Eglise. 396 p. 1973.